JN444803

개정판

지적장애아교육

조인수 · 전보성 · 박정식 공저

대구대학교출판부

[저자소개]

조인수(대구대학교 문학박사)

현) 대구대학교 특수교육과 교수

전보성(대구대학교 문학박사)

현) 대구한의대학교 중등특수교육과 교수

박정식(대구대학교 문학박사)

현) 대구대학교 직업재활학과 교수

1판1쇄 | 2012년 2월 29일
2판1쇄 | 2014년 9월 05일
지은이 | 조인수, 전보성, 박정식
펴낸이 | 홍덕률
펴낸곳 | 대구대학교출판부
경북 경산시 진량읍 대구대로 201
전화 053) 850-5661~3 | 팩스 053) 850-5669
http://press.daegu.ac.kr/
찍은곳 | 남경기획
ISBN 978-89-7794-630-9-93370
정 가 | 24,000원

머리말

지적인 능력을 중시하는 가치체계가 뿌리를 내린 현대사회에서 가장 모욕감을 주는 말은 "지적으로 결함이 있는 사람"이란 표현일 것이다. 그러나 지금까지 지적장애를 지적인 능력과 적응행동에 결함이 있는 아동으로 정의하면서 그들을 분류해 왔고 딱지 붙여왔다.

하지만 최근에는 지적장애아에 대한 인간으로서의 철학 확립과 민주교육의 원리적 측면에서 많은 변화를 보이고 있다. 최근 지적장애인의 사회통합(통합교육)과 권리부여에 대한 움직임은 지적장애아동의 학습, 생활, 직업, 여가 방식에 변화를 가져오고 있다. 이러한 변화에 발맞춰 교사들은 지적장애아동의 개인차에 따른 잠재능력을 최대로 개발시켜 학습, 생활, 직업, 여가 등 다방면에서 그들에게 적절한 교육을 제공하기 위해 필요한 전문능력을 소유해야 한다.

이 책은 지적장애아동에 대한 올바른 이해와 지도를 위해 집필되었고, 지적장애아동을 현장에서 지도하는 교사와 예비교사들이 지적장애를 이해하고 지도에 활용할 수 있도록 집필 노력을 했다. 특히 이 책에서는 책 제목에서도 알 수 있듯이 용어 자체에 내포된 부정적인 의미로 인해 정신지체란 말을 일절 사용하지 않았고, 지적장애란 용어를 사용했다. 또한 지적장애아동의 전 생애적 관점을 통해 지적장애에 대한 다양한 측면의 정보들을 제공하고자 노력했다.

이 책을 통해 지적장애아동이 일반 사람과는 다른 특정집단이라는 관습적인 사고를 무너뜨리고, 살아가는 능력이 부족한 이들의 지도에 귀중한 자료가 되었으면 하는 바람을 가진다.

이 책은 총 3부 14장으로 구성되어 있다.

1부 지적장애 이해에서는 지적장애의 역사적 배경, 지적장애의 정의, 지적장애의 원인과 예방, 진단과 판별, 지적장애의 특징으로 구성했고, 2부 지적장애 교육에서는 지적장애아 교육과정, 지적장애교사의 수행능력, 기능중심 생활지도

방법, 주의집중 행동지도전략, 학습지도 진략, 여가생활지도로 구성했고, 3부 지적장애 최근의 이슈에서는 전환교육, 자기결정, 그리고 보조공학을 다루었다.

책의 전반적인 구성방향을 지적장애아의 생애적 관점에 맞춰서 지적장애의 이해, 교육, 진로에 관한 내용을 이론과 실제적 측면에서 전반적으로 언급하고자 하였으나 미흡한 부분이 많아 지금도 아쉬움이 많다. 아쉬운 부분은 계속 보충해 나갈 생각이오니 많은 조언 바란다.

지적장애아들에게 온갖 지혜와 노력을 총동원하여 인격체로서 지도되어야 함은 우리 모두의 사명일진대, 본서에서 언급된 내용이 미흡하지만 이들의 사회적 인식을 높이고 교육과 지도에 도움이 되길 바란다.

끝으로 이 책을 맡아 출판해 주신 대구대학교 DU문화원 출판 담당 선생님들에게 진심으로 감사드린다.

2012년 2월

저자 일동

차 례

제1부 지적장애 이해

제1장 지적장애의 역사적 배경 · 3

제2장 지적장애의 정의 · 12

제3장 원인과 예방 · 36

제4장 진단과 판별 · 82

01

지적장애 이해

제1장 지적장애의 역사적 배경

지적장애 분야는 특수교육의 발전과 그 맥을 같이 해 왔으며, 지적장애 분야의 발전은 많은 역사적 사건들과 관련되어 있다. 또한 특수교육에서 하나의 매력적인 연구 영역으로 자리매김하고 있다. 지적장애 분야는 특수교육 역사와 함께 발전된 개념이며, 사회, 역사, 문화, 경제를 이해하지 않고서는 이해할 수 없는 개념일 것이다.

이 장에서는 지적장애 교육의 변천(전개)과정을 간단히 살펴보고자 한다. 지적장애인에 대한 기록은 이집트, 스파르타, 로마, 중국을 포함한 고대까지 추적이 가능하나 문서로 기록된 기간은 최근 약 300년간으로 상대적으로 짧다. 이러한 지적장애에 대한 역사적 발전 시기는 다음과 같이 다섯 시기로 나눌 수 있다. 첫째, 1700년 이전의 고대시기, 둘째, 1700~1890년 분야의 출현 및 비관주의 시기, 셋째, 1890~1960년 시설중심 접근 시기, 넷째, 1960~1985년 서비스 중심 접근 시기, 다섯째, 1985~현재 지원 중심 시기이다(Beirne-Smith, M. et al., 1998).

1. 고대기

고대시기는 지적장애를 가진 사람들에게 일종의 서비스가 제공되었으나 이들 서비스는 집이나 음식과 같은 보호적 특성을 갖는 것들이었으며, 종종 수도원과 같은 종교집단을 통해 제공되었다. 한편, 체계적인 훈련 프로그램이나 서비스가 제공된 증거는 거의 없고 사회적으로 많은 일이 발생했더라도 이것들이 지적장애인의 생활을 변화시킬 정도의 영향력을 가진 것은 아니었다.

2. 출현 및 비관주의 시기

1700~1890년대의 시기적 특징 중의 하나는 감각주의(sensationalism)의 출현과 유럽과 미국사회의 혁명적인 변화이다. John Locke(1631~1704)와 Jean-Jacques Rousseau(1712~1778)를 중심으로 한 여러 철학자들의 노력을 통해 인간발달에 있어 감각의 중요성을 강조하는 새로운 사상들이 나타나기 시작했다. 그리고 르네상스 운동은 인간의 존엄성과 이를 개발할 인간의 자유에 대한 인본주의 철학을 촉진시켰다. 이것이 지적장애에 미친 두 가지 영향은 지적장애인에 대한 새로운 사회적 태도가 형성되기 시작했다는 것과 인본주의 철학과 감각주의에 근거한 생각들을 지적장애인을 위한 실제에 적용해 보려고 한 노력들은 이상주의자들에게 적절한 시대적 상황을 제공했다는 것이다.

이 시기의 특수교육 분야는 Jean-Marc Itard(1774~1838)에 의해 크게 영향을 받았다. 의사인 Itard는 1799년 프랑스 아베농의 숲에서 발견된 원시소년에 대해 관심을 갖게 되었다. Victor라는 이 소년에게 관심을 가진 Itard는 야생의 상태에서 문명화되도록 이 원시소년을 바꿀 수 있다고 생각했다. 그는 체계적인 다섯 가지 훈련프로그램을 이용했으며 그 내용은 다음과 같다. 첫째, 가능한 Victor가 야생생활을 할 때 접했던 환경과 유사하게 사회적 환경을 구성함으로써 Victor에게 적합한 사회적 환경을 구성하도록 한다. 둘째, 다양하고 효과적인 자극을 통해 Victor의 신경 감각을 흥분시키고 Victor에게 감각자극에 대한 인식을 가질 수 있도록 경험을 제공하도록 한다. 셋째, 새로운 자극을 만들어 내고 주변 세계와의 관계를 확장함으로써 Victor의 생각의 범주를 다양하게 한다. 넷째, 언어에 대한 모방 행동을 조장함으로써 언어 사용을 가능하도록 한다. 다섯째, 증가하는 신체적 욕구를 만족할 수 있도록 하고, 이를 통해 지적 능력이 수업활동에 적용될 수 있도록 한다(Kanner, 1964, p. 14).

Itard는 5년 동안 노력을 했으나, 자신이 계획했던 만큼 Victor가 향상(특히, 표현언어 영역)을 나타내지 않자 실망하기 시작했고 후에 프로그램을 중단하고 말았다. Victor는 1828년 죽을 때까지 자신을 돌보도록 고용된 Guerin부인과 함께 살았다. 비록 Itard는 자신의 연구가 실패했다고 생각했지만 그는 후에 프랑스 아카데미로부터 그의 공로를 인정받게 된다. 성공이냐 실패냐 하는 결과적 측면을 넘어서 Itard의 공헌은 체계적인 중재 프로그램의 개발과 수행에 관련된 그의 노력과 야생상태 그대로였던 원시소년이 약간의 사회적 성장에서 찾아야 할 것이다. 그는 분명 특별히 고안된 교수기법을 특수아동 교육에 적용한 영향력 있는 선구자 중의 한 사람이다. Blatt(1987)는 "Itard의 연구는 지적장애 분야에서 최초의 교육적 노력이며 언제나 최초의 노력은 그 자체로서 특별한 중요성을 갖는다"(p.34)라고 말한 바 있다.

Itard의 연구에 영향을 받은 사람 중의 하나가 Edouard Seguin(1812~1880)이다. "백치(idiocy)" 아동을 대상으로 한 Itard의 연구에 고무된 Seguin은 불우한 사람을 돕는데 헌신하고자 하였다. "백치" 아동과 18개월에 걸친 집중적인 교육활동을 통해 Seguin은 아동이 교육을 통해 많은 기능을 학습할 수 있음을 입증했다. 그는 자신의 교수법을 통해 1837년에 "정신박약아동을 위한 교육(educating the feebleminded)"이라는 교육프로그램을 만들었다. 그의 교수방법은 생리학적인 교육방법을 강조했다. 즉 그의 교수법은 근육 움직임, 모방 활동, 신경기능, 그리고 반사적 생리기능 등을 통합적으로 포함하는 일반적인 훈련 프로그램이다.

그는 1848년 미국으로 이민을 가게 되고 1866년에는 『백치와 생리학적 방법을 통한 교육처치』(Idiocy and Its Treatment by Physiological Methods)라는 책을 출간했는데 이 책은 19세기 후반 지적장애아동 교육에 상당한 영향을 미치게 된다. Seguin은 미국 "백치와 정신박약인을 위한 의사협회"(Association of Medical Officers of American Institutions for Idiotic and Feebleminded Persons)의 초대 회장으로 봉사하기도 했다. Hervey Wilbur(1880~1976)는 "Seguin은 지적장애 분야에서 열정을 가지고 연구를 시작하였다. 그는 원리와 방법을 중심으로 지적장애아동을 위한 교육체계를 만드는데 헌신적으로 노력하였다. 그가 남겨놓은 교육체계는 전 세계에 걸쳐 지적장애아동을 위한 교육적 노력에 지도적 역할을 수행할 것이다"라고 평가했다.

1841년에 Johann Guggenbuhl(1816~1863)이 지적장애인을 위한 사회적, 교육적 서비스 제공과 관련해 최초의 주거공동체를 설립해서 지적장애인들을 위한 하나의 원형을 만들어 냈다. 그의 공헌은 20세기 초반 지적장애인들을 위한 사회적 서비스 제공에 지대한 영향을 미쳤다.

미국의 선구자들로는 1840년대 초반 Dorothea Dix(1802~1887)는 당시 보호시설이나 빈민구제소에 수용되어 있던 불우한 사람들의 더 나은 처우 제공을 위해 열정적으로 사회운동을 했다. 또 Samuel Howe(1801~1876)는 지적장애인을 위한 훈련프로그램 제공과 관련해 공적인 지원을 위해 많은 노력을 경주한 사람이다. 그는 지적장애인 훈련을 위한 최초의 공립 시설을 설립하였다. Henry Wilbur(1820~1883)는 자신의 집에 지적장애인들을 위한 최초의 사립 시설을 설립하였다.

낙관주의에서 비관주의로의 전환에서는 이미 말한 Itard, Seguin, Guggenbuhl, Howe, Dix, Wilbur 등의 헌신적인 노력으로 낙관주의적 분위기가 만들어지기 시작하였다. 즉 지적장애를 가진 많은 개인들이 훈련을 통해 치유될 수 있으며 이를 통해 생산적인 사회구성원으로서 지역 공동체에 통합될 수 있다고 생각하게 되었다. 이러한 희망과 열정을 근간으로 지적장애인을 위한 희망적인 약속들과 고상한 목표가 정립되기 시작하였다. 그러나 치료될 수 있다고 생각되었던 이들이 실제로는 특정 기능의 습득은 할 수 있으나 인지적 측면에서 정상으로 돌아 올 수 없다는 것을 알게 되었고 전반적으로 지적장애인들이 지역사회로 돌아 올 수 있을 만큼 변화되지 않는다는 사실은 지적장애인에 대한 부정적 사회인식을 낳고, 이러한 부정적인 사회인식은 지적장애인과 관련된 많은 다른 영역에 영향을 주었다.

위 내용을 요약해 보면 첫째, 지적장애인 모두가 완전히 정상적인 기능을 할 수 있는 사회 구성원으로 바뀔 수 없다는 것이다. 둘째, 사회적 통합은 단순히 훈련과 장소를 제공하는 것 이상을 요구한다는 것이다. 셋째, 오늘날, 우리가 알고 있듯이 성공적인 사회적 통합은 지역사회 자체의 준비와 발전을 요구하는데, 1800년대라는 시점에서 이 같은 요인에 대한 무지는 사회적 통합 시도의 실패를 가져왔을 것이다. 넷째, 시민전쟁 이후 시작된 도시화와 산업화에 의해 초래된 사회의 복잡화는 지적능력과 사회적 능력에 상대적 어려움을 가지고 있는 사람들에 대해 부정적으로 작용하였다.

3. 시설중심 접근 시기

시설중심 접근 시기에는 많은 사회적 요인들, 인종개량운동, 미국사회의 이민 증가 그리고 지능검사라는 세 요인이 암흑기를 만드는데 영향을 미쳤다.

먼저 인종개량운동(eugenics movement)이 1800년대 후반에 사회적인 움직임으로 등장하는데 소위 "정신박약자(feebleminded people)"를 조사하여 선택적 교배를 통해 통제하는 것이었다. 즉 Darwin의 영향을 받은 Francis Galton은 진화론을 인간에게 확대 적용하였다. 1869년 Galton은 『유전적 천재(Hereditary Genius)』라는 책을 출판하면서 개인의 특질 또는 능력이 유전에 의해 전달된다는 주장을 제기했다. 이러한 주장은 정신적 결함을 가지고 있는 사람들에 대한 유전적 통제를 옹호했던 인종개량운동을 촉진하는 계기가 되었다.

19세기 후반 미국사회는 남부와 동부 유럽에서 온 이민자들의 급격한 증가를 경험하게 된다. 이들 이민자들의 대부분이 도시에 모여 살았기 때문에 많은 문제점을 나타냈고 Goddard(1917)는 이민자들의 많은 수가 정신박약이라고 지적했다.

1905년 Alfred Binet와 Theodore Simon은 프랑스 학생들을 대상으로 지능검사를 개발했다. 이 검사는 학교에서 제공되는 일반교육으로는 교육적 요구를 제대로 충족시킬 수 없는 아동을 선별하여 필요한 특수교육 서비스를 제공하기 위해서 개발된 것이다. 이러한 의도는 20세기 중반 이후에 제도화되는 특수교육 프로그램의 기본 정신을 반영하는 것이다.

4. 서비스 중심 접근 시기

서비스 중심 접근 시기는 시설중심 접근 시기가 끝나고 서비스 중심의 모형으로 커다란 변화를 겪게 된다. 특수교육에 대한 비판은 사회로부터 장애아동을 분리시키는데 대한 도덕적, 윤리적 문제에서 야기되어 왔다. 따라서 1960년대 통합교육에 대한 논의가 일어났고 1975년 미국장애아교육법이 제정되었을 때

메인스트림(mainstream) 교육이 논의되어진 것이다(Stainback, Stainback & Forest, 1989). 이때는 미국교육이 개혁되어야 한다는 강렬한 요구를 가지고 있었고, 이런 결과로 학교조직은 팀티칭, 무학년제, 열린교실, 융통성 있는 집단구성을 채택하였고, 교육과정은 강력한 교수공학을, 지원은 더 많은 보조지원과 개별화된 교수가 가능하도록 하였다. 교수를 위한 하드웨어는 컴퓨터, 학습기계, 교육용 텔레비전을 사용하게 되었다. 이런 변화는 개인차에 학교가 어떻게 더 잘 대응할 수 있느냐에 관점이 있었던 것이다. 제공되는 프로그램은 일반학교의 특수학급, 학습자료실, 보호작업장 및 관련 훈련 프로그램 같은 것을 포함한다. 이 시기에 특수교육에 대한 새로운 철학적 관점이 서서히 나타나기 시작하였다. 1950년대 스칸디나비아 국가에서 논의되었던 정상화(normalization)라는 개념이 미국에서 많은 사람들의 주의를 끌었다. 1969년 Nirje가 쓴 『지적장애인들을 위한 주거서비스의 변화 동향 (Changing Patterns in Residential Services for the Mentally Retarded)』이라는 책에서 저자는 정상화를 "주류사회의 생활 규준과 방식에 가능한 근접한 방식으로 지적장애인들이 일상적인 생활을 할 수 있도록 하는 것"으로 정의하고 있다(p.181).

5. 지원중심 시기

지원중심의 사회적 관점은 필요시 사용될 수 있는 적절한 지원 서비스를 통해 지적장애를 가지고 있는 개인들이 통합된 환경에서 성공적으로 생활 할 수 있도록 해야 한다는 생각을 하나의 기본신념으로 촉진하는 것이고, 지원은 일상적인 지원, 개인적 생활을 위한 지원, 다양한 서비스 지원, 그리고 기술적 지원 등을 포함하는 것이었다.

1986년 이후 오늘의 특수교육은 일반교육주도(REI: regular education initiative)원리로 바뀌고 있는데 이때는 미국에서 다시 교육혁신이 주도되고 있던 때이고, 더욱 강력한 교수공학, 즉 협력학습, 급우끼리 지도하는 학습(peer-mediated instruction), 적응교수(adaptive instruction)등을 사용하게 되었고, 전문적인 일로서는 교육과정중심 평가, 협력적 자문, 사전의뢰에 의한 사정 등이 강조 되었다(Skrtic, 1991, pp.53-54).

1980년대에 시작하여 1990년대에 이르기까지 특수교육 서비스를 제공받는 지적장애 아동의 숫자가 지속적으로 감소추세를 보이는데, Polloway와 Smith(1983)는 그 원인으로 지적장애에 대한 전문가들의 생각 변화와 이에 따른 지적장애 정의의 변화, 경도 지적장애를 유발하는 원인에 대한 조기 예방 노력을 들고 있다.

지원중심의 통합 활동을 중시하는 최근 움직임은 미국 지적장애협회(American Association on Mental Retardation)에 의해 승인된 1992년 정의에서도 살펴볼 수 있다(Luckasson et al., 1992a, 1992b). 1992년 정의에 나타난 것처럼 다양한 기능영역에 걸친 여러 수준의 지원체제의 강조는 이러한 지원중심의 접근을 강조하는 것이라고 할 수 있고, 이들 지원에는 통합, 전환, 생활환경, 고용, 가족 등 지적장애와 관련된 주제를 논하는 문헌에서 찾아 볼 수 있다.

최근 15년 동안 우리는 심리학, 의학, 건강관리 분야의 급속한 발전을 보아왔다. 이러한 발전이 지적장애인들에게 또한 중요한 영향을 미치고 있다. 행동주의에 근거한 중재, 유전학의 발달, 건강관리의 중요성 등도 또한 중요한 요인들이고, Moser(2000)는 지적장애 분야에 영향을 미칠 것으로 예상되는 네 가지 기술적 진보로서 장애진단과 관련된 정교화된 생화학 요소와 효소에 대한 검사방법, 자기장 촬영방법(magnetic resonance imaging)과 같은 뇌 촬영 영상 기법, 신경세포 활동을 연구하는 신경과학, 인간의 유전자 구성을 밝히기 위한 유전자 분석 연구를 들고 있다.

서비스 전달과 관련된 변화 동향으로 1990년대 후반에 출현한 변화 중의 하나는 개인의 독립적 생활기능의 강화에 대한 강조였다. 자신의 삶에 보다 적극적인 참여자로서 개인들이 생활할 수 있도록 환경을 만들어 주어야 한다는 생각은 지원중심 접근과 노력의 논리적 결과라고 할 수 있다. Polloway와 동료들(1996)은 독립적 생활기능 강화(empowerment)라는 개념이 "통합, 교육적 요구, 전환과 같은 요인들을 포함하는 것이기 때문에 지적장애 분야에서 활동하고 있는 다양한 전문가들을 하나로 규합하는데 중요한 기능을 수행한다"라고 지적한 바 있다.

독립적 생활기능 강화와 관련해 1990년대 전문가들이 관심을 갖기 시작한 중요한 개념이 자기결정력(self-determination)이다. Weymeyer(1993, 1996)는 자기결정력에 대해 다음과 같이 정의하고 있다. "자기결정력은 자신의 인생에 영향을 미치는 제일의 주체로서 스스로가 행동하기 위해 필요한 태도와 능력, 그리고 부당한 외부적 간섭이나 영향으로부터 벗어나 자신의 삶의 질에 대해 결정할 수 있는 태도나 능력을 가리키는 용어이다".

지적장애를 가지고 있는 어린 아동에 대해 필요한 서비스가 그들이 속해 있는 자연적 환경 내에서 제공되고 있는데, 이들 아동에게 제공되는 서비스의 성격과 관련해 가장 중요한 변화는 조기중재의 중심이 가족에게 있다는 것이다(Guralnick, 2000). 조기중재의 주요한 특징은 바로 가족이 참여하는 개별화 가족서비스 계획(individual family service plan: IFSP)을 성공적으로 실행하는데 필요한 도움을 가족들에게 제공하는 것이다.

1990년대에 들어 지적장애 아동을 통합된 환경에서 교육하고자 하는 노력이 증가하였다. 아직은 많은 수의 지적장애아동들이 분리된 환경에서 교육을 받고 있는 것으로 나타나고 있지만, 통합교육 기회를 늘리고자 하는 노력이 점차 강하게 나타나고 있다. 통합교육이 성공적으로 이루어진 교실에서는 지역사회의 통합교육에 대한 인식과 사회적 수용, 학생들 간의 다양성에 대한 인정, 학생들의 서로 다른 교육적 요구에 대한 관심, 효과적인 학생관리 및 교수활동의 증가, 그리고 적절한 지원 등이 나타난다(Smith, Polloway, Patton, & Dowdy, 2001).

성인기에 있어 지적장애인을 위한 지원중심 접근은 현재 일어나고 있는 여러 사회적 움직임을 통해 쉽게 확인될 수 있다. 고용훈련과 관련해 가장 성공적인 지원중심 모형의 하나로서 생각할 수 있는 것이 바로 작업장 지원(workplace support) 또는 지원고용(supported employment) 프로그램이다. 이 프로그램에서는 작업코치 또는 고용전문가가 지적장애아동과 현지에서 같이 일하면서, 필요한 훈련과 지원을 제공하게 된다.

1975년 미국에서는 '모든 장애아동 교육법(Education for All Handicapped Children Act of 1975)'이 통과되었고 이는 '조용한 혁명'이라고 일컬어 진다. 이 법은 모든 장애아동들에게 무상으로 적절한 공교육을 보장하기 위해 다음의 몇 가지 측면을 강조하고 있다. 최소로 제한된 교육환경(least restrictive environment: LRE)에서 교육받을 권리, 적절한 교육권 보장을 위해 개별화교육계획(IEP)의 수립과 운영의 의무화, 장애아동의 진단과 교육배치 과정에서 합당한 절차(due process)에 의한 부모참여와 발언의 존중, 문화적으로 편견이 없는 공정한 평가의 적용, 진단과 교육배치 과정에서 학제적 팀접근에 의한 결정을 중시하는 것 등이다(김병하, 2002).

한국의 지적장애아 교육의 시작은 1949년 국립각심학원(국립재활원의 전신)이라 볼 수 있으나 이는 수용시설로서 교육이 주목적은 아니었다. 1963년 문교부 인가를 받아 농아와 지적장애아의 교육을 병행하여 실시하였으나 독립된 지적장애 학교는 1966년에 설립된 대구보명학교이다. 미국에 비하면 약 100여년이나 뒤지고 있다. 정식 학교교육을 시작한 것은 불과 30여년에 지나지 않는다. 특수교육의 전반적 실태, 즉 시설, 환경, 인적, 제도적 모든 면에 걸쳐 부족한 면이 많아 앞으로 해결해가야 할 과제들이 산적해 있다.

우리나라 특수학교수는 1962년 10개, 1972년 38개, 1982년 65개, 1990년 102개, 1995년 108개, 2000년 129개, 2005년 143개, 2011년 155개로 1960년대 약 30개, 1970년대 약 20개, 1980년대 54개, 1990년대 14개교씩 각각 증가하였다.

2013년 현재 특수학교의 수는 162개로 50년 전인 1962년의 10개에 비해 15배가 넘는 수치를 나타내고 있다. 지적장애학교의 수는 107개교로 전체의 66.0%이고, 전체 특수교육 대상학생수가 86,633명 (특수학교에 배치된 25,138명, 특수학급 45,181명, 일반학급(전일제 통합학급) 15,930명, 특수교육지원센터 384명) 중 지적장애 학생은 47,120명(54.4%)이다. 이중 특수학교에 배치된 지적장애 학생은 15,172명, 특수학급에 27,901명, 일반학급에 4,000명, 특수교육지원센터에 47명이 배치되어 있다.

현재 특수교육 교원수는 17,446명이며, 특수학교에 근무하는 교원수가 7,509명, 특수학급에 근무하는 교원수는 9,635명, 특수교육지원센터에 근무하는 교원수는 302명으로 나타났다(교육부 특수교육정책과, 2013).

제2장 지적장애의 정의

AAIDD의 지적장애 개념 정의의 조작적 정의를 이루는 요소는 지적 기능성과 적응행동에서의 제한점, 그리고 발달기이다. 1921년 최초의 정의를 발표해 온 이래 1959년(편람 5판)에 Heber의 정의로부터 2010년(편람 11판) Schalock의 정의까지 일관되게 세 가지 요소, 즉, 평균이하의 지적기능, 적응행동의 결함, 발달기를 중심으로 정의해 왔다. 용어는 시간이 지나감에 따라 변했지만, 지난 50년 이상 사용된 정의를 분석해 보면 지적장애와 정신지체의 3가지 필수 요소 즉, 위에서 말한 지적기능의 제한, 환경의 요구에 적응하는데 행동의 제한, 시작 시기는 실질적으로 바뀌지 않았다.

이 장에서는 지적장애 용어와 분류, 지적장애 정의의 변천 과정, 지적장애 지원 체제 이해를 간단히 살펴보고자 한다.

1. 용어와 분류

1) 용 어

오늘날 정신지체를 일컫는 말로 정신지체(mental retardation) 혹은 지적장애(intellectual disabilities)가 가장 많이 사용되고 있다. 역사적으로 보면 정신지체라는 용어는 50년 이상 사용되었고(Luckasson & Reeve, 2001), 지금까지 미국에서 가장 자주 사용되어 왔다. 현재 전 세계적으로는 지적장애란 말이 가장 많이 사용되어지고 있다(Patton, 2003). 용어를 규정한다는 것은 대상의 의미와 한계를 정하는 것이므로 다른 용어와 구별되어져야 할 만큼 명확해야 하며 신중성을 기해야 한다. 만약 용어가 제대로 규정되지 않았다면 자격을 주어야할 누군가에게 자격을 주지 못하게 되고, 권리를 가져야할 누군가가 권리를 갖지 못하게 되는 등 매우 중요한 결과를 낳을 수 가 있다.

과거 수년 동안 정신지체의 정의는 용어규정의 문제, IQ 검사에 기초한 지능, 그리고 사회적, 개인적 능력에 기초한 적응행동 등에서 입장 차이를 보이며 변천해 왔다. 용어규정에서 현재 사용되고 있는 정신지체에 대한 일반적인 용어와 IQ 수준에 따라 분류 해온 명칭은 기관과 시대에 따라 다양하게 변화되어 왔다.

정신지체인들은 오랫동안 바보, 멍청이, 미숙한, 결함이 있는, 보통이하, 무능한, 지체된 등으로 다양하게 묘사되어 왔다. 역사적으로 이들은 수용시설과 클리닉 등에서는 백치(idiot), 치우(imbecile), 우둔(moron)으로 불리었고, 정신박약(feebleminded) 등의 명칭으로 불리어 왔다. 1950년대부터 1980년대까지 학교에 재학 중이던 정신지체학생들은 교육가능 정신지체(EMR: educable mental retarded), 훈련가능 정신지체(TMR: trainable mental retarded)로 불리게 되었다. 이는 각각 경도 정신지체와 중등도 정신지체를 지칭하는 말로 사용되었고, 이 시기 중도나 최중도 정신지체아동은 공교육에서 제외되거나 시설기관에 수용되었기 때문에 정신지체 분류체제에 고려되지 못했다. 요즘에도 교육가능이나 훈련가능 정신지체란 말을 가끔 들을 수 있지만 교육자들은 아동의 학업성취를 미리 제한하는 것으로 여기는 이러한 용어의 사용을 부적절하다고 여긴다 (Beirne-Smith, Patton, & Kim, 2006).

2) 분 류

(1) 지적 기능에 따른 분류

지적장애는 지능지수 검사 결과에 기초하여 경도(mild), 중등도(moderate), 중도(severe), 최중도(profound) 정신지체로 분류되는데, 〈표 2.1〉은 가장 널리 사용되어온 지능지수에 따른 네 가지 수준의 분류이다.

<표 2.1> 지능지수에 의한 지적장애의 분류

지적장애의 정도	IQ 점수 범위	IQ 분류 표준편차	공존하는 적응기능 제한의 범위
경도	55-70	-2SD	두개 또는 그 이상의 영역
중등도	35-54	-3SD	두개 또는 그 이상의 영역
중도	20-34	-4SD	모든 영역
최중도	20미만	-5SD	모든 영역

출처: The Diagnostic and Statistical manual of mental Disorders(DSM-Ⅳ)(American Psychiatric Association, 1994).

〈표 2.1〉에서 보는 바와 같이, 각 수준의 지능지수 점수에 범위를 두는 것은 지능검사의 부정확성을 고려한 것이며, 또한 임상적인 판단도 정신지체의 심한 정도를 결정하는데 중요하다는 것을 의미한다. 〈표 2.2〉는 심각도 수준에 대한 기능적 성과에 따른 분류이다.

<표 2.2> 심각도 수준에 따른 기대되는 성과

	학업	일상생활	직업
경도	2~5학년 성취	높은 수준의 독립	전체 또는 일부 자기지원
중등도	기능적 단어의 인식과 수학기술	일부 감독 하에 대부분 의자기보호와 지역사회 이동 가능	일부 지원을 통한 지역사회 고용
중도	취학 전 또는 유치원 기술(숫자 세기와 색인지)	높은 감독	감독하의 지역사회 또는 작업장
최중도	모든 기본적 욕구에 대한 보호 요구		

출처: 정동영 외 역(2008). 정신지체: 지역사회 통합을 위한 접근. 서울: 박학사.

(2) 지원 정도에 따른 분류

1992년에 미국정신지체협회(AAMR, 현재는 미국지적발달장애협회(AAIDD))는 정신지체를 분류하는 새로운 방식을 제시하였는데, 정신지체를 선천적인 특성(trait)이나 영구적인 상태로 보는 개념에서 벗어나 아동의 현재 기능성(functioning)을 향상시키는 데 필요한 환경적인 지원의 강도에 따라 간헐적(intermittent), 제한적(limited), 확장적(extensive), 전반적(pervasive) 지원으로 분류하고 있다. 이에 대한 설명은 〈표 2.3〉에 제시하였다.

<표 2.3> 지원의 강도에 대한 정의 및 예

간헐적 (intermittent)	"필요에 따른" 지원, 항상 지원을 필요로 하는 것은 아니며, 인생의 전환기(예: 실직 또는 심각한 질병으로 인한 위기 상황)에 단기적인 지원 등과 같은 일시적인 필요에 따른 지원, 제공되는 지원의 강도는 상황에 따라 높을 수도 있고 낮을 수도 있다.
제한적 (limited)	시간에 걸쳐 일관적인, 그러나 간헐적이 아니라 시간 제한적인 (time-limited) 지원강도로 보다 강도 높은 지원수준보다는 적은 수의 지원인력과 작은 비용이 들 수 있다(예: 시간 제한적인 고용훈련 또는 학교에서 성인기로의 전환을 위한 지원)
확장적 (extensive)	적어도 몇몇 환경(직장 또는 가정과 같은)에서 정기적으로(예: 매일), 시간 제한적이 아닌(예: 장기적 지원, 장기적인 가정생활 지원) 지원수준
전반적 (pervasive)	지속성과 높은 강도; 전반적 환경에 걸쳐서 제공되며 잠재적으로는 삶을 유지하기 위해 필요한 것을 특징으로 하는 지원수준, 확장적이거나 시간 제한적인 지원보다 전형적으로 더 많은 수의 지원인력과 더 많은 개입을 필요로 하는 지원이다.

(AAMR, 1992, p.26)

이 접근은 정신지체를 분류하는 새로운 변화를 제시하고 있다. 즉, 이전의 아동의 지적 결함의 정도에 따른 분류를 지양하고, 아동이 실제로 생활하는(real situation) 가정, 학교, 지역사회, 직업 등의 환경에서 그들의 생활 기능을 향상시키기 위해 개별 아동에게 필요한 지원이 어느 정도 요구되는지에 따른 분류이다. 이 체제는 정신지체에 지적인 결함이 있음을 인정하면서도 또한 그 결함의 정도는 개인의 사회적 환경과 맥락에 따라 많은 영향을 받는다는 관점을 반영하고 있다(Luckasson & Reeve, 2001, p. 50).

(3) 우리나라의 법적 분류

「장애인복지법」 시행규칙에서는 장애인의 장애등급을 6등급으로 나누는데, 이 중에서 정신지체인은 3등급으로 제시하였다. 주로 지능검사와 사회성숙도검사를 통하여 판정한다. 이와 같이 「장애인복지법」 시행규칙에서는 지능지수의 상한선을 70에 두고 지능, 일상생활, 사회생활, 직업을 동시에 고려하여 정신지체를 분류하고 있다.

<표 2.4> 「장애인복지법」 시행규칙에 따른 지적장애 분류

지적장애 제1급	지능지수 34 이하인 사람으로 일상생활과 사회생활의 적응이 곤란하여 일생 동안 타인의 보호가 필요한 사람
지적장애 제2급	지능지수 35 이상 49 이하인 사람으로 일상생활의 단순한 행동을 훈련시킬 수 있고, 어느 정도의 감독과 도움을 받으면 복잡하지 아니하고 특수기술을 요하지 아니하는 직업을 가질 수 있는 사람
지적장애 제3급	지능지수 50 이상 70 이하인 사람으로 교육을 통한 사회적 · 직업적 재활이 가능한 사람

이처럼 정신지체의 용어와 분류는 시대에 따라 다르게 적용되어 왔다. 과거에 비해 새로운 용어인 지체(retard)는 라틴어에서 유래하였고, 느린 또는 지체되었음을 의미한다(정동영외 역, 2008). 정신지체(mental retardation)는 문자 그대로 정신적으로 늦거나 느린 것을 의미한다. 현재 미국지적발달장애협회(AAIDD)는 정신지체를 지적장애로 바꾸어 용어를 사용하고 있지만(2010, AAIDD), 지금까지 정신지체란 용어가 미국에서 주로 사용되었다. 국제 지적장애연구협회(International Association for the Scientific Study of Intellectual Disability,

IASSID)는 지적장애라는 용어를 공식적으로 지정하여 사용하며(신종호 외 역, 2008), 또 다른 전문가들은 '지적 어려움이 있는(intellectual challenged)', 또는 정신장애(mental disability)'라는 용어를 선호한다(조인수, 2005). 한편 Dunn(1973)은 정신지체 개인을 지칭할 때 특정학습장애(specific learning disabilities)와 구별하여 일반적 학습장애(general learning disabilities)라는 용어를 사용할 것을 제안했다. 오늘날 정신지체라는 용어보다 학습장애라는 용어가 더욱 선용되고 있다(Simeonsson et. al., 2003). 그러나 지적장애나 학습장애라는 용어가 정신지체를 대표하는 특성들에 대한 의미 전달이 부족하기 때문에 사용을 반대하는 목소리도 있다(Garnett, 2003; Lower, 1999).

결론적으로 용어를 사용할 때 우리는 장애(disability)라는 조건 그 자체를 강조하여 한 사람을 과도하게 조건과 관련지어 명칭을 붙이는 것을 피해야 할 것이다. 한 아동의 장애 조건에 주목하여 이름이나 명칭을 붙이다 보면 그 사람의 여러 개인적인 특성과 장점을 간과해 버리게 되기 때문이다. 한 사람의 장애 조건보다는 교육적 욕구가 앞서야 한다.

2. 정 의

지적장애의 현상을 이해하고 정의·분류하는데 결정적으로 기여한 단체는 미국정신지체협회(AAMR; 현재는 미국지적장애협회)의 용어 및 분류 위원회(ACTC; the Ad Committee on terminology and Classification of the AAMR)이다. AAMD와 AAMR의 전신인 미국저능아연구회(American Association for the Study of the Feebleminded)가 1919년에 분류 및 통계 위원회(Committee on Classification and Uniform Statistics)를 조직했다. 1921년, 이 위원회는 정신위생 국가협의회(National Committee for mental Hygiene)와 함께 정신지체 정의를 위한 지침서 초판을 출판했다. 이후로 후속 개정판이 1933년, 1941년, 그리고 1957년에 출판되었다(M. B. Smith, J. R. Patton, & S. H. Kim, 2008). 1959년 Heber를 위원장으로 한 전문가 위원회는 다섯 번째 정신지체 정의를 개발하여, 1961년에 수정 출판하였다. 1973년의 일곱 번째 개정판은 Grossman

에 의해 개발되었다. 그리고 이 정의는 1983년 수정을 거쳐 여덟 번째 정의로, 1992년 아홉 번째 정의를 거쳐 2002년에 열 번째 정의, 그리고 2010년에는 11번째 정의가 나왔다.

지난 50년 혹은 그 이상의 미국의 정신지체 정의를 분석해 보면 세 가지 필수적인 요소 즉, 지적 기능의 제한, 환경의 요구에 대한 적응행동의 제한, 그리고 발달기라고 하는 내용은 실질적으로 변화되지 않은 것을 알 수 있다(Schalock, Luckasson, & Shogren, 2007).

지적 기능의 제한은 평균에서 1표준편차 이하(Heber, 1961), 2표준편차 이하(Grossman, 1973; Luckasson 등, 2002), 2표준편차 이하 또는 75이하(Grossman, 1983; Luckasson 등, 1992)로 다소 유동이 있지만 모든 정의가 포함하고 있다. 적응행동에서도 성숙, 학습, 사회적 적응이라는 범주(Heber, 1961; Grossman, 1973; 1983)와 10개의 적응행동 하위영역(Luckasson 등, 1992), 개념적, 사회적, 실제적 적응기술(Luckasson 등, 2002)의 보다 상세한 구분을 한 정의가 있고, 발달기는 16세(Heber, 1961), 나머지 정의는 대부분 18세로 규정하고 있음을 볼 수 있다.

(1) 9차 정의(1992년, AAMR)

9차 정의에서는(Luckasson et al., 1992) 최근 장애의 개념이 반영되어 되어 정의를 내렸다. 1992년 AAMR정의는 다음과 같다.

> 정신지체는 현재의 기능에 실질적인 제한성이 있는 것을 지칭한다. 정신지체는 유의하게 평균이하인 지적기능과 그와 관련된 적응적 제한성이 두 가지 혹은 그 이상의 실제적응기술 영역들, 즉, 의사소통, 자기관리, 가정생활, 사회성 기술, 지역사회 활동, 자기지시, 건강과 안전, 기능적 학업교과, 여가, 직업영역에서 존재하는 것으로 특징 지워진다. 정신지체는 18세 이전에 나타난다(AAMR, 1992, p.1).

다음의 네 가지 가정은 정신지체 정의와 적용에 필수적인 것이다.

첫째, 타당한 평가(assessment)는 의사소통과 행동적 요인의 차이뿐만 아니라 문화 언어적 다양성을 고려한다.

둘째, 적응기술의 제한성은 개인의 동년배라는 전형적인 사회환경적 맥락(context) 안에서 발생하며 그것은 그 개인의 개별화된 지원요구(needs for supports)의 척도가 된다.

셋째, 특정한 적응적 제한성은 개인의 다른 적응기술의 강점 또는 능력과 함께 존재한다.

넷째, 정신지체인의 생활 기능성(life functioning)은 장기간의 적절한 지원을 통해 일반적으로 향상될 것이다(AAMR, 1992, p.5).

<표 2.5> 3단계 절차: 진단, 분류 및 지원체계

I 차원: 지적 기능 및 적응기술	**1단계 정신지체의 진단 지원의 적격성을 결정** 다음과 같은 경우에 정신지체로 진단된다. 1. 지적 기능이 약 70-75 혹은 그 이하이다. 2. 두 가지 혹은 그 이상의 적응기술 영역에서 유의한 장애가 있다. 3. 18세 이전에 시작된다.
II 차원: 심리/정서적 고려사항 **III 차원**: 신체건강/원인 고려사항 **IV 차원**: 환경적 고려사항	**2단계 분류 및 기술 강·약점 및 지원 요구를 파악** 1.심리/정서적 고려사항과 관련된 개인적 강점과 약점을 기술한다. 2.개인의 전반적인 신체 건강 상태와 원인을 기술한다. 3.개인의 현재 배치환경과 지속적인 성자·발달을 촉진할 수 있는 최적의 환경에 대해 기술한다.
	3단계 필요한 지원의 프로파일과 강도 필요한 지원 파악 각 네 가지 차원에 필요한 지원의 종류와 강도파악 1. I 차원: 지적 기능과 적응기술 2. II 차원: 심리/정서적 고려 3. III 차원: 신체건강/원인 고려 4. IV 차원: 환경적 고려

출처: American Association of Mental Retardation(1992), Mental Retardation: Definition, Classification, and Systems of Supports(9th ed., p. 24) Washington, DC: American Association on Mental Retardation.

1992년의 정의는 이전의 정의와 다른 특징을 지니고 있는데 첫째, 10가지 적응행동(adaptive behavior) 영역을 명시함으로써 적응행동을 구체화했다. 둘째, 진단, 분류, 이원체제의 결정이라는 새로운 3단계 절차를 만들었으며 셋째, 이전의 장애 정도에 따라 분류하는 새로운 체계, 넷째, 네 가지 차원에서 필요한 지원 프로파일 작성(지적기능과 적응기술, 심리적/정서적 고려, 신체적 건강/원인 고려, 환경적 고려), 다섯째, 다른 장애(예: 발달장애)의 기능적 정의와 관련된 부분인 유사성 등이다.

이 정의는 종래의 원인중심의 의학적 모델이나 지적 기능중심의 심리학적 모델에서 벗어나 일상생활 수행기술을 강조하는 기능적 모델(functional model)이라는 변화된 시각을 나타내고 있는 것이다. 그리고 정신지체를 새롭게 정의하는 일반적인 개념구조의 3가지 중심요소로는 수행능력(competence), 환경(environment), 기능성(functioning)이다.

Greenspan이 제안하는 지능모델은 지적인 행동의 여러 유형(다중지능)을 포함하고 있다는 점이 중요하다. Greenspan은 개념적 지능(IQ), 실제적 지능, 그리고 사회적 지능을 기본요소로 갖는 3요인 지능 모형(tripartite model of intelligence)을 권장한다. 그는 근본적으로 "정신지체는 분명히 인지적인 장애이다. 그러나 인지란 여러 목적에 사용될 수 있다"고 말하고 있다(Greenspan, 1997). Greenspan의 정의는 다음과 같다. 정신지체인은 사회적·실제적·개념적 지능에서의 영구적인 제한성과 그로 인한 결과로 다양한 범위의 상황이나 역할에서 요구되는 인지적인 요구에 대하여 제대로 감당하지 못하기 때문에 장기간의 지원, 보조, 또는 보호가 필요한 사람이다. 이러한 제한성은 대부분의 경우 발달기간에 발생하는 이상(abnormalities) 또는 사고의 결과이며, 뇌의 발달과 기능에 영구적인 영향을 끼치는 것으로 추정된다.

(2) 10차 정의(2002년, AAMR)

10차 정의에서는(Luckasson et al., 2002) 기능중심과 지원 강조, 지적기능성, 적응행동, 발생 시기의 세 가지 진단 준거, 인간 기능성의 다차원적인 체제를 포함하여 1992년 체제의 필수적인 특징을 유지했다. 2002년 AAMR 정의를 보면 다음과 같다.

정신지체란 지적 기능과 개념적, 사회적, 실질적 적응기술에서 심각한 제한으로 특징지어지는 장애이다. 이러한 장애는 18세 이전에 시작된다.

다음의 다섯 가지 가정은 진술된 정신지체 정의의 적용에 필수적으로 고려되어야 할 요소이다.

첫째, 현재 기능의 제한은 개인의 나이 또래와 문화의 전형적인 지역사회환경의 맥락 내에서 고려되어야 한다.

둘째, 타당한 평가는 의사소통, 감각기, 운동, 그리고 행동적 요소의 차이는 물론 문화적 그리고 언어적 다양성을 고려해야한다.

셋째, 개인 내적으로, 제한점들은 종종 역량과 함께 존재한다.

넷째, 제한점을 기술하는 목적은 필요한 지원의 내용을 발달시키기 위함이다.

다섯째, 지속적 기간에 걸친 적절한 지원이 주어지면, 정신지체를 지닌 사람의 생활기능성은 향상될 것이다.

2002년 새 정의는 광의로 정신지체 개념을 보며, 개인행동을 많은 차원의 표출로 보며, 개인의 지원요구를 강조하고 있다.

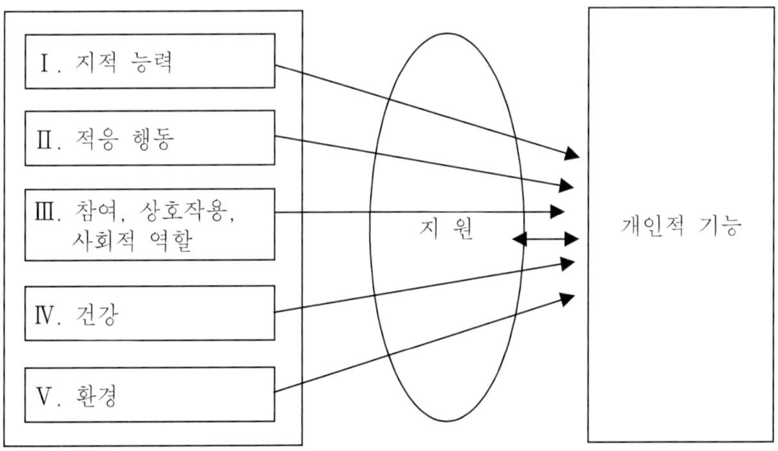

〔그림 2.1〕 2002 정신지체 정의의 개념적 모델

첫째, 지적 능력은 일반적인 정신능력을 말한다. 지능의 제한은 적응행동, 참여·상호작용·사회적 역할, 건강, 환경이라는 서로 다른 4개의 중요한 차원들이 고려된다. 지적기능은 적절한 평가도구로부터 얻어지는 IQ점수에 의해 나타낸다.

둘째, 적응행동은 일상생활에서 역할에 따른 개념적, 사회적, 그리고 실제적 기술을 말한다. 적응행동의 제한은 지적능력, 참여성 · 상호작용 · 사회적 역할, 건강, 환경이라는 서로 다른 4가지의 영역이 고려된다. 적응기술의 존재와 부재는 진단, 분류, 지원계획의 목적을 위하여 고려되며 서로 다른 관련을 가질 수 있다.

셋째, 환경이란 인간생활, 학습, 놀이, 직업, 사회화 그리고 상호행동과 같은 특별한 환경을 말한다. 개인의 발달에 있어서 긍정적 환경은 개인의 성장, 발달, 행복을 촉진한다. 참여와 상호작용의 부족은 자원, 시설, 혹은 서비스의 이용과 접근을 방해한 결과를 낳을 뿐만 아니라, 가치 있는 사회적 역할 이행의 제한을 가져올 수 있다.

넷째, WHO(1980, 1993)는 건강을 완전한 신체, 정신, 그리고 사회적으로 좋은 상태로서 정의한다. 정신지체인들 가운데는 특별한 활동적 제한 없이 튼튼하고 좋은 건강을 즐기는 반면 이동과 영양과 같은 영역에서 매우 심한 신체 기능 손상으로 개인적 활동과 사회적 참여에 많은 제한을 받는다. 또한 정신지체인은 신체적, 정신적 건강 문제를 인지하는 것이 어렵고, 건강 혹은 정신건강 보호체계를 처리하기 어렵고 증상과 감정을 전달하기 어렵고, 치료계획을 이해하기 어렵다.

다섯째, 환경은 사람들이 그들의 일상생활을 살아가는 것 안에서 서로 관계된 조건이다. 즉, 나, 가족, 보호자가 포함된 이웃 사회 환경(미시체제, microsystem), 그리고 이웃, 공동사회, 교육 혹은 사회복귀를 위한 훈련봉사와 지원을 제공하는 조직(중간체제, mesosystem), 그리고 문화, 사회, 많은 사람, 국가, 혹은 사회정치적 영향력의 아치형을 만드는 양식(거시체제, macrosystem, megasystem) 등과 같이 최소한 3개의 서로 다른 수준을 의미한다.

상황은 지적능력, 적응행동, 참여·상호작용·사회적 역할, 건강과 같은 서로 다른 4가지의 차원에서의 핵심사항이 고려됨과 동시에 진단, 분류, 지원계획의 목적이 고려된다. 아직 표준화된 측정이 성립되지는 않았지만 환경의 평가는 치료적 판단의 구성요소와 개인의 기능에 대한 이해가 필요하다.

2002년 미국정신지체협회(AAMR)는 정신지체 지원, 분류, 지원체계를 아래와 같이 분류했다. 그 특징은 ① 세 개의 주요한 기능(진단, 분류, 지원계획), ② 각 기능은 서비스의 적합성, 정보조직, 지원 계획의 발전 등 다양한 목적을 가진다. ③ 분류체계는 기능(진단, 분류, 지원계획)과 목적에 따른다. ④ 구체적인 측정, 분류체계, 결과해석은 아래 표와 같다

<표 2.6> 정신지체 진단, 분류, 지원체계(2002년 AAMR)

<table>
<tr><th rowspan="2">기 능</th><th rowspan="2">목 적</th><th colspan="2">평 가</th></tr>
<tr><th>목적을 위한 측정</th><th>중요한 지침 및 고려점</th></tr>
<tr><td>진 단</td><td>서비스 적합성
연구
법률</td><td>*IQ 테스트
*적응행동
*연령
*정신지체 진단에 필요한 모든 것</td><td rowspan="3">개체의 적절성(연령집단, 문화집단, 일차적 언어, 의사소통 수단, 성)
선택된 측정의 정신(심리)적 특징
측정을 위해 선택된 목적
신체 혹은 정신건강
기회/경험
사정 상황에서 신체/정서적 행동
임상/사회적 역사
개인적 목표
기간 입력
적절한 맥락/환경
사회적 역할
참여, 상호작용</td></tr>
<tr><td>분 류</td><td>서비스 상환/자금
연구 그룹
서비스 집단
선택된 특징에 관한 의사소통</td><td>강력한 지원
(예, 지원 욕구 측도)
IQ 범위 혹은 수준(예, IQ 검사)
특수교육 범주
환경(예, PASS, U.N. 규칙)
병인학(예, ICD-10)
정도(예, 적응행동 수준)
정신건강(예, DSM-Ⅳ)</td></tr>
<tr><td>지 원
계 획</td><td>인간중심의 성과 촉진
· 독립/상호의존
· 생산성/유의미한 활동
· 지역사회 참여
· 인간 번영</td><td>개인적 사정과 기능적 사정 측정</td></tr>
</table>

최근의 정신지체 정의 영역 체계와 1992년 정의 영역을 비교하면 다음과 같다.

<표 2.7> 1992년과 2002년의 정의체계영역 비교

1992년 체계	2002년 체계
영역 I : 지적 기능과 적응기술 **영역 II :** 심리학적 및 정서적 고려 **영역 III :** 건강 및 신체적 고려 **영역 IV :** 환경적 고려	**영역 I :** 지적능력 **영역 II :** 적응행동(개념적, 실질적, 사회적) **영역 III :** 참여, 상호작용 및 사회적 역할 **영역 IV :** 건강(육체적 건강, 정신적 건강, 병인학) **영역 V :** 맥락(환경, 문화, 기회)

(3) 11차 정의(2010년, AAIDD)

11차 정의는(Schalock, 2010) 1992년도와 2002년도 편람에 제기된 것 위에 만들어졌다. 11차 편람에서는 다차원적인 분류 체제를 보다 잘 조작할 필요성에 대해 검토를 했고, 지적장애의 용어 사용에 대한 검토, 높은 지능점수를 가진 지적장애인의 개념과 특성에 대한 필요 검토, 진단, 분류 과정에 영향을 미치는 측정오차에 대한 논의, 그리고 개념적, 사회적, 실제적 적응기술에 대한 타당한 측정도구 개발에 대한 검토를 시도했다. 이러한 검토를 통해 11번째 편람이 나오게 되었고, 11번째 편람에서는 지적장애란 용어를 공식 사용했다. 지적장애 용어는 인간 기능성을 강조하는 최근 장애의 개념을 반영하고 있는 용어이고, 기능적 행동과 맥락과의 관계에 초점을 두고 정의를 내리려고 하는 전문가들의 입장과 맥을 같이하며, 사회-생태학적 체제에 기초해 있기 때문에 개별화 지원에 대한 논리적 기초가 되며, 이 용어 자체가 장애인 당사자에게 덜 불쾌감을 주고, 국제적인 용어로 정신지체보다 이 용어를 더 많이 사용하기 때문에 2010 편람에서 공식 사용한 것으로 보인다. 11번째 지적장애의 정의는 다음과 같다(박정식, 2010).

"지적장애는 지적 기능성과 개념적, 사회적, 실제적 적응기술로 표현되는 적응행동에서 유의미한 제한성을 가진 장애로 특징 지워진다. 이 장애는 18세 이전에 발생한다"(Schalock , 2010, p.1).

적응행동은 일상생활에서 역할에 따라 배워지는 기술로, 개념적, 사회적, 실제적 적응기술로 보다 구체화 하였다. 1992년과 2002년 적응행동은 〈표 2.8〉과 같다.

<표 2.8> 개념적, 사회적, 실제적 적응 기술(1992년, 2002년 정의)

구 분	1992년 적응행동 영역	2002년 적응행동 영역
개념적	·의사소통 ·기능적 교과학습 ·자기지시 ·건강과 안전	·수용·표현 언어 ·읽기 · 쓰기 ·금전개념 ·자기지시
사회적	·사회성 기술 ·여가	·대인관계 ·책임감 ·자아존중 ·준법준수 ·규칙준수 ·속기쉬움 ·순수함 ·희생모면
실제적	·자기관리 ·가정생활 ·지역사회활동 ·건강과 안전 ·작업기술	·일상생활활동 ·도구적 일상생활활동 ·직업기술 ·안전한 환경유지

이 정의는 다음의 다섯 가지 기본적 가정을 전제로 한다.

첫째, 현재 기능의 실질적인 제한성은 같은 나이의 학생들이 생활하는 일상적인 환경이나 문화의 맥락 안에서 고려되어야 한다.

둘째, 타당한 평가는 문화적이고 언어적인 다양성뿐만 아니라 의사소통과 행동요인에서의 차이점도 고려되어야 한다.

셋째, 개인이 보이는 특정 능력의 제한성은 강점과 함께 존재한다.

넷째, 제한성을 기술하는 중요한 목적은 필요로 하는 지원프로파일을 만들기 위한 것이다.

다섯째, 일정기간 동안 개별화된 적절한 지원이 주어지면, 정신지체인의 생활 기능성은 일반적으로 향상될 것이다.

최근의 이 정의는 정신지체를 선천적인 특성이나 영구적인 상태로 보는 개념에서 벗어나 아동의 현재 기능이나 그 기능을 향상시키는데 필요한 환경적인 지원 관점에서 정신지체를 보게 하는 개념의 변화이다(Schalock, 2010). 이러한 지적장애의 개념적 모형은 [그림 2.2]와 같다.

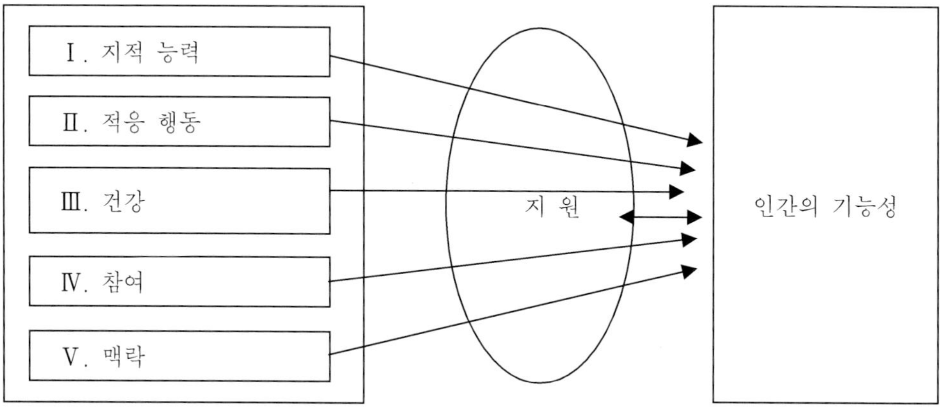

〔그림 2.2〕 지적장애의 개념적 모형

AAIDD에서 제안된 지적장애 분류는 생태적 환경과 지원 패러다임을 강조하고, 지적장애인의 주류화 된 생활을 강조하는 분류이다. [그림 2.2]는 인간 기능성의 다차원적인 모형이다.

각각의 요인들을 간단히 살펴보면 다음과 같다.

첫째, 다차원적인 분류 체제에서 **차원Ⅰ**은 **지적능력**으로, 일반적인 정신능력을 말한다. 분류는 지적 능력의 범위에 따라 이루어진다. 이 요인은 ICF의 신체 기능 및 구조 요인(손상된 지적 기능성)과 일치한다(측정 및 분류는 DSM/ICD 준거와 일치).

둘째, 다차원적인 분류 체제에서 **차원Ⅱ**는 **적응행동**으로, 일상생활에서 기능하기 위해 사람들이 학습해 온 개념적, 사회적, 실제적 기술의 집합체를 말한다.

적응행동의 수준을 평가하여 분류한다. 다양한 적응행동 측도가 있다. 이 요인은 ICF 모형의 활동(적응행동의 제한)과 일치한다.

셋째, 다차원적인 분류 체제에서 **차원Ⅲ**은 **건강**(신체적 건강, 정신적 건강, 원인론 요인)으로, 완전한 신체적, 정신적, 사회적 안녕의 상태를 말한다. 이 요인은 ICF의 건강 조건(질병 혹은 장애), 신체 기능과 구조(손상)와 일치한다. ICD와 DSM이 핵심 분류 체제이다.

넷째, 다차원적인 분류 체제에서 **차원Ⅳ**는 **참여**로, 사회생활에서 실질적으로 수행하는 정도와 관련된다. 참여는 가정생활, 직장, 교육, 여가, 종교적, 문화적 활동 영역에서의 역할과 상호작용을 말한다. 일상생활 활동을 직접 관찰함으로서 평가할 수 있다. 환경에서 개인의 참여를 기초로 해서 분류한다. 이 요인은 ICF의 참여 요인(참여 제약)과 일치한다. DSM이 척도가 된다.

다섯째, 다차원적인 분류 체제에서 **차원Ⅴ**인 **맥락**은 사람이 일상생활에서 생활하는 조건과 관련이 된다. 다양한 환경은 개인이 무엇을 해야 할지, 어디서 해야 할지, 언제 해야 할지, 누구랑 해야 할지 이 모든 것을 결정해야 하기 때문에 지적장애인에게 아주 중요하다. 맥락적 요인은 환경적 요인과 개인적 요인으로 나누어진다. 환경적 요인은 사람들이 삶을 살아가는 신체적, 사회적, 태도적인 환경으로 구성된다. 환경적 요인은 개인적인 요소와 상호작용하기 때문에 인간의 기능성에 영향을 준다(피고용인의 태도 및 접근성은 작업장과 같은 곳에서 적응행동에 영향을 준다). 개인적인 요인은 성별, 인종, 나이, 동기, 생활 스타일, 습관, 대처방식, 사회적 배경, 교육 수준 등 개인의 특성을 말한다. 맥락적 요인의 평가는 개인의 교육, 생활, 일, 레저, 안전, 경제적 안정, 시민 활동에 초점을 둔다. 두 환경적 요인을 측정하여 분류한다. DSM-Ⅳ가 핵심 분류 체제이다.

생태적 측면에서 보면, 인간의 기능성은 다섯 가지 차원(지적능력, 적응행동, 건강, 참여, 맥락)과 개별화된 지원에 의해 상호관계적인 영향을 받게 된다. 이 모형은 WHO가 제안한 ICF 모형과 일관성을 가진다(Buntinx, 2006; World Health Orgnaization, 2001). 이 모형에서 인간의 기능성이란 모든 생활의 활동을 포괄하는 용어로, 인간의 건강 및 환경적, 맥락적 요인(환경적 요인과 개인적 요인)에 의해 영향을 받는 신체 구조와 기능(손상), 활동(활동제한), 참여(참여제약) 등을 포함한다. 이 모형에서 장애란 곧 기능의 제한으로 보기 때문에, 기능의 제한이 발생할 때 장애로 라벨링이 된다는 의미가 내포되어 있다. 기능의 제한은 신체구조와 기능, 활동, 참여에서 문제가 될 때 나타난다고 본다. 즉, 신체구조와 기능의 활동에서 문제가 발생하면 -> 기능의 제한이 되고 -> 장애로 라벨링 부여된다는 것이다. 다분히 기능적인 측면에서 장애를 보고자 한 것이며, 인간의 기능성과 장애를 인간의 건강조건과 맥락적 요인(환경적 요인과 개인적 요인)과 관련하여 이해하고자 한 것이다.

(4) 우리나라의 정의

우리나라에서는 1994년 특수교육진흥법 개정법률 이전까지 정신박약이라는 용어를 일반적으로 사용해 왔고, 현행 '2008 장애인 등에 대한 특수교육법'에서는 정신지체라는 명칭을 사용하고 있다. 동법 시행령 10조 별표에는 정신지체를 지닌 특수교육대상자를 "지적기능과 적응행동상의 어려움이 함께 존재하여 교육적 성취에 어려움이 있는 사람"으로 규정하고 있다. 미국지적발달장애협회의 정신지체 정의의 세 가지 요소를 다루고 있지만 정신지체를 지닌 특수교육 대상자를 선별해 내기 위해서는 보다 구체적일 필요가 있다. 이러한 노력의 일환으로 한국특수교육학회는 특수교육 대상자 선정 기준을 분명하게 만드는 작업을 실시하였고 이에 따라 정신지체 개념을 "지적 기능과 적응행동에 어려움이 함께 존재하여 교육적 성취와 일상생활 및 직업기술 습득에 어려움이 있는 사람"으로 규정하고 있다(특수교육대상자 개념 및 선별기준, 2008). 장애인복지법 시행령 2조 별표1의 장애인의 종류 및 기준에서는 지적장애인의 개념을 "정신 발육이 항구적으로 지체되어 지적 능력의 발달이 불충분하거나 불완전하고 자신의 일을 처리하는 것과 사회생활에 적응하는 것이 상당히 곤란한 사람"으로 규정하고 있다(장애인복지법 시행령, 2007).

3. 지적장애 지원 체제 이해

여기에서는 주로 AAIDD 11번째 편람을 위주로, 장애의 사회적-생태학적 모델을 지향하는 지원의 중요성과 함께 지적장애인의 이해에 관한 지원 요구의 중요성을 알아보기 위해 첫째, 지적장애인의 이해를 위한 지원 요구의 중요성, 둘째, 지원의 개념과 지원 요구의 구조, 셋째, 지원의 사정, 계획, 이행(수행) 절차를 위한 5가지 요소에 대해서 살펴본다(전보성, 2010).

(1) 지적장애인의 이해를 위한 지원 요구의 중요성

[1] 개인차와 지원 요구

사람들은 많은 부분에서 보편성을 보이지만 그들이 모두 다른 존재임은 분명하다. 개인차의 영역은 사람들의 성격, 동기, 자아상, 지능, 적응 행동 부문과 같은 차원에서 어떠한 차이가 보이는지에 대해 중점을 둔다(C. Cooper, 2002). 이번 11번째 편람에서는 지역사회 생활에 참여하는 데 필요한 지원의 유형과 정도로 인해 지적장애인은 대다수의 일반인들과는 다르다는 가정을 한다.

지적장애인은 학습 및 발달 면에서 큰 도전을 받고 있고, 지역사회에서 일상생활 활동들에 참여하는 데 있어 빈번하게 어려움을 겪는다. 이러한 현상을 고려해보았을 때, 지적장애인을 이해하는 데 있어서의 지원의 중요성은 명백하다고 할 수 있다.

[2] 사회생태학적 모델과 지원 요구

장애의 사회생태학적 모델에 의하면, 장애는 환경적 요구에 대한 개인 기능의 다차원적인 상태로 이해될 수 있다(미국의학연구소, 1991, 2007; 세계보건기구, 2001). 개인의 지원 요구에 대한 이해는 지적장애 정의의 구성요소와 직접적으로 관련되어 있다. 이는 개인의 기능 상태와 삶에서 환경이 요구하는 것 사이에서 균형을 두는 데에 초점을 두고 있기 때문이다. 이러한 관점에서, 장애는 고정 불변하는 것도, 이원화되는 것도 아니다. 오히려 개인 기능상의 제한성과 환경 내에서의 지원 가능성에 따라 유동적이고 지속적이며 변화하는 것이다. 지적장애가 사회생태학적인 관점에서 이해되었을 때, 개인 내적인 문제들을 해결하는 데 있어서는 더 적은 주의를 요하고, 개인의 능력과 환경의 행동적 요구 간의 불균형이 두드러지는 문제는 해결하는 데 더 많은 주의를 요한다. 그러므로 장애의 사회생태학적 모델을 토대로 했을 때, 지역사회 생활에 참여하는 데 필요한 지원의 유형과 정도로 인해 지적장애인은 대다수의 일반인들과는 다르다는 것을 인식하고 있어야 할 것이다.

(2) 지원의 개념과 지원 요구의 구조

지적장애를 환경적 요구와 관련하여 다차원적인 개인 기능 상태로 개념화함으로써 개인의 지원 요구의 수준과 강도에 대한 이해가 필수적이게 되었다. 지원과 지원 요구는 다음과 같이 정의한다.

- **지원**이란 "한 사람의 발달, 교육, 관심, 개인적 복지를 촉진하는 데 목적을 두고 개인의 기능을 향상시키기 위한 자원 및 전략들"을 말한다 (Luckasson et al., 2002, p.151).
- **지원 요구**란 "개인이 규범적 개인 기능성과 연관된 활동에 참여하기 위해 필요한 지원의 수준 혹은 강도를 나타내는 심리학적 구조"를 말한다 (Thompson et al., 2009, p.135).

[그림 2.3]에서 나타난 지원 모델(Supports Model)은 개인의 기능과 환경적 요구간의 불일치와 향상된 개인성과를 가져오는 개별화된 지원 제공 사이의 관계를 묘사하고 있다. 이 모델에서는 지적장애를 기능의 상태로 개념화하고 인간-환경간의 잠재적인 불일치를 나타내는 네 가지의 함의가 있다.

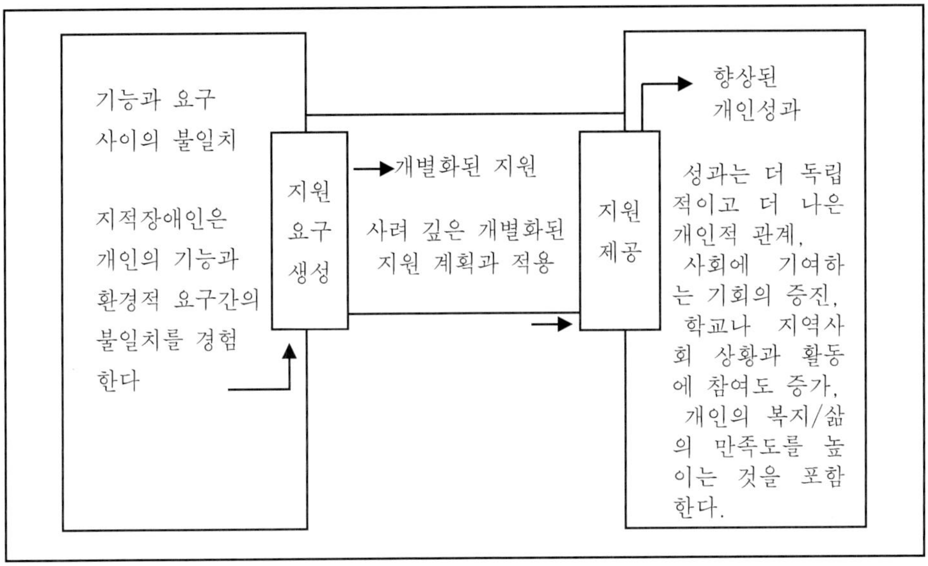

〔그림 2.3〕 지원모델(Supports Model)

출처 : A.A.I.D.D. (2010). Intellectual Disability. Definition, classification, and systems of supports (11th ed). Washington, D. C.: Author. (p. 112)

첫째, 개인의 기능과 환경적 요구간의 불일치는 개별화 지원에서 특정 수준과 강도를 필요로 하는 지원 요구를 초래한다.

둘째, 사려 깊은 계획과 적용에 바탕을 둔 개별화 지원은 향상된 개인 기능과 개인성과에 이를 가능성이 더 높다.

셋째, 현 상태와 가능성 사이의 가교역할로서 교육적 혹은 재활 서비스 체제의 초점이 결함에 따른 사람들의 이해보다 지원요구 수준과 강도에 따라 사람들을 이해하는 것으로 옮겨진다.

넷째, 결함(장애)과 지원요구 사이에 상호적인 관계가 있기는 하지만 개인의 결함보다도 환경적 요구 기능과 개인의 능력간의 불일치를 줄이는 데 중점을 두는 것이 개인성과를 향상시키는 지원의 확인, 개발, 준비에 더 잘 이를 수 있다.

또한 [그림 2.3]에서는 개별화 지원의 두 가지의 관련된 전반적 기능을 나타낸다.

•**첫 번째 기능**은 한 개인이 서로 다른 활동 혹은 상황 내에서 어떤 것을 할 수 없는지와 그 때 어떤 변화 및 추가적인 사항이 개인의 참여를 가능하게 하는지 그 차이를 전달하는 것이다.

•**두 번째 기능**은 개인 기능 향상을 통한 개인성과의 증진에 초점을 두는 것이다.

만약 이러한 활동들이 개인이 선호하는 것과 우선권에 근거를 두지 않는다면, 개인의 결과에서 오는 그 어떤 향상도 인정될 수 없다. 이와 반대로 개인의 능력과 환경적 요구의 차이를 충분히 고려하지 않고 개인의 선호나 우선권에만 초점을 맞추는 것 역시 잘못 이해하는 것이다. 이와 같은 계획에 대한 접근은 지원이 자의적으로 적용되는 위험을 증가시킬 수 있다. 계획과 지원을 수행할 때 개인의 우선권과 필요할 영역을 철저하게 분석하여 균형을 이루도록 해야 한다.

(3) 지원의 사정, 계획, 이행(수행) 절차를 위한 5가지 요소

지원은 개인 기능을 향상시키는 자원과 전략의 총체이다. 그 어떤 사람도 이용 가능한 모든 수준의 지원을 필요로 하지는 않는다. 개인의 지원 요구는 양적, 질적으로 모두 다르다. 사람들이 필요한 지원의 수준을 결정하는 데 있어서 지원 계획 팀의 역할이 가장 크다. [그림 2.4]에서는 다음과 같이 (a) 개인이 가장 원하고 필요로 하는 것 규명하기, (b) 개인이 가장 원하고 필요로 하는 것을 달성하기 위해 그들이 요구하는 자연스러운 지원 사정하기, (c) 지원을 획득하고 이행하기 위한 활동 계획 세우기, (d) 계획한 것을 실행하고 진전도 관찰하기, (e) 개인성과 평가하기의 다섯 가지 일련의 절차가 제시되어 있다. 이러한 지원 계획과 실행 과정은 Thompson(Thompson et al., 2002, 2004b)에 의해 개발된 지원 계획 절차로부터 발전되었다.

이와 같이, 지원 과정은 다섯 가지 요소의 과정을 포함하고 있으며, 각각의 요소들을 요약하면 다음과 같다.

제 1요소: 바람직한 삶의 경험과 목표을 규명하기(identify)

지원 과정에서의 첫 번째 요소는 개인-중심의 계획 과정의 사용을 요구한다. 개인 중심의 계획은 개인의 꿈, 개인적인 선호도와 관심 등에 초점을 두는 것이다. 개인 중심의(personal-centered) 계획과정은 개인에게 무엇이 중요한 것인가를 결정하는 것이며, 그리고 이에 대한 논의들에서 현재 가능한 서비스 및 개인적 기술에 있어 제한점 또는 국고(fiscal)의 제한 같은 인식된 제한 등에 의해 압박당하여서는 안 된다는 것이 제일 핵심적 요소이다. 개인-중심의 계획 과정은 장애를 가진 개인 그리고 그들에게 중요한 사람들을 참여시켜야 한다. 개인-중심의(personal-centered) 계획은 각 개인들의 미래의 삶을 위한 개인의 통합화된 비전을 의미한다. 이러한 비전에는 현재의 삶을 유지하는데 제일 중요하게 고려되어야 하는 것들과 가장 중요한 변화되어야 하는 것들에 대한 목록들을 포함하고 있다.

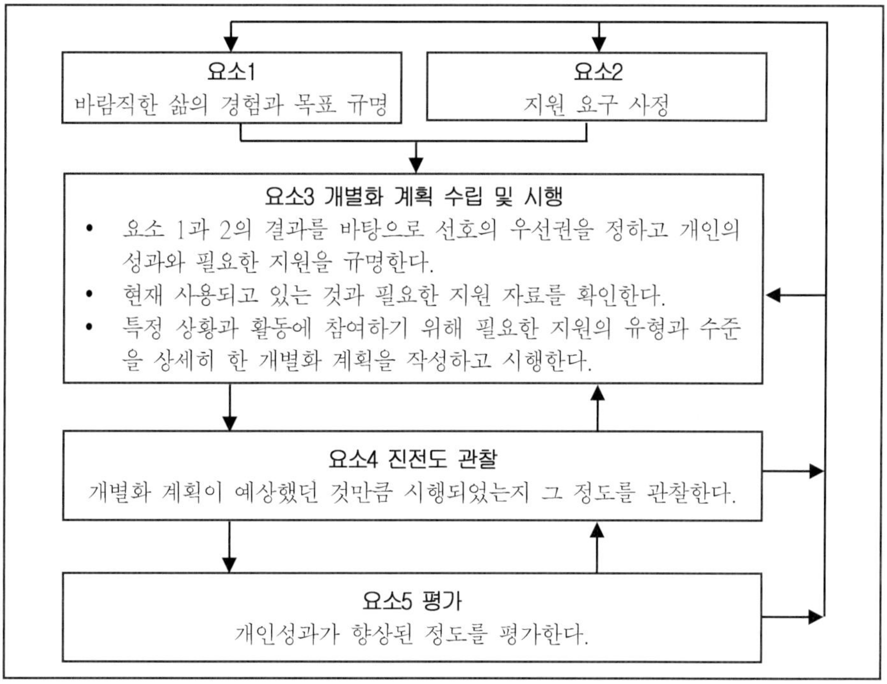

〔그림 2.4〕 개별화 지원 사정, 계획, 탐색, 평가를 위한 절차

출처 : AAIDD. (2010). Intellectual Disability. Definition, classification, and systems of supports (11th ed). Washington, D. C.: Author. (p. 118)

제 2요소: 지원 욕구의 패턴과 강도를 결정하기

지원과정에서의 두 번째 요소는 개인의 일반적인 지원 욕구를 평가하는 것을 포함 한다. 하나의 예로써, Supports Intensity Scale(SIS: Thompson과 그 동료들, 2004a)은 특별한 의학적 그리고 행동적 지원 욕구를 규명함뿐만 아니라 몇 가지 삶의 활동 영역에 걸친 개인의 지원 욕구를 평가하는데 사용되어지는 표준화된 도구이다. 그러나 계획 팀이 개인의 지원욕구를 평가하는데 유용하는 것으로 발견한 어떠한 방법도 사용되어 질 수 있다. 이러한 방법에는 다양한 삶의 활동에서의 사람들의 모습을 직접적으로 관찰하는 것과 개인들에게 제시된 개인-관련 성취결과(person-referenced outcome)의 틀의 맥락에서 그들의 가족구성원들과 인터뷰를 한 결과 등이 포함될 수 있다.

제 3요소: 개별화된 계획을 개발하기

지원과정에서 세 번째 요소는 개별화된 지원 계획(ISP: Individualized Support Plan)을 세우기 위한 앞의 2가지 요소를 기반으로 형성되어져야 한다. 행동의 낙관적이고 현실적인 계획을 계획하고 실행하는 것이 매우 중요하다. 여기서 사용할 자원들에 대해서 규명을 해야 하는 것 뿐 만 아니라 개인들을 위해 가능하고 접근 가능한 것인가에 대한 고려도 반드시 해야만 한다. 왜냐하면 개별화된 지원계획(ISP: Individualized Support Plan)은 동시에 모든 우선순위를 고려해서 계획 될 수 없는 것이기 때문에, 제 1요소에서 선정되어진 개인들의 몇몇 우선순위들은 절제되어야 하며 몇 가지 어려운 선택도 필요할 것이다. 그러나 제 3요소의 결과들은 반드시 다음의 것 (a) 전형적인 한 주 동안 개인이 쉽게 접근하고 활동할 수 있는 환경 및 활동 (b) 그들에게 제공 되어지는 지원의 강도 및 종류가 구체화 될 수 있는 개별화된, 그리고 모호하지 않은 것들이여만 한다.

제 4요소: 성취 과정/진행 상황(process)을 모니터하기

지원 계획 과정에서의 4번째 요소는 팀 구성원들이 계획의 진행상황을 점검하고 모니터할 수 있도록 지원하는 것이다. 특히, 개인의 계획들이 실천되고 수행되는 과정에 대해서 매우 밀접하게 꼼꼼히 점검하여야 한다. 이러한 모니터링은 정기적으로 계획된 평가과정을 통해서 이루어지는 지속적이고, 체계적인 것이어야만 한다. 그리고 이 과정에서 무엇이 계획되었었는지, 그리고 실제 무엇이 실천되어가고 있는지 이 둘 간의 일치 정도에 초점을 두고 모니터를 해야 한다.

제 5요소: 평 가

평가라는 것은 개인의 희망하는 삶의 경험과 목표, 그리고 개인적인 성취결과들이 실제로 현실화 되었는지에 대해서 초점을 두고 그 성취정도를 평가하는데 초점을 두는 것이다. 현재 개념화와 개인의 성취 결과에 대한 측정에 대한 접근은 다음의 사항들을 포함하고 있다 (a) 성취결과를 하나 또는 그 이상의 공공정책의 목표의 위에서 한 개인에게 가치 있는 성취결과들을 묘사하는 것, (b) 자기 보고 및 직접적인 관찰에 근거하여 개인이 희망하는 성취결과의 지표들을 평가하는 것이다. 이것은 바로 1) 권리, 2) 참여 3) 자기결정, 4) 신체적 안녕, 5) 물질적 안녕, 6) 사회적 통합, 7) 정서적 안녕, 8) 개인적 발달이다.

비록 이 다섯 단계의 지원 과정이 매우 많은 시간과 에너지 등을 요구하는 것이지만, 이렇게 순서화된 단계들은 지적장애를 가진 사람들을 위한 지원을 계획하고 실행하는 과정에서 필수적인 것이다. 이 단계들의 사이클(순환)은 개인의 관심과 지원에 대한 욕구, 계획을 향한 추진, 실제 실행 등으로부터 시작하여, 다음으로 이 실행과정에 대한 신중한 모니터링으로 넘어가고, 마지막으로 이를 통한 개인의 성취결과에 대한 평가로서 마무리 되게 된다. 나아가, 개별화된 지원계획은 서비스 기관에서의 개별화된 지원 과정을 공식화하고 함께 작용할 수 있도록 통합하기 위한 가장 중요한 도구가 된다.

위와 같이, 지원의 사정, 계획, 관찰, 평가를 위한 이러한 다섯 가지 절차 요소들은 시간과 에너지 면에서 상당한 투자를 요한다. 총체적인 지원계획 절차는 지적장애인에게 개인의 요구와 바람직한 성과를 연합하는 지원 조정을 하는 데 필수적이다. 지원 계획 팀은 필요하다면 언제든지 지원 절차상에서 이전 요소로 돌아갈 수 있다. 마찬가지로 개인의 성장과 변화로 인해 지원 계획이 수정되어야 할 필요성이 제기되면 요소들 간의 일련의 과정이 반복되어야 한다. 지원 절차는 항상 개인의 관심과 필요한 지원의 윤곽과 강도를 사정하는 데에서부터 시작되고 지원 팀의 계획, 수행, 관찰의 순서로 이어져서 개인성과에 대한 평가로 마무리 짓게 된다.

제3장 원인과 예방

지적장애의 발생원인은 다양하며, 아직 구명되지 않은 것도 많다. 전문가들 사이에도 많은 견해가 있는데 지난 수십년 동안 신경과학, 유전공학, 생화학 분야에서 놀랄 만한 진전을 이루었다. 지금까지 밝혀진 지적장애의 발생원인과 예방을 출생 이전과 이후로 나누어 알아본다. 그리고 예방과 조기중재에 관한 개괄적인 내용을 살펴본다. 여기서 장애와 위험요인에 대한 개념과 예방 및 조기중재의 정의, 이론적 관점과 현재 시점에서의 기술적 수준을 반영하는 연구를 중심으로 살펴본다.

1. 원 인

1) 출생전

세포가 수정전이나 수정시에 손상을 입거나, 태아기 때 뇌 발육에 좋지 않는 영향을 미치는 인자가 있을때 지적장애의 원인이 될 수 있다. 이를 구체적으로 살펴보면 배종손상, 유전적 원인, 염색체 이상, 태아기 뇌장애 등으로 나누어 볼 수 있다.

(1) 배종손상

배종손상은 정자와 난자의 성세포가 수정 전 어떤 원인에 의해 손상을 받아 수정시에 이상 개체를 발생시키는 현상을 말하는데, 이를 성세포손상(germ-plasm injury)이라고 한다. 이와 같은 경우에는 물리적 자극에 의한 손상과 화학적 자극에 의한 손상(대표적으로 방사선과 약물중독)을 주로 들 수 있다.

(2) 유전적 원인

유전적 원인에 의한 지적장애는 매우 다양하고 증상도 복합적으로 나타나는데 여기에서는 먼저 유전자의 전달과정을 알아보고 유전에 따른 지적장애의 원인을 파악하기로 한다.

1 유전자 전달

유전자들은 우리의 신체적인 발달을 위한 지시를 내리고 외모, 건강, 심리, 그리고 감정 등에 대한 생물학적 기반이 된다. 개별적인 유전자는 네 가지 질소 성분물질(시토신(cytosine), 구아닌(guanine), 아데닌(adenine), 티민(thymine))로 이루어진 일련의 뉴클레오타이드(nucleotides)인 디옥시리보핵산(DNA)으로 만들어진다. 이 뉴클레오타이드는 유전의 분자 메시지를 포함하여 우리의 신체적인 형성을 위한 문자적 지시를 형성한다. 각 생물체에 대한 구체적이고 비유전적인 코드는 특별한 구조 혹은 뉴클레오타이드의 순서로 결정된다.

유전자는 염색체에 배열되는데 각각의 염색체는 대략 1,000에서 2,000개의 유전자로 구성된다. 신체에 있는 세포는 생식세포를 제외하고 23쌍으로 배열된 46개의 염색체를 갖고 있다. 이 가운데 22쌍이 상염색체(autosome)라고 불리는 대응쌍(matching pair)으로 성과 연관되지 않지만, 23번째 쌍(allosome)은 XX(여성) 혹은 XY(남성) 성염색체를 포함하고 있다. 여성에게 있는 생식세포(난자)와 남자에게 있는 생식세포(정자)는 23개의 단일 염색체(쌍이 아님)를 포함하고 있다.

세포들은 감수분열(meiosis)과 유사분열(mitosis)이라는 세포분열 과정을 거쳐서 23쌍의 염색체가 있는 단일한 세포를 생산하고 이 세포가 태아가 된다.

유전적인 문제는 상염색체(autosome) 혹은 성염색체(allosome)에 들어 있다가 부모를 통해 직접적으로 전해지며 세포 분열을 하는 동안 유전자 돌연변이나 분리(disjunction)의 문제로 인해 표면적으로 나타난다.

■ 유전자 유형

유전자의 구조적인 DNA 구성을 유전자형(genotype)이라고 부르고, 이 유전자가 신체적 혹은 심리적 특징을 발현하게 되면 이를 유전자의 표현형(phenotype)라고 부른다. 예를 들어 눈의 색깔을 결정하는 유전자들은 특별하고 구체적인 DNA 구조(유전자형)를 갖고 있으며, 이 DNA 구조는 자신을 상응하는 눈의 색깔에서 명백하게 나타난다(표현형). 이러한 구분이 중요한 이유는 모든 유전자가 자신을 표현형질적으로 나타내지는 않고, 그렇게 표현할지의 여부는 여러 가지 요인에 의해서 결정되기 때문이다. 따라서 어떤 사람이 장애를 일으킬 수 있는 조건의 유전자를 갖고 있으나 그 조건이 실제로 나타나지 않을 수 있다.

■ 상염색체 우성 유전(Autosomal Dominat Inheritance)

상염색체 우성 유전을 통해서 유전되는 장애들은 단일한 유전자에 실려 있다. 종종 한 유전자쌍의 일원들이 서로를 정확하게 닮지 않고 반대되는 표현형을 발현할 수도 있는 유전자형을 갖고 있는 것이다. 유전자쌍이 유전형질적으로 다를 때, 우성 유전자가 다른 유전자를 이기고 자신을 발현하는 경우가 있다. 우성 유전자가 있을 때 표현형질적으로 자신을 표현하지 않는 유전자들은 열성형질(recessive)이라고 부른다.

만일 어떤 사람이 장애 조건에 대한 우성 유전자를 가지고 있다면, 반드시 그 조건을 경험하게 된다. 부모가 그 우성 유전자를 자녀에게 유전시켰다면, 자녀도 영향을 받게 된다. [그림 3.1]은 상염색체 우성 유전을 보여주는데 확률에 의해 4명의 자녀 중 두 명(Dr)은 유전 형질적으로 우성 형질의 영향을 받는다.

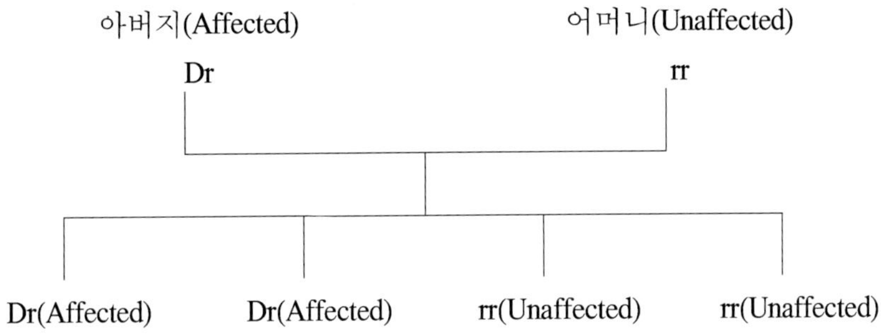

〔그림 3.1〕 상염색체 우성 유전

■ 상염색체 열성 유전(Autosomal Recessive Inheritance)

장애가 부모의 열성형질을 통해 유전되려면 반드시 열성유전자 결함이 있어야 한다. 부모 양쪽의 열성유전자를 받은 자녀만이 장애의 표현형질적 특성을 나타내게 된다. 만일 자녀가 우성유전자를 물려받았다면, 완전히 영향을 받지 않게 되고 한쪽의 열성유전자만을 받았다면 보인자(carrier)가 된다. 이것은 자녀가 유전자는 갖고 있지만 표현형질적으로 영향을 받지 않았다는 의미이다. [그림 3.2]에서 볼 수 있듯이 확률에 의해 4명의 자녀 중 한명(DD)은 유전의 영향을 받지 않은 정상이고 두명(Dr)은 보인자로 나머지 한명(rr)은 열성 형질의 영향을 받는다.

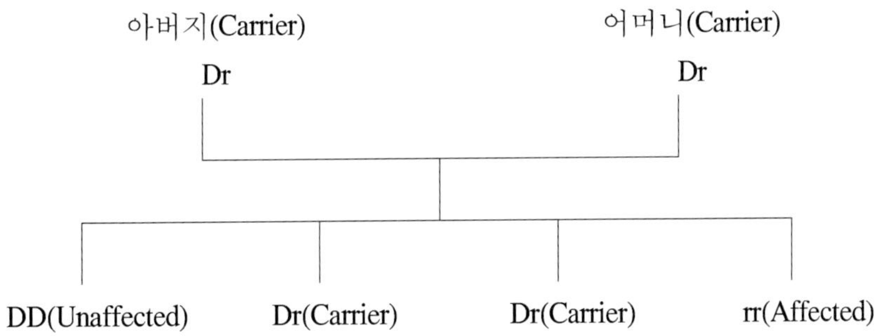

〔그림 3.2〕 상염색체 열성 유전

상염색체 열성 유전의 예

테이-삭스(Tay-Sachs Disease)

의학적으로 설명되는 다른 많은 질병과 마찬가지로 테이-삭스는 처음으로 이것의 특징을 파악한 의사의 이름을 따라 명명되었다. 이는 중추신경계의 퇴화와 관련된 무서운 것이며 점차 심각해지는 정신 및 신체의 지체, 시력 상실, 그리고 발작 등이 특징으로 나타난다. 이 병은 항상 치명적인데 종종 생후 18개월 이내에 나타나나 때로는 생후 3,4년까지 나타나지 않을 수도 있다.

테이-삭스는 신경세포를 파괴하는 효소 결함(enzymatic defect)으로 생기게 되는데Ashkenazic(동부 유럽인) 유태인 사람들이 가장 많이 보유하고 있지만, 일반 인구집단에서도 발생할 수 있다.

부모들은 대부분 자신의 자녀가 테이-삭스가 있다는 사실을 악화가 시작되기 전까지 결코 알 수가 없으며 영아가 생후 몇 개월 동안에는 정상적으로 발달하다가 점진적으로 악화된다는 점에서 매우 비참하다. 아직 치료법이 알려지지 않고 있지만 유전자를 보유하고 있는 사람이 임신하기 전에 원인이 되는 유전자를 발견할 수는 있고 분만 전 검사(prenatal testing)를 통해 태아에 테이-삭스가 있는지를 확인할 수 있다.

■ 성염색체성 열성 유전

잘못된 열성유전자가 X 염색체에 실려 있을 때, 여아의 유전 패턴은 상염색체 열성 유전에서만 일어난다. 하지만 남아의 경우 X 염색체가 하나밖에 없기 때문에 X-linked 유전은 보다 복잡하다. X가 하나밖에 없으면 남아는 자신을 결함이 있는 열성 유전자의 영향으로부터 보호해줄 상승하는 우성유전자를 받는 것이 불가능하기 때문이다. 그 결과로 만일 남아가 결함이 있는 열성 X-linked 유전자를 물려받는 경우 장애가 나타나게 된다. [그림 3.3]은 성염색체 열성 유전을 보여준다.

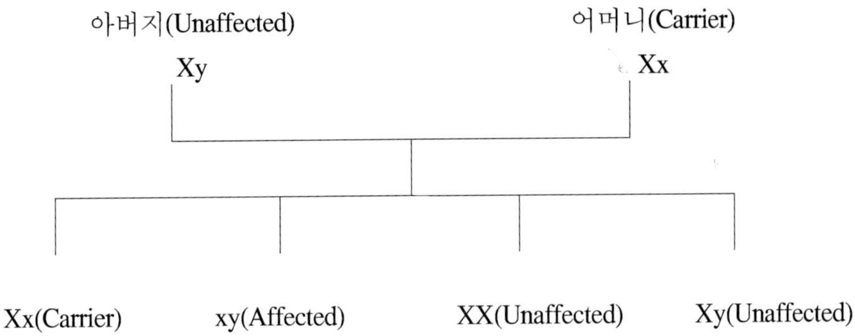

〔그림 3.3〕 성염색체 열성 유전

성염색체 열성 유전의 예

레쉬-니한(Lesch-Nyhan Disease)

레쉬-니한은 유전된 효소결함을 통해 생기는 질병으로 X-linked된 유전을 통해서 유전된다는 사실 때문에 남성에게서만 발견된다. 이것은 뇌성마비 또는 지적장애와 관련이 있는데, 지적인 기능의 범위는 정상적인 지적능력에서 심각한 정도까지 다양하다. 레쉬-니한에 있어서 두뇌손상은 과도한 요산(uric acid)의 축적에서 비롯되며 신결석(kidney stone) 형성과 관련된 신장질환으로 사망하곤 하였으나 현재는 어느 정도 관리 되어 수명을 10대나 그 이상으로까지 연장시킬 수 있다.

레쉬-니한이 있는 아동들은 이가 처음 나면 심각하고 지속적인 형태의 자해행동(SIB)을 한다. 이런 아동들은 자신의 입술이나 손가락을 깨물게 되고 조직을 심각하게 손상시키거나 파괴하기도 한다. 또 다른 사람을 치거나 때리는 등 공격적이기도 하며 침을 뱉거나 욕을 하기도 하는데, 이 모든 행동들은 전적으로 무의식적인 것으로 보인다. 아동들이 나이를 먹어가면서 자신의 공격적인 행동을 제어해달라고 도움을 요청하기도 한다. 행동수정에서와 마찬가지로 SIB를 감소시키는데 있어서 대사를 변화시키는 약물치료가 때로 효과가 있기도 하지만 자해를 완전히 없앨 수는 없으며 음식섭취에도 문제가 있어 종종 구토를 하기도 한다.

현재로서는 예방을 위한 보인자 진단(carrier detection)을 이용할 수 없지만, 분만 전 검사로 자궁에 이 병이 있는지의 여부를 판단할 수 있다.

취약X 증후군(Fragile X Syndrome)

Fragile X 증후군은 유전되는 지적장애 가운데 가장 잘 알려져 있다. 이전에는 Martin-Bell 증후군으로 불렀던 Fragile X는 X 염색체에 결함이 있는 것인데, 부분적으로 약하거나 깨어진 형태로 나타난다. 표면적으로 보면 Fragile X는 X-linked 열성유전을 통해서 유전되는 것으로 보이나, 전형적인 패턴과는 편차가 있다. 열성유전에서처럼, 종종 보인자로 알려진 여성에게 증세가 없을 수도 있으며, 반대로 보인자 여성이 발병하는 수도 있다. Fragile X의 여부를 확인하는 진단은 장완 X 염색체의 취약한 부위를 현미경으로 확인하여 이루어진다. 모든 세포가 손상된 X를 보유한 것이 아니라서 손상된 세포의 비율이 취약성을 결정한다.

신체적 특징을 살펴보면 긴 얼굴, 커다란 눈, 튀어나온 턱과 이마, 근력저하증, 평발 등이 있고 남성의 경우 사춘기에 비정상적으로 고환이 커지게 된다(대고환증). 하지만 이러한 특징은 Fragile X가 있는 사람들 사이에서도 다양하고 다른 인구집단에서도 빈번히 발생하기 때문에 신체적인 형질을 바탕으로 진단을 내릴 수는 없다. 행동적 특징은 과잉행동, 집중력 결핍, 자해 등이 나타나고 일부 특성은 자폐증과 유사하다.

Fragile X가 있는 남성들이 나타내는 특성은 여성의 경우보다 더욱 심각한 경향이 있다(X 염색체 이상으로 인해). 남성과 여성 모두 시-공간적 과제와 시각 운동 협응(visual motor coordination)이 부족하고 특히 단기 시각 기억은 매우 부족하다.

여러 가지 문제에도 불구하고 Fragile X가 있는 사람들도 개인적인 장점과 약점을 갖고 있다. 아동(그리고 성인)이 사회적으로 적응하는데 있어서 학업 및 적응의 성공이 매우 중요하므로 숙련된 사회행동의 개발을 위한 지원이 Fragile X 아동의 발달에 있어서 중요한 문제가 된다.

2 가족성 단순성 지적장애(생리적 지적장애)

유전자가 좋지 않은 결합을 하게 되면 그 결과로 저 지능을 갖게 되며 이는 지적장애로 이어진다. 저지능을 결정하는 데 관계되는 유전자는 다른 신체적, 정신적 특징을 나타내는 데는 영향을 미치지 않기 때문에 이를 단순형(simple type) 또는 비임상형(aclinical type)이라 하고 대부분은 증상이 심각하지 않은 것이 특징이다. 이 유형의 지적장애는 그 가족이나 친족 중에 지능이 낮은 사람이 적지 않게 발견되고 있으며 또한 문화수준이 낮은 지역이나 계층에도 많이 출현되어 저문화형 지적장애라고도 한다.

3 유전성 질환

유전성 질환에 의한 지적장애는 가족성 단순형의 지적장애와는 다른 어떤 특수한 병적 유전자에 의해 발병하는 지적장애이다. 병적 유전자형에 근거한 지적장애는 지능발달 장애와 함께 특수한 정신-신체상의 증상을 보이는데 열성 유전 형식을 취하는 유전성 대사성 질환과 우성 유전형식을 뛰는 유전성 신생물에 의한 지적장애, 또한 어떤 유전형식이든지 간에 또 다른 증상을 보이는 지적장애등이 있다.

■ 유전성 대사성 질환

유전인자의 결함으로 효소의 결핍이 생기면 선천성의 대사장애를 일으키게 되고, 그 결과로 뇌에 손상을 주어서 지적장애를 발생시킨다. 이 질환에 대해서는 생화학의 진보에 따라 심신의 장애발생 기제가 밝혀지고 있고, 일부는 치료방법도 알게 되었다.

유전성 대사성 질환에 의한 주된 장애는 아미노산(amino), 유지질(類脂質:lipoid), 함수탄소(당질), 단백질 등의 대사장애가 있다.

■ 아미노산 대사이상(amino acid disorders)

아미노산 대사이상에서 생기는 질환은 페닐케톤뇨증(phenylketonuria : PKU)이다. 이 병은 필수 아미노산의 하나인 페닐알라닌(phenylalnine)이 산화되어 티로신(tyrosine)이라고 하는 또 다른 아미노산으로 변하는 과정에 필요한 효소가 유전성 질환으로 인해 결핍되어 신진대사가 순조롭게 진행하지 못하고 그 부차적 산물인 페닐초성포도산성(페닐焦性葡萄酸性 : phenylpyruvic acid)이라는 독물이 생겨난다. 이것이 유아의 혈류 속에 누적되면 신경계의 발달에 손상을 입힌다. 페닐케토뇨증에서 가장 두드러진 증상은 저 지능으로 대다수가 성인이 되어서도 IQ가 50이하이다. 출생시에 신경조직에는 이상이 없고 몇 달 동안은 정상적으로 발육한다. 그러나 뇌 손상이 서서히 나타나는데 아마 과다한 페닐알라닌에 의한 중독 때문으로 판단되며 이로 인해 진행성 지능 저하를 초래한다. 나이가 들수록 언어 능력을 상실해 가고 만1세가 되면 모든 사례에서 발육 지체가 분명해 진다. 치료대책으로 페닐케톤뇨증을 조기에 발견해서 출생 직후부터 페닐알라닌을 제한하는 식이요법을 하면 지적장애의 발생을 예방할 수 있다.

■ 유지질 대사이상(disorders of lipoid metabolism)

유지증(類脂症 : lipidosis)이라고 불리는 질병들은 신경조직이나 신체 여러 부분에 지방이나 지질(脂質)이 과도하게 축적되어 생기는 병이다. 현재는 치료가 불가능하고 환자의 거의 대부분이 어릴 때 사망한다. 뇌의 발육기에 유지질 대사이상이 있으면 뇌의 발달(glia 세포증식, 신경섬유의 수초화 등)이나 지능발달에 큰 영향을 미친다. 유지질 대사이상에서 잘 알려져 있는 것에는 가족성 흑내장성 백치(amaurotic familial idiocy), 가르고이리즘(gargoylism : pfaundler - Hurler's disease), 게라신형 리포이드증(lipoid histiocytosis of kerasin type : infantile cerebral Gaucher disease), 니만-피크병(Niemann-Pick disease : lipoid histiocytosis of phosphatide type)등이 있다.

가족성 흑내장성 백치는 유지질(類脂質), 특히 인지질(燐脂質)의 대사 이상에 의한 진행성 질환으로서 열성 유전형식을 취한다. 주요증상으로는 치매, 근박약, 시력장애 등의 세 가지 이며 발병시기에 따라 유아형(乳兒型:Tay-Sach's disease:infantile amaurotic familial idiocy), 만기유년형(晩期幼年型 : Bielschowsky's disease), 약년형(若年型 : Spielmeyer - Vogt's disease:juvenile amaurotic familial idiocy), 만기약년형(晩期若年型: Kuf's disease)등으로 나눈다.

가르고이리즘은 열성 또는 반성열성 유전 형식을 띄는 점액성 다당류(mucopoly - saccharide) 및 유지질의 대사질환으로 이 병에 걸린 환자들은 소변에서 특징적인 물질이 발견된다. 생후 1년이 지날 때쯤에 발병하여 서서히 진행되다가 대개 사춘기에 이르기 전에 사망하기도 한다.

게라신형 리포이드증은 뇌조직 및 신경수초에서 볼 수 있는 세레브로시드(crebroside)의 일종인 게라신이 뇌나 망상상피계(網狀上皮系:脾, 肝, 임파腺, 骨髓)의 세포내에 대사 이상으로 인하여 축적되는 열성유전병이다. 발병 시기,

경과, 신경증상의 유무에 따라 급성 유아형, 만성 성인형, 약년형 등 세가지 유형으로 나눈다.

니만-피크병은 생후 3~5개월경에 발병해서 대부분 정신쇠약으로 인해 2~3세에 사망하는 유전병으로서 열성 유전방식을 취한다. 니만-피크의 경우 유태인에게만 나타나는데 특히 여자에게 많이 발병한다. 이 병은 망상상피계에 해를 줄 뿐 아니라 근육 중추신경계 내분비선에도 장애를 갖게 한다. 이 부위에서 인지질, 스핑고미엘린(sphingomyelin : 인지질의 일종)의 축적이 특징이다.

■ 함수탄소 대사이상(carbohydrate disorder)

열성 유전 형식을 취하는 함수탄소 대사이상은 당질 대상 이상이다. 대표적으로 갈락토스 혈증(galactosemia)이 있으며 이밖에 다원병, 과다혈증, 저당혈증 등이 있다.

갈락토스혈증은 출생후 아기가 젖을 먹기 시작하면 곧 증상이 나타나서 급속하게 진행된다. 미 치료시에는 보통 신생아기에 사망하든가 살더라도 지적장애가 되기도 한다.

보통 유집(乳什)중의 유당은 아기의 체내에서 가수분해되어 적혈구 내에 포함되어 있는 일종의 효소작용으로 갈락토스는 포도당이 된다. 유전적으로 이 효소가 결핍되면 대사 작용이 원활치 못하고 환아의 혈액속에 다량의 갈락토스가 축적되어 세포나 조직에 이상 축적을 하게 된다.

갈락토스혈증은 소변검사, 혈액검사, 방사성 동위원소검사로 진단이 가능하며 생후 1주일 내에 식이요법에 의한 치료(우유를 제거시킨 음식물 섭취)를 시작하면 즉각 증세가 호전되고 지적장애 발생을 예방할 수 있다.

■ 단백질 대사이상(protein disease) - 포르피린뇨증(porphyria)

포르피린뇨증은 혈액이나 기타 조직 중에 포르피린이 과잉으로 존재하는 대사 이상이다. 이는 골수성 이상과 간장성 이상으로 나눌 수 있는데 증가된 포르피린에 의해서 일광피부염을 일으키는 것과 간장장애, 신경·정신증상을 나타내는 것이 있다. 유전형식은 열성 또는 우성 유전을 하고 있으며 근본적인 치료가 불가능하여 대중적 요법에 의존하고 있다.

지금까지 살펴본 유전성 대사 질환은 그 자체로는 뇌와 아무런 관계가 없는 하나의 대사 이상이다. 이러한 병인에 속하는 지적장애는 어느 것이든 1차적인 원발성의 지적장애가 아니고 특수한 유전질환의 부산물로 생겨난 것임을 유념해야 한다.

■ 유전성 신생물(종양)

유전적으로 뇌나 그 밖의 부위에 신생물(종양)이 생기면 지적장애의 원인이 되는데 특히 뇌에 발생하면 뇌 발육이 저지되고 경련, 기타 여러 가지의 신경 증상을 나타내게 된다. 유전성 신생물에 의한 지적장애는 우성유전을 취하는 것이 일반적이며 대표적으로 신경섬유종증, 삼차신경 뇌 다발성 혈관종증, 결절성 경화증 등이 있다.

■ 신경섬유종증(neurofibromatosis : Recklinghausen's disease)

이 질환은 피부와 말초신경의 다발성 종양(신경섬유종), 엷은 갈색의 피부반점, 뼈의 낭종(cyst)과 부식(erosion), 뇌를 포함한 제장기의 종양등이 주 증상으로 나타난다. 출생아 3,000명중 1명꼴로 영향을 미치는데 이 중 50%는 유전이며 50%는 돌연변이의 영향이다. 지능의 정도는 정상에서부터 중도의 지적장애에 이르기까지 다양하며 가끔 간질이 합병되기도 한다. 치료법으로는 재발가능성이 있음에도 불구하고 종양수술이 권장되고 있다.

■ 뇌 다발성 혈관종증(trigeminal cerebral angiomatsis)

삼차신경 영역의 피부에 붉은 반점이 보이고 이와 함께 뇌의 두정엽(頭頂葉)이나 후두엽 영역의 수막에 있는 혈관에 기형을 합병하는 특징을 보이는 것으로 유전형식은 확인되지 않고 있다. 경련발작이 가끔 있고 일과성, 영속성의 운동마비가 오기도 한다. 지능은 정상에서 중도 지적장애까지 다양하다.

■ 결절성 뇌경화증(tuberous sclerosis : Epiloia, Bourneville's disease)

결절성 경화증은 뇌의 피질표면에 수 많은 경화된 소결절이 생기는 우성 유전병으로 지적장애, 경련발작, 안면의 피지선종(皮脂腺腫)의 세 가지 중요 증상을 갖는다. 지체의 진행성으로 인해 나이가 들어갈수록 손상의 정도가 심해진다. 치료로서는 경련발작의 대증적 대응정도 이다.

이상은 유전적으로 일어나는 종양이 뇌에 생겨 그것이 부차적으로 영향을 미쳐 뇌 발육의 저하로 지적장애를 생겨나게 하는 경우이다.

■ 기타 유전적 요인

대사이상과 종양에 의한 지적장애 외에 열성 유전형식을 취하는 로렌스-문-비들 증후군(Laurence-Moon-Biedle syndrome), 우성 유전형식에 의해 발병하는 마환 증후군(Marfan's syndrome:arachnodactyly - 지주지증)등이 있다.

(3) 염색체 이상

염색체에 이상이 생기면 지적장애와 매우 관련이 깊어지게 된다. 성세포를 제외한 인간의 각세포는 염색체의 수나 구조상에 이상이 있을 때 염색체 이상이 생겨나는데 이 같은 이상은 유전자의 돌연변이, 방사선, 약제 및 화학물질, 바이러스, 자기 면역기구 이상, 배우자의 과숙, 기타 이상이나 온도, 시기, 지리적 또는 경제적 요인 등 생물학과 환경의 복합된 요인이 원인으로 생각되고 있다.

염색체 이상에서 보이는 증후군은 여러 가지 유형이 있는데 대표적으로 상염색체 이상에 의한 다운증후군(Down's syndrome:Mongolisim), 그리드샤 증후군(cri-du-chat syndrome:B군 5염색체 단완결실)과 성염색체 이상에 의한 클라인펠터 증후군(Klinefelter's syndrome), 터너 증후군(Turner's syndrome)등이 있다.

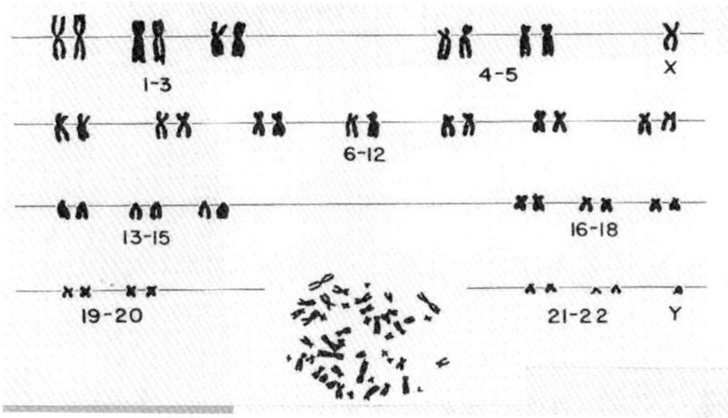

〔그림 3.4〕 정상 남성

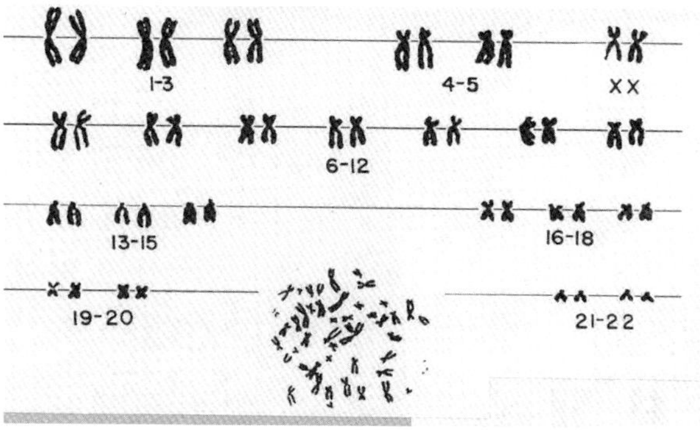

〔그림 3.5〕 정상 여성

■ 다운증후군

다운증후군은 가장 흔한 염색체 이상으로 삼체성 염색체 21(trisomy21), 전위, 모자이크 등 세 가지 유형이 있다.

삼체성 염색체 21형은 정상 염색체(46개)보다 하나가 많은 47개의 염색체를 갖는다. 다시 말해 21번 염색체가 2개로된 다른 정상 염색체보다 1개가 더 많은 3개로 이루어져 있기 때문에 생겨난 것이다. 이 형의 염색체 이상을 몽고리즘이라고 불려진다. 기존에는 여분의 염색체가 반드시 난자에서 온다고 믿었지만 연구에 의하면 20~30%정도가 정자에서도 올 수 있다고 한다.

전위는 부모중 한쪽의 염색체 21번이 다른 염색체(대부분 15번 염색체)에 부착되어 버리는 경우이다.

모자이크형은 임신 후에 결함이 발생하는 것으로 알려져 있는데 최초의 접합체(initial zygote)는 염색체 수가 정상이나 초기의 세포분열기인 출생전 발달기 중에 한 세포는 47개의 염색체를 받고 다른 한 세포는 45개를 받는 잘못이 일어나 염색체 45개의 세포는 죽는다. 모자이크형 아동의 경우 몇 개의 세포는 정상적인 46개의 염색체를 갖고, 다른 세포들은 비정상적인 47개의 염색체를 갖는다. 정상세포를 많이 가질수록 더 정상인이 되므로 다운증후군과 정상성 사이에 일종의 연속체를 형성한다.

다운증후군 아동들은 경증에서 중증까지의 다양한 정도의 지적장애와 운동감각 미발달 및 협응의 문제를 가진다. 이들은 평균 연령보다 신체발달은 늦지만 학습이 가능한 경우도 있고 성인이 되면 취업을 하여 반 독자적으로 생활을 하기도 한다. 정서면에서 밝은 성격을 가지고 있지만 기분의 변화가 많다.

다운증후군 청소년의 경우 또래와 같은 시기에 사춘기를 겪으나 남아의 경우 다소 지체된다. 여성의 절반 가량이 임신이 가능하며 Trisomy 21 혹은 다른 발달장애를 나타낼 가능성은 약 35~50% 정도이다.

다운증후군 아동은 심장결함, 갑상선기능저하증, 백혈병 등이 많이 발병하는데 치료법의 개선으로 평균 수명이 성년 초기에서 55세까지로 늘어난 한편, 60대까지 사는 사람들도 많다. 40세가 되면 사실상 거의 모두가 알츠하이머 타입의 뇌 병리를 보이지만, 50세 이상이 될 때까지 임상적 증상을 보이지 않거나 아예 증상이 나타나지 않는 사람들도 상당수가 된다.

예방을 위해서는 임산부의 양수검사를 통해 염색체이상을 발견할 수 있는데 통계적으로 보아 노산모의 자녀에게서 많이 나타난다.

■ 그리드샤증후군

이것은 B군 5염색체의 단완 결실을 말하는데 4-5군(B군)의 염색체 중의 하나(특히 5번 염색체)가 삭제된 것과 관련된 것으로서 이 병에 걸린 아동이 고양이의 울음소리와 같은 특이한 울음소리를 내기 때문에 이를 고양이 울음 증후군(cri-du-chat)이라고도 한다. 다른 증세로서는 심한 지적장애와 아울러 기형적인 얼굴모양을 갖는다.

■ 클라인펠터증후군

다운증후군 외에 흔히 볼 수 있는 염색체이상 증세는 성염색체와 관련된 질병으로서 클라인펠터증후군이 있다. 23번 위치의 성염색체가 어떤 원인에 의해 이상이 생겨 정상 남성이 갖는 XY형 성염색체가 아닌 XXY형(X염색체가 하나 더 많아진 것으로 경우에 따라서 XXXY, XXXXY형도 있다)염색체로 되었을 때 이 증상이 나타난다. 이 경우 염색체 수는 모두 47개가 된다.

이 증후군은 소아기에는 경도의 지적장애를 보이고 사춘기에 이르면 남성처럼 보이지만 여러 가지 여성적인 특성을 갖게 된다(과도하게 발육된 가슴, 여성적인 높은 목소리, 무모증, 작은 고환, 생식불능 등). 지적장애의 정도는 다양하나 모두 지적장애를 갖게 되는 것은 아니다. 클라인펠터증후군은 호르몬 치료가 효과적이기 때문에 그 발견이 매우 중요하다.

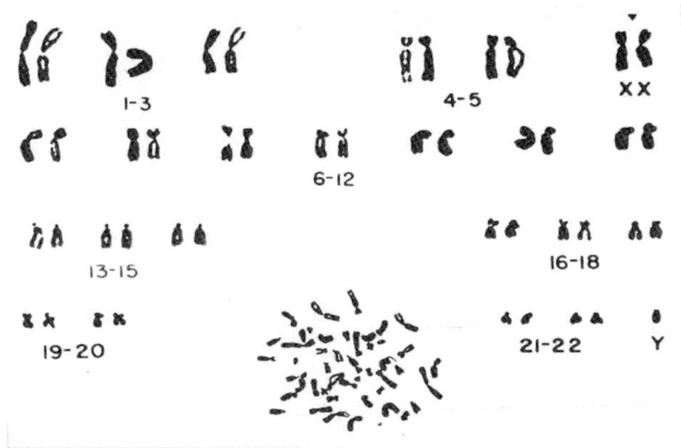

〔그림 3.6〕 클라이펠터 증후군

■ 터너증후군

터너증후군은 1938년 터너가 최초로 보고한 것으로 주로 여성의 성염색체 불분리현상(nondisjunction)에 의해 발생한다. 정상 여성에서는 23번 위치의 성염색체가 XX형인데 반해 이 경우는 한 개의 X염색체만 갖게 되므로 염색체 수는 모두 45개가 된다(성유전자형은 XO이다).

터너증후군은 여성의 형태를 가지고 있지만 난소가 없거나 흔적만 남게 되고,

또 제2차 성징도 나타나지 않게 되어 생식을 못한다. 이 증후군의 약 20%는 지적장애이고 특히 비언어적 지능이 제한되어 있다는 연구결과가 있다.

터너증후군의 환자가 공간 능력과 좌우의 방향감각에 장애를 나타낸다고 하는 증거는 학습장애에 관련해서 매우 흥미로운 부분인데 환자의 WISC검사 득점은 언어성 검사의 득점이 높다. 터너증후군의 높은 출현율로 가벼운 지적장애를 보이는 경우는 "공간-형태"장애이다. 또 여성의 터너증후군에 비슷한 신체적 특징을 지니고 가벼운 지적장애가 있는 남성이 있다. 이 경우의 염색체상은 일반적으로 정상이다.(연구에 의하면 상염색체 이상은 지적장애와 관련이 있고 성염색체 이상은 학습장애와 관련이 있다.)

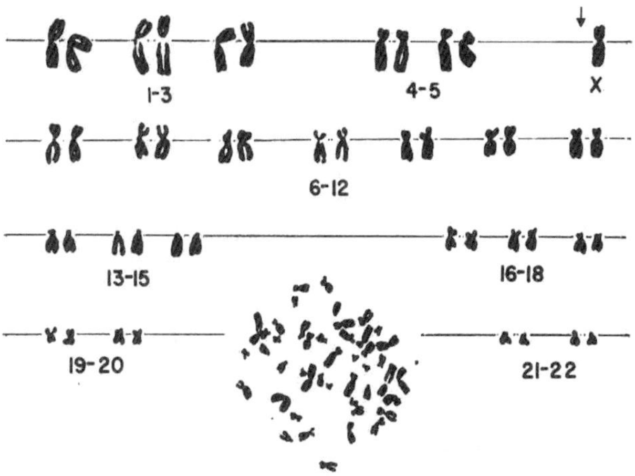

〔그림 3.7〕 터너 증후군

(4) 태아기 뇌장애

수정해서 개체가 발생한 후 출산하기까지의 기간을 태아기라고 한다. 태아기에 뇌가 어떤 원인에 의해 손상을 입게 되면 매우 심하게 신체적·정신적 장애를 동반하게 된다.

태아기 뇌장애의 여러 가지 요인 중에는 태아뇌 감염, 중독, 물리적 손상, 산소결핍, 모자 혈액형 부적합등이 있다.

1 태아뇌 감염

태아기는 바이러스나 세균의 감염을 받아 염증성 질환에 잘 걸리게 되며 감염이 되면 뇌염을 일으키게 되는데 대부분의 경우 사망에 의해 자연유산을 하게 된다. 간혹 치유가 되면 뇌염의 후유증으로 뇌 발달에 심각한 영향을 끼쳐 지적장애를 발생시킨다.

태아뇌를 감염시키는 것으로는 풍진바이러스, 선천성 매독, 거대세포봉입체증, 주혈원충병, 기타감염을 들 수 있다.

■ 풍진바이러스

출생전 감염으로 지적장애를 일으키는 것 중 가장 무서운 것이 풍진(rubella : German measles)이다. 풍진바이러스에 의한 태아뇌염은 임신 3개월 이전에 모체가 풍진에 감염되면 태아가 크게 영향을 받아 중추신경계 이상을 가져오고 이로 인해 지적장애가 된다. 이와 수반하여 심장결함, 시력장애, 청각장애, 소두증, 뇌성마비 등의 증상을 보인다.

현재는 예방약이 개발되어 있어 풍진에 의한 지적장애의 발생은 줄어들고 있다.

■ 선천성 매독

선천성 매독에 의한 지적장애는 매독병원체가 모체의 태반이나 산도를 통해 태아에게 감염되어 뇌의 발육장애를 일으키는 경우이다. 이로 인해 뇌막염, 혈관내막의 염증, 시신경 위축등이 생기고 이것이 다시 대뇌, 소뇌, 척수등 침범하여서 장애를 일으키기도 한다. 선천성 매독의 경우 각막염, 난청 허친슨치(Hutchinson)등의 증후가 나타나며 마비, 경련도 보이는 경우가 있는데 매독성에 의한 지적장애의 정도는 다양하다.

■ 거대세포봉입체증(cytomegalic inclusion disease)

거대세포봉입체증은 임신 중 산모가 거대세포 바이러스에 감염되었을 때 발생하는 질환으로서 감염된 산모는 별 증상을 보이지 않으나 태아나 신생아에게는 매우 치명적인 영향을 미친다. 특히 태아의 경우 골수, 간장, 중추신경계에 장애를 입어 살더라도 중추신경계의 후유증으로 여러 가지 신체적 증상과 심한 지적장애(수두증, 이상 소두)가 되기도 한다.

■ 주혈원충병(toxoplasmasis)

주혈원충병은 가축을 포함한 동물류에 기생하고 있는 톡소플라스마라는 초생달 모양의 작은 원충이 임신부에 감염되면 이 원충이 태반을 통해 태아에게로 감염되어 급속하게 증식을 한다. 이때 태아 뇌가 손상을 받아 대부분의 경우 태아기 때나 늦어도 생후 얼마 안 되어 사망하는 경우가 많다. 생존하더라도 지적장애를 포함한 뇌막염, 뇌수종, 경련, 근육의 경직 등 후유증상이 심각하므로 임산부는 애완용 동물과 접촉하지 말아야 한다.

■ 감염증

위에서 언급한 감염증 외에도 단순포진(herpes simplex), 콕새키 바이러스 B군(coxsackie - virus group B), 마진(rubella:regular measles), 수두(varicella) 및 대상포진(herpes zoster), 간염(hepatitis), 인플루엔자(influenza), 절족동물매개성 뇌염(arthropod-borne encephalitides), 회백수염(poliomyelitis)등의 모체 감염증에 의해서도 지적장애가 발생한다.

② 태아뇌 중독

산모가 독물에 중독되면 그 유독물질에 의해 태아의 뇌가 중독을 일으켜 지적장애가 발생하게 된다. 태아뇌 중독에는 약물중독, 임신중독, 독물중독, 알코올중독이 있다.

■ 약물중독

산모가 임신 중 복용하는 약물에 의해 태아가 뇌에 중독을 일으키는 것은 탈리도마이드(thalidomide)를 비롯해 항생물질, 부신피질호르몬 치료제, 항암제, 갑상선기능항진치료제, 당뇨병치료제 등이 있다.

■ 임신중독

임신중독은 산모의 임신 기간 중 생기는 중증 합병증의 하나로서 발병 시기는 임신후기 3개월간에 한정 되어 있고 고혈압, 두통, 부종, 단백뇨 등이 주 증상으로 나타난다. 출산전에 적절한 치료를 하면 방지할 수 있으나 만일 치료를 소홀히 하면 경련, 혼수상태를 일으켜 사망하는 수도 있다. 임신중독에 걸린 산모는 태아에게 여러 가지 장애를 입혀 유산, 사산, 조산(미숙아)이나 기타 출생 합병증이 있는 아기를 출산할 가능성이 높다.

■ 독물중독

산모가 유기수은, 납, 여러 중금속이나 오염된 공업화학 물질, 일산화탄소, 기타 유독물질 등에 중독 되었을 때 신경조직에 영속적인 장애를 남길 뿐만 아니라 태아의 뇌에도 장애를 가져와 지적장애가 되게 한다.

■ 알코올중독

임산부가 임신 첫 3개월 내에 과도한 알코올 섭취를 하면 태아에게 직접적인 영향을 끼치게 된다. 이로 인해 태아알코올 증후군(FAS)으로 태어나는 아동이 1,000명당 1~3명(혹은 7명까지)으로 추정되고 있다. 태아알코올 증후군은 뇌발달에 직접 영향을 미치고 이것은 성인기까지 지속된다.

3 태아뇌 물리적 손상

태아뇌의 물리적 손상의 경우는 방사선 조사, 낙상장애 그 밖의 외상 등이 있는데 여기서는 방사선조사에 의한 태아뇌의 손상만을 언급해 보기로 한다.

산모가 치료의 목적으로 강력한 방사선의 조사를 받게 되면 태아의 중추신경 발달에 악영향을 미친다. 이러한 피해에서 흔히 볼 수 있는 것이 무거운 지적장애를 위시한 소안구증, 백내장, 망막염, 사시, 안구진탕, 뼈의 기형, 소두증 등이 있다. 특히 소두증은 공통적으로 나타나는 증상이다.

4 태아뇌 산소결핍

임신중에 일산화탄소 중독이나 여러 가지 사고로 질식을 한다든가 순환기, 호흡기 등의 질환에 의한 혈액장애 또는 호흡곤란으로 산소결핍상태가 되면 태아의 동맥혈도 같은 상태가 되어 뇌에 심각한 악영향을 미친다.

이때 많은 경우 사망을 하게 되나 생존하더라도 지적장애가 되는 경우가 많다.

5 모자 혈액형 부적합

혈액형 부적합 가운데 대표적인 것이 Rh혈액형의 부적합이다. Rh부적합의 경우는 어머니가 Rh음성이고 아버지가 Rh양성일 때만 문제가 된다(우리나라의 경우 0.2%만이 Rh음성이어서 비교적 이 문제는 적다). 두 사람 사이에서 태어난 태아는 대개 Rh양성의 혈액형을 갖게 되는데, Rh음성인 어머니는 태아의 Rh양성에 대해서 면역반응을 일으켜서 이물질을 방어하기 위한 항체가 형성된다. 이 항체가 모체의 태반을 통해 태아의 순환기에 역으로 유입하게 되면 태아의 적혈구가 마치 부적합 수혈을 받은 것처럼 파괴되어 정상적인 산소공급을 할 수 없게 된다.

모체에서 형성된 항체는 처음 임신에서는 대부분 문제가 되지 않지만 두 번째의 Rh양성 태아의 임신에서는 문제가 일어나게 된다.

출산시 신생아는 용혈성 질환으로 이미 황달을 보이거나 생후 2~3일이 되어서 나타나기도 하는데 중증의 신생아 황달은 사망하는 경우도 있다.

후유 증상으로는 경증에서 중증에 이르기까지의 지적장애, 경련, 청각신경손상, 불수의 운동, 사지의 경성마비 등이 있다. 이에 대한 치료에는 출생 직후 신생아 완전 교환수혈 방법이 있고, 최근 로감(RhoGAM)이라는 항 Rh면역약을 모체에 투입하여 치료하기도 한다.

부모의 Rh혈액형에 따른 자녀의 Rh형은 다음 〈표 3.1〉과 같다.

<표 3.1> 부모와 자녀의 Rh혈액형

부	모	자녀	
		+	−
+	+	o	o
−	+	o	o
+	x	+	o
−	−		o

이외 어머니와 자녀간 ABO혈액형 부적합의 경우 태아에게 문제가 있을 수 있지만 빈도가 낮은 편이다. 하지만 혈액형이 부적합일 경우 상당히 주의 깊은

관찰을 필요로 한다.

부모와 자녀간 ABO혈액형 부적합의 예는 다음 〈표 3.2〉와 같다.

<표 3.2> 부모와 자녀간 ABO혈액형 부적합

부모	모	O				A				B				AB			
	부	O	A	B	AB	O	A	B	AB	O	A	B	AB	O	A	B	AB
자	O	o	o	o		o	o	o		o	o	o					
	A		■		■	o	o	o	o		■		■	o	o	o	o
	B			■	■			■	■	o	o	o	o	o	o	o	o
	AB							■	■		■		■	o	o	o	o

2) 출산시

태아는 출산과정에서 협소한 산도를 통과해서 태어나기 때문에 뇌에 압박을 받거나 산소결핍을 일으키게 될 위험한 기회가 많아지고 이로 인해 장애를 입게 된다.

여기에서는 기계적 뇌손상, 조산, 산소결핍에 대해서 알아보도록 하겠다.

(1) 기계적 뇌손상

산모의 분만불능태위(태위이상, 태향이상), 골반이상, 산도이상, 다산(多産) 그 밖의 다른 장애나 합병증이 있게 되어 출산이 곤란해지고 이는 겸자분만을 요구하게 된다. 이때 출산아의 뇌가 심하게 압박을 받으면 뇌손상을 일으키게 되고 그 결과로 지적장애를 비롯한 여러 가지 후유 증상을 보인다.

(2) 조 산

산모나 출산과정 자체에는 문제가 없더라도 임신기간이 37주가 못되어 출산을 하게 되면 출산아가 너무 미숙하여 중추신경계의 성숙이 늦어지고 이에 따라 가벼운 지적장애가 될 수 있다. 조산아는 두뇌의 약한 혈관으로 인해 뇌출혈이 생기기 쉬우며 이는 두뇌손상을 가져와 지적장애와 뇌성마비로 이어진다. 또한 조산으로 인한 미숙아는 출생시 체중이 2500g 이하로 태어나 미숙아 보육기(incubator)에서 특별 관리를 받게 되는데 이 과정에서 미숙아 망막증을 발생하기도 한다. 조산의 요인에는 자궁 내에서의 이상태위, 신체기관의 미숙성, 쌍생아, 임신부의 질병, 임신중독증, 임신 중의 낙상 또는 기타 사고 등을 들 수가 있다.

의학의 발달은 조산으로 인한 초미숙아의 생존확률을 높이고 있으나 이는 심각한 발달장애나 학습장애의 빈도를 증가시키는 현상을 초래하고 있다.

(3) 산소결핍

산소의 부족현상을 보이는 산소결핍증(anoxia)은 몇 가지 원인에 의해 발생한다. 출산이 지연되거나 곤란해질 경우는 태아가 출생하기 전에 태반이 자궁벽에서 분리되어 버릴 수가 있는데 이때 출산아는 스스로 호흡을 할 능력이 없는 상태에서 탯줄이 꼬이거나 출산아의 목에 감기게 되어 산소결핍이 일어날 수가 있다. 또 산고를 덜기 위해 진정제를 과용하면 출산아의 호흡지연이 생겨날 수도 있다.

이와 같이 태반의 조기이탈, 전치태반의 대량출혈, 제대결절(臍帶結節), 제대의 탈출 및 압박 등에 의한 혈액순환장애, 다량의 진정제 사용에 의한 호흡개시 지연등은 출산아의 산소결핍을 가져오는 주요원인이 된다. 산소 결핍증에 놓이게 된 신생아는 뇌세포가 손상되어 지적장애와 함께 여러 가지 합병증을 보이게 된다.

출산시에 발생할 수 있는 기계적 뇌손상, 조산, 산소결핍이 장애에 미치는 영향은 임상적으로 구별하기 매우 힘드므로 이것으로 인한 지적장애의 원인을 알고자 할 때 많은 주의를 기울여야 한다.

3) 출생후

동맥혈을 통한 산소공급이 끊어지면 신생아는 스스로 첫 호흡을 하여 산소를 공급하게 되는데 그 순간부터 일어난 모든 일을 출생 이후 또는 후천적이라 한다.

이때부터 신생아는 생리적으로 독립하게 된다. 이 시기에 신생아의 뇌 손상이나 그 밖의 나쁜 영향으로 지적장애가 되는 요인으로 유유아기의 뇌장애와 심리 및 사회 문화적 환경의 요인이 있다.

(1) 유유아기 뇌장애

유유아기(乳幼兒期)에 유아의 뇌가 기질적으로 손상을 받게 되면 뇌발육의 장애만이 아니라 여러 가지 신경학적 후유증을 남긴다. 이 시기의 뇌는 태아와 달리 적극적으로 자기 생명을 방어 할려는 태도를 나타낸다. 세균이나 바이러스의 감염을 받게 되면 그것을 방어 할려는 반응이 뇌 조직 속에 나타나고 또 외상을 받았을 때도 피해를 받지 않는 다른 부위에서 그것을 대상 할려는 반응이 보인다.

유유아기 뇌장애로 인해 지적장애가 되는 원인 중에 쉽게 진단하고 빈도가 높은 것으로는 중추신경계의 감염증, 외상, 중독, 산소결핍, 면역접종의 부작용, 내분비 질환, 영양실조 등이 있다.

① 뇌 및 뇌막의 감염증

유유아는 태아의 경우처럼 단번에 직접 뇌염을 일으키는 것은 아니고, 일단 뇌막이 방어적으로 반응해서 뇌막염을 일으키게 된다. 이 영향으로 뇌의 글리아(glia)세포 등도 반응을 하게 되면서 일반적인 염증과정이 진행된다. 그러나 바로 뇌염을 일으키는 바이러스 감염의 경우는 직접 뇌를 해치기 때문에 이와 같은 과정을 거치지 않는다.

그밖에 역리(疫痢), 폐렴, 기타 등의 전염성 질환은 일반적으로 고열을 수반하게 되는데 이러한 질병에 감염되면 균 그 자체는 뇌를 해치지는 않지만 2차적으로 뇌에 반응을 일으켜서 의식혼탁, 경련 등 뇌막염과 같은 임상증상을 보이는 경우가 있다. 이것을 일반적으로 뇌증이라고 한다.

유유아기에 아기가 뇌나 뇌막에 감염을 받게 되면 뇌에 기질적 손상을 받아 그 뒤의 뇌발달이 나빠지고 결국 지적장애가 되는 것이다. 그리고 결핵성의 뇌막염인 경우 치료를 하는 과정에서 많은 양의 스트렙트 마이신을 사용하게 되면 청신경에 병변을 일으켜서 난청 또는 농아가 되기도 한다. 이 때문에 지적장애와 청각장애라는 이중 장애를 가져오게 된다.

뇌염의 후유증으로 마비, 근육경직, 경련, 동공이상 등의 신경증상 외에 지적장애와 함께 성격변화도 보인다. 뇌 및 뇌막의 감염증으로 인한 손상의 정도는 매우 광범위하여 결함을 보이지 않는 경우가 있는 반면 심각한 지체를 나타내는 아동도 있다.

2 뇌좌상(뇌외상)

머리의 외상은 교통사고, 낙상사고, 어린이 학대 등에 의해 일어난다. 이 가운데 교통사고는 다른 경우보다 우선적으로 지적장애가 생기는 원인이 된다.

두개골의 무거운 손상은 모두 뇌손상을 수반할 가능성이 있다. 뇌 외상은 가끔 의식 상실을 가져오고 메스꺼움, 구토, 착란증 등의 증상을 보인다.

3 뇌중독

여러 가지 유독물질이 유유아 뇌장애의 원인이 될 수 있다. 특히 납, 일산환탄소 중독은 뇌에 병변을 일으켜 지능발달을 저해시킨다.

납중독으로 인한 지적장애의 발생은 많은 연구자로부터 주목을 받고 있다. 납중독의 원인은 납성분이 포함된 도료, 전지, 분유, 각종 음식물에 흡입된 납물질의 섭취에 의해 일어나는 것이 대부분이다.

일산화탄소 중독은 산소결핍을 일으키게 하는 요인이 되고 있는데 이것은 뇌에 산소를 공급하게 되는 헤모글로빈(hemoglobin)이 산소와 결합하는 것을 일산화탄소가 저해하기 때문에 일어나는 것이다. 산소결핍은 출산 때와 마찬가지로 유유아의 뇌를 손상시켜 지적장애를 비롯한 다른 증상을 생겨나게 하는 중요한 원인이 되고 있다.

4 면역접종후 뇌염

여러 질병에 대한 면역접종 후에 그 부작용으로 뇌의 반응성 백질 뇌염을 일으키면 지능발달에 좋지 않는 영향을 미친다. 이런 경우는 극히 드문 일이기는 하지만 백일해 예방주사나 종두, 광견병, 백신접종 후에 알레르기성 또는 자기면역 반응으로 뇌염을 일으켜 지적장애가 될 수 있다.

5 성장 호르몬 결핍

지적장애와 관련이 있는 내분비 기능 이상으로 갑상선 기능저하증(크레틴병 : cretinism, hypothyroidism)이다. 이는 뇌세포의 정상적 대사에 필요한 갑상선 호르몬이 결핍되었기 때문에 지적장애를 초래하는 것이다. 이와 같은 갑상선 기능이상의 원인은 섭취 음식물내의 요오드 결핍에서 온다. 어떤 경우에는 선천성으로 출생시에 나타나는데 이를 흔히 선천성 크레틴병으로 부르기도 한다.

증세는 출산시 아이의 몸무게가 많이 나가고 콧대가 낮으며 눈이 붓고 혀가 두껍다. 또한 발육이 느려 난장이가 되는 경우가 많다. 목소리가 쉬어 있고 목이 짧고 굵은 것이 특징이다. 이와 함께 정신·운동 발달이 지체되는 정도가 심하다.

치료는 갑상선 호르몬제의 투여가 효과적이며 바람직한 치료효과를 얻기 위해서는 가능한 조기에 발견해서 호르몬 요법을 할 필요가 있다.

6 영양실조

심한 영양실조가 지적장애 원인이 되는지의 여부는 아직 확실하지 않지만 일부의 연구에서 출생후 영양실조로 지적 장애를 가져온다고 주장하고 있다. 즉 영양 섭취가 충분하지 않으면 기력이 없어지고 이로 인해 주변 환경에 관심을 가지지 않고 학교 생활의 참여에 적극성을 띄지 않는다는 것이다. 영양실조를 일으킬 수 있는 요인에는 부적절한 식사, 비위생적 주거 환경, 극단적인 편식, 대사장애, 소화불량, 기생충증, 허약성 질환, 비타민 과잉섭취 등이 있다.

(2) 심리 및 사회 문화적 환경 요인

신체발달은 영양에 의존하고 있는 것처럼 지능의 기능적 발달은 여러 가지 학습에 의존한다. 그렇기 때문에 지능의 기능적 발달에는 적절한 학습자극을 필요로 하는데 그 자극이 결핍되거나 부적절한 경우에는 지능발달이 늦어져서 지적장애 현상이 일어날 수 있다.

성장기에 있는 아동이 가정 내에서 전적으로 방치되고 학습기회가 주어지지 않거나 이와 반대로 과보호로 인한 학습자극부족으로 지능발달이 지체되고, 또 학습자극의 질과 양, 내용과 자극양식, 적절성 여하에 따라 지능 발달 양식이 달라진다.

이러한 학습환경 자체의 문제외에 아동 자신에게 문제가 있어서 주어진 학습자극을 받아들이기 어렵거나 그 자극을 거부하는 경우가 있다. 감각 및 운동능력에 결함이 있게 되면 적절한 학습자극을 수용할 수 없어서 지능발달에 장애를 갖게 한다.

자폐증이나 정서장애를 갖고 있는 아동은 자신의 관심사항 외에는 학습자극을 받아들이려 하지 않기 때문에 지능발달이 늦어지게 되는 결과를 초래한다.

이와 더불어 현재 사회 문제가 되고 있는 아동학대와 경시 또한 간과해서는 안된다. 미국의 경우 거의 100만명의 아이들이 학대를 받거나, 부모에 의해 무시당한다는 공식적인 보고가 나왔으나 이보다 많은 사실들이 보고 되지 않았기 때문에 이것은 과소평가 된 것이다. 아동 학대가 문서화되었던 비율은 1980년대 이후 매우 상승 했다. 욕이나 독설의 직접 결과로서 많은 아이들이 발달장애와 함께 감정의 손상을 경험한다. 학대가 교육과 사회경제적 수준이 낮은 저소득층에서 많이 일어나고 학대를 가하는 부모의 30~60%가 어린시절에 학대를 경험했다는 것을 생각하면 교육과 문화의 기회균등을 보장하는 사회적 제도가 필요할 것이다.

학대는 때리는 것뿐만 아니라 심하게 흔드는 것과 같은 행동이 뇌출혈과 지적장애에 잠재적으로 영향을 미치고 있다는 것을 명심해야 한다. 학대로 인해 구토, 발작, 눈의 충혈, 질식, 짜증, 수면장애, 멍한 상태 등이 나타나며 이의 결과로 고혈압, 뇌성마비, 두개골 아래나 경막 아래의 출혈, 혼수상태, 그리고 최종적으로 사망까지 초래할 수 있다.

심리 및 사회 문화적 요인에서는 지능발달을 저해하고 있는 원인을 찾아내서 이들 환경을 개선하거나 적절한 치료적 처치를 해주면 지능발달의 정상화를 기대할 수가 있다고 본다. 이것이 가능하게 되면 발달 지체로 볼 수 있는데 이는 어디까지나 그 장애상태가 일시적이어서 지적장애처럼 그 장애가 지속적으로 남겨지는 것은 아니다. 그러나 조기에 원인을 발견하고 이에 적절한 대응 처치를 해주지 않으면 장애의 회복은 쉽지가 않다. 지능발달만이 아니고 모든 발달은 각 시기에 따라 필요한 자극이 있는데 이 시기를 놓쳐 버리면 돌이킬 수 없는 장애상태를 남기게 되는 것이다.

부모의 잘못된 양육태도, 아동의 정서적 문제, 아동학대, 열악한 학습환경, 학습자극의 기회상실 및 부적절성, 악화된 사회·문화적·심리적 환경, 신체적 보호 및 의학적 진료의 미비, 부적절한 언어습관, 가정구조의 결손, 약화된 동기유발, 학교교육의 실패, 실조된 문화환경, 빈약한 급양, 빈곤 등은 아동의 정신발달에 부정적 작용을 하여 발달상의 장애를 초래한다.

이들은 저 수준의 사회·경제적 또는 저 문화적 계층과 매우 밀접한 관련을 갖고 있을 뿐 아니라 장애를 야기 시키는 학습 환경 결손 내지 문화실조의 요소가 되는 것이다.

지금까지 살펴본 지적장애의 원인을 요약하면 〈표 3.3〉과 같다.

<표 3.3> 지적장애의 원인

<table>
<tr><th>원인</th><th colspan="4">내 용</th></tr>
<tr><td>배종
손상</td><td colspan="4">정자와 난자의 성세포가 수정전 어떤 원인에 손상을 받아 수정시 이상 개체 발생 - 성세포손상(germ-plaam injury)</td></tr>
<tr><td rowspan="5">유
전
적

요
인</td><td>가족성
단순성
지적장애-
생리적
지적장애</td><td colspan="3">단순형(simple type) 또는 비임상형(aclinical)
저문화형 지적장애
경도</td></tr>
<tr><td rowspan="4">유전성
대사
질환에
의한
지적장애</td><td rowspan="4">유전성
대상성
질환에
의한
지적장애</td><td>아미노산 대사이상
(amino acid disorders)</td><td>페닐케톤뇨증(phenylketonuria: PKU)
페닐초성포도산성(phenylpyruvic acid)독물 발생
조기발견시 식이요법으로 예방 가능</td></tr>
<tr><td>유지질 대사이상
(disorders of lipoid metabolim)</td><td>유지증(lipidosis)-신경조직, 신체여타 부분에 지방이나 지질이 과도하게 축적되어 생기는 병
〈종류〉 가족성 흑내장성 백치(인지질 대사이상), 가르고이리즘(점액성 다당류 및 유지질 대사이상), 게라신형 리포이드증(뇌, 망상상피계내 대사이상), 니만-피크병(3~5개월 발병, 정신쇠약으로 2~3세 사망, 유태인병, 여자 우성)</td></tr>
<tr><td>함수탄소 대사이상
(carbohydrate disorder)</td><td>갈라토스 혈증(galactosemia)
다원병, 과다혈증, 저당혈증</td></tr>
<tr><td>단백질 대사이상
(protein disease)</td><td>포르피린뇨증(porphyria)
혈액이나 조직 중의 포르피린 과잉
골수성 이상/간장성 이상</td></tr>
</table>

<table>
<tr><td rowspan="4">유전적 요인</td><td rowspan="4">유전성 대사 질환에 의한 지적장애</td><td rowspan="3">유전성신 생물에 의한 지적장애</td><td>신경섬유종증 (neurofibromatosis: Recklinghausen′s disease)</td><td>피부와 말초신경의 다발성 종양(신경섬유종), 피부반점, 뼈의 낭종, 부식, 제장기의 종양 증상
간질 합병</td></tr>
<tr><td>삼차신경 뇌 다발성 혈관종증 (trigeminal cerebralangiomatosis: Sturge-Weber-Dimitri′s disease)</td><td>뇌의 두정엽이나 후두엽의 수막 혈관에 기형
경련발작, 일과성, 영속성 운동마비
지능은 정상에서 중도 지적장애에 이르기까지 다양</td></tr>
<tr><td>결절성 뇌경화증 (tuberous sclerosis: Epiloia, Bournevile′s disease)</td><td>뇌피질표면에 경화된 소결절 생기는 우성유전병
지적장애, 경련발작, 안면의 피지선종 증상</td></tr>
<tr><td>기타</td><td colspan="2">로렌스-문-비들 증후군(열성유전형식), 마환 증후군(우성유전형식, 지주지증)</td></tr>
<tr><td rowspan="6">염색체이상</td><td rowspan="3">다운증후군 (Mongolism)</td><td colspan="3">삼체성염색체21형 : trisomy21/27번 염색체가 2개-47개의 염색체</td></tr>
<tr><td colspan="3">전위 : 21번 염색체 15번 염색체에 부착(염색체 줄어듬)</td></tr>
<tr><td colspan="3">모자이크형 : 세포분열시 한세포는 47개를 받고, 한세포는 45개를 받는데, 45개 염색체가 죽음</td></tr>
<tr><td>그리드샤 증후군</td><td colspan="3">cri-du-chat/ 고양이 울음 증후군
심한 지적장애 및 기형적인 얼굴</td></tr>
<tr><td>클라인펠터 증후군</td><td colspan="3">소아기에는 경도 지적장애
가슴발달, 여성적인 목소리, 무모증, 작은 고환, 생식불능 등 여성적인 특성</td></tr>
<tr><td>터너증후군</td><td colspan="3">여성의 성염색체 이상/ 생식 불능/ 20% 지적장애(특히 비언어적 지능 제한)</td></tr>
<tr><td rowspan="2">태아기뇌장애</td><td rowspan="2">태아뇌감염</td><td>풍진 바이러스에 의한 태아뇌염</td><td colspan="2">심장결함, 시력장애, 청각장애, 소두증, 뇌성마비</td></tr>
<tr><td>선천성 매독에 의한 뇌증</td><td colspan="2">뇌의 발육장애</td></tr>
</table>

<table>
<tr><td rowspan="9">태아기뇌장애</td><td rowspan="3">태아뇌감염</td><td>거대세포 봉입체증</td><td>cytomegallic inclusion disease
골수, 간장, 중추신경계에 장애</td></tr>
<tr><td>주혈 원충병 (toxoplasmasis)</td><td>가축, 동물류에 기생하는 톡소플라스마라는 원충에 의해 임신부 감염/태아기 사망 또는 신생아 지적장애</td></tr>
<tr><td>기 타</td><td>단순포진(herpes simplex), 콕새키 바이러스 B군
마진(rubella), 수두(varicella), 대상포진(herpes zoter)
간염, 인플루엔자, 절족동물매개성뇌염, 회백수염</td></tr>
<tr><td rowspan="3">태아뇌 중독</td><td>약물중독</td><td>탈리도마이드(thalidomide), 항생물질, 부신피질호르몬 치료제, 항암제, 갑상선기능항진치료제, 당뇨병치료제 등</td></tr>
<tr><td>임신중독</td><td>임신후기 3개월간 한정/ 고혈압, 두통, 부종, 단백뇨</td></tr>
<tr><td>독물중독</td><td>유기수은, 납, 여러 중금속, 공업화학물질, 일산화탄소</td></tr>
<tr><td>태아뇌의 물리적 손상</td><td colspan="2">방사선 조사, 산소결핍, 낙상장애
소안구증, 백내장, 망막염, 사시, 안구진탕, 뼈기형, 소두증</td></tr>
<tr><td>태아뇌의 산소결핍</td><td colspan="2">모체가 일산화탄소 중독, 순환기・호흡기 질환에 의한 혈액장애</td></tr>
<tr><td colspan="3">모자혈액형 부적합: RH혈액형 부적합
-어머니가 Rh음성이고, 아버지가 Rh양성일 때만 문제가 됨</td></tr>
<tr><td rowspan="9">유유아기뇌장애</td><td rowspan="4">뇌 및 뇌막의 감염증</td><td>뇌막염</td><td>뇌막이 방어적으로 반응해서 발생</td></tr>
<tr><td>뇌증</td><td>역리, 폐렴, 전염성질환으로 고열수반-2차적 뇌에 반응</td></tr>
<tr><td>뇌수종</td><td>뇌측실 통과장애</td></tr>
<tr><td>뇌염 후유증</td><td>마비, 근육경직, 경련, 동공이상 등 신경증상, 지적장애</td></tr>
<tr><td>뇌좌상 (뇌외상)</td><td colspan="2">교통 및 낙상사고, 어린이 학대 원인/ 매스꺼움, 구토, 착란증</td></tr>
<tr><td rowspan="2">뇌중독</td><td>납중독</td><td>도료, 전지, 분유나 각종 음식물에 혼입된 납물질섭취</td></tr>
<tr><td>일산화 탄소중독</td><td>헤모글로빈의 산소와의 결합을 일산화탄소가 저해</td></tr>
<tr><td>면역접종후 뇌염</td><td colspan="2">백일해, 종두, 광견병, 백신 접종후 알러지성 반응</td></tr>
<tr><td>성장호르몬 결핍</td><td colspan="2">갑상선 기능저하증(크레틴병 : cretinism, hypothyroidsm)</td></tr>
<tr><td colspan="2">심리 및 사회・문화적 환경에 의한 발달 장애</td><td colspan="2">부모의 잘못된 양육태도, 아동의 정서적 문제, 아동학대, 열악한 학습환경, 학습자극의 기회 상실 및 부적절성, 악화된 사회-문화적 환경 및 심리적 환경, 신체적 보호 및 의학적 진료의 미비, 부적절한 언어습관, 가정구조의 결손, 악화된 동기유발, 학교교육의 실패, 실조된 문화환경, 빈약한 급양, 빈곤</td></tr>
</table>

한편 뇌손상이 일어나는 원인을 제시하면 [그림 3.8]과 같다.

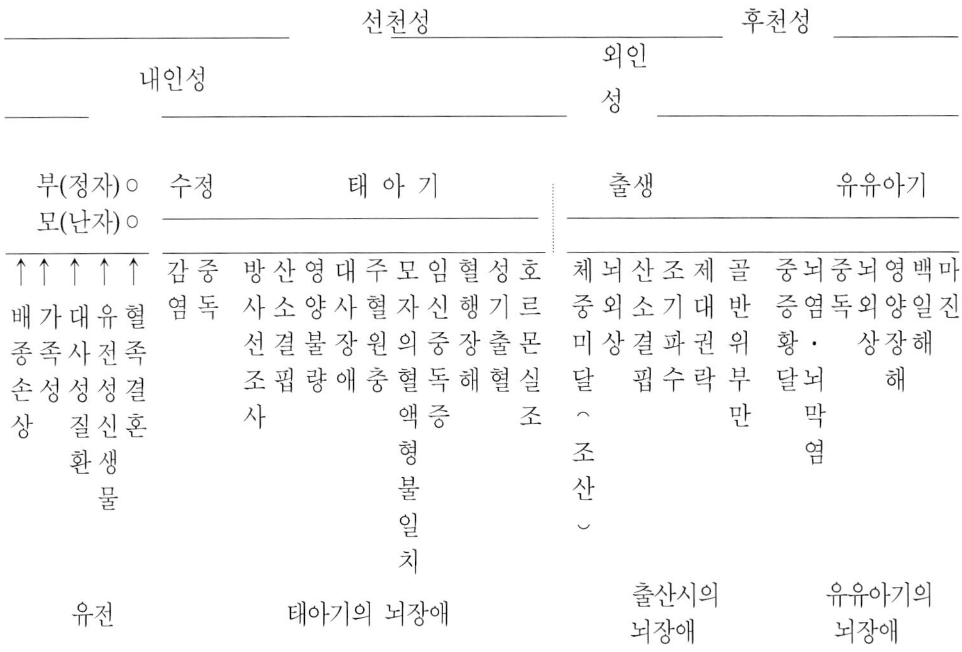

〔그림 3.8〕 뇌손상의 원인

기타 예방적 치료는 실제의 임상에 있어 매우 가치 있는 예방법의 하나이다. 특수한 질환의 경우 방치를 하게 되면 곧 지능장애를 가져오게 하는 뇌의 기능 저하 또는 손상이 예상된다. 예방적으로 치료할 수 있는 몇 가지 예를 보면 다음과 같다.

- 갑상선기능 저하에 대한 갑상선 hormone요법
- 매독, 기타 뇌의 염증, 종양 등에 대한 구매요법(驅梅療法), 항생물질요법, 뇌수술
- 페닐케토뇨증에 대한 저 phenylalnine 식이요법
- 갈락토스혈증에 대한 저 갈락토스 식이요법
- 간질발작에 대한 치료
- 혈액형 부적합아의 완전교환수혈 또는 항Rh면역제 투여 등이다.

이들은 어느 것이든 빠른 시기에 발견해서 치료를 개시하게 되면 치료효과가 높으나 시기를 놓치면 효과가 없다.

예방적 치료를 넓게 보면 정신적·신체적 합병증, 지능장애에 근거한 적응장애, 지능장애를 야기 시킬 가능성이 있는 특수질환의 치료 등에 대한 의료적 치료(약물, 수술, 정신요법 등) 이외에도 교육·훈련의 시기나 적용을 그르치지 않는 것이나 적당한 제 환경을 정비하는 것도 포함되어야 하는 것이다. 이를 위해서는 될 수 있는 한 조기에 지적장애로 진단되고 그 원인을 발견해야 한다.

2. 장애 위험요소 및 예방과 조기중재

이 장의 목적은 예방과 조기중재에 관한 개괄적인 내용을 살펴본다. 여기서 장애와 위험요인에 대한 개념과 예방 및 조기중재의 정의, 이론적 관점과 현재 시점에서의 기술적 수준을 반영하는 연구를 중심으로 살펴본다. 또한 장애예방과 조기중재 프로그램의 효능성에 관한 문제점을 제기하고, 미래의 방향에 관한 논의로 끝맺는다.

1) 장애 위험요인

(1) 장 애(Disability)

예방 및 조기중재에 관한 논의의 초점은 장애(disability)와 위험(risk) 요인에 대한 본질적인 규명에 있다. 장애는 위험이 특징인 주변에 고착된 구성물이다. 장애의 통상적 개념은 특별한 중재, 준비, 환경의 조정 없이 사회에서 효과적으로 기능하는 데 있어 개인의 무능으로 언급된다(Brown, 1991). 유아와 어린 아동들에게 발생하는 장애의 예는 대뇌마비와 같은 신체적 손상, 지적장애의 다양한 정도, 시각 및 청각손상, 자폐, 의사소통장애, 행동장애, 그리고 일반적으로 아동이 공립학교 입학 이후 판정되어진 학습장애다. 조기 오진과 부적절한 오명을 피하려는 노력으로 Smith와 Schakel(1986), 그리고 다른 연구자들(Shonkoff

& Meisel, 1991)이 어린 아동들은 초기 아동기 동안에 발달지체라는 보다 일반적 분류로 판별되어야 한다고 권고했다.

장애 및 핸디캡의 개념은 해결할 수 없게 문화적 규준으로 묶여 있다(Gartner, Lipsky, & Turnbull, 1991). 문화는 사회에서 수용 가능한 수행을 위한 표준으로 정의하며, 이런 표준은 모든 문화에 걸쳐 차이가 있다. 예를 들어, Brown(1991)은 일부 개발도상국에서의 정상적인 개인의 수행이 다른 선진국에서는 장애로 생각되어 질 수 있다는 지적을 했다. 문화적 규준은 국가나 사회의 요구에 따라 다르다. 중증 지적장애 같은 장애와 관련된 행동들이 그들의 지역사회 생활 참여에 방해가 될 수도 있으나, 그렇지 않는 경우도 있다. 예방 및 조기중재 프로그램을 위한 이러한 문화적 차이의 함의는 뒷부분에서 언급하기로 한다.

(2) 위험 요인

장애는 현존하는 상태로서 언급되며, 위험 요인(Risk)은 개인이 장애로 발전될 가능성으로 언급된다(Dunst 1993). 다양한 형태의 요인들이 아동을 장애발생의 위험에 처하게 할 수 있다. 생물학적 위험 요인들은 신체적 조직체에 직접적으로 영향을 미치는 조건이다(Shankoff & Marshall, 1990). 이러한 요인들에는 21번 삼염색체 또는 취약 X증후군과 같은 유전적 조건, 페닐케톤뇨증(PKU)과 같은 신진대사 요인, 태아의 독소(납, 알코올, 코카인) 중독, 또는 조산, 저체중과 같은 초기의 생리학적인 손상이 있다. 환경적 위험 요인들은 아동의 사회적 환경 내에 존재하는 제2의 반응경향 조건을 의미한다. Sameroff와 Chandler(1975)는 아동 양육 연속체를 설명함으로써 이러한 조건들을 입증했다. 이러한 위험 요인들은 어머니의 교육 수준, 사회 경제적 지위, 자극적인 신체 접촉 및 의사소통적 환경을 포함한다. 〈표 3.4〉 장애와 관련있고, 문헌에 나타난 위험요인들이다(Dunst, 1963). Garbrino(1982)의 위험-기회 구조를 바탕으로 하여 Dunst(1963)는 높은 위험 상태로 유도할 요인, 역으로 긍정적인 아동 발달의 기회로 유도하는 요인과 관련된 조건들을 확인하였다.

<표 3.4> 인간발달과 기능에 영향을 주는 위험 요인과 기회 요인들

변인	위험요인	기회요인
어머니의 나이	평균보다 젊거나 고령의 출산	적절한 출산 연령
부모의 학력	낮은 학력	높은 학력
수입	비안정적 수입	안정적 수입
직위	가장의 낮은 직위	가장의 높은 직위
사회경제적 지위	낮은 사회경제적 지위	높은 사회경제적 지위
직업 안정성	잦은 직업 이동이나 실직	안정된 직업
임신 기간	무계획적	계획적
형제수	4명 이상	1명 또는 2명
거주의 안정	잦은 거주의 이동	거의 없음
배우자 여부	배우자의 부재	돕는 배우자
부부 관계	갈등	화목함
부부의 안정성	부부 관계의 잦은 변화	안정적 배우자 관계
아동의 기질	회피적, 까다로움	온화함, 수용적인
유아기 별거	초기의 오랜 별거	초기의 한정적 별거
부모의 건강	허약한 신체	우수한 신체적 건강
부모의 정신 건강	잦은 정신 건강의 문제	안정적인 정서
부모 자존감	낮은 자존감	높은 자존감
부모의 감독	외형적인	내부적
부모의 사회적 기술	서투른	능숙한
대처 전략	반동적	순향적
초기 양육자/아동 상호작용의 질	부적절한 통제와 정서	격려적이고 온화한
부모 양육 유형	권위자/지시적	수용자/격려적인
중독성 물질	강한 중독	없음
영양 섭취	불충분한	충분한
사고	자주	드문
감염/질병	자주	드문
대리 양육자	아무도 없음	1명 이상
확대가족의 존재	아무도 없거나 거의 없음	많고 보조적
가족 이외의 보조	부족/비보조적	충분/보조적
가치관	부정적인 사고	긍정적인 사고

자료: "평가와 중재 실천에서의 위험 요인과 기회 요소들의 적용(Implications of risk and opportunity factors in assessment and intervention practice" by C. J. Dunst, 1993, *Topics in Early Childhood Special Education*, 13(2), 143-153. Copyright by PRO-ED, Inc.

2) 예방 및 조기중재

예방 및 조기중재 프로그램은 관련 있는 집단의 요구를 반영하는 연속체계의 일부분이다. 그림 3.1에 위험-장애 요인간의 연속체계가 제시되어 있다. 연속체계의 좌측은 분명하게 확인된 장애가 없는 것을 제외한 확인된 위험 요인을 지닌 아동이나 사람(예, 부모 또는 잠재적 부모 등)이 될 것이다. 이들은 어머니가 될 10대 소녀, 낮은 교육수준의 어머니와 가난한 환경에서 생활하는 유아와 아동, 또는 지적장애를 지닌 부모의 유아나 어린 아동이 될 수 있다. 연속체계의 중앙에 위치한 아동들은 중재를 받을 수 있는 확인 가능한 장애를 지닌 아동들이다. 예를 들면, 의사소통장애 아동, 행동장애 아동, 그리고 자폐 아동(비록 자폐아동의 대부분이 연속체계의 우측에 있을지라도 그들 장애의 심각성을 나타내는 것일 뿐이다)이다. 연속체계의 가장 우측은 중재를 통해서 치유할 수 없는 확인된 장애를 지닌 아동들이다. 이들은 중등도(moderate) 중도(severe)의 지적장애, 심한 신체장애, 또는 감각 손상을 가지고 있을 것이다.

위험-장애 요인 연속체계는 초기 예방 및 조기중재의 일상적인 개념화와 직접적으로 관련된다. 원래 예방 정신의학을 위해 Caplan과 Grunebaum(1967)에 의해 제안된 3단계 예방 개념을 Simeonsson(1991b)이 조기중재의 개념적 틀을 제공하기 위해 사용하였다. 1차 예방(primary prevention)은 장애 발생 요인을 예방하기 위해 설계된 프로그램을 나타낸다. 이 프로그램들은 유행(전염)병학 관점으로부터 장애의 발생을 줄이기 위해 고안되었다. 2차 예방(Secondary prevention)은 장애의 재조정하기 위해 확인된 장애 요인을 가진 이들의 치료를 목적으로 고안된 프로그램이다. 이 프로그램들은 장애의 확산을 줄이기 위한 시도이다(예., 모집단의 장애 출현률 등). 3차 예방(Tertiary prevention)은 장애 개선, 2차 장애 발생 감소, 지역사회와 가정에서 아동의 정상화된 참여를 최대화하는 프로그램이다. 이 논의에서 2차와 3차 예방은 "조기중재"로 특징 지워질 것이다.

	위험요인		장애요인
본질	확인된 위험	치료를 통해 (출현율 감소) 장애 개선이 가능한 확인된 장애	치료를 통해 (출현율 감소) 장애 개선이 불가능한 확인된 장애
프로그램 유형	1차 예방	2차 예방(조기 중재)	3차 예방(조기 중재)
목적	장애 발생 예방 (발생과 출현의 감소)	치료를 통하여 장애 재수정(발생률 감소)	장애 관련 영향 감소, 지역사회와 가정에서 정상화된 참여의 최대화
프로그램의 예	출생 전 관리 프로그램	의사소통 및 행동 장애 재조정을 위한 프로그램	지역사회 중심 맥락에서(지적장애)아동을 위한 조기 중재를 제공하기 위한 프로그램

〔그림 3.9〕 위험-장애 요인 연속계

(1) 예 방

장애의 1차 예방은 공중보건과 정신건강 분야로부터 판명되었다. 일찍이 Goldston(1977)은 1차 예방을 "지역사회 내에 명칭이 부여되지 않은 특별히 확인된 취약한 집단을 위하여 규제된....그리고 정서장애 징후를 피하고 긍정적인 정신 건강 수준이 향상되도록 책임을 맡을 수 있는 활동(p.20)"이라고 규정했다. 발달 장애인을 위한 예방 개념의 유용성에서, 연구자들 및 정책가들은 장애 발생율이나 출현율을 감소시킬 만한 프로그램을 증명하기 위한 시도를 하였다. 예를 들면, Wouk(1990)는 Health People 2000의 목표가 중증 지적장애의 발생율을 1,000명당 2.7%에서 2.0%까지 줄이는 것이라고 진술했고, 1차 예방 전략은 4가지 요인들 즉, 알콜중독인 어머니, 환경적 빈곤, 다운증후군, 다른 특별한 유전적 증후군들과 관련된다고 진술했다. 폭넓은 관점에서, Crocker(1992)는 지적장애의 1차 예방에 사용될 수 있는 43개 자료 수집과 서비스 지표를 밝혔다. 뉴저지주와 버지니아주의 예방 프로그램은 1차 예방 서비스를 제공하는데 이러한 서비스 지표들을 성공적으로 사용하였다.

장애의 1차 예방에 있어서 결정적인 것은 "민감성(sensitivity)" 및 "특이성(specificity)"의 개념이다. 민감성은 예방 서비스로부터 이익을 얻을 아동을 정확히 확인하는 것과 관련된다. 특이성은 서비스를 필요로 하지 않는 아동 확인과 관련있다(Baumeister, Kupstas, Zanthos & Klindworth, 1993). 이런 아동을 정확히 확인하는 것은 일반적 위험 지표가 예방 서비스로 판별되지 않는 많은 아동을 확인할 수도 있고, 기초 건강 관리를 위해 필요한 자원을 전환하기 때문에 중요하다(Wise & Lowe, 1992).

(2) 조기중재

예방과 반대로 조기중재의 기초는 초기 아동기 교육, 어머니와 아동건강, 특수교육, 아동심리학 분야에 근거한다(Shonkoff & Meisels, 1990). Meisels(1989)는 "출생에서 3세까지 다학문적 프로그램....발달 향상, 잠재적 발달지체의 최소화, 현재의 문제 개선, 악화나 2차 핸디캡을 방지, 가족 기능의 향상을 위해 계획된"(p.452) 것으로 조기 중재를 정의했다. 조기 중재의 정의에서 Odom(1989)은 발달 증진에 내용을 반영하였지만, 조기 중재는 "초등학교에 정상적으로 들어갈 때까지의 시기인 5세에서 7세까지의 연령"으로 확대한 아동을 위한 프로그램을 포함하는 것이라고 제안하였다.

예방처럼 조기중재는 다양한 특성을 지닌 유아와 어린 아동과 그들 가족들에게 서비스를 제공하는 다양한 유형의 프로그램에 대한 일반적인 용어이다(Guranick, 1991). Eayrs와 Jones(1992)는 조기중재의 근거가 되는 표준화된 최선의 실천에 관한 형식적인 여론은 거의 없는데, 이것은 각각의 특성들이 다양한 유형의 실천을 요구하기 때문일 것이라고 지적했다. 그러나 미국의 전문가들은 몇 가지 조작적 가정을 하였다. Meisels(1989)는 조기중재의 효과적인 실천을 위해서는 다른 학문으로부터 기여를 요구한다는 것과 가족들은 어떤 아동이라도 프로그램의 중심이라는 가정을 근거로 제안했다.

조기 중재/아동 초기 특수교육의 예시적 실천을 입증하려는 노력으로 특수아동 위원회의 초기 아동기 분과(Division for Early Childhood of the Council for Exceptional Children)는 조기 중재의 5가지 조작적 가정을 했다(Odom, McLean, Johnson & LaMontagne, 1995). 이들 가정들 중의 두 가지(다학문의 관계와 가족 중심)는 이전에 진술된 것과 동일하며, 문헌을 통한 몇 가지 집약된 내용을 제공한다. 세 번째 가정은 조기중재 실천은 경험적으로 실천(예, 가족 중심 프로그램, 문화적 관계의 실천 등)을 지원하기 위한 경험적 증거의 부족을 근거로 하며, 실천이 이 분야에서 가치 있는 의견에 근거해야 한다는 것이다. 네 번째 조작적 가정은 조기중재는 가능한 한 환경과 정상화된 절차 내에서 시행되어야 한다는 것이다(Bailey & McWilliam, 1990). 다섯 번째 조기중재 실천은 유아나 아동 및 가족이 거주하는 문화에 적합해야 한다는 것이다(Hanson & Lynch, 1992; Roberts, 1990).

3) 개념적, 이론적 구조

(1) 1차 예방(Primary Prevention)

장애의 1차 예방 프로그램은 위험 요인과 아동기 장애의 관계성에 관한 개념화에 근거한다. 연구자들은 이런 관계성을 설명하기 위해 다양한 모델을 제안했다. 주효과 모델에서, 단일 위험 요인들이 장애 요인으로 인해 높은 확률을 가진 아동 내에 취약성을 발생시킨다. 예를 들어, 21번 삼염색체는 다른 요소(예, 사회경제적지위, 어머니의 교육 등)들에 의해 다소 영향을 받을 수 있는 유전적 위험 요소지만, 다른 요소들은 지적장애가 결과적으로 발생할 확률에 큰 영향을 끼치지 않을 것 같다.

위험의 상호작용 모델이 많은 아동의 장애 출현이나 비출현에 대해 보다 잘 설명을 해 줄 수 있다. 이 모델에서 단일 위험요인은 장애의 발생을 설명할 수 없으나, 위험요인들이 다른 요인들과 결합될 때, 상호작용 효과는 아동에게 좋지 않는 결과를 유발 할 수 있다. Sameroff와 Chandler(1975)는 최초로 상호작용 모델을 제안하였다. 하와이의 저체중아들에 관한 연구에서, 그들은 초기의 생물학적 손상이 위험 요인을 발생시킬 수 있지만, 이런 위험요인들은 낮은 사회 경제적 지위를 가진 가족에게서 발생할 때 종종 가장 나쁜 결과와 관련된다고 제안했다. 이런 상황에서 생물학적 위험 요인들(생식 위험이라 불리는)은 나쁜 결과를 초래하기 위해 환경적 위험(양육 사고)과 상호작용한다. 이들의 연구 이래, 다른 연구자들이 유아와 어린 아동들에게 부정적인 발달 결과를 유도할 수 있는 유사한 상호작용 위험 요인들을 밝혔다.

몇 가지 예에서 위험요인들은 상호작용 효과처럼 추가적인 효과를 가질 수 있다. 즉, 아동이나 가족들이 많은 위험요인을 가질 때, 긍정적인 결과의 가능성을 감소시킨다. IQ 점수와 사회경제적 지위에 관한 연구에서 Sameroff, Seifer, Barocas, Zax, 그리고 Greenspan(1987)은 아동의 부정적인 발달 결과에 원인이 될 수 있는 사회경제적 지위와 관련 있는 10가지 환경적 변인을 조사하였다. 그들은 가족들에 의해 실험된 많은 환경 위험 변인과 아동의 IQ 점수 사이의 역관계를 발견했다. 유사한 연구에서 Goldberg, McLaughlin, Grossi, Tytum, 그리고 Blum(1992)은 그들의 위험 변인 조사에 준거 변인으로 특수교육 연구과제를 사용했다. 그들은 배합에 있어서 3가지 변인(성별, 낮은 사회경제적 지위, 의학적 합병증)이 배치를 가장 잘 예언해 주는 것임을 발견했다. Carta 등(1994)은 출생 전 코카인, 알코올, 또는 해로운 물질에 많이 노출된 유아들을 대상으로 많은 수의 위험 요인들과 발달 결과의 관계성을 실험했다. 유아와 가족에게 두 가지 이상의 위험 요인들이 있을 때 긍정적인 발달 결과의 상당한 감소가 발생하였다.

높은 장애의 위험 요인이 있는 아동을 위한 예방 및 중재프로그램을 대신하여 아동을 가장 잘 확인하는 요인들에 관한 합의가 거의 없다. 질병 관리 센터에 의해 계획된 대규모 예방프로그램에서, 어머니 교육수준은 한정된 아동에 대하여 단일 환경적 위험변수로서 제안되었다. 보다 일반적으로 연구자들은 다중지표 사용을 권장했다. Harbin, Gallagher, 그리고 Terry(1991)는 환경적으로 위험한 상태에 있는 것으로 확인된 아동에게는 주 정부의 지침을 제공하였고, 3가지 또는 그 이상의 위험변수를 경험한 아동에 대해서는 추가적인 전략을 권고했다. 유사하게 Meisels(1991)는 장애로 발전될 수 있는 아동의 조기 판별은 다중 위험 지표에 포함해야 한다고 지적했다.

① 아동의 저항력 및 위험 요인에 관한 보고

아동의 저항력 및 위험요인과 관련한다. 고위험 상황에 있는 대부분의 아동이 다중 변인을 경험함에도 불구하고, 일부 아동들은 부정적인 결과를 경험하지 않는다(Garmezy, 1974). 이런 “저항력”을 지닌 아동의 경우, 환경적 위험에 대응하는 완충작용을 하는 생물학, 환경적 보호 요인들이 있을지도 모른다

(Garmezy, 1985; Rutter, 1985). 예를 들면 Werner와 Smith(1982)는 다중 위험요인에 노출된 적이 있는 아동의 약 1/3이 발달 및 행동적 문제를 경험했다는 것을 발견했다. 그러나 높은 위험 표집(적어도 4가지 또는 그 이상의 위험 요인을 경험한 아동) 중의 10%는 능력 있는 성인으로 성장했다. 아동의 저항력에 관한 이들 연구와 다른 프로젝트들의 고찰에서(Murphy, 1987), Werner(1990)는 방어적 성격을 지닌 3가지 일반적인 부류가 생존을 위해 나타난다고 제안했다. 첫째, 저항력 있는 아동은 환경(신체적 건강, 편한 기질)으로부터 정적인 반응을 회복하기 위해 그들이 인정하는 속성을 가지려는 경향이 있다. 둘째, 이들 아동은 신뢰와 주도력를 북돋아주는 적어도 한 명의 양육자나 가족에게 애정적 유대감을 더 많이 가지려는 경향이 있다. 셋째, 저항력이 있는 아동은 정적인 모델을 제시하고 능력을 북돋아 주는 외면의 사회적 지원자(친구, 교사 등)를 종종 가지고 있다.

[2] 새로운 질병; 위험 요인 및 장애에 대한 모델

Baumeister, Kupstas, 그리고 Klindworth(1990)는 위험요인들과 건강 및 발달적 결과 사이의 관련성에 관한 이론적 모델을 개발했다.

Haggerty, Raghmann, 그리고 Pless(1975)의 아동 건강에 대한 조사 연구에 의해 비롯된 개념을 기초로 해서, Baumeister 등은 좋지 못한 발달 결과(새로운 질병)는 단일 요인이나 가족 내 요인 및 사회학적 요인들의 상호작용 범주와 관련될 수도 있음을 제안하였다.

새로운 질병 모델은 [그림 3.10]과 같다. 이 모델에서 출생 전(태아기 관리)과 출생시(저체중) 문제가 근접 변인으로 확인되었고 질병에 직접적으로 관련되어 있다(나쁜 발달 결과 및 건강의 결과 관점에서 정의). 이 모델에서 기인 변인들은 인구통계학적 요인(예, 가계, 어머니의 교육), 행동적 요인(산모의 임신 중 약물이나 알콜 사용, 문화적 신념), 그리고 유전적이나 생물학적 요인(취약 X증후군, 소아 AIDS)으로 구성된다. 후자의 변인은 가난과 직접적으로 관련되어 있으며 Baumeister(1993)등은 모델 간의 촉매 작용 변인으로 제안했다. 즉, 가난은 소질 변인과 대체 변인 사이의 연결체이고, “다른 변수의 조작을 전달하거나 제한하는” 활동을 한다. 질병의 영향을 저지할 수도 있는 대체 변인은 “교육,

영양, 의료적 서비스를 통해 개인의 건강과 복지 향상"을 위해 설계된 서비스를 포함한다. 이런 변인들은 Werner(1990)가 입증한 방어적 변인과 유사하다.

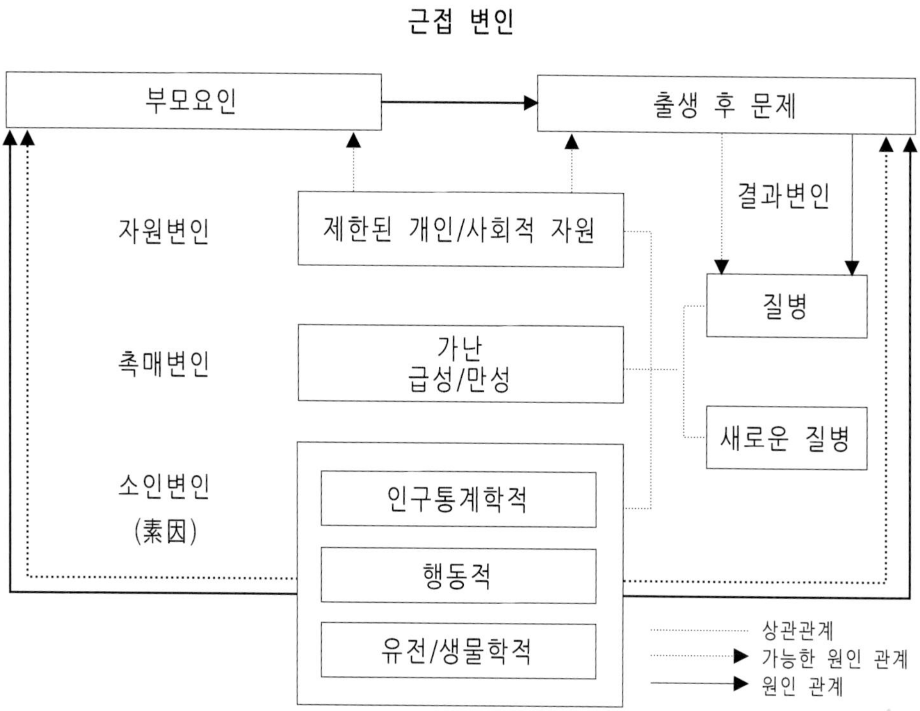

〔그림 3.10〕 일반화된 새로운 질병의 모델
(Baumeister, Kupstas, Zanthos, & Klindworth, 1993).

(2) 1차 예방의 조기중재와 접근방법

1차 예방의 기초가 되는 개념적 및 이론적 모델은 또한 조기중재에 관한 일부 관점과 관련되어 있을 수도 있다. 그러나 다음 지적된 이론적 기초는 조기중재에 대해서 보다 직접적이고 강한 영향을 미치는 것으로 보인다.

1 Bronfenbrenner's의 생태학적 체제접근

인간 발달의 개념화를 위해 생태학적 체제 분석을 적용함으로서, Bronfenbrenner

(1979)는 오늘날 조기중재의 기초가 되는 이론적 구조를 형성했다. Bronfenbrenner는 4가지 수준의 중복된 체제(미시체제, 중간체제, 외체제, 거시체제)가 서로 아동 발달에 있어서 직·간접적으로 영향을 미친다고 가정하였다. 예를 들어, 확인된 장애를 지닌 취학 전 아동의 발달적 결과는 아동 자신(예, 기술, 능력, 장애 영역, 행동양식 등), 가족과의 상호작용, 학급 또래 및 교사, 아동이 살고 있는 지역사회, 보다 큰 문화 및 정치적 체제에 의해 영향을 받는다. 다중 체제와 이들 체제 사이의 교류적 영향에 대한 Bronfenbrenner의 초점은 행동적, 환경적, 문화적, 그리고 아동의 건강에 영향을 미치는 정책적 요인들, 사회-정서적, 행동적 결과에 관한 범위를 확인하기 위한 기초가 될 것이다.

발달 영향에 관한 관점이 아동에서 가족 체제로 이동함으로서, Bronfenbrenner의 이론적 틀은 조기중재의 정의를 오직 아동에게만 초점을 두기보다는 가족과 지역사회로 확장시켰다. 이 모델에서 아동과 부모의 관계는 아동 발달의 중심 요소이다. 그러나 가족에게 제공되는 지원은 아동과 가족 모두에게 결정적 영향을 미치는 것으로 보인다. 생태학적 체제 모델은 장애를 가진 아동들의 가족들이 가족 구성원으로서 그들의 역할을 수행하고, 장애 아동을 돌보기 위해 요구할 수 있는 기능적, 사회적, 정책적, 문화적 지원을 다룬다. 아동과 가족 모두는 현재의 지역사회와 문화적 맥락에서 나타나는 지원과 장벽에 관한 맥락으로 간주된다.

Bronfenbrenner(1979)에 의해 제안된 생태학적 체제는 정적이라기 보다는 역동적이며 발달에 영향을 미치는 과정은 연속적이고 상호작용적이다. 어떤 주어진 시점에서 어떤 체제 내 단일 요인의 영향은 보다 확장된 생태학적 체제의 맥락에서 아동을 볼 때 예측될 수 있다. 이 모델의 다중 변인적, 다중 체제, 역동적인 특징은 발달 형성에 있어 복합적인 영향을 설명하는데 유용하다. 그러나 이 모델의 복합성은 중다 요인이 발달에 상호 영향을 미친다는 정확한 기제를 진술하지는 않는다. 그러므로 중재를 위한 일반적 틀을 제공한 모델이지만, 상호작용적 체제의 모든 수준을 진술한 생태학적 중재의 진술은 의문이 제기되었다.

2 Sameroff와 Chandler; 교류적 발달이론

Sameroff와 Chandler(1975)의 재발 위험, 인과관계의 연속체, 그리고 아동과 양육자 사이에 발생하는 역동 교류적 과정에 관한 서술은 조기중재의 핵심이다. Sameroff와 Chandler는 아동의 행동적 일탈은 엄격하게 1차적 유형에서 재발 위험과 관련이 없음을 서술하는 종합적인 연구를 제공했다. 오히려 이후 발달에 관하여 출생 때 복잡한 영향이 아동 보호자의 태도에 의해 영향 받는다. 게다가 그들은 아동이 자신의 발달에 영향을 준다고 가정했다. 그들은 자신의 양육자와 상호작용하기 때문에 아동은 자신의 환경을 바꾸고, 그 다음에는 변화된 세계에 의해 영향을 받는다. Sameroff와 Chandler는 유기체와 환경 사이에 지속적이고 점진적으로 상호작용 한다는 발달의 역동적 이론을 제안했다. 환경은 "가소성"이 있고 변화에 순종적이다. 아동은 자신의 성장에 적극적인 참여자이다. 아동의 통합적 매카니즘 자기-복원 기능(self-righting ability)에 손상이 있을 때, 또는 발달기 동안 환경적 에너지가 방해할 때 일어나는 이상 발달은 보다 전형적인 환경에서 일어날 정상적인 통합 과정을 방해하는 것이 심하다. 발달 결과의 범위는 아동과 서로 다른 양육 환경의 성숙적 변화의 결과로 추정했다.

Sameroff와 Chandler의 이론적 모델은 20년 간 조기 중재의 개념화에 영향을 미쳐왔다. 가장 분명한 것은 이들의 모델은 아동의 발달을 촉진시키기 위해 부모에게 상호작용 전략을 가르치는 중재의 지원을 제공했다(Mahoney & Powell, 1988; Seitz & Provence, 1990; Tannock & Girolametto, 1992). Sameroff와 Channdler의 모델은 아동의 행동에 대한 부모 행동을 고찰하는 개념적 기초를 제공했다. 예를 들어, 장애 아동의 부모는 부모-아동 상호작용에서 비장애 아동의 부모보다 지시적인 것으로 자주 관찰되었다(Brookes-Gunn & Lewis, 1984; Mahony & Robenalt, 1985; Maurer & Sherrod, 1987). 교류적 관점에서 이러한 부모 지시성은 원인이라기보다 아동의 덜 반응적인 태도에 대한 적응의 결과일 수 있다(Dunst, 1998). 부모와 아동 모두가 현재의 상호작용 형태에 기여한다는 것을 인식함으로서, 이 모델은 중재가 새로운 목적을 가지고 있는 두 파트너의 행동 변화에서 발달적인 지원 형태의 변화를 촉진시킨다고 제안했다. 양육자-아동 상호작용의 긍정적인 중재효과에 관한 강조점을 지닌 Sameroff와 Chandler 모델은 사회적 상호작용주적 관점을 분명하게 밝히는 최초의 개념적 모델 중 하나이다. 일반아동, 조산아, 그리고 장애 아동과 양육자의 상호작용연구들은 일반적인 틀을 뒷받침하였다(Powell, 1988). 여러 측면에서 다양하게 이용된 부모-아동 의사소통 프로그램은 이러한 관점으로부터 도출되었다(Tannock & Girolametto, 1992; MacDonald, 1989; Weiss, 1981).

3 행동주의

Skinner의 조작적 행동주의(Behaviorism)는 다른 어떤 이론적 관점보다 특수교육 분야에 많은 영향을 미쳤다. 초기 아동기 특수교육을 통한 조기중재의 행동주의 영향은 오늘날도 강조되고 있는 실정이다. 중재와 교육에의 조작적 접근에 관한 근본적인 개념은 아동의 수행이 환경 내의 자극과 강화 유관체제에 의해 결정된다. 환경 내의 자극은 만약 어떤 반응이 일어난다면 뒤따르는 강화, 즉 사건의 단서나 신호를 제공한다. 아동 발달은 보다 복합적인 환경적-반응 유관체제에 연속적이고 반복적인 참여의 결과에 따라 발생한다(Bijou, 1993). 중재와 교육에서의 함의는 그들의 유관체제를 정리함으로서 아동이 정상적인 환경에서 성숙적으로 기능하고 성공적인 참여에 필요한 기술을 학습할 것이라는 것이다(Strain 등., 1992).

조기중재에 행동주의의 적용은 여러 해에 걸쳐 변화되어 왔다. 초기에는 중재에 관한 응용행동분석 모델은 내용이나 지도에 관한 교사 관념, 학습에 관련된 기술(Bereite & Englemann, 1966; Bushell, 1970), 긍정적인 행동(Allen, Turner & Everett, 1970), 기능적인 기술(Fredericks 등., 1975)을 위한 교사의 강화물 사용에 중요한 강조점을 두었다. 그룹지도와 촉구 감소 방법에 관한 모델은 오늘날도 계속적으로 사용된다. 그와 반대로 언어중재에 대한 자연적인 접근(Camarata, 1993; Hart & Risley, 1968; Kaiser, Yoder & Keetz, 1992; Koegel, O'Dell, & Koegel, 1987)과 활동중심 중재(Bricker & Cripe, 1991)는 환경에서 사건을 분석, 아동 주도 활동, 환경내의 자연적인 강화물의 준비를 그들의 과정에 근거로 한다. 유사하게, 응용행동분석가 중의 일부 연구자들은 환경(맥락)주의 관점을 채택했다(Hayes & Hayes, 1992; Morris, 1992). 조기중재에서 이들의 적용은 문화적, 가족적, 사회적 변인에 보다 주변적인 아동의 자연적인 환경에서 조작하는 직접적인 변인에 근거를 두는 것이 틀림없다는 것을 제안했다(Odom & Marris, 1994). 예를 들어, Vincent, Salisbury, Strain, McCormick, 그리고 Tessier(1990)는 조작적 행동적 접근은 생태학적 체제(특히 가족 생태) 내에 포함된다고 제안했다.

4 구성주의

아동 발달에 관한 구성주의(Constructivism)관점은 주로 Piaget(1952, 1970)와 Vygotsky(1934/1986)의 이론으로부터 도출된다. Piaget는 아동은 환경과의 상호작용을 통해서 실제의 자신의 경험을 구성하는 능동적인 학습자라는 중심 사상을 아동 심리학의 복잡한 모델에 포함시켰다. 원숙한 아동은 하나의 활동 상황으로부터 다른 상황으로 일반화시킨다. 왜냐하면 그들은 활동 양식에 대한 도식 또는 내적인 표상을 발달시키기 때문이다. 비록 Piaget는 정보 구성에 관한 역량을 생물학적 기반에 상당한 신뢰를 주었지만, 지식은 자연적인 세계와 아동의 상호작용과 점점 복잡한 도식을 구성하기 위한 능동적인 연대에 의존한다는 것을 강조했다.

Vygotsky는 아동 발달 이론에 3가지 전제를 중심으로 두었다. 경험은 발달에 필수적이다. 외적 사회 경험은 내면화된 인지로 변형된다(경험은 사고의 기초가 된다). 어른은 활동 상황에서 중재를 통해 아동의 비중심적인 지식의 조직화를 지원한다(Kozulin, 1990). Piaget와 Vygotsky의 공통점은 아동을 타인 및 환경과의 상호작용으로부터 발달을 하는 능동적인 학습자로 보았다. Piaget와 차이점은 Vygotsky는 학습을 개인의 생물학에 의해 형성된 단계에 의해 도약하는 것처럼 보지 않았다. Vygotsky의 경우 발달은 역동적이고 변형적인 것으로 간주하고, 아동의 환경에서 어른은 발달을 촉진하는 결정적인 역할을 한다고 보았다. 그의 "근접 발달 대(zone of proximal development)"의 개념은 아동이 새로운 개념의 빠른 학습을 증진하는데 효과적인 성인의 중재를 매개 변수로 결정한다는 점을 제안하였다(Vygotsky, 1978).

구성주의자들 몇 가지 중요한 방법에서 조기 중재에 영향을 미쳤다. 아동이 중요한 개념을 배울 수 없음을 제시함으로써 학습에 대한 행동주의적 중심의 직접 교수 접근을 견제하였다. 개념은 아동이 개념 구성을 위한 필수 지식을 가질 때 습득된다. 구체적 기술보다 개념 발달에 관한 단계 중심 설명 및 핵심 개념 강조가 아동의 발전을 이끌기보다 교수 지원을 하는 발달 모델을 뒷받침한다. 아동-주도적 학습(the High Scope Curriculum; Hohmann & Weikart, 1995)에 의존하는 중재모델은 이런 구성주의 원리를 구체화했다. 구성주의자들은 아동을 자신의 발달에 능동적인 참여자로서 관점의 방향 전환을 초래하였다. 비록 환경의 질이 탐구와 연대를 지원하는 점에서 중요하지만, 아동이 전개되는 학습 과정을 시도하고 조절하는 것처럼 보인다. 학습은 기능적, 의미적, 인증된 상황(맥락)에서 향상되는 사회적인 활동처럼 보여진다(Palincsor & Klenk, 1993). 그러므로 중재적 접근은 어쩌면 더 총체적이고 덜 단편적이다. 아동 발달에 관한 구성주의자들의 관점은 인지적 발달과 인지적 중심 전략 이용에 보다 큰 강조점을 둔다. 예를 들어, 언어 발달 분야에서 Piaget 지지자들의 관점은 인지발달의 계열적 수준이 점차적으로 복잡한 언어구조 발달에 얼마나 필요한지에 관해 보다 분명한 표현을 하게 이르렀다(Bricker & Bricker, 1974; McLean & Snyder-McLean, 1978). 이후 보다 복잡한 인지 기술의 발달에 대한 초기 감각 운동 활동의 중요성은 조기 중재의 교과과정 개발에 영향을 미쳐왔다(Devries & Kohnberg, 1990).

제4장 진단과 판별

사정(assessment)은 하나의 과정으로 역동적이고 지속적인 특성을 지니며, 개인의 욕구에 따라 변화하는 개념이라고 할 수 있다. 이는 아동이 성장하면서 나타나는 의학적 문제와 교육적 문제를 예방한다는 목적을 가지고 아동이 지닌 잠재적 문제에 대해 전문가와 부모에게 경고를 주며, 앞으로의 문제의 심각성을 제거하거나 줄이고, 바람직하지 못한 행동패턴의 형성을 감소시키며, 실패에 따른 정서적 문제의 증가를 예방하는 것이다.

이 장에서는 사정의 과정, 지능과 적응행동 검사를 중심으로 살펴보고자 한다.

1. 사정의 과정

사정(assessment)은 특별한 서비스를 받아야 되는 것으로 지적되는 행동의 특정영역에서 독특한 특성과 요구를 가진 아동의 선정에서 평가에 이르는 전체적 체제에 관계된다. 아동을 사정하기 위한 핵심적인 목적은 가능한 한 즉시 교정되어질 수 있는 문제와 예상되는 능력을 향상시키는 것에 있다.

보편적으로 사용하는 사정이라는 개념을 이해하기 위해서는 측정(measurement), 사정(assessment), 평가(evaluation)라는 용어를 구분할 필요가 있다. 이 세 가지 용어는 모두 과학적이고 객관적인 검사 도구를 사용한다는 점에서 공통점이 있지만, 그 의미와 범위에서는 차이가 있다. 먼저 측정(measurement)이란 단순히 양적 혹은 수적 특성을 재는 것을 의미하고, 사정(assessment)이란 양적인 특성뿐만 아니라 질적인 특성을 파악하는 것을 의미하며, 평가(evaluation)란 양적·질적 특성을 파악한 후 가치판단을 통하여 미래 방향을 설정해 주는 것을 의미한다.

사정의 과정 즉 각 단계는 아동발견, 선별검사, 진단, 교육적 사정, 수행능력 점검, 그리고 프로그램 평가의 6단계는 각각의 목적이 다른 연합된 활동이라고 할 수 있다. 이에 대하여 Peterson(1987)은 특수교육의 사정 모형을 [그림 4.1]과 같이 제시하였다.

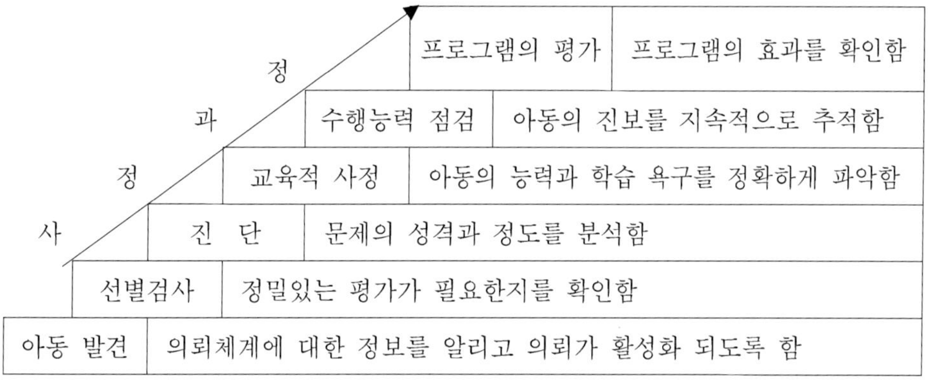

〔그림 4.1〕 특수교육의 사정 모형

사정의 각 단계별 과정에 대한 단계별 목적, 각 단계에서 해결되어야 할 문제, 그리고 각 단계를 수행하는 전문가 등을 구체적으로 분석하면 〈표 4.1〉과 같다.

<표 4.1> 사정의 각 단계별 과정

사정	목 적	기본적인 평가	실시자
아동 발견	· 특수한 욕구를 지닌 아동과 선별검사의 대상아동이 주위에 있는지 부모, 전문가, 일반 대중이 관심을 갖고 살펴보도록 하기 위함	· 부모나 주위 사람들이 볼 때 문제점이나 비정상적인 행동을 보이는가? · 아동의 발달이나 행동이 비정상적이어서 선별검사에 의뢰를 해야 하는가?	· 교사 · 의료인 · 종교 지도자 · 부모 · 사회 복지사
선별 검사	· 정상 발달범주를 벗어났거나 좀더 세밀한 평가가 필요한 아동을 찾아내기 위함	· 잠재적인 문제나 비정상적인 행동을 보이는가? · 진단평가가 필요한가? · 특수교육이 필요할 것 같은가?	· 선별검사팀 · 프로그램 담당자 · 특별한 훈련을 받은 자원 봉사자
진단	· 문제가 있는지 깊이 있는 평가를 수행하고, 문제의 성격과 정도를 결정하고, 필요한 서비스를 결정하기 위함	· 문제가 정확하게 무엇인가? · 문제가 어느 정도 심각한가? · 어떤 서비스가 필요한가?	· 전문가 팀(언어치료사, 작업치료사, 물리치료사, 심리치료사, 교사, 의사 등)
교육적 평가	· 아동의 구체적인 수준을 파악하고 IEP 개발에 필요한 정보를 수집하기 위함	· 아동의 강점과 약점이 무엇인가? · 습득한 기술과 습득이 필요한 기술이 무엇인가? · 어떤 교육/치료목표가 필요한가? · 어떤 서비스가 필요한가?	· 교사, 치료사, 부모, 기타 서비스 제공자
수행 능력 점검	· 교육/치료활동의 결과로서 아동의 수행 정도와 새로운 기술 습득 여부를 점검하기 위함	· 아동이 지속적으로 진보하고 있는가? · IEP 목표에 도달하였는가? · 사용하는 교수방법이 긍정적인 결과를 가져오고 있는가?	· 교사, 치료사, 보조교사, 부모, 기타 교육/치료에 참여하는 인력
프로그램 평가	· 전반적인 교육/치료 프로그램의 질을 평가하고 참여아동이나 부모에게 미친 영향을 증명하기 위함	· 아동의 삶에 있어서 프로그램이 얼마나 효과적인가? · 아동수행능력과 발달에 있어서 프로그램의 적용결과가 어떠한가? · 프로그램에 관여한 부모, 전문가 등의 만족도가 어떠한가?	· 프로그램 직원 · 부 모 · 외부 평가팀 · 스폰서팀

1) 아동 발견

특수교육 서비스의 대상이 될 가능성이 있는 아동을 발견하는 단계로 부모나 교사, 전문가뿐 아니라 일반인도 주위에 도움이 필요한 아동이 있는지 관찰하여 전문가나 전문기관에 의뢰하도록 한다.

아동발견은 연방법(PL 94-142)에 기초하여 현재 서비스를 받지 않거나, 낮은 서비스나, 부적절하게 서비스를 받고 있는 장애아동을 주정부가 각 지역사회에서 적극적으로 장애아동을 찾도록 형성된 프로그램으로 ① 표적 집단 규정하기 ② 서비스의 공적인식 증대시키기 ③ 의뢰 촉진하기 ④ 서비스가 필요한 아동을 위해 지역사회 계몽하기 와 같은 활동이 포함된다.

2) 선별검사

전체 아동 집단 가운데서 발달이 정상범위를 벗어나 좀더 정확한 진단평가가 필요한 아동을 찾아내고 특수교육이 필요한 아동을 찾는 것이다.

선별은 문제를 가진 아동을 판별할 수 있고, 보다 빨리 필요한 처치를 시작하게 된다. 선별과정은 보다 많은 아동을 위한 시간, 돈, 의료적·교육적 자원 측면에서 합당하고 적절해야 한다. 선별과정에는 ① 선별조건 선택 ② 선별검사 선택 ③ 전문가훈련 ④ 선별계획 수집 ⑤ 결과 보고와 같은 활동이 포함된다.

3) 진 단

진단은 선별과정을 통해 발견된 아동에 대한 심도 있는 평가이다. 진단에서 아동은 선별권고를 점검하고 아동이 특수교육 서비스의 근거가 되는 문제를 가졌는지를 결정하기 위해 주의 깊게 조사되어져야 한다.

(1) 선별과 진단 : 판별결정의 비교

선별과 진단의 두 가지 사정절차는 "아동이 문제를 가졌는가?"라는 의문에 해답을 제공한다. 아래 그림은 선별과 진단으로부터 도출된 권고를 비교할 때 네 가지 가능한 대답의 함의를 나타낸다.

* 질문 : 아동이 문제를 가졌는가?

		진단: 예	진단: 아니오
선별	예	높은 위험 (정확한 의뢰)	허위(+) (과잉의뢰)
	아니오	허위(-) (과소의뢰)	정상 (정확한 비의뢰)

* 대답

높은 위험(high-risk) 부분은 아동이 선별과 진단과정 모두에서 의뢰된 것이다. 정적 허위(false positive)는 아동이 선별과정에서는 판별되었지만, 진단과정에서는 서비스가 요구되지 않는 것이다. 부적허위(false negative)는 아동이 선별과정에서 잘못 판별된 것이다. 정상에 위치한 것으로 선별된 대부분의 아동(80~90%)은 선별과정과 진단과정 어디서도 의뢰되지 않는 것이다. 과소의뢰와 과잉의뢰의 수나 백분율은 선정된 절선점(진단을 위해 선택된 아동의 수, 잘못 선별된 아동의 수에 따라 결정)에 의해 결정된다.

(2) 진단과정에서 조사되는 영역

진단은 문제의 정도, 문제의 가능한 원인, 필요한 처치, 배치와 같은 영역에 대해 조사하고, 분석하고, 결정한다. 진단에서 이루어지는 결정은 조사영역, 전문가가 포함된 전문가, 획득된 정보의 유형 등으로 이러한 내용은 〈표 4.2〉에 제시되어 있다. 일반적으로 진단은 몇몇 다른 전문영역을 대표하는 사람으로 구성된 다 학문적 팀에 의해 수행된다.

<표 4.2> 진단에서 조사하는 전형적 영역

조사영역	포함된 전문가	획득된 정보유형
1. 사회사 (social history)	사회사업가	전체 가족단위의 기능에 관련된 정보; 아동의 문제가 가족에 대해 의미하는 것이 무엇인가에 주목
2. 신체적 조사	의사	현재 아동의 일반적 건강; 아동의 의학사를 검토, 현재 어떤 신체적 결함에 주목
3. 신경학적 조사	신경학자	만약 뇌손상이 추측되면 어떤 중추신경계 손상의 구체적 정보; 발작이나 다른 비기능의 가능성을 발견하기 위한 EEG 사용
4. 심리학적 조사	심리학자	심리 측정적 기법의 실시를 통한 자료; 정상표준에 반하는 아동의 수행능력을 측정하는 진단검사와 아동의 정서적 반응 특성을 결정하는 투사검사의 사용
5. 청력검사	청능학자 공중보건사업가	청력손상의 유형을 결정하기 위한 청력측정 절차의 적용에 의한 자료
6. 시력검사	안과학자 공중보건사업가	시력손상의 발견
7. 언어조사	언어병리학자	단어, 구, 개념의 이해 또는 사용에 대한 아동의 능력
8. 교육적 조사	특수교육 교사	아동의 학습양식과 능력(여기서는 일반적 능력, 사정의 영역에서는 보다 구체적 능력)을 결정하기 위한 진단교수

(3) 진단의 단계

진단은 ① 사례사(case history) ② 부모면접 ③ 아동관찰 ④ 검사 ⑤ 필요한 처치와 적절한 서비스 추천과 같은 단계로 구성된다. 단계에서 아동에 관한 정보가 획득되며 단계는 종종 중복된다.

1 사례사(case history)

아동의 발달사에 관한 정보 획득은 진단에서 매우 중요하다. 완전한 발달사는 가족에 관한 정보, 임신과 분만, 신생아기 아동의 건강, 발작과 같은 질병과 적절한 의학적 사건, 발달의 연령, 관련된 환경적 사회적 정보가 포함된다.

2 부모면접

부모면접의 목적은 아동의 과거와 현재 행동에 관한 상세한 설명을 듣기 위한 것이다. 개방면접 또는 비 구조화된 면접 형태에서 부모들은 그들의 느낌, 관심, 상호작용, 기대와 같은 유용한 정보를 나타내는 경향이 있고, 보다 구조화된 면접 절차(사전에 결정된 질문)는 구체적인 정보를 나타내는 경향이 있다. 상황에 따라서 면접자는 유연한 태도를 가지고 적당한 시간에 타당한 정보를 수집하며 부모와 상의하고 동등하게 상호작용해야 한다. 부모면접을 통하여 아동과 그의 환경에 관한 깊이 있는 정보를 수집할 수 있다.

3 아동관찰

진단에서 아동의 체계적 관찰은 중요한 정보를 제공한다. 관찰정보는 선별자료를 확증 또는 반박할 수 있으며, 따라서 몇몇 진단검사의 필요를 줄인다. 관찰의 타당성은 아동의 자연적 상호작용을 방해하지 않는 관찰, 체계적 절차, 적절한 상황, 객관적이고 구체적인 행동의 보고와 같은 몇 가지 요인에 따라 좌우된다. 또한 아동은 부모, 형제, 가정에서 일반적으로 있을 수 있는 다른 사람과 상호작용하면서 관찰 될 수 있으며, 선택된 자료들이 노출되어 있고(장난감, 인형 등과 같은), 특별한 반응을 유도하도록 설계된 진단상황에서도 아동은 관찰될 수 있다. 상대적으로 비 구조화된 장면인 생활환경에서 아동의 행동을 주목할 수 있다. 이러한 관찰은 아동의 인지능력, 사회성, 의사소통기술 등을 포함한 전반적인 능력을 파악하는데 도움이 된다.

4 검 사

진단검사는 아동의 현재 상태와 수행수준의 또 다른 측정을 제공한다. 검사결과는 아동이 문제를 가졌는지, 문제의 특성, 필요한 처치의 종류를 결정하는데 사용되는 사정정보의 저장소로 기여한다. 표준화 검사는 타당하고, 신뢰롭고, 임상적으로 유용한 조직된 정보를 제공한다.

■ 검사 사용방법

표준화 검사에서 획득된 점수는 평균적 또는 정상집단의 개개 아동 수행능력을 비교하기 위한 객관적 방법을 제공한다. 검사점수를 조사하는 것에 더해서, 검사에서 아동이 수행하도록 요구되는 과제를 분석하는 것이 유용하며, 이 기법을 과제분석(task-anlysis)이라 한다. [그림 4.2]에서 보는 바와 같이, 각 과제는 몇 가지 차원으로 분석 된다.

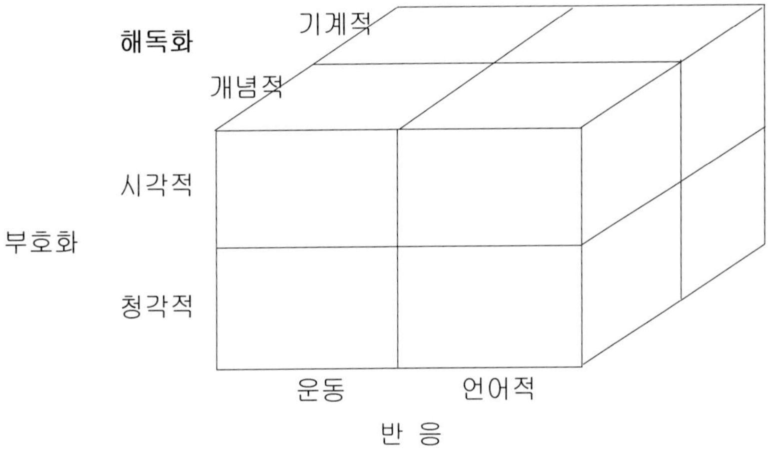

〔그림 4.2〕 진단검사의 과제분석 모형

■ 의학적 검사

이 영역의 검사는 일반적으로 의사에 의해 수행된다. 아동을 조사할 수 있는 의학 전문가는 내과의사, 신경과 의사, 안과의사, 이비인후과 의사, 내분비과 의사가 포함된다. 이들의 검사는 신체적, 완전성, 일반건강, 신경학적 기능, 활동수준, 시력, 청력, 영양(식사패턴), 내분비물 균형 등을 포함한다.

■ 지능검사

지능검사는 기억, 연상, 추리, 평가, 분류의 발달을 평가한다. 이는 IQ검사를 통해 일반적인 인지수준 및 운동신경 영역사의 현 수준을 짐작해 볼 수 있다.

■ 지각검사

이 검사는 신경학적 구조, 대근육과 소근육 운동협응, 신체상, 편측성과 방향성, 공간관계지각, 도형-배경지각, 시각-운동협응, 청각변별, 시각변별, 지각항상성, 외측 편측성(lateral dominance)을 포함한다. 지각발달 진단검사의 종류들을 살펴보면 다음과 같다.

· Bayley 유아발달척도(운동척도)(Bayley Scales of Infant Development)
· Goldman-Fristo Woodcock 청각기능검사(Goldman-Fristo Woodcock Auditory Skills Test Battery)
· Southern California 감각-통합검사(Southern California Sensory-Integration Tests)

■ 인지발달 검사

이 검사는 지능, 사고과정, 개념형성, 청각기억과 시각기억, 계열화, 분류, 창의성을 사정하도록 설계되어 있다. 이러한 진단검사는 발달의 다른 영역도 사정하는 포괄적 검사를 포함한다.

· Bayley 유아발달척도(운동척도)(Bayley Scales of Infant Development)
· Columbia 정신성숙척도(Columbia Mental Maturity Scale)
· Leiter 국제수행능력척도(Leiter International Performance Scale)
· McCarthy 아동능력척도(McCarthy Scales of Children's Abilities: MSCA)
· Stanford-Binet 지능척도(Stanford-Binet Intelligence Scale)
· Wechsler 유아지능척도(Wechsler Preschool and Primary Scale of Intelligence: WPPSI)
· Woodcock- Johnson 심리교육검사(Woodcock- Johnson Psychoeducational Battery: WJPEB)

■ 언어검사

언어검사는 수용언어와 표현언어, 운율, 구문(문법), 어휘, 조음을 사정한다. 언어진단검사는 다음과 같다.

· Carrow 유도언어목록(Carrow Elicited Language Inventory)
· 발달문장분석(Developmenta1 Sentence Analysis: DSA)
· illinois심리 언어능력검사(illinois Test of Psycholinguistic Abilities: ITPA)
· 의사소통발달 계열화 목록-개정판(Sequenced Inventory of communication Development-Revised: SICD-R)

■ 사회-정서적 검사

이 검사는 자아개념, 동기, 적응행동, 사회적 기술, 성숙수준, 독립성 정도, 포부수준, 신경적 경향을 사정하도록 설계되어있다. 이 발달영역에서의 진단검사는 다음과 같다.

· 유아의 적응행동척도(Adaptive Behavior Scale for Infants and Early Childhood: ABSI)
· Goodman 자물쇠 상자(Goodman Lock Box)
· 부모와 교사 기질 질문지(Parent and Teacher Temperamant Questionnaire)
· 독립행동척도(Scales of Independent Behavior: SIB)
· 사회-정서발달척도(Scales of Social-Emotional Development)
· Vineland 적응행동척도(Vineland Adaptive Behavior Scales)

5 진단의 처치

아동을 완전하게 이해하도록 진단정보를 유의미한 형태로 정리하여 아동을 완전하게 이해하도록 수집된 사정정보를 모두 결합·해석하고 종합해야한다. 수집된 정보에 기초해서 배치 선택은 가장 적절한 서비스와 함께 아동의 배치요구에 부합해서 추천되어야한다. 자료수집 단계에 포함된 모든 전문가들은 팀으로 협의해야하고, 사례회합 팀과 부모가 함께 만나야한다. 개별적 결과들의 성문화한 보고서는 일반화하고 애매모호함을 피하면서 분명한 용어로 제시되어야 하며, 정보와 결정은 성문화된 것과 구두로 부모에게 설명되어야 한다.

검사의 오류는 검사용구의 불비, 나쁜 목적을 위한 기술적 검사 사용, 검사규준 집단으로부터 크게 다른 특성을 가진 아동을 위한 검사의 사용, 검사점수의 부정확한 해석(특히 소수문화의 아동), 오기(errors), 검사자의 미숙과 부적당한 검사 환경 등에 의해 나타난다. 이러한 오류로부터 아동과 부모를 보호하기 위한 한 가지 방법은 결과의 빈번한 재평가이다. 특수교육 프로그램에 있는 아동은 3년마다 재평가 되어야 한다. 따라서 진단오류의 가능한 원천은 반드시 인식되어야 한다. 오류유형과 오류원천은 다음과 같다.

<표 4.3> 발달적 진단에 있어서 오류의 원천

원천	가능한 오류
1. 역사	· 역사를 완전하게 인식하는데 실패; 변화의 가능성을 허용함이 없이 과거에 대한 부당한 믿음
2. 해석	· 아동의 협력 실패에 기인된 부정확한 무능력의 가정, 아동 수행의 질에 주목하는데 실패, 의심되는 경우의 판단보류의 실패
3. 관찰	· 제한된 장면, 보다 큰 기간과 빈도의 관찰이 아니라 단순관찰, 검사장면의 비맥락화
4. 도구	· 복합측정의 부족, 비숙련 전문가에 의한 검사, 객관적 가료에 대한 지나친 강조
5. 배치	· 이용 가능한 선택의 부족, 존재하는 선택의 비 고려

4) 교육적 평가

교육적 평가는 아동의 발달 영역의 기능수준을 파악하여 그것을 토대로 개별화 교육계획을 세우고 교육프로그램을 수립할 때 기초 자료로 사용되며 아동의 약점뿐 아니라 강점도 파악하여 교육프로그램 계획 시에 반영한다.

배치결정이 내려지면 아동의 현재발달수준을 구체적으로 파악하기 위하여 교육적 평가를 하게 된다. 교육적 평가를 실시할 때의 지침으로 Peterson(1987)은 다음과 같은 5가지를 제시하였다.

첫째, 교육적 평가도구는 교육프로그램의 철학적·이론적 배경과 일치하여야한다. 예를 들면 피아제 이론을 바탕으로 인지적 능력을 강조하는 프로그램은 그러한 관점에서 아동의 행동을 평가할 수 있는 도구를 사용하여야 한다.

둘째, 교육적 평가는 일회성이 아니라 정기적으로 실시되어야 한다. 아동의 진보를 일정기간마다 객관적으로 검토하여 장·단기 목표를 정기적으로 사정하여야한다.

셋째, 아동의 능력, 장점, 약점 등을 정확하게 파악하기 위하여 모든 노력을 기울여야 한다.

넷째, 아동의 학교에서의 행동과 가정에서의 행동은 상당히 차이가 날 수 있으므로 부모의 의견이나 보고가 매우 중요함을 의미한다.

다섯째, 아동에게 직접적인 서비스를 제공하는 전문 영역은 모두 교육적 사정 정보를 필요로 한다. 그러므로 사정상의 중복을 피하기 위하여 사전에 계획을 세워야한다.

5) 수행능력의 점검

프로그램을 실행해 가는 과정 중에 수시로 아동의 진보 상태를 점검하여 필요한 경우 장·단기 목표를 수정하거나 교수전략 또는 활동 등을 수정·보완하여야 한다.

아동의 수행능력을 효율적으로 점검하기 위해서는 ① 자료수집 양식 준비를 포함하여, 자료수집 절차를 계획·설계하고, ② 일정기간마다 자료를 수집한다. ③ 아동의 진보와 교수의 효과성 판단을 위하여 정기적으로 자료를 요약·분석하고 ④ 후속 교수 전략을 결정하는 데 이 정보를 사용한다.

6) 프로그램의 평가

평가는 아동의 진전과 성취 프로그램이 잘 수행되는지의 여부를 결정하는 과정이다.

프로그램의 평가는 사정의 마지막 단계로 아동의 앞으로의 배치와 프로그램의 성공과 효율성을 결정하는 자료를 제공하는데 결정적인 역할을 한다. 평가과정은 ① 도입기준과 종결기준의 형성 ② 아동의 재평가 ③ 프로그램의 효율성 평가와 같은 활동을 포함한다.

■ 사정시 유의할 점

지적장애를 사정할 때의 유의점을 제시하면 다음과 같다.

첫째, 한 전문가가 하나의 측정도구를 사용하여 진단하기보다 여러 전문가가 여러 경로를 통해 측정·진단한 것을 토대로 종합적인 평가가 이루어져야한다.

둘째, 진단과정에 부모가 주요한 관찰자로서 참여하고 부모의 보고를 적극 활용하여야 한다.

셋째, 모든 검사는 사회적·문화적·언어적·경제적·종교적으로 비차별적이어야 하고 생태학적으로 타당하여야 한다. 또한 공식적 검사(예:지능검사), 비공식적 검사(예: 교사가 실시하는 테스트), 부모와 아동 인터뷰, 형식적 관찰, 비형식적 관찰 등의 다양한 방법들을 통한 광범위한 정보수집이 필요하다.

2. 지능과 적응행동 검사

지적장애 진단의 가장 우선적인 요소는 지적능력과 적응행동이다. 지적장애아 진단에서 활용할 수 있는 표준화된 지능검사와 적응행동 검사의 종류를 알고 실제 진단과 평가에 활용하여야 한다. 대부분의 형식적 검사들은 학교심리학자, 언어치료사, 특수교사, 경우에 따라서는 의학이나 건강과 관련된 사람에 의해서 행해지며 엄격한 검사 상황에서 취해진다. 여기에서는 지능과 적응행동을 검사할 수 있는 몇 가지 표준화검사를 소개하고자 한다.

1) 지능 검사

지능검사는 어느 정도의 지적능력을 갖추고 있는가를 측정하는 것으로 문제수행에 대한 개인의 수행능력을 점수로 변환하는 것을 말한다. 이 점수는 IQ

점수이다. IQ점수가 전체인구에서 정상분포곡선 모양으로 분포되어 있기 때문에 한 개인의 지능검사 점수는 전체 평균으로부터 위나 아래로 몇 편차에 속해 있는가 하는 말로 설명 될 수 있다. 미국지적발달장애협회(AAIDD)에 의하면 지적장애 범주는 정상분포곡선에서 -2표준편차 이하에 해당된다. 이는 이론적으로 전체 인구의 약 2.3% 정도가 된다. 웩슬러 아동용 지능검사 3판(WISC-Ⅲ)과 스탠포드-비네 지능검사 5판(Stanford-Binet Intelligence Scale Ⅴ)에 의하여 이 경우를 IQ점수로 바꾼다면 대체로 70이나 그 이하의 점수가 된다.

우리나라의 지적장애 판별 기준은 장애인 등에 대한 특수교육법 시행령 제10조의 별표의 지침에 따른다. 별표에 의하면 "지적 기능과 적응행동상의 어려움이 함께 존재하여 교육적 성취에 어려움이 있는 사람"(별표, 시행령 10조 관련)으로 규정하고 있다. 그리고 한국특수교육학회의 특수교육대상자 개념 및 선별기준의 지적장애 선정기준은 지적 기능과 적응행동상의 어려움이 함께 존재하여 교육적 성취에 어려움이 있는 사람으로 지적기능은 표준화된 개인용 지능검사에 의해 평가된 지능지수를 사용하여 지능지수 70이나 그 이하에 해당되는 자를 말한다. 이는 대략 평균에서 -2표준편차 아래로 이탈된 점수에 해당되고, 한국 웩슬러 지능검사의 경우 약 5점의 측정오차를 감안해서 65-75의 범위에 해당되는 자를 지적장애의 판별 기준으로 제시하고 있다.

(1) 한국 웩슬러 아동지능검사

1 개 요

한국웩슬러아동지능검사(Korean-Wechsler Intelligence Scale for Children-Ⅲ: K-WISC-Ⅲ)는 곽금주, 박혜원, 김청택(2001)이 미국의 Intelligence Scale for Children-Fourth Edition(WISC-Ⅲ)(Wechsler, 1991)을 한국의 아동들을 대상으로 표준화한 것이다. 각 연령집단에게 검사를 실시하여 얻은 원점수를 기초로 각 개인이 차지하는 상대적 위치를 어떤 연령집단에서든지 똑같이 해석할 수 있는 척도로 바꾸어 표준점수에 의한 편차 지능지수로 표시하는 방법을 도입하였다.

2 목적 및 대상

K-WISC-Ⅲ는 만 6세부터 만 16세 11개월까지의 아동을 대상으로 일반적인 지적 능력을 측정하기 위한 검사이다.

3 구 성

K-WISC-Ⅲ는 언어성검사와 동작성검사의 두 부분으로 구성되어 있다. 다음의 표는 두 부분에 해당되는 소검사들을 제시하고 있다. 각 소검사 앞에 있는 숫자는 표준 실시순서에서의 실시순서를 나타낸다.

<표 4.4> K-WISC-III의 소 검사

언어성	2. 상식, 4. 공통성, 6. 산수, 8. 어휘 10. 이해, 12. 숫자
동작성	1. 빠진 곳 찾기, 3. 기호쓰기, 5. 차례 맞추기 7. 토막 짜기, 9. 모양 맞추기, 11. 동형 찾기, 13. 미로

동형 찾기, 숫자와 미로는 표준적인 소검사들 중 어떤 한 검사가 잘못 실시되었거나 실시될 수 없는 경우에 보충소검사로 사용 될 수 있는데 동형 찾기 검사는 기호쓰기만 대체할 수 있는 보충소검사이다. 10개의 표준적인 소검사들이 모두 실시된 경우 보충 소검사들은 세 가지 IQ점수를 산출하는 데 사용되지는 않지만 시간이 허용되고 검사자가 아동의 능력에 대한 더 풍부한 정보를 얻기 위해 네 가지 지표점수들을 얻고자 할 때에도 실시할 수 있다.

K-WISC-Ⅲ의 소검사들은 몇 가지 요인에 의해서 다시 나누어 질 수 있는데 다음에 제시되어 있는 표와 같다.

<표 4.5> 요인에 따른 소검사

요인 I (언어적 이해)	요인 II (지각적 조직화)	요인 III (주의집중:산만성)	요인 IV(처리속도)
상식, 공통성, 어휘, 이해	빠진 곳 찾기 차례 맞추기 토막짜기 모양 맞추기	산수 숫자	기호 쓰기 동형 찾기

4 실 시

언어성과 동작성을 번갈아 가면서 실시하도록 되어있으나 특수아동의 경우 순서를 변경시킬 수도 있으며, 아동이 특정 소검사에 반응하기를 거부하는 경우 다음 소검사로 진행하고 나중에 생략한 소검사로 되돌아 갈 수 있다. 숫자나 미로는 시간이 남으면 실시할 수 있으며, 실시된 검사가 타당성이 없을 때 대안으로 실시할 수 있다.

5 결 과

K-WISC-III는 언어성 IQ점수, 동작성 IQ점수, 전체IQ점수에 더하여 네 개의 요인에 근거한 언어적 이해 지표점수, 지각적 조직화 지표점수, 주의집중:산만성 지표점수, 처리속도 지표점수도 제공하는데 점수들은 모두 평균이 100이고 표준편차가 15이다.

6 장·단점

K-WISC-III는 현시대 아동의 새로운 규준을 개발하고 지능을 총체적으로 보며, 유용한 진단적 정보를 얻을 수 있다는 특징이 있다. 또한 쉬운 매뉴얼과 흥미있는 검사도구라는 점에서 장점을 가진다. 하지만, 최저점수와 최고점수가 제한되어있다는 점과 정규 소검사를 보충적인 소검사로 대체하였을 때 규준을 해석하는데 따르는 어려움이 단점으로 꼽힌다. 또한 검사를 실시함에 있어서 피검자의 검사문항에 대한 연습효과가 있을 수도 있다는 점에서 한계를 가진다.

(2) 한국판 K-ABC

1 개 요

한국판 K-ABC(Korean Kaufman Assessment Battery for Children)은 문수백과 변창진(1997)이 미국의 Kaufman Assessment Battery for Children (K-ABC)(Kaufman& Kaufman, 1983)을 한국의 아동들을 대상으로 표준화한 것이다.

2 목적 및 대상

아동의 지능과 습득도를 사정하기 위해 만든 종합지능검사로 심리학적, 임상적 사정과 학습 장애나 그 밖의 다른 장애아의 심리 교육적 평가를 위하여 교육계획과 교육정치, 소수집단 아동의 사정, 취학 전 아동의 사정, 신경심리학적 사정 및 연구 활동을 도구로 사용하기 위해 개발되었다. 검사대상은 만 2세 6개월부터 만 12세 5개월까지의 아동을 대상으로 한다.

3 구 성

K-ABC는 16개의 하위 검사로 구성되어 있는데 하위 검사의 성향에 따라 순차처리척도(sequential processing scale), 동시처리척도(simultaneous processing scale), 인지처리과정척도(metal processing scale), 습득도 척도(achievement processing scale), 비언어성척도(nonverbal scale)라고 하는 5개의 종합척도로 구성된다.

- 순차처리척도는 연속적, 시간적 순서로 정보를 처리하여 문제를 해결하는 능력을 측정하는 문항들로 구성된 척도이다.
- 동시처리척도는 한꺼번에 주어진 많은 정보를 통합해서 전체적으로 처리하여 문제를 해결하는 능력을 측정하는 과제로 구성된 척도이다.
- 인지처리과정척도는 지능척도와도 같다고 할 수 있는데 순차처리척도와 동시처리척도를 합친 것으로 구성되어 있으며 지적 능력의 전체적 수준을 측정하는 척도이다.
- 습득도 척도는 습득된 사실적 지식, 언어능력, 교과학습 능력을 측정하는 과제로 구성된 척도이며 획득된 사실이나 기능의 활용에 초점을 둔다.

• 비언어성척도는 만 4세 0개월에서 만12세 5개월까지의 난청 아동이나 언어 장애아와 모국어를 잘하지 못하는 아동에 한해 인지처리 능력을 사정할 때 대안적으로 실시하는 검사이다.

4 실 시

K-ABC는 16개의 하위검사로 구성되어 있으나 어떤 경우에도 한 아동에게 13개 이상의 하위검사를 실시하지 않도록 각 하위 검사마다 실시 연령을 두고 있다. 실시연령은 다음 제시되어 있는 표와 같다.

5 결 과

한국판 K-ABC는 5개의 각 종합척도를 평균이 100이고 표준편차가 15로 표준화 시킨 표준점수를 제공하며, 인지처리과정척도 하위검사별 원 점수는 평균이 10, 표준편차가 3으로 변환한 척도점수를, 습득도 척도 하위검사별 원 점수는 평균이 100, 표준편차가 15로 변환된 표준점수를 제공한다. 인지처리 하위검사의 척도점수와 습득도 하위검사의 표준점수 및 종합척도의 표준점수의 백분위를 환산표에서 찾아 산출하여 전국 백분위를 산출 할 수 있다.

6 장·단점

검사가 복잡함에도 불구하고 실시하기가 쉽고, 채점방법이 객관적이라는 점에서 강점을 가질 수 있지만 시·운동 기술과 표현 언어 기술이 생략되어있다는 점을 단점으로 꼽을 수 있다. 또한 이 검사 도구에서는 지적과정과 성취의 측정을 분리하려 했으나 적성과 성취를 구분하기 어렵다는 점에서 한계성을 보인다.

(3) 한국판 그림지능검사

1 개 요

K-PTI(Korean Pictorial Test of Intelligence : K-PTI)는 미국의 임상심리학자인 J. L. French가 장애가 있는 아동들이 언어성 검사나 동작성 검사를 받을 수 없거나 불리한 점수를 얻게 되는 것을 안타깝게 생각해 말이나 동작으로 반응하지 않아도 대답을 할 수 있게 고안한 검사이다. K-PTI는 서봉연과 정보인

(1983)이 미국의 Pictorial Test of Intelligence(French,1964)를 한국의 아동들을 대상으로 표준화한 것이다.

2 목적 및 대상

언어표현에 어려움이 있는 아동들을 위한 지능검사이며 대상 연령 만 4세부터 만 7세까지의 아동을 대상으로 하고 있지만 간단한 지시를 알아들을 수 있으면 정상아동은 물론 장애를 가진 아동들도 쉽게 검사를 받을 수 있다.

3 구 성

PTI의 제작자인 French가 말한 지능의 정의에 근거하여 이 검사는 어휘력, 수 계산능력, 지각적 조직능력, 기억력, 추리력 등을 측정하기 위한 여섯 개의 소검사로 구성되어있다.

- 어휘능력검사 : 언어적 이해도 즉, 아동이 이전에 배운 낱말의 뜻을 얼마나 알고 있는가를 측정한다.
- 형태변별검사 : 같은 형태와 비슷한 형태간의 차이를 지각하는 능력과 미완성의 형태를 머릿속에서 완성하는 조직능력을 측정한다.
- 상식 및 이해검사 : 아동이 성장하는 동안에 습득해 온 지식과 일반적인 상식을 알아보며 아동이 성장한 문화적, 교육적 배경에 관한 정보를 얻을 수 있고 주위환경에 대한 민감도를 알 수 있다.
- 유사성 찾기 검사 : 사물이나 개념간의 내포된 공통요소를 알아내는 추상화능력을 측정한다.
- 크기와 수 개념 검사 : 크기의 지각 및 재인능력, 숫자의 기호인지 및 이해, 숫자세기, 간단한 기호적인 산수 문제를 푸는 능력을 측정하여 수학적 추리능력을 알아 볼 수 있다.
- 회상능력검사 : 사물의 크기, 공간관계, 형태를 순간적으로 알아보는 지각능력과 잠깐 동안 본 그림을 곧바로 회상해 내는 단기기억 능력을 측정한다.

4 실 시

K-PTI는 그림으로 된 사선다형의 지능검사로서 검사자가 말로 질문을 하면 피검사자는 네 개의 그림 중 정답이 되는 그림 한 개를 골라낸다. 이때 대답을 말로 해도 되고 말이 서툴거나 말을 못하는 아동은 손가락이나 눈짓으로 정답을 가리킬 수도 있다. 특수아동을 검사할 때에도 이와 같은 방법으로 정답을 골라낼 수 있다. 이때 검사자는 아동이 보이는 반응을 정확히 파악하도록 주의해야 한다.

5 결 과

K-PTI는 평균이 100이고 표준편차가 16인 표준점수와 백분위점수를 제공하는데, 표준점수로 제공되는 피검자의 지능지수는 아래의 표와 같이 제시되어있다. 만 7세보다 높은 연령의 지적장애아동이나 자폐성장애아동을 대상으로 지능을 추정할 필요가 있는 경우에는 정신연령대조표를 제시하는데, 이 같은 경우에는 원점수로 정신연령대조표에서 그에 해당하는 정신연령을 찾은 후 생활연령으로 나눈 뒤 100을 곱하여 지능지수를 산출할 수 있다.

지능지수 = (정신연령÷생활연령)×100

(4) KISE 한국형 개인지능검사

1 개 요

KISE 한국형 개인지능검사(Korea Institute for Special Education-Korea Intelligence Test for Children : KISE-KIT)는 박경숙, 정동영, 정인숙 (2002)이 한국 최초로 한국의 문화적·사회적 배경에 적합하게 개발한 지능 검사이다.

2 목적 및 대상

KISE-KIT는 만 5세부터 만 17세까지의 아동과 청소년을 대상으로 지능을 측정하기 위한 검사인데, 쉬운 문항도 포함시킴으로써 장애(지적장애, 자폐성장애)로 인해 지적 발달이 지체된 아동이나 청소년들의 지능도 측정이 가능하도록 개발되었다.

3 구 성

KISE-KIT는 크게 동작성검사와 언어성검사의 두 부분으로 구성되어있다. 아래의 표를 보면 두 부분에 해당되는 소검사들을 제시하고 있는데, 각 소검사 앞에 있는 숫자는 표준실시 순서에서의 실시순서를 나타내고 있다.

<표 4.6> KISE-KIT의 소검사

동작성 검사	언어성 검사
1. 그림배열	2. 낱말이해
3. 이름기억	4. 계산
5. 칠교놀이	6. 낱말유추
7. 숨은그림	8. 교양
9. 그림무늬	10. 문제해결
11. 손동작(보충검사)	12. 수기억(보충검사)

손동작검사와 수기억 검사는 보충 검사로 동작성 검사나 언어성 검사에서 특정 하위검사의 시행이 불가능한 경우 각각 대체하여 시행할 수 있는 검사이다.

〈동작성 검사〉

- 그림배열 : 사회적 상황에 대한 해석과 그림에 들어있는 의미를 이해하고 해석하는 능력을 요구한다. 즉, 계획 능력과 전체 상황을 이해하고 구성하는 조직능력을 측정한다.
- 이름기억 : 캐릭터와 캐릭터의 이름을 기억하는 장기 기억능력을 요구한다. 즉, 사물과 사물의 이름을 기억하는 장기 기억능력을 측정한다.
- 칠교놀이 : 카드에 그려진 모양을 지각하고, 분석하며, 조각을 가지고 카드에 제시된 모양을 재구성하는 과정을 요구한다. 시각-운동 협응 능력과 지각 능력 및 조직 능력을 측정한다.
- 숨은그림 : 각각 관련 자극을 선택하고, 관련되지 않은 자극을 배제하는 선택적 주의집중능력을 요구하며, 사물이나 도형의 구성부분을 분석하는 분석능력을 요구한다.

• 그림무늬 : 예시판에 나타난 무늬와 동일한 무늬를 구성하도록 되어있으며, 형태지각, 색채지각능력을 요구하고, 무늬와 구성을 위해 도형판을 구성하는 조직능력 및 계획능력을 요구한다.

〈언어성 검사〉

• 낱말이해 : 이 검사는 피험자의 문화적 경험 및 교육적 환경과 밀접히 관련된 피험자의 학습능력, 개념의 풍부성, 기억능력, 개념형성, 언어능력 등 개인의 지적 능력을 측정하는데 효과적이다. 따라서 이 검사는 피험자의 어휘이해력과 표현력 및 언어이해력과 표현력을 중심으로 지식개념의 습득도를 측정한다.
• 낱말유추 : 추리적 사고능력을 집중적으로 요구하며, 더불어 주의집중능력과 기억능력 등도 요구한다.
• 교양 : 피험자의 선천적 능력, 풍부한 초기 환경, 학교 생활 및 문화적 경험을 통해 누적된 지식 개념습득의 정도를 측정하는 내용으로 구성되어있다.
• 문제해결 : 구체적, 사실적 정보에 의해 문제해결을 요구하는 문항과 추상적, 고차적 사고에 의해 문제해결을 요구하는 문항으로 구성되어있다.

4 실 시

검사요강과 기록용지가 제시된 실시순서를 따르고 있으므로 그 순서대로 검사를 실시하는 것이 편리하지만, 피검자가 어떤 특정 소검사를 기피하거나 지루하게 느껴 순서대로 실시하는 것이 어려운 경우에는 소검사의 순서를 바꿔 실시하고 다른 소검사를 모두 실시한 다음 빠진 소검사를 실시하는 등 상황에 따라 순서를 변경할 수 있다. 또한 피검자의 부적절한 동기나 피로의 누적 등으로 인해 한 번의 회기 내에 검사 전체를 실시하기 어려운 경우 검사자는 소검사 단위로 검사를 분리해서 실시해도 되지만 검사는 분리해서 실시하는 경우 두 번째 검사는 첫 번째 검사에서 일주일 이상의 간격을 두어서는 안 된다.

5 결 과

KISE-KIT는 동작성 지능지수, 언어성 지능지수 그리고 전체 지능지수를 제공하는데 이러한 점수들은 모두 평균이 100이고 표준편차가 15이다.

2) 적응행동 검사

적응행동은 사람들이 일상생활 속에서 활동하기 위해 이제까지 학습하여 온 개념적, 사회적, 실제적 기능의 집합체이다(AAMR, 2002, p. 5). 적응행동은 일상생활과 생활의 변화와 환경적 요구에 대해 적응하려는 모든 능력에 영향을 받는다. 적응행동의 제한은 지적능력, 참여, 상호작용, 사회적 역할, 건강, 상황 등이 고려되어져야 한다. 적응행동의 측정은 지적장애를 진단하기 위한 목적 뿐만 아니라 분류하고 지원계획을 결정하는데 중요한 요소가 된다. 진단 상으로 적응행동의 측정은 장애를 가진 사람과 장애가 없는 사람을 포함한 총인구에서 표준화된 측정을 사용하여 판별한다.

적응행동은 일상생활을 하는데 영향을 미치는 사회·문화적 상황과 생활양식에서 적절하게 행동하는 능력을 말하는데, 지적장애 선정은 적응행동 지수를 산출하여 평균에서 -2표준편차 이하에 해당되는 자를 말한다. 5~17세 사이일 경우 KISE 적응행동검사(KISE-SAB, 정인숙외, 2003)를 사용하고 3세 미만인 경우 사회성숙도 검사(김승국, 김옥기, 1985)와 적응행동 검사(김승국, 1990)를 활용할 수 있다.

(1) 사회성숙도검사

1 개 요

1935년 미국의 Doll이 제작한 바인런드(Vineland) 사회성숙도 검사 제5판을 1965년 김승국, 김옥기씨가 한국 실정에 맞게 표준화한 한국판 검사이다. 본 검사는 동일한 척도의 문항들이 평균 곤란도 순으로 배열되어 있으며, 자조, 이동, 작업, 의사소통, 자기 관리, 사회화 등 6개 유목의 117개 문항으로 구성되어 있다.

2 목적 및 대상

사회성숙도검사는 출생 후 유아에서부터 만30세 성인에게 까지 실시 가능하며, 이 검사의 목적은 자조, 이동, 작업, 의사소통, 자기관리, 사회화 등과 같은 변인으로 구성되는 사회적 능력(Social competence), 즉 적응 행동(Adaptive behavior)을 평가 혹은 측정하는 정도를 표준화하는데 있다.

3 구 성

- 자조 : 자조 유목은 일반(SHG- Self Help General), 식사(SHE- Self Help Eating), 용의(SHD- Selp Help dressing) 등 3개 영역으로 구성되어 있으며 39개의 문항으로 이루어진 질문을 한다.
- 이동 : 이동 유목은 기어 다니는 능력부터 어디든지 혼자 다닐 수 있는 능력까지를 알아보는 문항으로 이루어져 있으며, 이는 총 10개 문항으로 구성되어 있다.
- 작업 : 작업 유목은 단순한 놀이에서부터 고도의 전문성을 요하는 직업에 이르는 다양한 능력을 알아보는 문항으로 이루어져 있으며, 총 22개 문항으로 구성되어 있다.
- 의사소통 : 의사소통 유목은 동작, 음성, 문자 등을 매체로 한 수용과 표현에 관한 문항으로 이루어져 있으며, 총 15개 문항으로 구성되어 있다.
- 자기관리 : 자기관리 유목은 금전의 사용, 구매, 경제적 자립 준비와 지원, 기타 책임 있고 분별 있는 행동 등에 관한 문항으로 이루어져 있으며, 이는 14개 문항으로 구성되어 있다.
- 사회화 : 사회화 유목은 사회적 활동, 사회적 책임, 현실적 사고 등에 관한 문항으로 이루어져 있으며, 17개 문항으로 구성되어 있다.

4 실 시

검사 대상을 잘 아는 부모와의 면담을 통해 실시되며 부모가 없는 경우에는 검사대상을 잘 아는 형(오빠), 누나(언니) 등 면담을 통하여 실시된다. 믿기 어려운 경우에는 검사대상을 직접 만나서 행동을 관찰하고 판단한다.

5 결 과

사회연령 (SA : Social Age)과 사회지수 (SQ : Social Quotient)를 제공한다. 사회연령은 총점의 숫자를 〈사회연령 환산표〉의 총점란에서 찾아 오른편에 있는 SA란의 숫자를 찾아낸 것이다. 사회지수는 사회연령(SA)을 만 생활연령(CA)으로 나눈 다음, 이를 100으로 곱한 값이다.

(2) 적응행동검사

1 개 요

1990년 김승국에 의해 개발된 검사로서 표준화 작업은 서울시 및 경기도에 거주하는 만 3-15세의 일반아동 1,465명과 만 3-17세 이상의 교육가능 및 훈련가능 지적장애 아동 1094명, 총 2559명을 표집하여 실시하였다. 지적장애아동용으로 개발되었는데 적응행동 수준을 3개의 준거집단(일반, 교육가능 지적장애, 훈련가능 지적장애) 중 어느 학급에 배치시킬 것인가를 결정하는데 사용할 수 있다.

2 목적 및 대상

만 3세부터 만 17세까지를 대상으로 하며 검사의 주요 목적은 개인의 기술 및 습관과 같은 행동영역과 성격 및 행동장애와 같은 행동영역을 모두 포함하는 적응행동정도를 평가하는 것이다.

3 구 성

한국판 적응행동검사는 21개영역, 95개 문항으로 구성되어 있으며 제1부와 제2부로 나누어져 있다. 제1부는 9개영역(기존의 적응행동검사에서 "가사 활동"영역이 제외되었다), 22개 하위영역 56개 문항으로 구성되어 있으며 이를 개인적 일상생활 독립성의 발달과 주로 관련된다. 제2부는 12개영역(기존의 ABS에서 "자기 학대 행동"과 "성적 탈선행동"이 제외되었음)의 39개 문항으로 구성되었다. 이를 통해 성격 및 행동장애와 관련이 있는 부적응행동을 측정할 수 있다.

4 실 시

검사자가 피검자를 직접 관찰하여 검사문항의 해당항목에 표시하거나 피검자를 잘 아는 사람 즉, 부모나 교사 등의 면담을 통해 각 문항에 대한 반응을 해당항목에 표시한다.

<표 4.7> 한국판 적응행동검사 문항

검사영역	세부영역	문항영역
적응행동	1. 독립기능	식사, 용변, 청결, 외모, 의복관리, 입기·신기·벗기, 왕래 기타 독립기능(전화, 다방면의 독립기능)
	2. 신체발달	감각발달, 운동발달
	3. 경제활동	돈의 취급과 예산 세우기, 구매기술
	4. 언어발달	언어표현, 언어이해, 사회적 언어발달
	5. 수와 시간	수, 시간, 시간개념
	6. 직업전 활동	작업의 복잡성, 학교에서의 작업수행, 학업 또는 작업습관
	7. 자기관리	솔선, 인내, 여가
	8. 책임	개인 소유물, 일반적 책임
	9. 사회화	협력, 다른 사람에 대한 배려, 다른 사람에 대한 인식, 상호작용, 집단 활동의 참여, 자기본위, 사회적 성숙
부적응행동	10. 공격	위협하거나 물리적인 폭행, 자기/타인/공공 소유물의 손상, 성미난폭
	11. 반사회적 행동	타인을 집적거리거나 남의 소문을 퍼뜨리고 다님, 우두머리가 되어 다른 사람을 부린다. 다른 사람을 방해한다. 다른 사람의 소유물을 소중하게 생각하지 않는다.
	12. 반항	규칙이나 지켜야 할 일을 무시한다. 지시 또는 명령에 따르기를 거부한다. 권위에 대해 건방지고 반항적인 태도를 취한다.
	13. 신뢰성	허락없이 남의 물건을 가져온다. 거짓말을 하거나 속인다.
	14. 위축	활동하지 않는다. 물러나 있다. 수줍어 한다.
	15. 버릇	상동적 행동을 한다. 특이한 자세나 이상한 버릇을 가지고 있다.
	16. 대인관계 예법	대인관계 예법이 적당치 않다.
	17. 발성습관	발성 또는 발어 습관이 좋지 않다.
	18. 습관	이상하고 받아들일 수 없는 습관을 가지고 있다. 받아들일 없는 구강습관을 가지고 있다.
	19. 활동수준	과잉행동 성향을 가지고 있다.
	20. 증후적 행동	자기의 능력을 과대평가하는 경향이 있다. 비판을 받았을 때 적절하게 반응하지 못한다.
	21. 약물복용	처방된 약물을 복용한다.

5 결 과

적응행동검사의 결과로 21개 영역별 백분위 점수와 5개 요인별로 척도점수를 제공한다. 선별에는 백분위 점수를 활용할 수 있다. 백분위 점수를 활용하기 위해서는 영역별 원점수를 연령별 준거 집단의 백분위수로 환산하여야 한다. 지적장애진단을 위해 이 검사를 실시하는 경우 이를 통해 얻을 수 있는 점수는 위에서 밝힌 5개 요인별 환산점수, 비교점수와 그 누가백분율, 척도점수 등이고, 교수계획 수립을 위해서는 피검자 개개인의 영역별 총점과 그 백분위를 얻을 수 있다. 척도 점수와 백분위 정보를 이용하여 진단을 위한 프로파일과 교수계획 수립을 위한 프로파일을 그릴 수 있다.

(3) 지역사회적응검사

[1] 개 요

지역사회통합(Community Integration Skills: CIS)체계는 검사 부문인 지역사회적응검사(CIS-A)와 교육과정 부문인 지역사회통합교육과정(CIS-C)으로 분류되어진다. 따라서 이 체계는 검사도구를 통해 피검자의 지역사회적응 수준을 평가하고, 지역사회통합교육과정(CIS-C)을 토대로 체계적인 교육훈련을 실시하도록 안내한다.

[2] 목적 및 대상

지역사회적응검사(CIS-A)의 대상은 일반 초등학생, 지적장애 및 발달장애인이다. 지역사회적응검사(CIS-A)는 지적장애인이나 발달장애인이 지역사회에 통합하는 데 필수적인 적응기술들을 포괄적으로 검사하여 교육훈련 및 재활계획 수립에 필요한 정보를 제공하기 위함이다.

[3] 구 성

- 기본생활영역 : 개인의 자조 능력을 비롯하여 개인, 가정, 지역사회에 적응하는 데 필요한 기초적인 생활기술을 의미한다.
- 사회자립영역 - 공공서비스에 대한 지식, 시간개념, 측정개념, 금전개념과 관련된 기술로서 독립적으로 사회생활을 유지하는 데 필요한 기술을 의미한다.
- 직업생활영역 - 직업생활의 준비와 유지에 필요한 직업관련 지식과 대인관계, 여가생활기술 등을 의미한다.

<표 4.8> 지역사회검사 검사문항

영 역	요 인	문항수	총문항수
기본생활	1. 기초개념	17	164
	2. 기능적 기호와 상징	18	
	3. 가정관리	17	
	4. 건강과 안전	17	
사회자립	5. 공공 서비스	17	
	6. 시간과 측정	19	
	7. 금전관리	19	
직업생활	8. 직업기능	21	
	9. 대인관계 및 여가	19	

4 실 시

원칙적으로 검사자와 피검자 외에 다른 사람이 없는 검사실에서 실시된다. 간혹 검사자의 판단 하에 원만한 검사진행을 위해서 보호자가 검사실 안에 있도록 허락할 수 있는데 이런 경우 보호자는 검사 시 피검사가 볼 수 없는 곳에 조용히 앉아 있어야 한다. 지역사회적응검사(CIS-A)는 6~12개월 간격으로 개인의 진보사항을 파악하는 데 적절하나 짧은(주 단위)간격으로 여러 번 시행하도록 고안되지는 않았다. 따라서 교육훈련을 목적으로 검사를 실시할 경우, 훈련 초기단계와 종결단계에서 각각 검사를 시행하는 것이 바람직하다.

5 결 과

세 영역별(기본생활영역지수, 사회자립영역지수, 직업생활영역지수)와 전반적 적응지수와 지역사회 적응지수를 제공하는데 이러한 지수들은 모두 평균이 100이고 표준편차가 15인 표준점수다. 적응지수 100의 의미는 적응행동의 평균적 수행 수준을 나타낸다. 적응지수 69이하는 적응행동에 상당한 지체를 보이는 집단으로 해석할 수 있다.

<표 4.9> 적응지수에 따른 적응 수준

적응수준	적응행동지체	경계선	평균하	평균	평균상	우수
적응지수	69 이하	70~79	80~89	90~109	110~119	120이상

(4) 한국판 적응행동검사

① 개 요

한국판 적응행동검사(Korean-Scales of Independent Behavior-Revised : K-SIB-R)는 표준화된 규준지향 평가도구로서 기본적으로 학교, 가정 및 지역사회에서의 독립 및 적응기능을 측정하며 구체적인 정보를 제공하고, 개별 아동의 고유한 목표 및 프로그램 목표를 성취하기 위해 고안되었다. 부모나 보호자가 서비스 계획을 돕고 아동발달을 관찰하여 평가하며 가정, 학교, 고용 및 지역사회에 지속적으로 적응하게 한다.

② 목적 및 대상

K-SIB-R의 목적은 개인의 적응력 및 특정 환경에서의 기능적 독립성의 정도를 구체화 하는 것이다. 모든 검사의 문항 실시 검사결과는 IEP의 구성에 사용하며, 선발과 배치의 목적으로도 사용한다. K-SIB-R의 대상은 0~18세 아동(중도의 장애아동까지 포함)이다.

③ 구 성

14개의 하위척도로 이루어진 259개의 독립적 적응행동과 문제행동 문항으로 나누어져 있다. 적응행동은 4점 척도(0점에서 3점까지)로, 문제행동은 '예, 아니요'로 답한 후 빈도(0점부터 5점까지)와 심각성(0점에서 4점까지)으로 평가하도록 되어 있다.

④ 실 시

대상 아동의 부모 또는 양육자가 체크리스트 형식의 검사지에 기입하거나 검사자의 질문에 응답하는 면접절차 방식을 통하여 실시한다. 면접 절차는 검사 대상 아동의 보호자 또는 부모가 체크리스트 형식의 검사지에 기입하거나 검사 대상자가 질문에 응답하는 방식을 취한다. 각 문항은 검사자와 응답자(검사에 대해 아동의 정보를 제공하는 사람) 사이에 있는 책상위에 검사지를 놓고 응답자의 응답을 검사지에 기록한다. 체크리스트 작성 절차는 예측 가능한 행동이 기록된 체크리스트에 검사자가 기록하는 방법이다. 교사나 학부모, 양육자가 직접 검사 문항에 대해 기록하거나 검사 대상이 직접 검사 문항에 응답하기도 한다.

<표 4.10> 한국판 적응 행동검사 검사항목

영역	검사명	하위척도
독립적 적응 행동	운동기술	대근육 운동
		소근육 운동
	사회적 상호작용 및 의사소통 기술	사회적 상호작용
		언어이해
		언어표현
	개인생활기술	식사와 음식준비
		신변처리
		옷입기
		개인위생
		가사/적응행동
	지역사회생활기술	시간 이해 및 엄수
		경제생활
		작업기술
		이동기술
문제 행동	내적 부적응행동	자신을 해치는 행동
		특이한 반복적인 습관
		위축된 행동이나 부주의한 행동
	외적 부적응행동	타인을 해치는 행동
		물건을 파괴하는 행동
		방해하는 행동
	반사회적 부적응행동	사회적으로 공격적인 행동
		비협조적인 행동

5 결 과

두 영역(독립적 적응행동, 문제행동)별과 결과의 이들 두 영역을 조합한 결과를 제공한다. 독립적 적응행동에서는 14개 하위 척도별 W점수, 등가연령점수를 제공하고 4개 척도별로 W점수, 등가연령점수, 표준점수(평균100, 표준편차15),

백분위 점수를 제공하여 4개 척도를 합하여 전반적 독립에 대한 W점수, 등가연령 점수, 표준점수(평균100, 표준편차15), 백분위점수를 제공하며 다음으로 문제행동에 있어서는 3개 척도별로 부적응행동 지수 (평균0, 표준편차 10)인 내적 부적응지수(IMI), 외적부적응 지수 (EMI), 반사회적 부적응 지수(AMI)를 제공하고, 3개의 척도를 종합하여 일반적 적응지수(GMI)를 제공한다. 마지막으로 독립적 적응행동의 전반적 독립 W점수와 문제행동의 일반적 부적응지수(GMI)를 이용하여 지원점수를 제공한다. 지원점수는 검사자가 지원의 강도, 필요한 지원, 학교나 가정, 직장 및 지역사회에서 개인의 기능적인 독립을 향상시키거나 유지시키는 데 필요한 서비스를 결정한다. 개인이 갖는 문제행동의 비율, 빈도, 심각성이 전체적·전반적 적응행동과 함께 개인의 기능적 독립성을 결정한다.

<표 4.11> 지원점수에 따른 지원 단계

지원 점수	지원 단계	설명
1~24	전반적	전반적 또는 고강도의 지원과 지속적인 관리가 요구. 이 수준의 지원은 모든 교육과정에서 제공
25~39	확장적	확장적이거나 계속적인 지원과 관리가 요구
40~54	빈번한	빈번하고 밀접한 지원과 관리가 요구
55~69	제한적	제한적으로 일관성 있는 지원과 관리가 요구
70~84	간헐적	간헐적이거나 주기적인 지원과 관리가 요구
85~100	드물거나 없음	드물게 지원이 필요하거나 지원이 필요 없음

(5) KISE 적응행동검사

[1] 개 요

지적장애아동들은 흔히 지적인 능력이 부족하여 적응행동에도 문제가 있는 경우가 많다. 또한 여러 연구들에서 지적능력과 적응행동은 어느 정도 상관관계가 있다는 결과를 살펴볼 수 있다(Harrison. 1987). 그러나 지능검사만으로는 특히 경도 장애학생들을 판별하는 데 많은 어려움이 있고, 인지적인 측면만이 아닌 실제 일상생활과 관련된 부분에 대한 판단이 구체적인 문제를 파악하는 데 중요하다는 관점에 따라 지적장애는 인지적인 장애와 적응행동의 장애가 함께 나타나는 현상을 말하는 것으로 정의를 내리는 경우가 많다. 따라서 이 검사는 국내외에서 많이 사용되는 적응행동검사들을 분석하여 적응행동검사의 구성요인, 평가방법 및 해석방법을 분석하여 KISE-적응행동검사의 모형을 개발한 도구이다.

[2] 목적 및 대상

KISE-SAB는 지적장애 아동의 경우 만 5세부터 만 17까지를 대상으로 그리고 일반아동의 경우 21개월부터 만 17세까지를 대상으로 적응행동을 측정하기 위한 검사이다.

[3] 구 성

KISE-적응행동검사는 개념적 적응행동검사·사회적 적응행동검사 및 실제적 적응행동검사로 전체검사를 구성하였다. 개념적 적응행동검사는 언어이해, 언어표현, 읽기, 쓰기, 돈 개념, 자기지시의 6개 소검사로 구성되었으며, 사회적 적응행동검사는 사회성일반, 놀이 활동, 대인관계, 책임감, 자기존중, 자기보호, 규칙과 법의 7개 소검사로 구성되어 있다. 그리고 실제적 적응행동검사는 화장실 이용, 먹기, 옷 입기, 식사준비, 집안정리, 교통수단 이용, 진료받기, 금전관리, 통신수단 이용, 작업 기술, 안전 및 건강관리의 11개소검사로 구성되어 있다. 개념적 적응행동 검사에서는 구체적·현실적인 실제가 아니라 학문적 상황에서 성공하는 데 필요한 기술로 구성되어 있고, 사회적 적응행동 검사에서는 사회적 기대와 다른 사람의 행동을 이해하고 사회적 상황에서 자신이 어떻게 행동하는 것이 적절한지를 판단하는 기술적인 사회적 기술로 구성되어 있다. 실제적 적응행동 검사에서는 평범한 일상생활 활동을 해 나가는 데 있어 독립된 인간으로서 자신을 유지해 가는 실제적 적응기술로 구성되어 있다.

4 실 시

아동을 6개월 이상 관찰하여 아동의 행동 특성과 행동을 제대로 파악하고 있는 정보제공자 즉, 예를 들어 부모 또는 교사 등과의 면담을 통하여 실시된다. 아동에 대한 정보제공자의 부적절한 정보제공으로 인해 한 번의 회기 내에 검사 전체를 실시하기 어려운 경우 소검사를 단위로 분리해서 실시할 수도 있는데, 이와 같은 경우에는 첫 번째 검사와 두 번째 검사의 간격이 일주일 이상이어서는 안 된다.

5 결 과

KISE-적응행동검사는 네 가지 적응행동지수 즉, 개념적 적응행동지수·사회적 적응행동지수·실제적 적응행동지수 및 전체 적응행동지수를 산출하도록 구성하였다. 적응행동지수는 환산점수의 산출 공식과 동일한 공식을 사용하여 각 연령집단을 모집단으로 한 정상분포에서 평균이 100이고 표준편차가 15인 표준점수로 전환하여 산출한 점수이다.

제5장 지적장애의 특징

지적장애아의 일반적 특성, 개체·동기 유발적 특성, 사회 행동적 특성, 학습 특성, 말과 언어 특성, 신체·건강상 특성, 직업 특성과 발달가능성 등을 중심으로 살펴보았다.

1. 지적장애인의 일반적 특성

지적장애의 종합적인 특성은 정의에서 자주 언급되었듯이 낮은 지적수준과 사회적 기술의 결함이다. 그러나 IQ 측정은 이해와 기억, 언어 능력, 공간 지각, 학습, 일반화 그리고 문제해결의 기능과 능력을 반영한다. 지적장애는 두뇌 손상으로부터 생긴 것으로 수행에 중요한 역할을 하는 동작 문제, 개성 그리고 동기적 특성에 문제가 발생하게 된다. 그 상태의 존재와 심각성에 따라 다양한 적응 행동 문제를 야기한다. 많은 지적장애아들의 생활 적응 행동은 의사소통, 자기관리, 가정생활, 사회적 기술, 지역사회활용, 자기지시, 건강과 안전, 기능적 교과학습, 그리고 여가와 직업기술 등 이다.

일반적으로 지적장애아들은 다양한 상황에서 적절히 활동할 수 있다. 그러나 환경적 요구에 대처하는 데 어려움이 있으며 그들은 학교에서 많은 어려움에 부딪히고 있다.

지적장애의 요구를 알기 위해서는 특성을 파악해야 한다. 특성을 알아보기 전에 먼저 3가지 중요한 사항을 이해할 필요가 있다.

첫재, 지적장애아들은 비장애인들과 똑같은 기본 생리적, 사회적 정서적 요구를 가지고 있다.

둘째, 지적장애아들은 여러 면에서 많은 개인차가 있다. 모든 지적장애아들이 똑같이 지적, 학습상, 신체적, 사회 정서적, 심리운동적 특성들을 가진 것은 아니다. 지적장애아들을 올바르게 교육 배치하자면 그들의 행동특성이나 요구들을 이해할 필요가 있으며, 하나의 교육적 틀을 제공할 수 있는 일반화된 행동특성을 알려고 노력해야 한다.

셋째, 지적장애아 집단들 중에서 일어나는 교육요건의 변화 때문에 이들 집단과 연관된 전통적인 특성들을 계속적으로 추적하고 재고려를 해야 할 필요가 있다.

지적장애아의 특성 이해는 어디까지나 개인차의 관점에서 이루어져야 하며, 본질적인 지적 결함과 이에 따라 파생된 2차적인 장애에 대한 이해를 밝혀야 그들의 교육적 요구를 잘 알 수 있다.

지적장애아의 일반적 특성은 ① 우호적·적대적 환경에 대해서는 비상한 감수성을 갖는다. ② 지적 활동이나 수지훈련 등에 반응이 늦다. ③ 주의집중 시간이 짧고 ④ 언어의 제약성 ⑤ 계획성의 결여 ⑥ 상상력의 한계가 좁고 ⑦ 흥미범위의 협소 ⑧ 경계의식이 없고 ⑨ 선악의 구별이 안 된다. ⑩ 정서적 안정이 안 되고 ⑪ 윗사람에 충실성을 갖고 ⑫ 고집성이 강하다(Garton).

지적장애 학생들이 운동, 사회성, 언어 기능들의 발달에 있어 또래들과 두드러지게 다를 수 있지만, 경도 지적장애는 학교에 입학 할 때까지 알아차리지 못하는 경우가 종종 있다. 흔히, 교과에서의 어려움과 행동문제들이 함께 나타나야 비로소 걱정하기 시작한다. 학습문제들은 때때로 읽기와 같은 어느 한 과목에서 특별나게 나타나기도 하지만, 전 과목에 걸쳐 확인되는 경우가 많다.

언어 및 의사소통기능장애를 가지고 있는 아이들은 대인관계에서 움츠러들거나, 부적절한 방식으로 사람들의 주의를 끌려 할 수 있다. 부적절한 사회적 행동은 많은 요인들로부터 생겨날 수 있다. 이 아이들은 바람직한 행동과 그렇지 못한 행동의 기준을 명확하게 구별할 수 없기 때문에 부적절한 행동을 보일 수 있다. 문제행동은 또한 학업과정에서 실패로 인한 좌절로부터, 또는 옳지 못한 행동을 부추기는 다른 아이들의 인정을 받기 위한 시도로써도 생길 수 있다.

비록 몇몇 자료들이 경도 지적장애인들이 전체 지적장애인들에 비해 보다 이차적인 문제점들을 보인다는 주장을 뒷받침하고 있기는 하지만(Barlow & Durand, 1995; Borthwick Duffy & Eyman, 1990), 이들 중 대부분은 만족스럽고 생산적인 삶을 영위할 수 있다. 경도 지적장애 성인들은 직업을 구하고 유지할 수 있으며, 경제적으로 어느 정도 자립할 수 있다.

경도 지적장애인보다 좀더 확장적인 지원을 필요로 하는 사람들을 중도 지적장애인이라 부른다. 여기에서 "중도(severe)"라는 용어에는 중등도(moderate), 중도(severe), 그리고 최중도(profound)지적장애를 모두 포함한다. 최근에는 경도, 중등도, 중도, 그리고 최중도 등과 같은 변별적인 용어를 사용하지 않는다. 중도 지적장애인은 최대한 성공적으로 기능하기 위해서 확장적(extensive)이거나 전반적(pervasive)인 지원(supports)을 필요로 하는 사람으로 정의하기로 한다.

2. 개체·동기 유발적 특성

집단의 특성과 배경에 대한 정보는 그들의 요구를 더 잘 이해하게 해 준다. 왜 지적장애인들의 요구, 능력, 그리고 인간성에 관한 이해가 그렇게 오래 걸렸는가? 최근까지 중도 지적장애인들은 지역사회에 거의 통합되지 않았을 뿐만 아니라, 전체 인구 중에 이들이 차지하는 비율이 낮다는 점도 일반인들의 이들에 대한 이해를 막는 요인으로 작용했다. 전체 인구 중 약 1-3%가 지적장애인이고, 그 중의 오직 15%만이 확장적인 지원을 요한다. 특히, 전체 지적장애인 중에서 10% 정도가 중등도 지적장애인이고 3%가 중도(severe) 지적장애인인 반면, 최중도 지적장애인은 2%에 불과하다(APA; Amrican Psychiatric Association, 1994).

중도 지적장애는 대개의 경우 경도 지적장애보다 발달 과정 초기에 인식될 수 있다. 이들 중도 발달지체아들은 여러 가지 관련 의학적 상태로 조기 진단이 가능하다. 경도 지적장애와는 달리 중도 지적장애의 경우 환경적 결손이 관련되어 있지 않다. 비록 조산과 같은 요인이 열악한 환경과 관련되어 있긴 하지만, 중도 지적장애인의 출현율은 모든 사회경제적 계층에 걸쳐 상대적으로 안정적이다(APA, 1994).

1) 성

여아들보다는 남아들이 더 많이 "지적장애" 판정을 받는다. 경도 지적장애인들에 대한 문헌조사와 그에 따른 서술에서, Dunn(1973)은 "교육 가능 지적장애"로 명명된 학생들 중에는 남자가 더 많았다고 한다. 이러한 남성의 수적 우세를 설명해 주는 이유에는, 평가를 위한 의뢰 남성들에게서 보다 자주 나타나는 공격적 행동과, 남자아이들에게 작용하는 성관련 영향과 같은 생물학적 요인들, 그리고 남성들에게 부과되는 보다 큰 역할기대가 포함된다. 진단과 분류과정에서의 성적 선입견이 지적장애로 분류되는 남성들의 수적 불균형에 영향을 미칠 가능성 또한 존재한다.(U.S. Department of Education, 1996).

2) 인 종

인구통계학적 자료를 검토한 사람들은 경도 지적장애로 판별 받은 인종 및 민족적 소수집단 아동들의 수적 불균형을 보고해 왔다(Doll,1962; Dunn,1973; Epstein et al., 1989; Manni, Winikur, & Keller, 1980; Polloway at al., 1986). 1960년대부터 1980년대까지 "경도지적장애" 집단 구성에 있어서의 인종적 불균형은 수많은 소송의 쟁점이 되어 왔고, 이는 아동들을 지적장애로 판별 및 명명하기 위한 절차에 있어서 부분적인 변화를 가져왔다. 하지만 정의의 변경과 보다 엄격한 판별절차에도 불구하고 동일한 경향이 오늘날까지도 뚜렷하게 지속되고 있다.

근대의 연구들(Larson et al., 2000: Oswald, Coutinho, Best, & Sing, 1999)에 따르면 특수교육 프로그램에 배치된 아프리카계 미국 학생들의 비율은 일반 학생집단에서 차지하는 비율에 비해 높은 것으로 나타났다. 몇몇 장애범주들과 주정부에서는 남미계 학생들이 전체 학생집단에서 그들이 차지하는 비율에 비해 과대 및 과소 대표된 것으로 나타났다. 특수교육 프로그램속의 아프리카계 미국학생들의 이러한 불균형적인 분포는 부분적으로는, 상대적으로 낮은 소득 및 빈곤과 결부된 장애, 평가·위탁·배치과정에 있어서의 모호성과 주관성 등과 같은 학교관련 요인들, 그리고 집계·분석·보고절차에 있어서의 변화 등에서 그 원인을 찾아볼 수 있다.

3) 사회 경제적 및 가족 형태

중등학교 장애 청소년을 살펴보면, 또래의 일반 청소년들에 비해 편부모 가정에서 양육되는 경우가 많고, 사회 경제적 지위가 낮은 확률이 높았으며, 또한 가구소득이 낮은 가정에서 살고 있는 경우가 많은 것으로 나타났다. 이러한 요인들이 교육적 수행, 신체 및 건강상태, 그리고 이 청소년들이 성인이 되었을 때의 소득에 영향을 미칠 수 있다. 이러한 결론이 단지 지적장애인들에게만 국한 되는 것이 아니라 모든 장애 청소년과 관계가 있다는 점을 인식하는 것 또한 중요한 일이다.

지적장애의 원인 중 한 변인으로서의 환경적 박탈은 미국지적장애협회가 "심리 사회적 불이익"을 원인 분류에 포함함으로써 확인되었다. 이 범주와 관련된 설명은 사람들이 열악한 주거, 불충분한 영양상태와 치료 등을 포함한 빈곤한 환경조건을 경험하고 있음을 의미한다. 수적으로 압도적인 편부모 가정들, 친부모가 아닌 사람들에 의해 양육되는 아이들, 한 개 이상의 지역지원서비스 단체로부터 도움을 받고 있는 가정들 등과 같은 낮은 사회 경제적 지위와 다양한 요인들이 원인이 되는 것으로 나타났다(Epstein et al.,1989).

한동안 저소득 가정들에서 경도 지적장애가 많이 나타나는 것으로 인식되었으나(Westling, 1986), 이러한 불균형적인 대표성은 사회 경제적 조건들은 보다 장기적이고 보다 집중적인 관찰이 필요하다(MacMillan & Reschly, 1998).

4) 동 기

인지적·언어적 특성의 중요성은 잘 인식되었지만 동기 유발적인 요소들의 중요한 가치는 종종 간과되어 왔다(Baumeister & Brooks 1981).

여기에서 논의되는 특성들은 지적장애아와 정상아 간의 기능적 차이에 밀접한 관계가 있다.

(1) 실패의 예상

"예상"이란 주어진 행동의 결과로써 예측되는 강화를 말한다. Rotter(1954)는 두 가지 형태의 예상을 가정했다. 첫 번째로는 구체적인 보상이나 사회적 수용과 같은, 특정 형태의 강화에 대한 예상이고, 두 번째로는 특정 형태의 문제해결 활동들에 대한 과거 경험들의 결과로부터 일반화된 예상들이 포함된다. 다시 말하면, 과거의 경험을 바탕으로 성공과 실패에 대한 예상을 가지고 새로운 상황들에 접근한다는 것이다.

많은 경도 지적장애 학생들이 초기 학창시절에 자주 실패감에 부딪히기 때문에 그들은 실패를 미리 예상한다. 실패의 쓰라린 경험에 도피하기 위해 그들은 실패를 야기하는 상황을 피하는 경향이 있고 결과적으로 낮은 소망과 목표를 설정한다(Zigler,1973). Heber(1964)는 실패에 대한 두려움이 순환적인 것이 될 수 있음을 지적하고 있다. 즉, 부족한 성공에 대한 예상은 과제에 투자하는 노력의 양을 낮추게 되고, 따라서 과제 수행은 과제를 수행하는 사람의 능력으로 볼 때 기대되는 정도에 못 미치게 되며, 예견된 실패는 현실이 된다.

학업을 성취·성공하지 못하는 사람은 그러한 상황을 회피하고 싫어한다. 그것이 결국 동기유발에 부정적인 영향을 미친다.

(2) 외부 자향성

실패를 회피함으로써 생기는 또 다른 결과는 외부 지향성(outerdirectedness)이라 불리는 문제해결의 형태이다. 외부 지향적인 사람들은 문제해결에 있어 스스로 힘에 의존하기보다는 상황적 혹은 외부 단서들을 길잡이로 삼는다(Bybee & Zigler, 1992).

지적장애인들이 문제 상황을 해결하기 위해 일반적으로 다른 사람에게 의존하는 것으로 알려져 왔다. 때때로 이것은 그들 자신의 능력을 불신한 결과이다(Zigler, 1966).

이러한 형태의 행동이 지적장애인들에게만 국한되는 것은 물론 아니지만, Zigler(1999)는 지적장애인들은 자신들 스스로의 능력을 믿지 못하도록 학습되었기 때문에, 과거에 그들이 경험했던 잦은 실패 때문에 이러한 경향이 그들 사이에 널리 퍼져있다고 주장하고 있다. 많은 교사들은 학생들이 "나는 이것을 못해요" 하거나 "이것은 너무 어려워요"라고 말하는 것을 듣는다. 대부분 이런 유형의 말들은 선생님이나, 조력자나, 동료 학생들의 보조가 필요하다는 의존경향을 나타낸다. 그러나 지나치게 의존하는 것은 자신의 능력으로 충분히 해결할 수 있는 과제에서 조차, 그것에 의존하는 결과를 낳을 수 있다(Balla & Zigler, 1979).

(3) 통제의 외적 요소

통제소재(locus of control)란 한 개인이 자신이 한 행동의 결과를 어떻게 지각하는가를 일컫는 말이다. 주로 내적 통제소재에 의해 행동하는 사람들은 긍정적 혹은 부정적인 사건들을 그들 자신의 행동의 결과로 인식한다. 긍정적·부정적인 사건들을 주로 운명, 요행, 또는 다른 사람들 등과 같은 외적인 힘에 의해 통제되는 것으로 보는 사람들은 외적 통제소재를 가지고 있는 것이다. 종종 지적장애인들은 운명이나 기호 등 그들의 통제가 미치지 않는 다른 요인에 의해서 그들 행동의 결과가 긍정적이고 부정적이 되는 것을 알아챈다. 이런 인지는 무력함이나 일들을 통제할 수 없을 때 생기는 상태를 배우는 것과 같다(Seligman, 1975). 따라서 외적 통제는 사람들로 하여금 그들 자신의 성공과 실패에 대한 책임을 받아들이지 못하게 하고, 자립심과 자기조정적 행동들을 발달시키지 못하게끔 한다는 측면에서, 보다 건설적이지 못한 방향인 것으로 간주된다. 어린아이들이 이렇게 느끼는 것은 발달적으로 적절하다. 그러나 대부분의 사람은 성숙해가면서 내적 통제의 요소로 바뀐다(Lawrenos & Winschel, 1975).

학습된 무기력은 실패가 가장 놀랄만한 노력조차도 무위로 만들 것이라는 믿음을 반영하는데 때때로 사용되는 또 다른 용어이다(Stipek, 1993). "학습된 무기력"이라는 개념을 생각해 낸 Seligman(1975)은 사람들이 사건들을 스스로의 행동으로 통제할 수 없다고 지각할 때 이 현상이 발생한다는 점에 주목했다. 지적장애인들은 가끔 그들의 행동과 지능에 영향을 미치는 동기적 개인적 특성을 가진다. 예를 들면, 지적장애인들은 새로운 것과 어려운 과업을 성취하려는 욕구가 거의 없다(Bennet-Gates & Zigler, 1999a).

부분적으로 이런 수동적인 경향은 그들의 학습된 무기력일 수 있다. 학습된 무기력들은 자기들이 완전히 성공할 수 있는 상황에 있더라도 성공할 수 없다고 믿는다. 잘못된 믿음 때문에 그들은 실패할 위험 때문에 시도해보려고 하지 않는다(Elliot & Dweck, 1988). 그런 아이들은 성공을 경험하더라도 자기의 수행능력을 발전시키려고 하지 않는다. 그들은 이것을 운으로 돌린다. 학습된 무기력은 부모, 교사 기타 보호자들의 반복적인 낮은 기대감과 비평으로 인한 초기 실패의 결과이며 이런 경우는 명석한 아이의 경우에도 나타난다.

아이들에게는 실패가 해볼 필요가 없는 것이 아니라 누구나 겪을 수 있는 피할 수 없는 경험이라는 것도 역시 알려주는 것이 중요하다. 노력으로 인한 성공의 기회에 대한 아동의 신념을 "재훈련"시키는 것은 아이들이 어릴 적에 하는 것이 좋다(Eccles, Wigfield, & Schiefele, 1998).

지적장애인들은 그들이 올바른 행동을 할지라도 무엇을 하는지 봐주는 것이 좋다. 나아가 지적장애인들은 친한 사람이나 지지하는 사람에게 인정을 더 받고 싶어하고 모르는 사람은 피하고 싶어하는데 이런 경향은 사회적인 경험이나 기회가 부족하기 때문이다(Bennet-Gates & Zigler, 1999b).

(4) 부정적 자아 개념

다소 논란이 있지만 대부분의 연구는 지적장애아들은, 열등한 자아개념을 가진다는 견해를 지지한다. 그들은 자신의 능력과 잠재성에 대해 강하고 긍정적인 느낌을 갖지 않는다. 이런 부정적인 자아개념은 생활에서의 부적응과 중요한 상관관계를 가진다.

여기에서 논의된 네가지 동기 지향성에 지속적으로 나타나는 한 가지 요인은 반복된 실패가 가져오는 악영향이다. 그렇다면 이 분야에 종사하는 사람에게 가장 중요한 함의는 아마도 지적장애아동에게 그들이 성공할 수 있는 과제들을 제공할 필요성일 것이다. 이는 사회적, 학문적 상황 모두에 적용된다. 아동에게 성공할 기회를 허용한다는 것은 아주 귀중한 동기적 도구가 된다. 장애가 있든 없든 간에, 모든 아이들은 실패를 다루는 방법 또한 배울 필요가 있다. 민감한 교사는 아이가 때때로 발생하는 어찔 수 없는 실패를 딛고 일어설 수 있도록, 반복된 성공을 통하여 충분한 자신감을 얻게하는 방식으로 학습에서의 경험을 조성할 수 있다. 부모들과 교사들은 아이의 부정적인 기대를 무심코 강화하지 않도록, 아이에 대한 그들 자신의 기대에 민감해질 필요가 있다. 그들은 자신들의 아이가 단순한 과제들조차 다룰 능력이 없다고 생각한다는 점을 드러내지 않도록 신중하게 행동해야 한다. 오히려 부모들과 교사들은 모든 아이들이 그들의 능력 안에 있는 책임을 떠맡도록 요구해야 하며, 그들에게 정확하게 무엇을 기대하는지 분명히 해야하고, 시도할 기회를 허용해야 한다.

성공을 경험할 기회를 증가시키는 다른 방법들로는 세부적이고 현실적인 목표들을 설정하고, 특정행동에 대해 즉시 피드백을 제공하며, 성취에 대해 보상해 주는 것 등이 있다. 만일 어떤 아이가 특정 과제에서 자꾸 실패하게 된다면, 그 상황은 성공이 가능하게끔 새로운 접근 방법을 통해 재구조화되어야 한다. 마지막으로, 비록 지적장애아동들을 도와 보다 내적으로 지향하게 하고, 자립심을 기르게 하는 것이 바람직하다 하더라도, 외부 단서들에 지나치게 의존하는 경향도 이들에게 이익이 될 수 있도록 활용되어야 한다. 교사들과 부모들은 아이들을 위해 적절한 행동 모델을 반드시 제공해야 한다.

5) 기능적 특성

최근 미국 지적장애협회의 지적장애 정의에 따르면, 지능지수는 더 이상 지적장애의 특정 수준을 예언하지 못한다. 하지만 일반적으로 IQ가 낮아지면 필요한 지원의 정도는 높아질 것이라는 점은 예상할 수 있다. 예컨대, IQ가 50이하인 사람은 제한된 혹은 간헐적인 지원이 필요할 만큼 기능할 수 있는 반면, IQ가 55 이상인 사람 중에서도 확장적이거나 전반적인 지원을 필요로하는 사람이다. 비록 지능지수가 지적장애 정의의 중요한 요소이지만 지적장애인의 요구나 능력에 대해 가장 유용한 정보원이라고 보기는 어렵다.

확장적인 지원을 요하는 사람을 식별하기 위한 좀 더 확실한 정보는 적응기술 사정을 통해서 얻을 수 있다. 미국지적장애협회는 적응 기술 영역, 즉 의사소통, 가정생활, 그리고 자기관리 같은 적응기술들은 몇 년 동안 교육중재계획의 중심 영역이었다. 사회적 기술과 여가 기술 등의 적응기술은 좀 더 심한 장애가 있는 사람들이 점차 지역사회로 이동함에 따라 전면에 부각되고 있는 것들이다.

중도 지적장애인들은 한 가지 이상의 중복장애를 갖고 있으며, 많은 경우 주목을 끄는 신체적인 특징을 갖고 있다. 이들은 새로운 기술을 습득하는 속도가 느리고, 한 상황에서 얻은 지식을 다른 상황에 적용하는 데 어려움을 보인다.

이들은 또한 제한된 의사소통 기술을 보이며, 종종 문제 행동을 보인다. 하지만 긍정적인 측면도 있다는 것을 간과해서는 안 된다. 비록 향상 정도는 느릴지 모르지만 중도 지적장애인도 학습을 한다. 그리고 사랑, 재미, 그리고 공통적인 관심사 등에 근거하여 관계를 형성할 수 있다(Heward, 1996).

3. 사회, 행동적 특성

지적장애아들이 대인관계가 원만하지 못하고 여러 상황에서 부적응하는 것은 그들에게 적응행동이 부족하기 때문이다. 특히 자기 지향성, 책임감, 사회적 기술 등의 부족으로 인해 부적절한 행동을 나타내어 주위 사람들로부터 거부당하는 것을 볼 수 있다(Gottlieb Budoff, 1973).

한편 다른 조사(Gottlieb, Semmel & Velman,1978)에서는 이러한 거부는 정상아들이 학문적 무능보다 행동의 부적절성을 더 의식하는 데에서 비롯된다고 지적한다. 이러한 발견은 지적장애아들을 일반 교육의 장에 통합시키는 데에 중요한 역할을 한다.

1) 환경적 고려

지적장애 진단은 사회에 비추어본 개인의 특성을 반영한다. 지능, 적응행동, 심리적, 정서적 안정, 그리고 심지어 신체적 건강 등과 같은 요인들은 정확하게 구분할 수 없는, 연속적인 개념으로 존재한다. 자기가 살고 있는 사회 안에서 안락함과 친숙함을 별로 느끼지 못하는 사람, 혹은 그 환경에서 성공하는 데 필요한 도구가 부족한 사람들이 기능이 부족하고 일탈적인 행동을 보일 가능성이 많다는 것은 당연하다. 예를 들어, 어떤 사람이 낯설은 사회적 환경에 맞게 제작된 지능검사에서는 당연히 점수가 낮게 나올 것이다. 이런 사람은 새로운 사회에서는 아주 단순한 기술을 구사하는 데에도 어려움을 겪을 수 있으며, 본인에게는 자연스러운 정서적 반응이 그 사회에서는 비정상적인 것으로 여겨질 수 있다. 또한 신체적 움직임과 기능이 그 사회에서는 덜 발달된 것으로 취급될 수도 있다. 낯설은 사회에서는 이 사람을 별 이의 없이 "확장적 지원이 필요한 사람"으로 분류할 수 있다. 하지만 새로운 사회에서 그 사람이 더 오래 살수록 그를 둘러싸고 있는 사람들은 그가 좀 더 편안하게 느끼도록 노력을 할 것이고, 주변 사람들이 그들의 문화를 더 접촉하게 함으로써 더 독립적이고 덜 의존적이 될 것이다.

장애인과 비장애인 사이의 증가된 상호작용이 사회 전체에는 어떠한 영향을 미치게 될까? 연구결과에 따르면, 통합 경험 이후에 비장애인들과 주요 기관원들은 중도 지적장애인들에 대해 협조적이고 수용적이며 긍정적인 태도를 갖는 것으로 나타났다(Strully & Strully, 1989). Block과 Rizzor(1995)는 통합 경험 이후 비장애인과 주요 기관원들의 협조적이고 지원적인 태도의 형성에 대해 논했다. 지난 몇 년 동안 중도 지적장애인과 비장애인들 모두의 긍정적인 성과에 관한 연구 보고가 증가하고 있다(Gaylord, Abery, & Schoeller, 1997) 결국, 확장적 지원을 필요로 하는 사람과 지역사회의 융합은 장애인이나 비장애인 모두에게 긍정적인 경험을 주는 것으로 보인다.

2) 행동적 특성

지난 수년 동안 지적장애인으로 하여금 생산적이고 사회적으로 적응된 행동을 형성하도록 돕는 데 많은 시간과 노력, 그리고 주의가 집중되어 왔다. 문제행동을 억제하면서 적절한 행동을 표출하는 능력은 지적장애인 삶의 많은 측면에 영향을 준다(Hill & Bruininks, 1984; Larson, 1991; Reichle & Light, 1992).

(1) 행동 문제

확장적 지원을 필요로 하는 사람은 새로운 기능을 습득하거나 이미 배운 기술을 새로운 상황에 적용시키는 데, 그리고 자신들이 원하는 것, 필요, 사고, 감정 등을 의사소통 하는 데 어려움을 겪을 가능성이 있다(Heward, 1996). 하지만 이러한 기술들은 사회에서 성공적으로 기능하는 데 아주 유용한 것들이기 때문에, 중도 지적장애인들은 많은 시간을 적응 기술들을 습득하는 데 집중시킬 것이다(Wehman & Kregel, 1997).

지체된 적응 기술 문제를 더 어렵게 만드는 것은 문제 행동이 발달될 위험성이다. 중도 지적장애인들은 가끔 지속적인 상동행동과 손가락 소리내기와 같은 자기자극적인 행동뿐만 아니라, 공격과 자해 같이 대처하기 어려운 행동을 한다. 하지만 심한 지적장애가 문제행동의 유일한 원인이라고 말할 수 없다. 연구에 따르면, 앞서 설명한 문제행동은 이들 중도 지적장애인들에게는 불가피하고 손 쓸 수 없는 것들이 아니다. 대신, 문제행동들은 훈련과 주변 여건이 밀접히 관련되어 있다(Luiselli & Cameron, 1998).

비록 적응행동과 문제행동은 서로 다른 개념으로 여겨지지만(Bruininks & McGrew, 1987), 전혀 관계가 없는 것도 아니다. 문제행동은 종종 의사소통, 선택하기, 그리고 사회적 기술 등과 같은 적응행동을 가르침으로써 소거될 수 있다(Homer & Carr, 1997; Reichle & Wacker, 1993; Van Houten & Axelrod, 1993). 또한, 적응행동과 문제행동은 풍부하고 수용적인 환경에서 향상되거나 감소된다는 것이 증명되었다(Koegel, Koegel, & Dunlap, 1996).

(2) 행동분석과 중재

행동과 환경은 서로 밀접하게 관련되어 있다(B. F. Skinner, 1953). Skinner는 이 둘간의 관계를 작동적(operant)이라고 했는데, 그 이유는 사람은 자신이 원하는 것을 얻기 위해 환경에 자발적으로 작동(operates)하기 때문이다. 행동분석 과학, 혹은 행동을 변화시키는 환경적 사건에 대한 연구는 Skinner의 연구로부터 시작되었다. 행동분석은 다른 심리학적 중재와는 달리 행동을 유발시켰던 사고나 감정과 같은 내적인 상태를 당사자로 하여금 보고할 것을 요구하지 않기 때문에 중도 지적장애아들에게 사용하기에 논리적으로 타당한 방법적 도구였다. 그 이유는 심리학자들은 행동분석을 통해 행동을 유지시키는 환경 내 사건을 확인하여, 새로운 행동 형성을 촉진하기 위해 사건을 조절할 수 있다(Miller, 1997).

중도 지적장애인을 상대로 한 행동분석의 유용성은 기능 사정(functional assesmant) 기법을 가미함으로써 더욱 커졌다. 기능 사정은 특정 요구를 다루는 적응적인 방법을 가르치기 위해 주어진 행동의 목적이나 기능을 확인하는 과정이다. 행동적 기능의 범주는 다양하지만, Iwata 등(1994a, 1994b)이 제시한 네 가지 기능 범주 즉, 사회적 주의, 요구 해소, 음식 장난감 같은 가시적인 물건에의 접근, 그리고 자기자극 혹은 감각 강화가 일반적으로 많이 인용된다.

기능 사정은 행동수정 계획을 수립하는 데 있어서 첫 단계로 널리 사용되어 왔다. 이 과정의 유용성은 IDEA(1997) 규정에 의해 더욱 강조되었는데, 이에 따르면, 장애를 가진 학생이 행동 때문에 10일 이상 다른 교육 환경에 배치되어야 할 경우에는 반드시 기능 사정을 해야한다. 기능 사정에는 행동심리학을 전공한 사람에 의한 학생의 직접 관찰, 다양한 결과에 대한 학생의 반응을 관찰할 수 있도록 환경 조절, 혹은 학생, 부모, 그리고 교사와의 구조화된 면접 등이 포함된다(O' Neill, Homer, Allbin, Storey, & Sprague, 1990).

일단 기능 사정이 완료되면, 적절한 중재가 이루어지는데, 문제행동을 감소시키고 바람직한 행동을 증가시키는데 필요한 방법은 여러 가지가 있다. 이러한 중재 방안들은 강화 법칙에 근거하고 있다.

직접 훈련을 시키지 않아도 되는 다른 중재 방법도 있으나 일반적으로 개인 주변 환경을 변화시키는 중재방안들이 포함된다(Homer & Carr, 1997).

문제행동과 관련된 마지막 논점은 삶의 질에 관한 것이다. 적극적이고 조화로운 삶을 사는 사람들은 심리학적 정서적 건강을 갖고 있는 사람들이다(Baroff, 1991). 개인적인 선택을 하거나 동료들과 어울리는 데 있어서 간단한 적응 자체가 중도 지적장애인들의 문제행동을 치유하는 데 성공적이라는 점이 여러 번 보고되어 왔다(Homer, 1980; Koegel et al., 1996). 행동 사정(behavioral assessments)을 할 때에는 개인적인 선택, 상호작용적인 관계 형성, 그리고 재미있고 유의미한 활동에의 적극적인 몰입 등과 같은 요인들을 고려하는 것이 중요하다.

3) 자기조정 행동

궁극적으로, 모든 사람들이 자신들의 삶에 대한 통제력을 발휘하기를 바란다. 서로 다른 여러 상황에서 나타나는 많은 행동들에 대한 자기조정 능력을 개발하고, 그 행동을 지속적으로 유지하는 것이 무엇보다 중요하다. 지적장애인들이 자기조정 능력을 개발하는 것이 바람직함에도 불구하고, Whitman(1990)은 이 기술을 습득시키는 데 있어 많은 문제점이 있음을 경고하고 있다. 이러한 경고는 자기조정이라는 것이 언어에 의해 유도되는 과정이고, 지적장애인들은 언어에 대해 제한점을 가지고 있다는 사실에 근거한다. 그럼에도 불구하고, 자기조정 행동의 개발 목표는 충분한 근거가 있는 것은 아니지만, 성취 가능한 것이다. Whitman(1990)은 다음과 같이 지적장애인들의 자기조정 능력 성취에 대한 강력한 논리적 근거를 제시하고 있다.

"지적장애인들은 자기통제를 연습함으로써 외부적인 지시 없이 효과적으로 행동할 가능성을 증가시킬 수 있고, 그들이 배운 것을 유지할 수 있으며, 훈련에 따라 발생하는 여러 사건들이 적용되지 않았던 상황에 학습된 반응들을 일반화할 수 있다. 더욱이, 그들 자신의 행동에 대한 자기조정에 의해, 면밀한 감독이 불가능한, 보다 정상화된 상황에서 생활할 수 있는 가능성을 높이게 될 것이다. 마지막으로, 우리 사회에서는 독립적인 행동이 가치 있게 받아들여지기 때문에, 점차 자율적인 모습을 보여주는 지적장애인들은 다른 사람들에게 보다 긍정적인 반응들을 불러일으키게 할 가능성을 높일 수 있으며, 이는 다시 그들의 자기효능감을 증가시키게 될 것이다."

4. 학습 특성

교사들에게 지적장애아들의 학습적 요구나 특성은 매우 중요하게 부각된다. 학습은 "성숙이나 성장, 나이에 따라 자연적으로 발달하는 것이 아닌 행동에 변화를 가져오는 연습이나 경험과정"으로 정의되어 왔다(Payne & Patton, 1981).

일반적으로 경도 지적장애아는 학습능력이 대체로 열악하여 초등학교 6학년까지는 유치원 정도이고, 학령기를 마칠 때까지는 3학년 정도, 지적인 최대의 능력 수준은 초등학교 5, 6학년(MA 10~12세)수준의 능력을 갖는다. 또한 중도 지적장애아는 의사소통 능력은 기를 수 있으나 일반적 문자학습과 기술기능은 거의 배울 수 없다.

1) 인지 발달

(1) 양적·질적 측면

Kail(1992)과 Tomporowski와 Tinsley(1994), 그리고 Zigler(1999)에 따르면 경도 지적장애아들은 인지발달은 속도가 늦고, 궁극적인 기능 수준은 낮을지라도 비지적장애 아동들과 같은 순서로 발달한다고 한다.

이 견해를 지지하는 사람들은 지적장애 아동들은 그들의 현재 능력 수준 이상의 과제들을 제시받기 때문에 실패한다고 믿는다. 따라서 발달모형에 근거한 교육 프로그램들은 전통적인 교수전략들을 사용하지만, 주로 개개인의 정신연령에 맞게 조정된다. 또 다른 한편 지적장애인들의 인지발달을 비 지적장애인들과는 질적으로 다른 것으로 보고 있다. Ellis와 Dulaney(1991)는 지적장애인들이 정보를 처리하는 방식에는 차이가 있고, 연구의 주요 과제는 이러한 차이 영역을 설명하는 데 있다고 주장했다. 교수함의로는, 이러한 결함의 영향을 없애거나 감소시키는 데는 독특한 교수방법 및 교재가 필요하다는 것이다.

후자의 입장보다 전자의 입장을 지지하는 연구들은 많이 있다. 그러나 인지발달에 영향을 주는 요인들은 대단히 많기 때문에 확실한 결론에 도달하기는 어렵다.

발달론적 입장의 연구자들은 Piaget의 발달단계 이론에 그 근거를 두고 있기 때문에, 이 이론을 간략하게 소개하고, 이를 지적장애인들에게 적용해 보려 한다. 여기서는 지적장애 학습자들과 비 지적장애 학습자들의 구별이 두드러지는 몇몇 학습과정들을 기술할 것이다.

(2) 인지 발달 이론

인지 발달 이론의 최초 견해는 정상인들을 대상으로 한 관찰에 근거하여, Jean Piget에 의해 공식화되었다. 그는 정신발달을 계속적인 환경과의 상호작용 및 환경에 대한 적응, 또는 아동의 환경에 대한 지각의 결과로 보았다. Piaget(1969)에 따르면, 아이들은 다양한 인지기능들이 습득되는 발달의 단계를 거쳐 발전한다. 그가 제시한 발달의 주요 단계와 대략적인 연령규준은 감각운동 단계(출생 후 2세까지), 전조작 단계(2세에서 7세까지), 구체적 조작 단계(7세에서 11세까지), 형식적 조작 단계(11세 이상)로 나뉘어진다.

감각운동 단계는 감각경험과 운동활동으로 특징지어진다. 어린아이들은 주위 환경을 점점 더 인식하게 됨에 따라, 그들 자신과 다른 사람들 혹은 사물을 구별하기 시작한다. 두 번째 단계인 전조작 단계는 순수한 신체적 조작 이상의 것들을 포함한다. 아이들은 그들 주위에 있는 사람들과 사물에 대해 상징을 사용하기 시작하고, 관습적인 것들을 흡수하며, 다른 사람들의 행동을 모방함으로써 새로운 경험들을 습득한다. 구체적 조작 단계 동안, 아이들은 사물의 순서를 짓고, 분류하는 능력을 더욱더 발전시킨다. 정신적 조작은 점차 고도로 발달하게 되지만, 아이들은 보통 직접적 혹은 구체적인 경험들을 갖게 되는 문제 해결에 한정된다. 추상적 사고나 가설에 의한 추론을 수행할 능력은 약 11세나 12세경에 발달한다고 하며, 이러한 능력들이 형식적 조작 또는 추상 단계의 특징을 이루게 된다.

Piaget의 이론은 지적장애 아동이 비 지적장애 아동과 동일한 인지발달 단계를 거쳐 발달하고 주요 차이를 발달속도와 도달하게 될 최상위의 단계로 본 Inhelder(1968)와 Woodward(1963, 1979)에 의해 지적장애 아동들에게도 적용되었다. 지적장애 아동이 각 단계에 도달하게 되는 연령은 늦고, 지체의 정도가 심할수록, 단계를 거쳐 발달하는 속도도 더 지체된다. 더욱이 지적장애인들은 모든 발달단계를 성취하지 못할 수도 있다. Inhelder에 의하면, 경도 지적장애아동들은 구체적 조작 단계에 이를 수 있으나, 중도 지적장애로 분류되는 사람들은 전조작 단계 이상을 벗어날 수 없을 것이라 한다. 중도 혹은 최중도 지적장애인들은 감각운동 단계에 머무르게 될 것이다.

Piaget의 이론에 따르면, 정신발달은 아동들의 주위환경과 상호작용의 결과로 이루어진다고 한다. 따라서 교육자의 역할은 아동들이 상호작용할 수 있는, 그들의 발달단계에 적절한 교재들과 기회들을 제공하는 것이다. 지적장애 교사들은 지체수준이 다양한 아이들을 위해 교육과정들을 계획함에 있어서 아동의 특징, 과제에 대한 준비도를 결정하고, 발달속도와 예상되는 기능의 최저 수준을 고려할 수 있도록 발달단계를 알아둘 필요가 있다.

2) 학습에 포함된 과정들

지적장애인들의 인지기능에 대해 발달모형과, 차이모형 어디에 동의하든, 최적의 학습환경의 제공이라는 실질적인 문제가 남게 된다. 대부분의 연구자들은 주의나 기억과 같은 학습의 한 측면에 그들의 노력을 쏟아 부었다. 그러나 그 결과들을 교육 프로그램 편성을 일반화함에 있어서, 지적장애 학습자들이 그들의 잠재력을 구현할 수 있도록 최선의 기회를 제공하는 방향으로 학습 개개의 측면들에 관한 다양한 이론들로부터 도출된 함의들이 조합되어 활용되어야 한다는 점을 반드시 강조해야 한다.

여기에서 제시되는 과정들에는 주의집중 변인, 중재전략들, 기억, 그리고 전이 / 일반화, 추상화 그리고 우발학습 등이다.

(1) 주의집중과 관심

지적장애아들은 주의집중의 3가지 주요 구성요소에서 심한 어려움을 가진다(Alabiso, 1977) : 주의집중 지속시간(일에 대한 시간의 길이), 주의집중의 범위와 초점(산만하게 하는 자극의 억제) 그리고 선택적 주의(중요한 자극특성의 변별), 이 분야에 있어서 광범위한 조사가 Zeaman과 House에 의해 실시되어 왔다(1963). Zeaman과 House의 초기 연구로부터 지적장애 학생들을 위한 교수적 함의를 얻을 수 있다. 예를 들면, 교사들은 ① 단지 몇 가지 차원에서만 차이가 있는 초기자극들을 제시하고, ② 아이의 주의를 중요한 차원들로 유도하며, ③ 초기에는 주의를 기울이는 것을 방해할 수 있는 외부 자극들을 제거하고, ④ 과제에 주의를 기울일 때 보상하며, 그리고 ⑤ 시간이 지날수록 과제의 난이도를 증가시킨다. 지적장애아나 학습장애아들이 교사에 대한 주의집중만 잘되면 학습지도에 거의 성공할 수 있다.

관심의 문제는 다른 과정에도 영향을 미칠 수 있다. 예를 들면 선택적인 관심은 감각부분에 영향을 미칠 수 있고 과업을 수행하는 동안의 초점의 결여는 장기기억에서 부호화와 저장에 커다란 영향을 미친다(Tomporowski & Tinsley, 1997). 지적장애인은 학습과업에 관심을 덜 기울이지만 부호화의 과정은 일반학생보다 더 관심이 필요하기 때문이다(Merrill, 1992).

지적장애인은 한 과제에서 다른 과제로 관심을 돌리기가 보통아동 보다 어렵다(Bergen & Moskey, 1994). 낮은 관심도는 그 모델에서 배우거나 가르침을 이해하는데서 이해력이 떨어지게 한다. 다행히 관심의 능력은 연습으로 개선될 수 있고 지능이 낮은 아동이라도 환경자극으로 경각심을 높이고 주변과 관련된 능력을 개선할 수 있다(Belfior, Browder., & Mace, 1993).

(2) 중재전략

지적장애들은 주어진 투입정보를 재생하기 위해 조직, 구성하는 효과적인 기술이 부족하다(Spitz, 1966). 성숙한 학습자의 전형적인 기술에는 언어시연과 반복, 명칭 붙이기, 분류, 연합 그리고 표상이 포함된다. 연구조사에 의하면 지적장애아들은 “소극적 학습자”(inactive learners : Strichart & Gottlieb, 1983)가 되려는 경향 때문에 이 같은 전략을 만들어내는 데 어려움이 있다(Torgesen, 1982).

사람들은 특정 자극에 주의를 기울이고 나면, 필요할 때 회상할 수 있도록 반드시 그 자극을 조직해서 저장해야 한다. Spitz (1966)는 이 과정을 “정보투입의 조직화(input organization)”라 했고, 이 영역에 많은 연구를 실시해 왔다.

그 결과, Spitz(1966)는 입력자극들의 저장과 회상을 위한 조직능력의 결함으로 말미암아, 학습단계에서의 입력단계는 다른 피험자들보다는 지적장애 피험자들에게 더 어렵다는 이론을 확립했으나 이 결과 학생이 외부에서 들어오는 자료들을 범주화하는 능력을 향상시키기 위해 교사들이 사용할 수 있는 여러 가지 전략들로 많은 연구들을 하게 되었다.

Spitz(1973, 1979)는 교재를 제시하기 전에 분류하는 것이 교재를 무작위로 제시하는 것보다 지적장애 학습자들에게 더 유익한 것으로 보고 있다. 학습과정에 있어 특히 이 단계에서 어려움을 보이는 사람들에게는 지각 영역을 재구조화 하는 것이 기억과 회상을 촉진하게 된다. 분류는 정보를 조직하는 가장 단순한 방법이다. 교재는 공간적으로는 서로 다른 시각적 배치로, 시간적으로는 항목과 항목 사이에서 잠시 멈추거나 시간을 두는 방법으로, 지각적으로는 특정항목을 하나의 형상 혹은 형태에 포함시키는 방법으로, 또는 범주적으로는 항목들의 내용 또는 공유성에 의해서 분류될 수 있다.

Stephens(1966)는 내용을 물리적 유사성(같은 색깔의 항목들), 기능(의류), 개념(식물, 동물), 그리고 순차적 등기물(문법적 배치에서 사용되는 것처럼 주제들과 목적어들)로 분류의 범주들을 더욱더 세분화하였다. 자극들을 분류의 형태에 따라 제시하는 Stephens의 연구(1972)는 가장 기본적인 형태의 분류는 물리적 유사성에 의한 분류임을 의미한다. 아이의 정신연령이 향상됨에 따라, 보다 발전된 형태의 분류 전략들이 사용된다. 경도 지적장애인들 뿐만 아니라, 비 지적장애인들에게도 이와 유사한 진전이 되고 있다.

중재란 무엇인가의 사이에 개입하는 것 혹은 연결해 주는 것이다. 음성언어 학습에서의 중재는, 한 개인이 자극과 반응을 연결하는 과정을 말한다. 음성언어 학습에 대한 연구의 한가지 방법인 "쌍-연합 학습"은 자극단어들 또는 요소들에 대한 학습반응의 방법으로써 언어적 중재에 초점을 맞춘다. 이 기법에서, 피험자들에게는 보통 한 쌍의 단어가 주어진다. 그리고 나서 각 쌍의 첫 번째 단어만 반복되고, 피험자는 두 번째 단어의 회상을 시도하게 된다. 두 자극단어들간의 관계를 말로 표현하는 것은 수행을 향상시킨다. Meyers 와 MacMillan (1976)이 여러 연구들을 검토해 본 결과, 피험자들이 중재전략들로 교수 받거나, 자극과 반응을 연결시키는 문장들과 같은 중재들을 제공받을 경우, 지적장애 피험자들 조차도 이러한 형태의 과제들에서 현저한 향상을 보였음을 알게 되었다. 의미있는 교재와 피험자들에게 익숙한 자극단어들과 대상들(Estes, 1970) 또한 쌍-연합 과제에서 학습을 촉진시켰다.

몇 가지 교수적 함의를 제시해 보면, 첫째, 지적장애 학습자들에게 제시되는 교재들은 그들에게 익숙한 것이거나, 그들과 어느 정도 관련되어 있는 것이어야 한다. 둘째, 정보는 반드시 의미 있는 부분들로 분류되거나 조직되어야 한다. 마지막으로 학습자들은 중재전략들을 이용하여 교수되어야 한다.

(3) 기 억

일반적으로 예상할 수 있듯이, 지적장애인들은 그들과 나이나 학년 수준이 비슷한 또래들에 비해 기억과제에서의 수행능력이 떨어지는 경향이 있다. 게다가, 지적장애의 정도가 심할수록, 기억에 있어서 보다 심각한 결함을 보인다. 지적장애아는 적어도 과정(단계적 학습과정), 표현기억(새 단어나 사실을 기억) 두 가지 부분에서 기억과정의 문제를 가지고 있다(Vakil, Shelef-Reshef, & Levy-Shiff, 1997). 또한 지적장애아는 배운 것을 보존하는 능력이 떨어지고 개인차가 심하다. 다운 증후군 아동, X 증후군 , 윌리암 증후군 등은 흔히 기억능력에 장애가 있다(Bebko & Luhaorg, 1998; Hodapp & Fidler, 1999).

그러나 기억력을 높이는데는 대개 효과적인 전략을 사용함으로서 가능하다. 지적장애인들은 기억 전략을 자율적으로 사용하지 못하기 때문에 그들이 특수한 전략을 활용하도록 훈련받으면 그들의 기억력은 향상된다. 대개 5세 정도의 성숙기에는 분석력이나 사고력과 같은 인식변화의 전략을 사용할 필요가 있다. 대부분의 지적장애인들은 그런 전략을 사용함으로서 성취수준이 높아질 수 있다(Turner, 1998).

대부분 연구자들은 지적장애인들 기억 문제의 근원은 선택적 주의집중능력의 부족(Westing & Fox, 2000), 비효율적인 시연전략 혹은 시연전략의 부재(Brook & McCauley, 1984), 학습단위들을 개발하는데 있어서의 지체(Merrill, 1990), 혹은 학습한 기술들을 새로운 상황이나 타인, 그리고 다른 방식으로 일반화하는 능력의 부재(Stevens,1972)와 관련이 있을것이라는 가설을 세웠다. Polloway와 Patton(1997)은 일반화하는 능력의 부재는 지적장애인들이 보다 독립적으로 생활할 수 있는데 지장을 초래한다.

일반적으로 지적장애아들은 장기적으로 정보를 보유하지만 단기기억 분야에 어려움이 있고 장기기억은 정상에 비교할 만하다(Belmont, 1966). 비연속적인 과제를 포함한(단기기억) 문제는 중재전략의 자발적인 사용의 결함과 관련되어 있다(Cohen, 1982).

Smith와 Polloway, 그리고 Patton과 Dowdy(1998)는 조직되고 계획된 방법으로 정보를 처리하는 것을 학생들에게 가르칠 때는 의미 있는 내용을 강조하고 특정한 전략교수를 사용할 것을 권고했다. Belmont와 Butterfield(1971), 그리고 Brown과 Campion, 그리고Murphy(1974)는 비록 훈련의 효과가 현재의 훈련과제에 한정되어 다른 상황에 쉽게 전이 되지 않는 것으로 보인다 하더라도(Belmont & Butterfield, 1977), 직접교수나, 혹은 시연 또는 연습절차를 이용하여 학습자들에게 단기기억의 수행을 향상시키려는 노력이 성공했음을 보고했다.

단기기억에 대한 연구들을 검토한 Mercer와 Snell(1977)이 주목한 주요 시연

전략들은 언어시연과 심상시연이었다. 언어시연은 자기교수의 개념과 관련되어 있고, 과제가 수행되는 동안 과제의 여러 측면들을 명명하고, 이렇게 명명된 것들을 큰소리 혹은 소리 없이 말로 표현하는 것을 말한다. 시각화의 한 형태인 심상시연에서는, 과제의 여러 측면들을 회상에 도움이 되는 사건들의 영상과 연계시키는 방법을 배우게 된다.

Drew와 Hardman, 그리고 Hart(1996), 그리고 Dunn(1973)은 지적장애인들의 기억문제에 대한 초기의 연구들이 해석을 어렵게 만드는 방법론적 문제들로 인해 손상되었다고 비판하고, 기억과정에 대한 연구자들은 현재, 정보처리 모형 쪽으로 이동하고 있다고 밝혔다.

실행통제와 초인지는 정보처리 모형의 구성요소들이다. 이 두 용어들은 전략에 대한 요구를 결정하고, 문제를 분석하며, 다양한 행동들의 결과를 예측하고, 그 문제를 풀기 위한 전략을 선택하고, 해결을 위한 진전을 감독하기 위해 사람들이 의식적으로 거치는 과정에 적용된다(Raymond, 2000). 연구자들은 지적장애인들이 보통 실행통제 과정을 자발적으로 이용하지는 않지만(Brown, 1974; Merrill, 1990; Stemberg & Spear, 1985), 효과적으로 활용하도록 가르칠 수는 있다는 점에 주목하였다. 회상을 촉진하기 위한 기타 기법들로는 ① 교재를 의미있는 부분으로 나누어 조직하기, ② 기억을 위한 강화와 유인 이용하기, ③ 적절한 전략사용 방법의 시범을 보이기, ④ 일정한 간격을 둔, 반복된 연습 활용하기, ⑤ 학습자에게 시연전략들을 사용하도록 상기시키고 권장하기, ⑥ 재구조화된 정교화 활용하기 등이 있다.

(4) 전이와 일반화

지적장애아들은 새로운 일이나, 문제 자극상황에 지식이나 기술을 적용하는 능력에 결함을 보인다(Stephens, 1972). 그들은 선행경험을 미래의 비슷한 상황이나 문제해결에 도움이 되도록 사용하지 못한다.

대개 학습자들은 배운 지식을 비슷한 과제나, 다른 상황에서 활용할 수 있다. 이것이 일반화이다. 그러나 지적장애인들은 과업이나 새로운 정보에 대해서 조직화하는 것이 어렵기 때문에 방법을 가르쳐야 하며 지역사회-기초 훈련을 통해서 조직화를 진전시킬 수 있다(Langone, 1990).

(5) 추상화

추상적으로 사고하는 능력이나 추상적 자료를 가지고 일하는 능력이 제한되어 있다(Dunn, 1973 : Kolstoe, 1976). 내성과 가정(假定)에 의해 예증하는 것 같은 상징적 사고는 매우 제한되어 있다.

(6) 우발학습

지적장애아들은 상당히 비능률적인 학습자라는 지적이 있는데 그것은 우발정보에 더 주의를 기울이는 경향 때문이다. 정상아들은 나이가 들어감에 따라 관계없는 정보나 무관자극을 무시하게 되고 일의 본질적인 면에 선택적으로 참여할 수 있게 된다. 지적장애아의 경우엔 그렇지 못하다(Hardman & Drew, 1975).

5. 말과 언어 특성

지적장애아는 언어 능력이 다양하다. 대부분 심각한 경우는 말하기는 전혀 되지 않고 의사소통은 외부기구나 비언어적인 손짓으로 제한된다. 그러나 말을 못한다고 해서 IQ가 매우 낮다고 할 수 없다.

말과 언어의 발달은 지적 발달과 밀접하게 연관되어 있기 때문에 지적장애아들이 정상인들보다 말과 언어에 더 많은 문제를 보이는 것은 새삼 놀라운 일이 아니다. 특히 지적장애아들은 언어장애를 많이 가지고 있다(MacMillan, 1982; Spradlin, 1963). 조음장애(예 : 음의 생략, 왜곡, 대치, 첨가)가 자주 발생하고 그들 사이에서 구어발달의 지연, 제한 된 어휘, 그리고 정확하지 않는 문법사용 등을 포함한 언어장애는 보통이다. 언어기능과 기술은 지적장애아들이 사회에 완전히 통합되기 위해 극복해야 하는 가장 큰 장애물 중의 하나이다(Polloway & Smith, 1982).

Abbeduto와 Nuccion(1991)는 지적장애인들의 수용언어 능력을 연구하였고, 그 결과 지적장애 학생들은 구어의 의미적, 개념적 측면보다는 형식적, 순차적 측면에 초점을 맞추고 있음을 발견하였다. 반면, 비 지적장애인들은 구어의 의미적,

개념적 측면에 초점을 맞추는 능력을 보여 주었다. 수정행동(듣는 사람이 이해하기 어렵다고 했을 때, 발화를 이해할 수 있게끔 하려는 말하는 사람의 노력)의 활용에 대한 연구에서, Scudder와 Tremain(1992)은 지적장애 학생들이 적절한 수정행동을 보이고 있음을 발견하였다. 그러나 점점 요구가 많은 상황이 될수록 지적장애 학생들은 효과적인 전략들을 다시 사용하지 않으며, 좌절하게 된다.

뇌성마비에 수반되는 운동기능의 이상은 알아들을 수 있는 말을 산출해 내는 능력을 심각하게 저해할 수 있다. 지적장애인들에게는 또한 청각장애가 있을 가능성이 상당히 높고, 낮은 청각기능은 조음능력에 영향을 주어 언어 습득을 보다 더 지체시키는 원인으로 작용할 수 있다. 특히 다운 증후군 학생들은 어렸을 때, 중이염에 자주 걸린다(Pueschel, 1997). 중이염이 그 원인이 될 수 있는 전도성 청력손실은 또한 언어를 지체시키고 말 문제를 발생시킨다(Balkany, Downs, Jafcek, &Krajock, 1979)

다운 증후군에게 보통 발견되는 특징들 중 하나는 입 밖으로 내밀어진 혀이다. 종종 안면수술과 함께 혀 축소 수술은 다운 증후군 아이들에게 일반화되고 있다. 그러나 말하는 능력을 향상시키는 데 있어서 그러한 수술의 유용성은 분명치 않다. Lemperle와 Rada(1980)는 비록 형식적인 말 평가가 이루어지지 않았지만, 63명의 다운 증후군 아동들이 수술을 받은 후 좀더 알아들을 수 있는 말을 하게 되었음을 보고하고 있다. 다른 연구들에서, Olbrisch(1982)와 Lemperle(1985)는 혀 축소 수술을 받은 아이들의 가족들에게 질문지를 보냈고, 각각 88%와 68%의 부모들이 아이의 말 능력이 향상되었음을 느끼고 있다고 보고하였다. Parsons, Iacone, 그리고 Rozner(1987)는 수술 전, 수술 후 4주, 그리고 6개월 후에 27명의 다운 증후군 아동들을 대상으로 형식적인 말 평가를 실행하였다. 그 결과 부모들이 거의 모두 말 능력의 향상을 느끼고 있었지만, 조음오류의 수는 시간에 따라 큰 차이가 없었다.

지적장애 아동은 언어 기능을 개선할 수 있다. 예를 들어 지적장애아동은 단어의 의미나 개념보다는 단어의 소리에 집중을 하기 때문에 의미론적인 연습은 수행을 개선할 수 있다(Abbeduto & Nuccio, 1991).

생활여건과 경험은 지적장애아동에게 다른 기능측면과 마찬가지로 특히 언어 습득과 활용에서 중요하다(Hatton, 1998). 보다 풍부한 환경과 다양한 환경의 제공은 언어습득의 지원이 필요한 사람에게 언어 기능을 개발하는데 매우 유익하다.

지적장애아동의 언어발달 특징은 다음과 같다.

<표 5.1> 지적장애아동의 언어발달 특징

- 정상아와 똑같은 방법으로 언어 기능을 습득한다. 언어 성취도는 생활연령 보다 정신연령에 따른다. 그러나 지적장애아들의 언어연령은 그들의 정신연령보다 다소 낮게(약1년 정도) 나타난다.
- 언어 기능 습득의 속도가 정상아 보다 느리다. 정신연령이 동일한 일반아동들보다 언어의 양이 부족하다.
- 사춘기 이후에는 언어 성장이 되지 않는다. 사춘기에 정신연령 4-5세가 되지 못하는 학생은 완전한 언어 습득 불가능하다.
- 지적장애아동의 언어장애(발성장애, 언어장애)는 편차 된 것 보다 지체된 것이다.
- 경도 지적장애아동은 어른이 되면 정신연령이 대개 8-11세가 되기 때문에 적절한 언어구사 능력을 갖출 수 있다.
- 중등도 지적장애아동은 자신의 욕구를 다른 사람에게 알릴 수 있는 기능 언어를 사용하지만 대부분 일반아동과는 많이 다른 면을 보여준다.
- 중도 지적장애아동도 다소의 기능적 언어 능력을 갖고 있지만 최중도 지적장애아동에게서는 기능적 언어가 없다.
- 같은 단계에서도 다양한 변이성을 갖는다.

6. 신체, 건강상 특성

신체적, 건강상 특징은 정상아와 비교하면 크게 다르지 않다. 특히 경도 지체아들은 뚜렷한 신체적, 건강상의 특징은 보이지 않는다. 그러나 그들의 성취 수준은 특히 운동기능에서 신경학적인 장애자나 중복 장애자보다 훨씬 높다. 그들의 장애조건, 바로 그 본질 때문에 정상인들과 신체적으로 차이가 있는 경우도 있다.

지각결함과 더불어 일반적인 문제로, 시각 및 청각에 문제가 빈번히 나타나고 있다(Barlow, 1978). 색맹은 보다 가벼운 지적장애인들과 정상인들에 비해 중등도의 지적장애인들에게서 더 많이 나타난다(O'Conner, 1975). 특정 교정도구 또는 여러 형태의 중재를 통해 지각결함에 대한 조기선별이 가장 중요하다. 사실 모든 건강문제의 조기판별이 지적장애아의 전체적인 발달에 매우 중요할 수 있다. 조기중재와 치료는 장애로 인한 영향을 경감시켜 주고 아이가 도달할 수 있는 발달의 정도와 수준에 영향을 줄 수 있다.

신체적 기능과 건강에 있어 경도 지적장애와 정상인과 차이점에 대해 몇 가지 지적하면 다음과 같다.

<표 5.2> 경도 지적장애와 정상인과의 차이점(신체적 기능과 건강)

- 신체발달 : 경도 지적장애인들은 정상인에 비해 키, 몸무게, 골격의 성숙이 비교적 평균 이하이다(Bruininks, Warfield & Stealey, 1978).
- 운동발달 : 경도 지적장애아에 대한 연구에서 보면 운동숙련 분야에서 또래의 정상인보다 상당히 저조하게 성취된다(Bruininks,, 1977).
- 신체적 손상 : 지적장애아들은 대개 중도 장애나 신경학적 손상 - 뇌성마비 발작적인 이상, 감각손상, 그리고 어린이 학대에서 오는 상해 같은 신체적 문제를 동시에 보인다.
- 건강에 관련된 문제들 : 부적절하고 불균형적인 식사, 병에 감염되기 쉬움, 부적당한 건강관리, 그리고 치아의 이상 등이 지적장애아들의 일반적 특징으로 알려져 있다.

지원이 필요한 강도는 흔히 지적결함의 수준보다는 신체적 건강에 기인한다. 유전적이고 만성적인 장애자는 신체적 무능력과 흔히 관련되고 있다. Jason의 연구내용에서 건강 문제는 가족간에 심각한 스트레스를 야기시키고 이것이 성장과 발전을 더디게 한다.

1) 의학적 조건

의학적 조건은 재능이나 능력에 관계없이 어떤 사람에게나 어려운 문제를 제기할 수 있다. 하지만 중도 지적장애인에게 있어서 종종 아픔이나 불편함을 제대로 의사소통할 수 없다는 것 때문에 더욱 복잡해진다. 여기에다 확장적 지원과 전반적 지원을 요하는 사람들은 전체 인구 중에서 아주 소수이기 때문에 이들의 복잡하고 특수한 요구는 지역사회 건강관리 서비스 제공자들에 의해 잘 이해되지 않는 경우가 많다. 이들 집단의 건강 문제는 선천적인 것과 후천적인 것으로 나누어 볼 수 있다. 선천성(congenital)은 지적장애를 유발했던 많은 장애 역시 종양, 발작, 그리고 기관 미성숙 같은 신체적 건강 문제를 야기한다. 이들에게 있어서 의학적 배려는 장기적이고 집중적으로 이루어져야 한다.

비록 선천적 악조건을 갖지 않는 중도 지적장애인이라 할지라도 후에 의학적인 면에서 심한 어려움에 직면한다. 보통 사회에서 쉽게 치유되는 병이라도 의사소통의 어려움 때문에 중도 지적장애인들에게는 무서운 결과를 초래할 수 있다. 아픈 느낌을 스스로 표현할 수 없어서 나쁜 병이 발견되기 전에 더 심각한 상황으로 진전될 수 있다. 설사 병이 알려진다 해도 극복해야할 다른 장애물들, 예컨대 충분한 영향 섭취, 운동, 그리고 충분한 수분 공급 같은 것들이 있다.

2) 감각과 운동 장애

중도 지적장애인들은 시·청각과 관련된 감각 장애를 동반한다. 그러한 장애들의 영향은 매우 클 수 있다. 성공적인 삶을 살 수 있는 기회를 제공하기 위해서는 중복장애를 가진 지적장애인들의 효율적인 교수-학습방법 개발에 최대한 노력해야 한다.

중도 지적장애인들의 운동 능력은 매우 운동 능력이 뛰어난 경우부터 전혀 움직일 수 없는 경우까지 다양하다. 산을 오를 수 있는 사람이 있는가 하면 어떤 사람은 음식도 씹을 수 없다. 비록 운동 능력이 뛰어난 사람이라 할지라도 확장적 지원을 제공해야 하는 신체적 한계를 지니고 있는 경우도 있다. 예컨대, 오른팔이 없이 태어난 사람은 보철 장치, 특별히 제작된 도구와 용품, 그리고 양손을 다 이용해야 하는 과제 수행시 시간의 연장 등과 같은 것들을 필요로 한다.

3) 정신의학적 이상

특수 기관에 거주하는 지적장애인들의 정신 질병 발병률은 일반인들에 비해 5% 내지 15% 정도 더 높은 것으로 추정되고 있다(Parsons, May, & Menolascino, 1984). 이러한 비율은 특수 기관 안에서 거주하는 지적장애인을 포함할 경우 더 높아진다(Spreat, Telles, Conroy, Feinstein, & Columbatta, 1987). 충동 장애, 불안장애, 그리고 기분장애(mood disorder) 같은 것들이 중도 지적장애인들에게 주로 많이 발생하는 것으로 보고되고 있다(King, DeAntonio, McCracken, & Forness, 1994). 심리학적 이상을 진단하는 것은 중도(severe)나 최중도 지적장애인의 증상이 잘못 해석되거나 혹은 전혀 알려지지 않을 경우 문제가 될 수 있다.

DSM-IV 지침서에서는 잘못 진단하는 일이 없도록 다양한 자료를 사용하여 정확한 정보를 얻을 것을 충고하고 있다. 행동 관찰, 당사자나 주변 주요 인물과의 면담, 의학적 검사, 그리고 심리측정 등과 같은 방법들은 모두 진단 과정에서 유용한 정보를 제공하는 것들이다.

4) 건강에 대한 일반적인 고려사항

(1) 영 양

음식물의 적절한 종류와 양은 모든 아이들의 일반적인 행복을 위해 필요한 것이다. 영양분이 부족한 음식물들은 발달을 지체시키고, 질병에 대한 저항을 떨어뜨릴 뿐 아니라, 사회적응과 교과학습에 있어서도 부정적인 요인이 된다(Cohen, 2000), 부적절하거나 균형이 맞지 않는 음식물들을 제공하거나 식사와 간식관리의 부족, 또는 영양분의 부족, 제공방법의 미숙 등에 따라 아이들의 건강을 해친다.

(2) 질 병

지적장애아동들은 비지적장애 아동들 보다 질병에 걸리기 더 쉽다. 열악한 영양상태와 적절한 건강관리의 부족(면역 포함)등은 사회경제적 지위가 낮은 출신

계층의 아동들에게 문제를 촉진시키는 주 요인인 것으로 보인다. 경도 지적장애 아동들은 부수적인 장애조건 혹은 건강문제를 지니고 있다. 다운 증후군 아동들이 심장과 폐에서의 장애 발생빈도는 바로 하나의 예라 할 수 있다.

지적장애 아동들에게는 보통 몇 가지 특징적인 문제들이 나타나고 있다. 감기와 상부 호흡기 감염은 다른 아동들에 비해 흔하고 또 오래간다. 심장병은 다른 장애가 있음으로 인해 가중될 수 있다.

치아문제는 종종 영양이 부족하거나, 규칙적으로 양치질을 하지 못했기 때문에 발생한다.

(3) 사고와 부상

지적장애 아동들은 협응 능력이 낮고 평균 이하의 지적 능력과 함께 나타날 수 있는 낮은 판단능력과 손상된 추리능력 등으로 인하여 사고 발생률이 높다. 지적장애를 동반하는 상태들, 즉 제한된 시력, 근육의 약화, 운동장애, 그리고 발작 등은 부상 증가의 원인이 될 수 있다. 또한 지적장애 아동들은 학대로 인한 신체적 부상에 시달릴 수도 있다(Zirpoli, 1986).

(4) 신체활동

신체활동을 위한 계획된 프로그램 활용이 지적장애 아동들에게는 매우 중요하다. 경도 지적장애인들은 신체 및 운동기능에 있어서 비 지적장애인들과 눈에 띌 정도로 다르지 않을 수 있고, 운동 및 기타 신체활동은 긴장의 해소 뿐 아니라, 표현과 성취를 위한 기회를 제공할 수 있다. 또한 다양한 신체 훈련은 성취감 뿐만 아니라 물리적인 힘과 운동 협응 능력을 향상시키며 종종 사회적, 개인적 적응 능력을 향상시켜 준다.

정신적·육체적으로 같은 또래의 비장애아들에 비해 보다 두드러지게 일탈된 아이들에게, 계획된 체육 및 여가 프로그램들은 신체활동에 관한 전형적인 이득 뿐만 아니라 여가의 향유 및 생산적 활용을 제공한다. 적응을 돕기 위한 장비 및 도구들은 특정 조건을 지닌 사람들로 하여금 아주 다양한 게임과 활동에 참여할 수 있게 해 준다.

과거에는 지적장애인들에게 체육과 여가를 위한 기회들이 제대로 제공되지 못했던(Chinn, Drew, & Logan, 1979) 반면, 앞으로의 전망은 더욱 밝다(Beasley, 1982: Halle, Silverman, & Regain, 1983). 장애인 교육법에서는 체육은 물론 오락 및 여가에 대한 교육이 모든 학생들에게 확장되어야 할 관련 서비스로 포함되어 있다. 지역사회 단체들과 시민단체들이 오락에 대한 기회를 제공하는 데 있어 점점 더 왕성하게 관여하고 있다. 장애인 올림픽 또한 신체활동이 존립할 수 있는 근거로 남아 있다. 체육과 여가 활동 프로그램들이 개발되어 지적장애인들의 신체활동 개선 뿐만 아니라 그들의 삶의 질 개선을 위한 성과중심 전환교육으로 확충되고 있다. 또한 그 수와 범위가 점점 증가하고 있다.

7. 직업특성과 발달가능성

장애인들의 일반적 직업특성은 직업의식결여, 부정적인 자아의식, 비현실적인 동기형성, 경직과 행동 및 성격상의 견고성, 작업실패 경험의 누적, 전이현상의 열약, 추상능력의 제한과 정의적 부조화 등이다.

지적장애인이 일반적으로 작업 활동의 부담을 줄이기 위해 기능습득에 문제를 갖는 변별력 결함의 습득과 감각운동 훈련, 행동 교정에 의한 저생산성 극복을 위한 강화 훈련 등 기초기능 훈련이 선행되어야 한다.

Crain(1980)은 경도 지적장애인들의 졸업 후 경제적, 직업적 상태를 연구한 결과에서 여자들의 경우 대부분 일반 노동력(68%)에 종사한다는 것을 발견했는데 이들 중 대다수가 비숙련(접시닦기, 하녀)과 반숙련(간호보조) 지위에 있다. 그러나 고용인들 중의 극히 일부만이 보통 생활을 할 수 있는 최저 연 수입 수준의 수입금을 벌고 있었다. 고용되지 않은 사람들에 대한 정보는 거의 없다.

일반적으로 경도 지적장애아들은 수입 있는 직업을 얻을 수 있고 자기 자신을 지탱해 나갈 수 있지만, 대부분의 경우에 취업 상태에 있어 직업전환을 위한 환경개선과 조치들이 필요하다.

많은 지적장애인의 성공적인 직업재활을 위해서는 가족, 후원자 그리고 다양한 성인 서비스 공급자들의 인적 도움과 행·재정적인 뒷받침이 있어야 한다.

Kehle과 Barclay(1979)이 지적했듯이 많은 경도 지적장애 성인들은 자립 자급하게 되나 "그들의 생활에서 항상 질적 부족"을 느낀다.

지적장애아 지적 특성요인과 관련하여 그들의 발달 가능성을 제시해 보면 아래와 같다.

<표 5.3> 지적장애아 발달 가능성

단 계	CA	MA	발달과업	실제도달 가능학년
취학전	3~6	2~3	지각, 개념, 언어발달, 사회정신발달, 학교준비, 건강, 사회기능, 자아개념의 발달	보육
초등학교 하급	6~10	3~7	자아개념, 도구교과, 건강과 안정, 사회 정서적, 미숙련 언어, 시각, 청각, 주의 훈련, 운동 능력 발달, 자아개념과 가족성원으로서의 발달.	유치원 준 비
초등학교 상급	10~15	6~9	기초능력과 작업습관, 인격적 적응, 사회환경, 가정에 유용한 성원, 매일의 생활환경, 신체와 정신 건강의 훈련, 작업습관.	1~4년
중 등	13~18	8~12	작업에 관한 지식, 작업훈련과 작업성취, 사회적 적응, 기초적 생활적응, 시민으로서 적응	3~6년
졸업 후	16세 이상	8~12	사회 및 직업 적응, 실제직업기술과 사회기능	3~7년

지적장애아들은 정신연령, 지적 수준, 성격 특성 등에 따라 다양한 직종이 제공되어야 한다.

02

지적장애 교육

제6장 지적장애아 교육 과정

이 장에서는 교육과정의 이해(교육과정의 어원과 개념, 교육과정의 법적 근거, 교육과정의 수준과 역할), 특수교육 교육과정(특수교육 교육과정의 유형, 특수교육 교육과정의 변천, 교육과정 편제와 시간 배당, 교육과정 개정의 주요 내용) 등을 살펴보고자 한다.

1. 교육과정의 이해

1) 교육과정의 어원과 개념

교육과정(教育課程)은 공부의 코스 또는 가르쳐야 할 내용들을 항목으로 나열한 교수 요목(course of study)의 의미로부터 출발하며, 이는 라틴어의 쿠레레(Currere = course of race)에서 파생된 영어의 커리큘럼(Curriculum)과 같은 뜻이다. 여기에서 쿠레레(Currere = course of race)라는 말은 경기에서 목표 지점에 도달하기 위해 거쳐야 하는 일정한 과정 또는 코스를 말하는데, 이는 마치 학교에 입학한 학생이 학교 교육을 마칠 때 까지 거쳐야 하는 학습 과정, 또는 경험 요소들을 의미한다. 이처럼 교육과정이 학교생활에서 이루어지는 공부의 코스 또는 학습 과정과 경험 요소들이라는 의미는 최소한 교육 활동이 무질서하게 맹목적적으로 이루어지는 것이 아니라, 일정한 체제를 가지고 배워야 할 내용들로 구성되어야 한다는 것을 뜻한다.

교육과정은 다음과 같은 몇 가지 내용들이 포함되어야 한다.

첫째, 교육과정은 교육활동의 실제적이고 구체적이며 핵심적 내용이다.

둘째, 교육과정은 바람직하다고 생각되는 인간의 행동과 사고를 지향하는 내용들을 인위적·조작적으로 체계화한 것이다.

셋째, 교육과정은 교육자들과 전문가들에 의해 만들어진 학습자 중심의 조직적 활동 과정이다.

넷째, 협의의 의미에서 교육과정이란 교육에서 다루는 교과의 과정을 의미한다.

이상과 같이 교육과정의 내용들을 정리하면, 교육과정이란 교육의 목적을 달성하기 위하여 유목적적으로 편성, 조직한 교육 내용과 경험의 일체를 의미한다. 학습자들의 입장에서 보면 특정한 학교 교육 기간 동안에 학습자들이 교사 또는 여타의 다른 관계(다른 교우, 환경, 각종 시설과 설비 등)들을 통해서 얻게 되는 모든 경험이라고 말할 수 있다. 이러한 입장에서 특수학교 교육과정이란 특수교육 기관이 특수교육의 목적을 달성하기 위하여 필요하다고 판단하여 선정·조직한 장애를 가진 아동들을 위한 학습의 코스 또는 교육 내용과 경험의 일체를 말한다. 학습자들의 입장에서 보면 특수교육을 통해 얻게 되는 기초적인 지식과 기술을 포함한 일체의 교육 내용과 경험들인 것이다(교육과학기술부, 2008).

2) 교육과정의 법적 근거

교육과정과 관련된 법적 근거들은 교육과정을 보는 시각에 따라 크게 달라질 수 있다. 일반적으로 교육 활동을 통해서 학생들에게 어떤 바람직한 가치와 지식을 전달하고, 행동의 변화를 모색하는 일련의 모든 활동들을 교육과정으로 본다면 교육은 곧 교육과정이라는 입장에서 설명될 수 있다. 교육과정 관련 법 규정은 교육과정과 관련된 교육의 이념과 목적을 설정하는 기능을 담당하거나 구체적인 교육과정 실행을 위한 체제와 조직들을 명시하도록 하고, 학습자들의 특수성과 학교 환경의 조건 등을 고려한 교육의 내용과, 교과 단원 또는 수업 목표를 설정하는 일은 법 규정으로 획일화하기보다는 현장의 전문적 교육자들의 역할을 더욱 중요시하는 입장이다. 결국 법 규정 일변도도, 학교 교실 현장 일변도도 아닌 필요와 특수성을 충분히 고려하는 법 적용의 지혜가 중요하다는 입장이다. 이러한 입장을 고려하여 현행 우리나라 교육과정 관련 법 규정을 살펴보면 다음과 같다(교육과학기술부, 2008).

1 교육기본법

제2조 (교육 이념) 교육은 홍익인간의 이념 아래 모든 국민으로 하여금 인격을 도야하고 자주적 생활 능력과 민주 시민으로서 필요한 자질을 갖추게 함으로써 인간다운 삶을 영위하게 하고 민주 국가의 발전과 인류 공영의 이상을 실현하는 데에 이바지하게 함을 목적으로 한다.

2 초·중등교육법

제23조 (교육과정 등)

① 학교는 교육과정을 운영하여야 한다.

② 교육과학기술부 장관은 제1항의 규정에 의한 교육과정의 기준과 내용에 관한 기본적인 사항을 정하며, 교육감은 교육과학기술부 장관이 정한 교육과정의 범위 안에서 지역의 실정에 적합한 기준과 내용을 정할 수 있다〈개정 2001. 1. 29, 2008. 2. 29.〉.

③ 학교의 교과는 대통령령으로 정한다.

3 장애인 등에 대한 특수교육법

제20조 (교육과정의 운영 등)

① 특수교육 기관의 유치원·초등학교·중학교·고등학교 과정의 교육과정은 장애의 종별 및 정도를 고려하여 교육과학기술부령으로 정하고, 영아 교육과정과 전공과의 교육과정은 교육감의 승인을 받아 학교장이 정한다. 〈개정 2008. 2. 29.〉

② 특수교육 기관의 장 및 특수교육대상자가 배치된 일반 학교의 장은 제1항에 따른 교육과정의 범위 안에서 특수교육대상자 개인의 장애종별과 정도, 연령, 현재 및 미래의 교육 요구 등을 고려하여 교육과정의 내용을 조정하여 운영할 수 있다.

③ 특수학교의 장은 교육감의 승인을 받아 유치원·초등학교·중학교·고등학교 과정을 통합하여 운영할 수 있다.

3) 교육과정의 수준과 역할

우리나라 국가수준 교육과정은 학교 교육과정의 공통적·일반적인 기준이기 때문에 지역의 특수성과 학생 개인의 특수성을 담아내기 어렵다. 그래서 교육과정의 지역화와 개별화를 위하여 시·도교육청에서 시·도 교육과정 편성·운영 지침을 개발하고, 단위 학교에서 학교 교육과정을 편성·운영하도록 하고 있다. 이러한 조치는 학교교육을 종례의 교과서 중심의 교육에서 벗어나 교육과정 중심의 체제로 전환함으로써 교육과정에서 의도한 교육과 교사에 의하여 전개된 교육 및 학생에 의하여 실현된 교육에 최대한 접근하고자 한 것이다. 그러므로 국가, 지역, 학교는 역할을 분담하고, 이에 대한 책무성을 가져야 할 것이다.

<표 6.1> 교육과정의 수준과 역할

국가수준 교육과정	• 교육과학기술부 - 모두에게 적용되는 교육의 목적 설정과 목적 달성에 적합한 내용의 선정과 조직의 과정이다. - 국가차원의 교육이념, 목적, 목표를 설정하고 설정된 목표를 달성하는 데 필요한 구체적인 교육 내용을 선정하고 조직하여 평가와 관련한 국가수준의 기준과 방침을 제시해야 한다.
지역수준 교육과정	• 시·도교육청 : 교육과정 편성·운영 지침 • 교육지원청 : 실천 중심 장학 자료 - 지역의 특수성과 지역 내 단위학교들의 요구를 충분히 반영해야 한다. - 지역 수준에서의 교육과정은 국가와 단위학교 간의 교량적 역할을 담당한다. - 지역 수준의 교육과정은 단위학교의 교육과정 운영을 지원하고 평가 기준을 제시한다.
학교수준 교육과정	• 학교 교육과정 • 연간 교수·학습 계획(교수학습 계획서 작성, 교수-학습 자료 개발, 평가기준의 구성 등) - 모든 학교는 교육과정을 편성하고 구체적인 실천을 위한 단위 부서를 두어 운영한다. - 교육과정 운영을 위한 단위 부서는 학교 단위의 교육과정을 편성하고, 실천을 위한 구체적인 계획 수립 및 평가 기능을 담당한다. - 국가와 지방 단위 수준의 교육과정을 바탕으로 학습자들의 특수성과 학교단위의 전반적인 환경 조건들을 고려하여 재구성하는 교육과정이다.

2. 특수교육 교육과정

특수교육 교육과정은 특수아동을 교육하기 위하여 학교에서 편성·운영하는 교육과정을 의미하는 것으로, '특수교육(special education)'과 '교육과정(curriculum)'이 합쳐진 용어이다. 그러므로 그 개념을 파악하기 위해서는 특수교육이 가지는 기본 성격과 교육과정의 주요 개념에 대한 선행적 이해가 필요하다. 최근의 특수교육은 교육의 질에 집중적인 관심을 가지고 있고, 교육 실천은 교육과정을 근간으로 하고 있다. 이는 특수아동에게 제공되는 교육과정의 중요성을 나타내고 있다(정희섭 외, 2010, 155-158).

1) 특수교육 교육과정의 유형

특수아동은 다양한 교육적 요구를 가지고 있고, 다양한 교육 상황에서 교육을 받고 있다. 그러므로 특수교육 교육과정은 대상 아동의 다양하고 복잡한 교육 양상에 적절하게 대응하기 위해서 가능하면 융통성과 탄력성을 가지도록 해야 한다.

(1) 일반형 : 일반학교 교육과정

일반형(general type: G-type)의 기본적인 특징은 장애를 가지지 않은 일반아동을 대상으로 고안된 교육과정을 특수아동에게도 적용되는 형태다. 이는 '조정이 필요하지 않은 교육 상황(선택 A 상황)'과 '확장, 조정 및 개별화된 특별한 지원이 필요한 교육 상황(선택 B 상황)'에 적용되는 교육과정으로 볼 수 있다.

일반형 교육과정은 '일반아동 대상의 전형적인 학교 교육과정'(Mclaughlim, 1993). '일반학교 교육과정을 수정하지 않고 그대로 적용하는 교육과정'(Bigge & Stump, 1999), '통합교육 장면에서 일반아동이 적용받는 그 자체의 교육과정'(Wehmeyer, 2002), '더 많은 학습 기회, 다른 기술(점자나 수화)이 요구되는 일반 학교 교육내용 그 자체의 교육과정'(Schultz & Carpenter, 1995)으로 정의된다.

이 교육과정은 특수아동이 일반학교 교육과정에의 참여와 진보에 주된 초점을 두는 접근성(accessibility)을 강조하기 때문에, 학교에서 적용하는 경우는 일반학교 교육과정의 학년별·교과별 내용 그 자체를 변형하지 않도록 하여야 한다. 다만, 특수아동에게 일반학교 교육과정을 효율적으로 적용하기 위하여 필요한 경우에 따라 교수 적합화 '조절' 전략과 관련 서비스 중심의 교육과정 지원전략을 활용해야 한다(정희섭 외, 2010).

지 원			
		일반적 지원	특별한 지원
프로그램	일반교육과 유사한 교육 프로그램	A	B
	확장, 조정 혹은 개별화된 교육 프로그램	C	D

〔그림 6.1〕 특수아동의 전반적인 교육 상황

출처: Snell, M. E., & Brown, F. (2006). Inclusion of Students with Severe Disabilities (6th ed.). Upper Saddle River, NJ: Merrill/Prentice-Hall.

(2) 수정형 : 수정 일반학교 교육과정

수정형(transformative type: T-type)의 기본적인 특징은 일반아동을 위해 고안된 일반학교 교육과정 그 자체를 적용하기가 곤란하여 교육과정 구성요소인 목표, 내용, 방법, 평가와 교육환경 등을 수정한 교육과정이라는 것이다. 이 유형은 앞서 제시한 교육 상황 중에서 확장, 조정 및 개별화된 교육 프로그램의 적용을 받으면서 일반아동에게 제공되는 일반적 지원과 확장, 조정 및 개별화된 특별한 지원을 필요로 하는 아동에게 제공된다(선택 C 상황과 D 상황).

수정형 교육과정은 '일반학교 교과 교육과정의 내용을 단순화한 교육과정'(Schultz & Carpenter, 1995), '일반학교 교육과정과 교육 목표는 동일하지만 교과 내용의 수준을 낮추어 단순화한 병행의 교육과정'(Bigge, 19910, '학습자의 개별적 요구에 적합하게 일반학교 교육과정의 제시, 연습 및 평가방법을 수정한 수정된 표준 교육과정'(McLaughlim, 1993), '일반학교 교육과정의 수정된 난이도, 과제의 유형, 학습 전략 등을 수정한 일반학교 교육과정'(Bigge & Stump, 1999), '다양한 지원을 전제로 교육과정 요소들의 수정이 필요한 교육과정'(Wehmeyer, 2002)등으로 정의된다. 이 교육과정은 특수아동에게도 별도로 고안된 교육과정을 적용하기보다는 일반학교 교육과정을 적용하는 것에 초점을 두되, 개별 아동의 교육적 요구와 필요를 고려하여 일반학교 교육과정의 수행 가능성을 확장한 경우다. 또한 일반학교 교육과정으로부터 변형이 이루어질 경우, 교수 적합화 '수정' 전략을 통하여 교수환경 및 교수방법은 물론이고 수업 목표와 내용도 수정이 이루어져야 하며, 보충적 서비스 중심의 교육과정 지원전략이 이루어져야 한다(정희섭 외, 2010).

(3) 대안형 : 기능적 생활 중심 교육과정

대안형(alternative type: A-type)의 가장 기본적인 특징은 일반학교 교육과정을 적용하기 어려운 특수아동을 위하여 그들이 가진 교육적 요구와 필요에 맞추어 별도의 교육과정을 구안·적용하는 형태라는 점이다. 이 교육과정 유형은 앞서 제시된 교육 상황 중에서 확장, 조정 및 개별화된 교육 프로그램의 적용을 받으면서 동시에 확장, 조정 및 개별화된 특별한 지원을 필요로 하는 아동에게 적용된다(선택 D 상황).

대안형 교육과정은 '일반학교 교육과정을 대신한 별도의 대체된 교육과정'(Schultz & Carpenter, 1995), '기초기술 교정 교육과정, 공부전략-공부기술 교육과정, 사회적 기술 교육과정, 진로-직업 교육과정, 독립생활 기술 교육과정'(McLaughlim, 1993), '기능적 교과기술, 일상 및 지역사회 생활기술, 전환기술 등의 생활기술 교육과정'(Bigge & Stump, 1999), '일반학교 교육과정의 구성요소 자체를 대치하거나 생활 기능 중심 혹은 직업 중심 교육과정으로 완전히 대체된 교육과정'(Wehmeyer, 2002) 등으로 정의된다.

이 교육과정 유형은 통상적으로 종전의 '발달론적' 접근에서 '생태학적' 접근을 강조하고, '기초학업 기술' 교육에서 '실생활 기술' 교육을 강조하는 방향으로 전환되어 있다. 즉, 대안형 교육과정은 학교 이후 지역사회 삶의 다양한 영역을 분석하여 교수 프로그램으로 전환한 교육과정이다. 이 교육과정 유형은 학교 교육을 수행하는 과정에서 보충적 서비스와 관련 서비스를 요구하는 교육과정 지원전략이 강도 높게 이루어져야 하는 중도장애 아동을 위한 교육과정 유형이다(정희섭 외, 2010).

2) 특수교육 교육과정의 변천

특수교육 교육과정은 전체 구조에 있어서 일반학교 교육과정과의 연관·조정을 강화하는 방향에서 현실적으로 조정하였다. 1998년도 제7차 특수학교 교육과정부터 특수교육 교육과정은 일반학교 교육과정의 체제 및 내용을 도입·적용하고 있으므로 일반학교 교육과정과 연관되어 있고, 장애영역별 특별한 조치를 일반학교 교육과정에 반영하여 조정한 교육과정 체제를 갖추어 왔다.

그러므로, 일반학교 교육과정의 개정이 이루어지게 되면 자동적으로 특수교육 교육과정도 개정이 이루어지게 되는 관련성을 가지고 있다. 따라서 특수교육 교육과정의 하위 유형인 기본 교육과정, 공통 교육과정, 선택 교육과정의 적용시기, 편제, 시간배당 기준 등은 일반학교 교육과정의 개정 사항을 참조·반영하여 재구조화되었다.

특수교육 교육과정은 제1기~제4기까지는 장애영역으로 분리된 교육과정이었으나, 제5기 이후에는 장애영역들이 통합된 교육과정으로 변화되어 왔다. 이러한 시기별 구분을 전제할 때, 국가 수준의 특수학교 교육과정은 교육과정 '정초' 시기를 거쳐 '보완·체계화' 시기와 '통합화' 시기로 진전되어 왔음을 알 수 있다(정희섭, 2008).

특수학교 교육과정의 변천과정에서 가장 뚜렷한 특징은 장애 유형을 중심으로 하는 범주별 교육과정에서 비범주별 교육과정으로, 일반학교 교육과정과의 연계성이 보다 강조되는 방향으로 진전되어 왔다는 것이다.

현행 2010년 개정 특수교육 교육과정도 그 연장선상에서 개정된 것이다.

<표 6.2> 특수교육 교육과정의 변천

<table>
<tr><th>차수</th><th>공포(고시)일</th><th>시행기간</th><th>학교급별</th><th>시각장애(맹)</th><th>청각장애(농)</th><th>지체장애</th><th>지적장애(박약)</th><th>정서장애</th></tr>
<tr><td rowspan="3">제1기</td><td rowspan="3">맹·농
(1967.4.15)</td><td rowspan="3">맹
(1968.8.1-1977.2.27)
(1968.8.1-1979.2.28)
농
(1968.8.1-1979.2.28)</td><td>초</td><td colspan="2" rowspan="2">교과활동
반공도덕교육
특별활동</td><td colspan="3" rowspan="3">해당없음</td></tr>
<tr><td>중</td></tr>
<tr><td>고</td><td colspan="2">교과활동
·보통교과
·전문교과
특별활동</td></tr>
<tr><td rowspan="3">제2기</td><td rowspan="3">정신박약
(1974.1.31)
맹
(1977.2.28)
맹·농·
정신박약
(1979.3.1)</td><td rowspan="3">정신박약
(1974.1.31-1979.2.28)
맹
(1977.2.28-1985.2.28)
(1979.2.28-1985.2.28
농·정신박약
(1979.2.28-1985.2.28)</td><td>초</td><td rowspan="2">교과활동
생활훈련
특별활동</td><td rowspan="2">교과활동
특별활동</td><td rowspan="3">해당없음</td><td rowspan="2">생활
교과활동
특별활동</td><td rowspan="3">해당없음</td></tr>
<tr><td>중</td></tr>
<tr><td>고</td><td>교과활동
·보통교과
·전문교과
생활적응활동
특별활동</td><td>교과활동
·보통교과
·전문교과
특별활동</td><td>해당없음</td></tr>
<tr><td rowspan="3">제3기</td><td rowspan="3">맹·농·
정신박약·
지체부자유
(1983.12.31)</td><td rowspan="3">1985.3.1-1995.2.28</td><td>초</td><td rowspan="2">교과활동
생활적응활동
특별활동</td><td rowspan="2">교과활동
요육활동
특별활동</td><td rowspan="2">교과활동
재활훈련
특별활동</td><td rowspan="3">생활(교과활동)
요육활동
특별활동</td><td rowspan="3">해당없음</td></tr>
<tr><td>중</td></tr>
<tr><td>고</td><td>교과활동
·보통교과
·전문교과
생활적응활동
특별활동</td><td>교과활동
·보통교과
·전문교과
요육활동
특별활동</td><td>교과활동
·보통교과
·전문교과
재활활동
특별활동</td></tr>
<tr><td rowspan="3">제4기</td><td rowspan="3">시각장애·
청각장애·
지적장애·
지체부자유
(1989.12.29)</td><td rowspan="3">1993.3.1-2004.2.29</td><td>초</td><td rowspan="2">교과활동
생활적응활동
특별활동
학교재량시간</td><td rowspan="2">생활
요육활동
특별활동
학교재량시간</td><td rowspan="2">교과활동
재활훈련활동
특별활동
학교재량시간</td><td rowspan="3">생활
요육활동
특별활동
학교재량시간</td><td rowspan="3">해당없음</td></tr>
<tr><td>중</td></tr>
<tr><td>고</td><td>교과활동
·보통교과
전문교과
생활적응활동
특별활동
학교재량시간</td><td>교과활동
·보통교과
·전문교과
특별활동
학교재량시간</td><td>교과활동(Ⅰ)
·보통교과(Ⅱ/Ⅲ)
·전문교과(Ⅱ/Ⅲ)
재활훈련활동
특별활동
학교재량시간</td></tr>
<tr><td rowspan="6">제5기</td><td rowspan="3">특수학교
교육과정
(1998.12.29)</td><td rowspan="3">2000.3.1-2009.2.28</td><td>초</td><td colspan="3" rowspan="2">〈국민공통기본교육과정〉
교과 치료교육활동 재량활동 특별활동</td><td colspan="2" rowspan="3">〈기본교육과정〉
교과활동
치료교육활동
재량활동
특별활동</td></tr>
<tr><td>중</td></tr>
<tr><td>고</td><td colspan="3">〈선택중심 교육과정〉
교과활동 : 일반선택 심화선택
전문선택(직업교과)
치료교육활동
특별활동</td></tr>
<tr><td rowspan="3">특수학교
교육과정
(2008.2.26)</td><td rowspan="3">2009.3.1-</td><td>초</td><td colspan="5" rowspan="3">〈기본 교육과정〉 교과활동 재량활동 특별활동
〈국민공통 기본교육과정〉 교과활동 재량활동 특별활동
〈선택중심 교육과정〉 보통교과·전문/직업교과 특별활동</td></tr>
<tr><td>중</td></tr>
<tr><td>고</td></tr>
</table>

3) 교육과정 편제와 시간 배당

2010년 개정 특수교육 교육과정은 유치원 교육과정, 기본 교육과정, 공통 교육과정, 선택 교육과정으로 구성된다. 유치원 교육과정은 일반 유치원 교육과정(5세 누리과정: 신체운동·건강, 의사소통, 사회관계, 예술경험, 자연탐구 / 만 3-4세 교육과정: 건강 생활, 사회생활, 표현 생활, 언어생활, 탐구 생활)을 근간으로 구성하고, 기본 교육과정, 공통 교육과정, 선택 교육과정은 교과(군)와 창의적 체험활동으로 편성되어 있다. 특수교육 교육과정 구성을 도식화하면 [그림 6-2]와 같다.

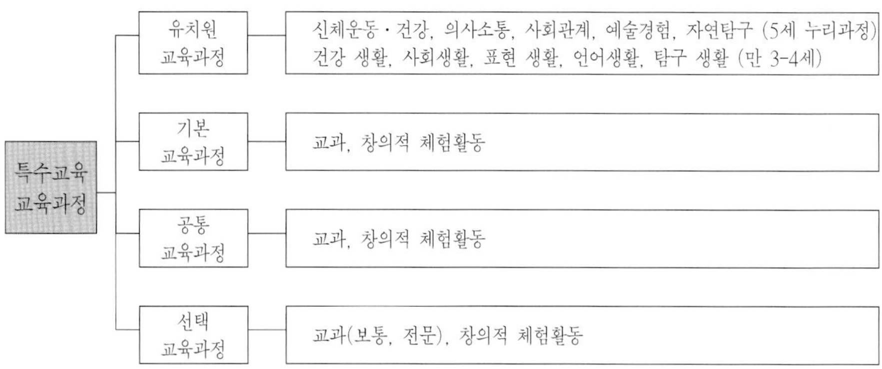

〔그림 6.2〕 특수교육 교육과정

(1) 유치원 교육과정

유치원 교육과정의 교육 목표, 편제와 시간 배당, 교육과정 편성·운영의 중점 등은 2011 개정 유치원 교육과정을 따르되, 개별화교육계획을 통하여 유아들의 발달을 최대한 촉진할 수 있도록 편성·운영한다. 단, 필요한 경우 기본 교육과정을 유치원 교육과정의 영역에 따라 재편성하여 사용할 수 있다.

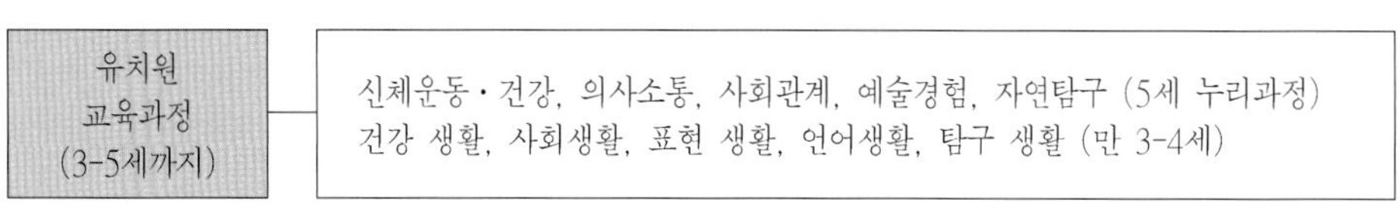

〔그림 6.3〕 유치원 교육과정

(2) 기본 교육과정

기본 교육과정은 공통 교육과정 및 선택 교육과정에 참여하기 어려운 특수교육 대상자를 지원하기 위하여 그 내용을 대체한 대안교육과정으로 초등학교 1학년부터 고등학교 3학년까지의 교과(군)와 창의적 체험활동으로 편성한다. 기본 교육과정 편제는 교과(군)와 창의적 체험활동으로 이루어져 있다. 교과(군)는 초등학교과정의 국어, 사회, 수학, 과학/실과, 체육, 예술(음악/미술)을 기준으로, 중학교 과정에서 진로와 직업, 고등학교 과정에서 선택 교과가 추가되어 있다. 그리고 창의적 체험활동은 자율 활동, 동아리 활동, 봉사 활동, 진로 활동으로 구성되어 있다.

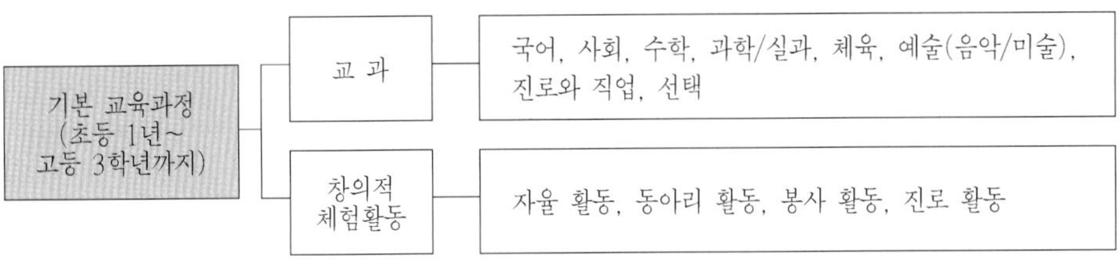

〔그림 6.4〕 기본 교육과정

<표 6.3> 기본 교육과정 : 편제 및 시간배당 기준표

구분		초등학교			중학교	고등학교
		1~2학년	3~4학년	5~6학년	1~3학년	1~3학년
교과(군)	국어	384	408	408	476	442
	사회	128	272	272	442	408
	수학	256	272	272	374	340
	과학/실과(초) 과학(중,고)	192	238	340	238	204
	진로와 직업(중,고)	-	-	-	612	816
	체육	128	204	204	340	306
	예술(음악/미술)	256	272	272	374	306
	선택(고)	-	-	-	-	204
창의적 체험활동		336	306	408	510	442
학년군별 총 수업시간 수		1,680	1,972	2,176	3,366	3,468

(3) 공통 교육과정

공통 교육과정은 초등학교 1학년부터 중학교 3학년까지의 교과(군)와 창의적 체험활동으로 편성한다. 공통 교육과정의 편제는 교과(군)와 창의적 체험활동으로 이루어져 있다. 교과(군)는 초등학교 과정에서 국어, 사회/도덕, 수학, 과학/실과, 체육, 예술(음악/미술), 영어로 하고, 중학교 과정에서 사회 교과에 역사를 포함하고, 실과 대신에 기술·가정으로 대체되며, 선택 교과가 추가되어 진다. 다만, 초등학교 1, 2학년의 교과는 국어, 수학, 바른 생활, 슬기로운 생활, 즐거운 생활로 한다. 그리고 창의적 체험활동은 자율 활동, 동아리 활동, 봉사 활동, 진로 활동으로 구성되어 있다.

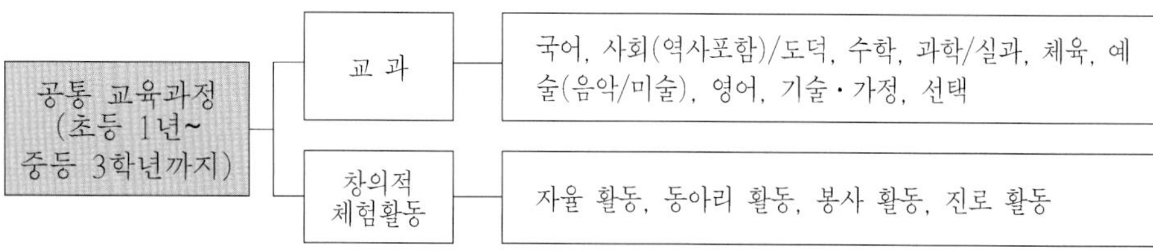

〔그림 6.5〕 공통 교육과정

<표 6.4> 공통 교육과정 : 편제 및 시간배당 기준표

<table>
<tr><th colspan="2" rowspan="2">구분</th><th colspan="3">초등학교</th><th>중학교</th></tr>
<tr><th>1~2학년</th><th>3~4학년</th><th>5~6학년</th><th>1~3학년</th></tr>
<tr><td rowspan="8">교과(군)</td><td>국어</td><td rowspan="2">국 어
448</td><td>408</td><td>408</td><td>442</td></tr>
<tr><td>사회/도덕(초)
사회(역사포함)/도덕(중)</td><td>272</td><td>272</td><td>510</td></tr>
<tr><td>수학</td><td>수 학
256</td><td>272</td><td>272</td><td>374</td></tr>
<tr><td>과학/실과(초)
과학/기술・가정(중)</td><td>바른 생활
128</td><td>204</td><td>340</td><td>646</td></tr>
<tr><td>체육</td><td rowspan="2">슬기로운 생활
192</td><td>204</td><td>204</td><td>272</td></tr>
<tr><td>예술(음악/미술)</td><td>272</td><td>272</td><td>272</td></tr>
<tr><td>영어</td><td rowspan="2">즐거운 생활
384</td><td>136</td><td>204</td><td>340</td></tr>
<tr><td>선택(중)</td><td>-</td><td>-</td><td>204</td></tr>
<tr><td colspan="2">창의적 체험활동</td><td>272</td><td>204</td><td>204</td><td>306</td></tr>
<tr><td colspan="2">학년군별 총 수업시간 수</td><td>1,680</td><td>1,771</td><td>1,977</td><td>3,366</td></tr>
</table>

(4) 선택 교육과정

선택 교육과정은 고등학교 1학년부터 3학년까지의 교과(군)와 창의적 체험활동으로 편성한다. 교과는 보통 교과와 전문 교과로 한다. 보통 교과는 기본 과목과 일반 과목, 심화 과목으로 구분한다. 보통 교과 영역은 기초, 탐구, 체육·예술, 생활·교양으로 구성하며, 교과(군)는 국어, 수학, 영어, 사회(역사/도덕 포함), 과학, 체육, 예술(음악/미술), 기술·가정/제2외국어/한문/교양으로 한다.

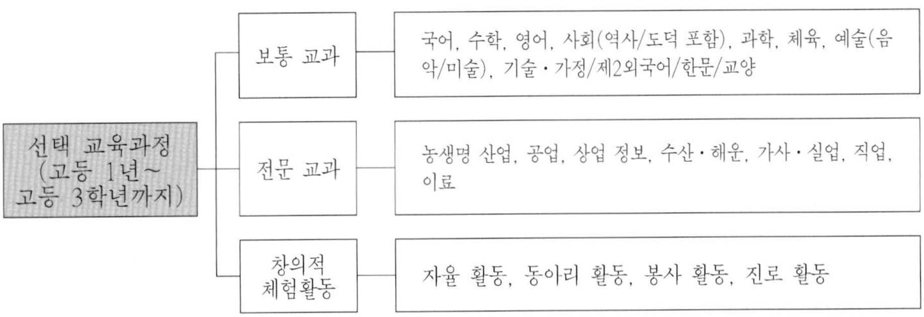

〔그림 6.6〕 선택 교육과정

<표 6.5> 선택 교육과정 : 편제 및 시간배당 기준표

	교과 영역	교과(군)	필수 이수 단위		학교자율과정
			교과(군)	교과 영역	
교과(군)	기초	국어	15(10)	45(30)	학생의 적성과 진로를 고려하여 편성
		수학	15(10)		
		영어	15(10)		
	탐구	사회(역사/도덕 포함)	15(10)	35(20)	
		과학	15(10)		
	체육·예술	체육	10(5)	20(10)	
		예술(음악/미술)	10(5)		
	생활·교양	기술·가정/제2외국어/한문/교양	16(12)	16(12)	
	소 계		116(72)		64
창의적 체험활동			24		
총 이수 단위			204		

전문 교과는 농생명 산업, 공업, 상업 정보, 수산·해운, 가사·실업, 직업, 이료에 관한 교과로 한다. 그리고 창의적 체험활동은 자율 활동, 동아리 활동, 봉사활동, 진로 활동으로 구성되어 있다. 선택 교육과정에서는 학생들의 기초영역 학습 강화와 진로 및 적성 등을 감안한 적정 학습이 가능하도록 4개의 교과 영역으로 구분하고, 필수이수단위를 제시한다.

4) 특수교육 교육과정의 개정 주요 내용

우리나라의 학교교육은 그동안 전국 어디에서나 유사한 형태로 이루어져 왔다. 예를 들면 동일한 학교 급에 속한 동일한 학년이라면 어느 지역에 위치하고 있는 학교의 교실이든 수업 시간의 순서는 약간씩 다르지만, 학년당, 학기당, 주당, 심지어 일당 특정 교과를 학습하는 시수는 동일하였으며, 수업 내용 또한 별 차이 없이 동일한 면이 많이 있었다. 이런 획일적이고 통일적인 학교교육은 그동안 일반학교만이 아니라 특수학교에서도 이루어져 왔다. 이런 획일적이고 통일적인 학교교육을 탈피하기 위해 '2010년 개정 특수교육 교육과정'은 학년군, 교과군, 교과 집중 이수제, 수업 시수 자율 증감제, 선택교과, 창의적 체험활동 등의 실행 과제를 도입하였다(정동영, 2011).

첫째, 학년군은 학년별로 수업 시수를 배정하는 방식이 아니라 학년군별로 수업 시수를 배정하는 방식이다. 이런 학년군의 도입은 "지금까지의 교육과정 편제표가 매 학년 매 학기별로 편성되어 있어 학생들이 매 학년 매 학기마다 10개의 교과를 10학년까지 필수로 이수하여야 하는 체제를 개선하고자 한 것이다"(허숙, 2011: 20).

둘째, 교과군은 "교육 목적상의 근접성, 학문 탐구 대상 또는 방법상의 인접성, 실제 생활양식에서의 상호 연관성 등을 고려하여 교과를 더욱 광범위하게 유목화한 개념이다"(한국교육과정평가원, 2010: 34). 교과군도 수업 시수의 배정 방식과 관련된 개념이나, 교과간 또는 활동간 내용의 중복을 해소하고, 교과간 통합을 촉진하는 개념이다. 이러한 교과군은 '2008년 개정 특수학교 교육과정'에도 도입되어 있었던 개념이다.

셋째, 교과 집중 이수제는 "수업 시수가 적은 일부 교과목의 이수 시기를 특정 학년, 학기에 집중 이수하여 이수하게 하는 방식이다”(한국교육과정평가원, 2010: 32). 교과 집중 이수제는 ‘2009년 개정 초·중등학교 교육과정’의 핵심적인 개념으로서 이미 언급한 학년군과 교과군은 이것을 도입하기 위한 하나의 수단이라고 볼 수 있다. ‘2009년 개정 초·중등학교 교육과정’은 학생의 학기당 이수 교과목의 수를 8개 이내로 편성하도록 제한하고 있다. 이 규정에 따라 학생이 공통 교육과정의 교과인 10개 교과를 모두 다 이수하기 위해서는 최소한 4개 교과를 특정 학기나 학년에 배타적으로 교차 이수하지 않으면 안 되는 상황이 된다. 그래서 교과 집중 이수제의 도입이 필요하다.

넷째, 수업 시수 자율 증감제는 단위 학교가 교과(군)별로 20%의 범위 내에서 수업 시수를 자율적으로 증감하여 운영하는 방안이다. 그동안 국가 교육과정은 연간 최소 시수와 최대 시수를 제시하여 단위 학교는 그 범위 내에서만 수업 시수를 조절할 수 있었다. 이런 수업 시수 배정 방식에 따라 ‘2008년 개정 특수학교 교육과정’은 기본 교육과정의 경우 교과군별로 최대 수업 시수를 제시하고, 교과군의 하위 교과별로 최소 수업 시수를 제시하였으며, 국민 공통 기본 교육과정의 경우 교과별로 최소 수업 시수를 제시하였다. 그러나 ‘2010년 개정 특수교육 교육과정’은 ‘2008년 개정 특수학교 교육과정’의 수업 시수 제시 방식과 다른 방식을 채택하였다. 즉, ‘2010년 개정 특수교육 교육과정’은 기준 수업 시수제를 도입하여 20% 범위 내에서 학교의 자율적인 수업 시수의 증감을 허용하였다.

다섯째, 선택 교과란 개별 학생이 자신의 개성이나 능력 및 필요에 따라 선택하는 교과를 말한다. 지금까지 우리나라 교육과정에서 선택은 주로 고등학교에서 과목의 선택을 통해 이루어져 왔다(한국교육과정평가원, 2010: 90). 특수교육의 경우 ‘제7차 특수학교 교육과정’과 ‘2008년 개정 특수학교 교육과정’은 11학년과 12학년을 선택 중심 교육과정의 적용 대상으로 규정하고, 일부 교과를 선택할 수 있도록 허락하고 있었다. 특히 ‘2008년 개정 특수학교 교육과정’은 선택 중심 교육과정에서 “단위 학교의 실정과 필요를 고려하여 보통교과와 전문·직업교과의 병행 편성·운영이 가능하다”(교육과학기술부, 2009: 70)고 규정하여 학교 교육과정 편성·운영에 재량권을 부여하고 있었다. 그러나 ‘2010년 개정 특수교육 교육과정’은 단위 학교에 재량권을 부여하고 자율성을 강화하기 위해 선택 교과를 대폭 확대하였다.

여섯째, 창의적 체험활동은 종전의 특별활동과 재량활동을 통합한 활동이다. '2008년 개정 특수학교 교육과정'은 재량활동을 창의적 재량활동(자기주도학습, 범교과학습)과 교과 재량활동으로 구성하고, 특별활동을 적응활동, 봉사활동, 행사활동, 계발활동, 자치활동으로 구성하여 두 활동이 상호 중복되는 면이 많았다. 그러므로 '2010년 개정 특수교육 교육과정'은 '2009년 개정 초·중등학교 교육과정'이 "창의적 재량활동과 특별활동 내용 간의 중복성을 해소하고 교과 외 활동영역으로서 본래의 취지를 살리기 위해 이들 두 영역을 통합하여 '창의적 체험활동'으로 편성·운영하도록 한"(한국교육과정평가원, 2010: 71) 입장을 받아들여 특별활동과 재량활동을 통합하여 창의적 체험활동으로 규정하고, 영역을 자율 활동, 동아리 활동, 봉사 활동, 진로 활동의 네 영역으로 구성하였다(교육과학기술부, 2010b).

이와 같이 '2010년 개정 특수교육 교육과정'은 교육과정 자율화를 위해 학년군제, 교과군제, 교과 집중 이수제, 수업 시수 자율 증감제, 선택교과제, 창의적 체험활동 등을 실행 과제로 도입하였다(정동영, 2011).

제7장 교사의 수행 능력

이 장에서는 지적장애아교육을 담당하는 특수교사로서의 가져야할 자질에 대해 설명하고자 했고, 기본적인 자질 가운데 미국 특수아자문위원회(CEC)의 특수교사가 갖추어야할 전문능력(competencies)을 중심으로 설명하고자 했다.

1. 지적장애아 교육과 교사

심신에 장애를 갖고 있는 아동의 교육에 종사하는 교사의 역할은 대단히 크다. H. N. Rivlin은 "아무리 상상력이 풍부한 관리자가 있고, 교육위원회가 매우 협력적이라 하더라도, 충분하리만큼 경험 있고 이해력이 뛰어난 교사의 확보나 또는 이들 교사의 능력이 발휘되지 않으면 교육의 문제는 해결되지 않는다."고 했다.

이 말은 일반적으로 교육에 있어서 교사가 얼마나 중요한가 하는 것을 말하고 있는 것이지만 장애아 교육의 경우에도 이와 똑같이 강조되어져야 하는 것이다. 더욱이 장애아 교육에서는 여러 가지 이유에서 교사에 의존하는 정도는 정상아보다도 크다. 경험 있고 또 우수한 자질의 교사를 충분히 확보하는 일은 특수교육의 충실, 발전을 위해서도 중요한 과제의 하나가 된다. 여하간 한 사람 한 사람의 장애아가 갖고 있는 교육의 가능성을 끌어내고 신장시키기 위해서는 교사는 결정적인 역할을 담당해야 하는 것이다.

1) 교사의 바람직한 자질

장애아교육 교사의 바람직한 자질은 일반교육의 교사에게 요구되는 자질과 본질적으로 다르지 않다. 교육의 대상이 장애아라 하더라도 인간이 인간을 교육하는 면에서는 또한 다르지 않다. 장애아교육과 일반교육을 구별하지 않고 교사로서 갖추어야 할 기본적인 자질이 있다. 그렇다고 해서 우수한 일반교육의 중학교 교사가 우수한 장애아 교사라고 할 수가 없고, 우수한 장애아교육 교사가 우수한 일반교육의 교사라고도 말할 수는 없다.

만일 일반교육 교사와 지적장애아 교육에 종사하는 교사와의 사이에 자질의 차이가 요구된다면 그것은 어떤 것이 될 것인가? 그리고 어떻게 그것이 양성되는 것인가? 등의 물음을 던지게 될 것이다. 일반적으로 교사에게 요구되는 자질을 알아내는 데는 교육의 본질로부터 연역적으로 추구해 보는 방법과 일반교사 또는 특정한 교사로부터 귀납적으로 도출해 내는 방법이 있다.

연역적으로 추구하려는 방법에 대해서는 E. Spranger의 견해를 생각해 볼 수 있다. 그는 교사를 사회적 인간 유형에 상당하는 인간으로, 사랑의 활동을 중심으로 하는 인간으로 생각했는데 그 사랑의 활동은 두 가지 방향으로 향해 있다고 하여 그 하나는 성장하는 아동에게 향하고 있는 "학문지향형"이라고 했다. 그래서 그는 이 두 가지 조건을 겸비할 것을 교사에게 요구하고 있다.

같은 방법적 입장에서 추구한 G. Kerschensteiner는 교사의 특질로서 아동의 성장에 대해 순수한 애정을 가질 것, 이 애정을 효과적으로 실현하는 능력을 가지고 있을 것, 발달하고 있는 미숙한 인격과 함께 뛰어들 수 있는 성향을 가지고 있을 것, 아동의 발달에 지속적 영향을 줄 능력을 가지고 있을 것 등을 들고 있다

또한 미자모또(正本正)는 교사를 "자기들 교육목적을 향해서, 전적으로 자유의지를 갖고, 노력해 가는 주체성을 갖는 존재"로 파악하여 교육적 정열과 교육기술과 교육적 예지를 기본적인 자질로 보고 있다.

귀납적 방법에 의한 것으로서는 여러 가지 관점에서 제시된 것이 있는데 이들을 살펴보기로 한다. 먼저 우수하다고 생각되는 교사의 특질을 보면 '교육활동'에서는 교육적 정열, 지도력의 우수성, 아동에 대한 애정, 지도의 친절성, 근무에서는 책임감, 직무근면, 계획성, '교양'에서도 명랑, 공평·공익성 등을 들고

있다. 결국 이들을 이상적인 교사의 기본적 특질로 생각하고 있는 것이다.

그리고 또 아동들이 좋아하는 교사의 특질로서 제시된 것을 보면 초등학교 아동의 경우에는 잘 가르치는 선생, 정답고 웃음을 띠고 있는 선생, 공평한 선생, 명랑하고 쾌활한 선생, 유머가 풍부한 선생, 친절하게 보살펴 주는 선생을 들고 있고, 중학교 학생의 경우에는 명랑하고 구질구질하지 않은 선생, 지도를 잘하는 선생, 학생을 이해하는 선생, 엄격하고 규칙 바르게 감독해 주는 선생, 친절한 선생, 친하게 지낼 수 있는 선생, 연구심이 왕성한 선생, 지도에 열성 있는 선생, 언어가 명석한 선생, 판서를 똑바르고 능숙하게 해 주는 선생 등을 좋아하는 교사로 들고 있다.

이와 같은 일반교육 교사의 바람직한 자질과 장애아교육에 종사하는 교사, 즉 지적장애아 교육 교사의 자질과는 어떤 차이가 있는가? 있다면 어떤 자질이 요구되고 있는가에 대해 생각해 보기로 한다.

일본의 지적장애아교육의 뛰어난 교사였던 콘도미즈오(近藤益雄)는 지적장애아 교육의 바람직한 교사상으로서 태평, 끈기, 정력을 들고 있다. 그는 교육의 체험에서 '지적장애아의 무한한 애정'을 강조하고 있는데 이러한 애정은 지적장애아와 생활을 함께하고 있는 사이에 싹이 트는 것이라고 말하고 있다. 다시 말하면 교사로서의 인간이 형성되는 것은 아동과의 접촉에서부터이고 바람직한 교사상은 순진한 아동과의 마음을 잇는 가운데 형성된다는 것이다.

한편 지적장애아 교육에 있어서 교사 역할의 중요성을 강조한 미끼야스마사(三木安正)는 "이 교육의 담당자에게는 열의와 애정과 지성과 인내력이 필요하다."고 언급하고 있다. 또한 그는 특수학급의 담당자에게는 "연구의 노예가 되지 않고, 감상적으로도 떨어지지 않고, 특수한 껍질에 폐쇄되지 않은 교사를 특수학급에 맞이하고 싶다."고 하여 지나친 연구적인 형과 감상적인 형을 비판하면서 교육의 실천과 연구의 연결을 강조하고 있다.

특수학급 담임으로서의 자질에 대한 한 연구에서 부모, 아동, 동료, 교장 등으로부터 보는 다각적인 고찰 결과로서 제시된 자질은 교육적인 정열, 아동에 대한 애정, 협동, 협력, 과학적 탐구심, 명랑 등을 들고 있다. 그리고 또 특수교육 교사의 자질 특성으로서 인간애, 인내력, 실천력, 과학적 탐구심, 명랑성, 종교적 정열, 지적 이해, 장애의 유형별 및 그 정도의 인식, 장애아 심리 이해,

지도 기술의 습득, 사회적 대책의 이해, 기능적 특기 등을 든 것이 있다.

장애아동의 편차가 일반아동보다 극심하기 때문에 유능한 교사를 구하게 되는데 이 문제를 해결하는 것은 여러 가지로 어려운 실정이다.

Baker는 특수교육 교사의 자질 문제를 요약해서 다음과 같이 설명하고 있다.

특수교육 교사는 장애아동에 적응할 수 있는 교과에 숙달되고 그에 대한 지식을 가져야 한다. 그 위에 장애아동에 관한 심리학 · 해부학 · 생리학 및 장애아동의 능력개발법을 배워야 한다. 그리고 좌절감과 절망에 빠져있는 아동을 교육시키는 데 융통성이 있어야 하며 양친과의 협력, 의사나 일반교사와 협력해야 한다.

Heck는 교사의 기능적 측면을 강조하면서 특수교사 자질 문제를 다음과 같은 요건이 갖추어져야 한다고 설명한다. 특수교육 교사는 사회적, 전문적, 기술적 연구에 풍부한 배경을 가져야 하며, 가르치는 교과·사례연구·사회조사·사회심리·교육의 가능성 등을 알아야 한다. 특수교육 교사는 단순한 교사가 아니다. 사회사업가, 심리학자, 사회 진단자이어야 한다.

Jordan은 특수학급 교사의 역할은 가장 어려운 일이며 보상도 없는 것이라고 전제하고 특수교육 교사가 가져야 할 동기로서 전문직에 대한 도전, 인간관계, 향상에 대한 의욕을 들고 있다. 또한 갖추어야 할 기초능력으로서 일반교직 경력, 대학에서 전문적 훈련, 자원봉사자(volunteer) 정신 등을 들고 있다. 계속해서 그는 특수교육 교사가 가져야 할 역할을 양친 상담, 입급아동 판별, 연구, 재활지도 등이라고 정의하고 있다.

특수교육 교사의 자질은 무척 다양하여서 Heck가 지적한 것과 마찬가지로 단순한 교사가 아니라 관련 영역에 대한 풍부한 지식을 가져야 한다. 그렇기 때문에 일반교사 자격을 획득하고 그 위에 특수훈련을 받아서 특수교육 교사자격을 부여하게 되어 있다.

특수교육 교사에 대한 자질 문제를 앞에서 살펴보았지만 광범위한 영역의 지식을 요구하고 있음을 알 수 있다. 여기서는 좀 더 구체적으로 자질 요인을 분석해 봄으로써 교사가 어떤 능력을 더 많이 구비해야 하는지를 살펴 그에 대한 교사양성 과정에서의 배려와 교사 자신의 평가 자료로 삼을 필요가 있다.

Lazer와 Forbing은 지적장애 교육 교사 자기평가 척도에서 기본이 되는 교사

자질을 인격적(인성적) 자질(9개 항목), 아동의 이해(7개 항목), 학급 조직과 경영(11개 항목), 교육과정과 교수기술(14개 항목), 전문지식과 지역사회관계(9개 항목) 등의 다섯 개 영역으로 나누었다.

위에서 보아온 것과 같이 장애아교육 교사의 바람직한 자질에 대해서는 많은 연구자가 여러 가지 관점에서 제시하고 있으나 이들 자질이 교육활동의 본질에서 볼 때 일반교육의 교사에 요구되는 자질과 거의 다르지가 않다. 그러나 현실적으로 교육의 대상아가 지능의 현저한 지체와 사회적 성숙의 현저한 열약 상태에 있는 지적장애아라고 한다면 중점을 두게 되는 자질은 자연히 달라져야 할 것이다. 이러한 의미에서 중점 자질에 대해서 살펴보면 다음과 같다.

(1) 아동에 대한 올바른 이해

정상아의 경우에도 마찬가지이지만 특히 장애아 교육의 경우에는 아동 이해로부터 출발해야 한다. 아동 이해의 방법에는 평가적 이해와 공감적 이해가 있다. 검사도구에 의한 방법을 사용하는 평가적 이해만으로는 인격의 일면만을 이해할 수밖에 없기 때문에 아동의 내면적인 세계에 대한 공감적 이해의 중요성을 인식해야 한다.

특수교육교사에 있어 평가적 이해가 불필요한 것은 아니지만 장애아에 대한 따뜻한 공감적 이해(애정적 이해)는 꼭 필요한 것이다. 이런 의미에서는 '동정이 아닌 이해'라는 것이 아니고, '동정에서 이해로' 나아가는 것이 바람직하다. 따라서 공감적 이해는 장애아와 생활을 함께해 가는 가운데 점차 성장해 갈 것이다. 무엇을 가르치려고 하기 전에 장애아 교육에 종사하는 교사에게는 그러한 이해야말로 중요한 것이다. 다시 말하면 가리워진 것이 없는 솔직한 인간이 되어서 장애아와 접촉하는 가운데 있는 그대로의 모양을 느끼는 것으로부터 출발하는 것이 중요하다. 그리고 또 교사는 장애아에 대해서 공감적 이해에 머물고만 있지 말고 장애아가 가지고 있는 그 장애에 대한 과학적 이해가 있지 않으면 안된다. 심신의 기질적 또는 기능적 장애에는 여러 갈래가 있고 더구나 한 장애아가 가지는 장애는 하나로 한정되지 않기 때문에 한마디로 장애에 대한 과학적인 이해라고 해도 여러 가지 곤란이 있다. 그러나 장애에 대한 기본적인 일들에 관한 과학적인 이해 없이는 적절한 교육활동의 전개는 기대할 수가 없다.

특수교육 또는 심신장애에 관한 과학—의학, 심리학, 교육학, 사회학 등의 진보는 현저하며, 그것을 무시해서는 교육은 성립되지 않는 것이다. 그것은 시각장애, 청각장애, 지적장애 등의 각 장애에 대한 바른 이해만이 아니고 장애 때문에 생겨나는 이차적 장애문제, 장애아를 가진 부모 및 그것을 둘러싼 사회의 문제에 대한 이해를 포함하고 있다.

(2) 투철한 신념과 사명감

먼저 교사의 신념과 사명감이 문제가 된다. 한국 특수교육의 발전과 지적장애 아동들을 위해서 몸바쳐 일하겠다는 굳은 신념이 있어야 한다. '내가 아니면 이 아동, 이 특수학급을 누가 맡을 것인가?' 하는 사명감을 가지고 덤벼들어야 한다. 시키니 마지못해 한다든지 경험해 보기 위해서 한번 맡아보는 정도로 맡는다면 실패하지 않을 수 없을 것이다. 그뿐이 아니라 막상 맡기는 했지만 아이들도 안 따라오고, 학교 당국의 뒷받침도 잘 안되며, 부모들도 관심이 없고, 동료 교사들도 협력이 잘 안된다고 불평만 하는 교사가 있다면 아예 특수교사로서는 부적격자이다. 남이 지어 놓은 밥에 숟가락을 들고 덤벼들 것이 아니라 내 손으로 눈물을 흘려가며 고생스럽게 밥을 지어야 하는 것이다. 먹는 것은 다른 사람이 먹어도 좋은 것이다. 이러한 봉사자, 희생자의 정신자세가 아니면 지적장애아 교육은 성공해 내지 못할 것이다.

"태양은 날이 밝는 것을 기다렸다가 떠오르는 것은 아니다. 해가 뜨니까, 날이 밝는다는 것을 확실히 알아야 한다."라는 말이 있듯이 지적장애아 교육이 잘 안되는 책임을 남에게 돌릴 것이 아니라 모든 것을 지도자인 나 스스로의 문제라 확신해야 한다. 내가 잘하면 아이들도 따라오고, 학교장도 이해하게 될 것이며, 부모들도 관심을 더 가지게 되고, 동료들도 협력해 줄 것이라는 것을 굳게 믿고 고생을 낙으로 삼아야 한다. 지적장애아 교사를 자원한다는 것은 사실은 고생을 자원한다는 것이 틀림없다.

사실상 힘 안 나는 일일지도 모른다. 공자도 천하의 영재를 모아 교육하는 것이 삼락 중의 하나라 했고, 헨리 반다이크는 "무명의 교사"를 예찬하는 노래에서 "그가 켜는 수많은 촛불 그 빛은 후일에 그에게 돌아와 그를 기쁘게 한다." 고 했지만 특수교사는 이런 것조차도 기대하기 어려운 것이다. 이런 일을 어찌 신념과 사명감 없이 해낼 수 있을 것인가?

(3) 장애아동의 인간적 공감 및 애정

정상아와는 달리 현저한 장애를 갖는 아동을 그대로 받아들여서 함께 놀고, 함께 생각하고, 함께 생활하는 교사. 이와 같은 장애아에 대한 한결같은 애정과 공감은 지적장애아 교사 자질의 가장 중요한 것 가운데 하나이다. 인간적 공감과 애정은 처음부터 갖고 있는 것이 아니고 아동과 함께 생활하고 접촉하는 가운데 생겨나는 것이다.

지적장애아의 교육은 지적장애아에게서 배우지 않으면 안된다. 문헌 속에 나타나 있는 그들의 특성은 일반적 특성일 뿐, 그들 개개인의 살아 있는 특성은 아니다. 이들의 살아 있는 지금의 특성을 알려면 그들과 함께 웃고 땀 흘리고 흙투성이가 되어 함께 생활하지 않으면 안된다. 그들의 편이 되고 정다운 동무가 되지 아니하면 안된다. 다시 말하면 교사 자신이 지적장애아가 된 입장에서 생활해야 한다는 것이다. 이렇게 될 때 그들을 바로 이해할 수 있게 되는 것이다. 공감적 이해란 바로 이러한 과정에서 이루어지는 것이다. 이러한 분위기 속에서 이들을 세밀히 관찰하면 지적장애 지도에 묘를 기할 만한 생생한 자료를 많이 얻을 수 있을 것이다. 그러나 이들을 바로 이해하기 위한 관찰에 있어서는 이처럼 횡단적이고 현실적인 면의 관찰에만 그칠 것이 아니라 생육력과 아울러 성장발달 과정을 역사적, 종단적으로 관찰하는 방법도 병행시켜야 더욱 바람직한 것이다.

(4) 실천적 경영과 투철한 인간애

지시, 명령, 금지, 권장 등 말로써 지도할 것이 아니라 손발로, 몸으로 함께 행동해야 한다. 청소를 하라고 지시하고 감독할 것이 아니라 몸으로 시범하고 함께해야 하는 것이다. 감각행동적 학습이 이들에게 알맞은 학습방법이라고 한다면 지적장애아 지도의 특색을 감각행동적 지도란 특수한 표현도 할 수 있을 것이다. 환경정리, 청소미화, 세수, 화장실사용, 침구처리, 목욕, 식사 등 신변처리는 물론 성격지도에 있어서의 행동 수정도 반드시 행동으로 시범해야 한다. 즉 어떻게 해야 하는가를 분명히 보여 주고 따라하게 해야 한다.

인도주의는 가슴속에서 끓어올라야 한다. 입에 발린 인도주의는 제아무리 떠들어대도 사랑의 교육은 못 된다. 학급의 주인은 어린이다. 지적장애아 지도는 아동 중심이 되어야 한다는 것은 낡은 상식에 속하는 이론이다. 그러나 과연 오늘날 우리의 지적장애아 교육이 아동 교육 중심이고 어린이가 주인 대접을 받고 있다고 말할 수 있을 것인가? 지적장애아가 주인으로서 대접받고 권리와 의무를 실천할 수 있는 사람이 되어야 한다.

가정이 불우하면 불우할수록, 장애 정도가 심하면 심할수록 교사의 따뜻한 사랑과 교육의 손길이 더 필요한 어린이들이란 것을 깊이 자각하고 그들의 부모가 되어 주어야 한다. 인간애에 투철하라는 말은 부모의 과보호나 맹목적 사랑을 권장하는 것이 아니라 어디까지나 교육적이고 지성적인 사랑을 말한다. 가엾다고 감싸안고 시중만 들어주는 온실 경영 같은 상춘의 태도만이 좋다는 것은 아니다. 온랭한서를 효과적으로 조정할 수 있는 차원 높은 교육적 사랑이어야 하는 것이다.

(5) 과학적 탐구심

아동에 대한 인간적 애정과 함께 필요한 것은 과학적 탐구심이다. 개개 아동이 갖는 장애나 특성에 대한 부단한 과학적 탐구가 필요하다. 이것은 단순한 검사나 측정에 의한 이해만이 아니고 아동을 주의 깊게 지켜보고 직접적인 접촉을 통해서 아동으로부터 배우는 일이다. 어떤 사람은 이에 대해서 이런 말을 하고 있다. "젊었을 때 나의 공부하는 방법은 지적장애아 본인으로부터 배운다고 하는 방식이었다. 이런 일이 몸에 익어 버려서 지금도 이들을 주의 깊게 보는 것을 매우 좋아한다."고 한 것이다.

이와 같이 보는 눈을 기르기 위해서는 장애아나 기초과학에 대한 전문과목의 연구가 필요하고, 그러한 연구도 연구를 위한 연구가 아니고 실천과 연결되는 것을 항상 마음에 두어야 할 것이다.

(6) 지도기술의 습득

앞서 언급한 바와 같이 장애아나 그 장애에 대한 바른 이해는 물론이고, 교사는 또한 여러 장애아가 장애를 극복하고, 그 발달 가능성을 실천하는 데 지도기술을 습득하고 이를 충분히 익혀야 한다. 다시 말하면 정상아를 지도하는 데 필요한 지도기술을 몸에 익혀감과 아울러 각 장애아동을 지도하는 데 필요한 기술도 자신의 것으로 충분히 익혀야 한다. 예를 들면 시각장애아라 해도 그 원인이나 장애 정도는 여러 가지여서 맹아에 대해서는 점자를 사용하는 지도가 이루어지고, 약시아의 지도에 있어서는 시력 보전에 대한 배려가 필요하다. 또 지체부자유아의 경우에는 기능훈련 담당의 교사만이 아니고 일반교과를 담당하는 교사도 그 지도에 있어 장애기능의 회복, 증진에 대하여 끊임없는 배려를 해야 한다. 그리고 또 장애아 지도에 있어서는 아동에 따라 그 지도 방법이 달라져야 하기 때문에 지도기술의 적용에 있어서는 풍부한 창조성이 필요하다.

(7) 끈기와 끈덕진 성격

아동에 대한 애정과 과학적 탐구심이 있으면 당연히 끈기·끈덕진 성격이 생겨난다. 그러나 지적장애아 교육은 그들의 심한 장애 때문에 뒤처지는 발달이 지속되고, 더구나 그들은 한번 학습한 것이라도 곧 없어져 버리는 경우가 많다. 교사는 가끔 실망해서 교육을 그만두고 싶은 충동이 일어나는 일을 종종 경험한다. 이와 같은 때에는 명랑함을 잃지 않고 위기를 돌파하는 끈기와 끈덕진 마음의 자세를 단단히 해야 할 필요가 있다.

(8) 다른 교사나 사회와의 협력

특수학급은 학교내에서 자칫 고립되기 쉽고, 교사는 학급 안에 은폐해 버리기 쉽다. 지적장애아 교육의 경우는 일반교육 이상으로 다른 교사들과의 협조, 부모들의 이해와 협력 없이는 지적장애아 교육의 효과는 반감된다. 이와 같이 교사는 교육에 있어서 단독으로 실행할 수도 없고, 그렇게 해서도 안된다.

장애아 교육 교사가 보다 효과적인 지도를 해 가자면 학교의 다른 교사와 협력하고, 부모와 교류하고, 지역사회와 협력하는 일이 필요하다는 것은 자명하며,

이를 위한 인격적 소양이나 기술 확보를 게을리해서는 안되는 일로 인식해야 한다.

특히 유의하지 않으면 안되는 일은 초등학교, 중학교에 병설된 특수학급의 담임은 정상아 학급의 담임과 소원하게 되고 고립되는 경우가 적지 않은데 이는 특수학급 담임만이 그 책임을 질 성질의 것이 아니라 하더라도 주의하지 않으면 안될 것이다.

장애아의 복지는 학교만으로 완성되는 것이 아니다. 그런 의미에서도 장애아 교육 교사는 자진해서 다른 교사, 부모, 사회와 교류해서 장애아에 대한 일반의 이해를 깊게 하기 위한 역할을 다해야 한다. 일반의 이해가 길어지고 높아지지 않으면, 그리고 또 지역사회의 협력 없이는 진정한 장애인 복지는 실현되지 않을 것이다.

2) 지적장애 교육 교사의 자질

지적장애아 지도에 있어서 가장 중심된 과제는 담당교사의 기본태도 확립에 있다고 하겠다.

학급경영의 기본태도로는 투철한 신념과 사명감, 공감각 이해, 실천적 경영, 부모교육, 투철한 인간애, 일반학급 교사의 참여와 교류 등이 전제되어야 한다.

지적장애아 지도는 막연한 동정적 지도에서 탈피하여 과학적 연구의 토대 위에 교육 조치와 활동이 전개되어야 한다.

또한 지적장애아 지도는 진단, 치료, 교정 활동을 동시에 갖는 임상적 지도와 기능적 지도(functional teaching)가 중시되어야 한다.

지적장애아 인간관계 조성에 힘씀은 물론, 교육정치는 이들의 성장 발달에 미치는 최대한의 이익을 준거로 하여 결정되어야 하며, 개개인의 발달 가능성을 절대적으로 인정함으로써 보다 적극적인 태도로 학습지도 활동에 임해야 한다.

지적장애아의 교육방법들이 많은 사람들에 의해 발달되어 왔으나 이들 방법들의 공통점은 교수(教授)를 아동의 느린 학습능력에 적응시키려는 시도와 프로그램을 실제적이고 덜 학구적인 것으로 만들려는 시도이다.

2. 지적장애 교사의 전문능력

미국장애아동학회(CEC : Council for Exceptional Children, 2003)에서 제시한 지적장애/발달장애교육교사들의 전문능력(지식과 기술)을 제시하면 〈표 7.1〉과 같다.

<표 7.1> 지적장애/발달장애 교육교사들의 전문능력(지식과 기술)

기준#1: 기 초	
CC1K1	특수교육 실천의 기초를 형성하는 모델, 이론, 그리고 철학
CC1K2	행동관리 계획과 실행에 대한 법, 정책 그리고 윤리적 원리
CC1K3	교육기관의 조직 및 기능과 특수교육의 관계성
CC1K4	학생, 부모, 교사, 다른 전문가 그리고 특별한 학습 요구와 관련된 학교의 권리와 책무성
CC1K5	문화적, 언어적으로 다양한 배경에 있는 학생을 포함하여 특별한 학습 요구를 가진 학생에 대한 정의와 판별에 관련된 문제
CC1K6	사정, 적합성, 그리고 연계 서비스와 배치에 관련된 합당한 절차, 보장, 그리고 문제들
CC1K7	교육과정에서 가족 시스템과 가족의 역할
CC1K8	문화적으로 다양한 집단에 대한 기여와 전망에 대한 역사적 관점
CC1K9	학교에서 공부하고 근무하는 사람들과 학교 형성의 지배적인 문화에 대한 영향
CC1K10	가정과 학교 간에 생길 수 있는 가치, 언어, 관습 등의 차이성에 대한 잠재적 영향
MR1K1	지적장애/발달장애 학생의 확인과 관련된 정의와 논점
MR1K2	문화적으로/언어적으로 다양한 사람들에 대한 과잉표현에 영향을 미치는 요소들
MR1K3	지적장애/발달장애 학생에게 활용할 수 있는 배치 및 서비스 연계
MR1K4	지적장애와 발달장애에 대한 역사적 기초와 선행 연구
MR1K5	지적장애/발달장애 분야의 동향과 실천
MR1K6	지적장애/발달장애 학생의 행동문제에 대한 이론
CC1S1	특수교육에 대한 명확한 개인적인 철학

기준#2: 학습자의 발달과 특성	
CC2K1	정형적, 부정형적인 인간성장과 발달
CC2K2	다양한 특수성의 특성에 대한 교육적 함의
CC2K3	특별한 학습 요구를 가진 학생과 가족의 문화와 환경의 특성과 영향
CC2K4	발달을 지원함에 있어 가족 시스템과 역할
CC2K5	특별한 학습 요구 유무에 따른 학생간의 유사성과 차이성
CC2K6	특별한 학습 요구를 가진 학생간의 유사성과 차이성
CC2K7	특별한 학습 요구를 가진 학생에 대한 다양한 약물치료의 영향
MR2K1	지적장애의 원인과 이론 그리고 예방의 함의
MR2K2	지적장애의 의료적 면과 그들의 학습을 위한 함의
MR2K3	지적장애/발달장애 학생의 심리적, 사회적/정서적, 그리고 운동 특성
기준#3: 개별적인 학습 차이성	
CC3K1	장애조건이 학생의 생활에 미치는 영향
CC3K2	수업과 진로발달에 대한 학습자의 학문적, 사회적 능력, 태도, 흥미, 그리고 가치의 영향
CC3K3	문화적인 신념, 전통, 그리고 가치에서의 차이성 그리고 이것들이 특별한 학습욕구를 가진 학생, 가족, 그리고 학교교육 간에 미치는 영향
CC3K4	수업과 관련된 것으로 가족, 학교, 그리고 지역사회간의 관계성에 영향을 미치는 문화적 전망
CC3K5	문화적으로 다양한 배경을 포함하여 특별한 학습 요구를 가진 학생에 대한 다양한 학습 방법과 이러한 차이성을 다루는 전략들
MR3K1	행동에 대한 중복장애의 영향
MR3K2	합병증과 의료적 지원 서비스의 함의
MR3S1	개인의 요구에 대한 지원 수준 파악
기준#4: 수업 전략	
MR4K1	지적장애/발달장애 학생을 위한 전문화된 수업자료
CC4S1	다양한 환경에서 통합을 조장하기 위한 전략 사용
CC4S2	자기평가, 문제해결 그리고 학생들의 요구를 충족시키기 위한 다른 인지적 전략을 학생들에게 가르친다
CC4S3	특별한 학습 요구를 가진 학생의 특성에 대한 수업전략과 수업자료를 선택하고, 조정하고, 사용 한다
CC4S4	학습 환경이외에서 기술의 유지, 일반화를 촉진할 수 있는 전략 사용
CC4S5	학생의 자기인식, 자기관리, 자기통제, 자기신뢰, 그리고 자아존중을 증가시키는 절차를 사용 한다
CC4S6	특별한 학습 요구를 가진 학생을 위한 성공적인 전환교육을 촉진할 수 있는 전략을 사용 한다

기준#5: 학습 환경과 사회적 상호작용	
CC5K1	학습 환경의 요구
CC5K2	특별한 학습 요구를 가진 학생을 위한 기본적인 교실관리 이론 및 전략
CC5K3	교수와 학습의 효과적인 관리
CC5K4	특별한 학습 요구를 가진 학생의 행동에 영향을 미치는 교사 태도와 행동
CC5K5	교육과 기타 환경에 필요한 사회적 기술
CC5K6	예방과 중재 전략
CC5K7	문화적으로 다양한 세상에서 조화롭고, 생산적으로 살아갈 수 있도록 학생을 준비시키는 전략
CC5K8	자신과 타인의 언어와 문화적 유산을 인정하고 보유하도록 학생들에게 학습 환경을 제공하는 방법
CC5K9	부정적으로 만들어진 특정 문화에 대한 이해
CC5K10	이전의 문화유산과 인종차별을 극복하기 위해 학생들이 사용할 수 있는 전략
MR5K1	지적장애/발달장애 학생에게 긍정적인 학습 환경을 제공할 수 있는 접근방법
CC5S1	다양성이 존중되는 합당하고, 긍정적이며 지원적인 학습 환경 형성
CC5S2	다양한 환경에서 개인적 사회적 행동에 도움이 되는 실재적인 기대 확인
CC5S3	다양한 프로그램 배치로 통합하기 위한 실재적인 지원 확인
CC5S4	개인과 집단 활동에 적극적으로 참석하도록 격려하는 학습 환경 설계
CC5S5	행동 관리를 위한 학습 환경 수정
CC5S6	학습 환경의 수정을 제안하기 위한 수행능력 자료와 정보의 사용
CC5S7	특별한 학습 요구가 있거나 없는 학생과의 라포 형성 및 유지
CC5S8	자기옹호 지도
CC5S9	자기옹호 및 자립을 조장하는 환경 조성
CC5S10	효과적이고 다양한 행동관리 전략 사용
CC5S11	특별한 학습 요구를 가진 학생의 요구와 일치되는 최소 행동관리 전략 사용
CC5S12	일과에 대한 계획과 관리
CC5S13	긍정적인 문화 내외적 경험을 지지하는 학습 환경을 조직, 개발, 유지하기
CC5S14	어떤 문화, 집단 또는 개인을 향상시키는 방법에 있어서 학습 환경 내에 있는 학생들 사이에서 상반되는 문화간의 문제점 중재
CC5S15	보조교사, 볼런티어, 개인교사의 활동들을 구조화하고, 지시하고, 지원 한다
CC5S16	보편적인 예방조치 사용
MR5S1	지역사회 중심의 환경에서 수업 제공
MR5S2	전이 가능한 수업기법의 사용
MR5S3	보조공학 사용 및 유지
MR5S4	지적장애/발달장애 학생에게 최적의 학습을 제공하기 위한 물리적 환경의 구조화
MR5S5	다양한 배치환경에서 지적장애/발달장애 학생을 위한 수업 계획

기준#6: 언 어	
CC6K1	성장과 발달에 대한 문화적 언어적 차이성의 효과
CC6K2	자신의 문화와 언어에 대한 특징과 다른 문화와 언어의 사용 방식
CC6K3	오해를 일으킬 수 있는 문화 간의 행동 및 의사소통 방식
CC6K4	보완적, 보조적 의사소통 전략
CC6S1	특별한 학습 요구를 가진 학생의 의사소통 기술 지원 및 강화 전략 사용
CC6S2	일차 언어가 주류 언어가 아닌 학생을 위한 의사소통 전략과 자원의 사용
MR6S1	대체·보완적 의사소통 시스템의 사용에 대한 수업 계획
기준#7: 수업 계획하기	
CC7K1	교육과정 개발과 수업 실제에 기초를 형성하는 이론과 연구
CC7K2	일반·특수교육과정의 범위와 계열
CC7K3	국가, 주 또는 지방 그리고 지역 교육과정 기준
CC7K4	수업과 학습 환경 계획 및 관리를 위한 공학
CC7K5	수업, 중재, 그리고 직접적인 서비스와 관련된 보조교사의 역할과 책무성
MR7K1	진로/직업전환교육을 포함하여 지적장애/발달장애 학생을 위한 모델 프로그램
CC7S1	특별한 학습 요구를 가진 학생을 위한 일반교육과정과 편의시설 영역의 확인 및 우선순위 결정
CC7S2	팀 구성원과 협력하여 종합적이고 장기적인 개별화 프로그램 개발 및 실행
CC7S3	수업목표와 점검 과정에 학생과 가족을 참여시키기
CC7S4	중재 계획을 개발하기 위한 기능적 사정의 사용
CC7S5	과제 분석의 사용
CC7S6	개별화된 학습 목표를 배열, 실행, 그리고 평가하기
CC7S7	학문적 교육과정과 더불어 정의적, 사회적 생활기술을 통합하기
CC7S8	수업 내용, 자원 그리고 문화적, 언어적, 그리고 성적 차이성에 반응하는 전략 개발 및 선택
CC7S9	수업과 보조공학을 교육 프로그램에 통합 및 실행
CC7S10	수업 계획 준비
CC7S11	수업 계획을 실행하기 위한 수업자료 준비 및 조직하기
CC7S12	수업시간을 효과적으로 사용하기
CC7S13	계속적인 관찰을 통해 수업을 조절
CC7S14	사회적 태도와 행동에 반응하여 자기강화 행동을 갖도록 학생을 준비시키기

MR7S1	지적장애/발달장애 학생에게 적절한 수업전략을 선택하고, 사용하기
MR7S2	지적장애/발달장애 학생을 위한 감각-자극 프로그램을 설계하고, 실행하기
MR7S3	지역사회, 개인적 생활, 성, 그리고 고용에 적절한 독립적이고 기능적인 생활기술을 가르치기 위한 수업 계획
MR7S4	지적장애/발달장애 학생을 위한 연령과 능력에 적정한 수업을 계획하고 실행
MR7S5	지적장애/발달장애 학생의 수업 프로그램에 관련서비스의 통합을 위한 선택 및 계획
MR7S6	환경 전역에서 사회적 참여를 촉진하는 수업 프로그램을 설계하고 실행하고, 평가
기준#8: 사 정	
CC8K1	사정에 사용된 기본적인 용어
CC8K2	학생 사정에 대한 법 규정과 윤리적 원리
CC8K3	선별, 사전의뢰, 의뢰, 그리고 분류 절차
CC8K4	사정 도구의 활용 및 제한점
CC8K5	국가, 주 또는 지방, 그리고 지역 수준에서 사정의 조절 및 수정
MR8K1	지적장애/발달장애 학생의 사정에 사용되는 전문 용어
MR8K2	지적장애/발달장애 학생의 수행능력을 최대화하기 위한 환경적 사정 조건
MR8K3	적응행동 사정
MR8K4	지적장애/발달장애 학생을 위한 의뢰, 배치 절차에 대한 법, 정책
CC8S1	적절한 배치 정보 모으기
CC8S2	공정한 형식적, 비형식적 사정을 실행
CC8S3	사정을 실행하기 위해 공학을 사용
CC8S4	개별화 사정 전략을 개발하거나 수정
CC8S5	공식적, 비공식적 사정으로부터 정보를 해석
CC8S6	문화적으로, 언어적으로 다양한 배경의 학생들을 포함하여 특별한 학습 요구를 지닌 학생을 위한 적합성, 프로그램, 그리고 배치 결정을 하기 위해 사정 정보를 사용
CC8S7	효과적인 의사소통 기술을 사용하여 모든 학생의 교육에 관여하는 사람(stakeholders)에게 사정 결과를 보고
CC8S8	특별한 학습 요구를 지닌 학생의 수업과 점검(monitor)과정을 평가
CC8S9	개별화 사정 전략을 개발하거나 수정
CC8S10	기록하거나 보존
MR8S1	지적장애/발달장애 학생의 능력과 요구를 조절하기 위한 수업 사정 도구, 방법을 선택, 적응 등을 사용

기준#9: 전문적, 윤리적 실천	
CC9K1	수업에 영향을 미치는 문화적 편견과 차이성
CC9K2	특별한 학습 요구를 가진 학생을 위한 모델의 역할로서 교사의 중요성
CC9K3	평생 전문성 개발
CC9K4	다탕도가 높은 연구 실천에 대한 연구 경향을 유지하기 위한 방법
MR9K1	지적장애/발달장애 분야의 단체 조직 및 출판
CC9S1	CEC 윤리 강령과 다른 전문적 기준 내에서 실천 한다
CC9S2	전문가적인 실천에 있어서 높은 수준의 능력과 성실, 그리고 올바른 판단을 지닌다
CC9S3	적절한 서비스의 옹호 위해 윤리적으로 행동
CC9S4	적용 가능한 법과 정책에 따라 전문가적 활동을 실천
CC9S5	특별한 학습 요구를 가진 학생의 고등 교육과 삶의 질 향상을 위한 잠재력을 개발하기 위해 전념
CC9S6	개인의 문화, 언어, 종교, 성, 장애, 사회경제적 지위, 그리고 성적인 경향 등에 민감성을 보인다
CC9S7	학생의 제한된 기술을 고려해서 실천하고 필요한 도움을 획득
CC9S8	언어, 비언어 그리고 문어를 효과적으로 사용
CC9S9	수업에 대한 자기평가
CC9S10	특수성에 대한 정보에 접근
CC9S11	수업을 향상시키기 위해 성찰하고, 전문적인 성장을 위해 노력
CC9S12	특별한 학습 요구를 가진 학생과 그들의 가족과 동료에게 유익한 전문적인 활동에 관여
MR9S1	지적장애/발달장애 분야의 전문적인 단체에 활동적으로 참여
기준#10: 협 력	
CC10K1	자문과 협력에 대한 모델과 전략
CC10K2	개별화 프로그램의 계획에 특별한 학습 요구를 지닌 학생, 가족, 그리고 학교와 가족 및 지역사회 인사의 역할
CC10K3	특별한 학습 요구를 지닌 학생 가족의 관심과 그들의 관심을 돕기 위한 전략
CC10K4	특별한 학습 요구를 지닌 학생, 가족, 학교 인사, 그리고 지역사회 구성원과 함께 효과적으로 의사소통과 협력을 촉진할 수 있는 문화적으로 민감한 요소들
MR10K1	지적장애/발달장애 학생을 위한 서비스, 네트워크, 단체들
CC10S1	특별한 학습 요구를 지닌 학생에 대한 신뢰할 만한 의사소통을 유지
CC10S2	특별한 학습 요구를 지닌 학생의 사정 시에 가족 및 타인 함께 협력
CC10S3	가족과 전문가간의 존중하고 유용한 관계성을 조성

CC10S4	교육 팀에 활동적인 참석자가 되도록 특별한 학습 요구를 지닌 학생과 그들의 가족을 돕는다
CC10S5	특별한 학습 요구를 지닌 학생과 그들의 가족과 함께 협력적으로 회의를 계획하고 실행
CC10S6	특별한 학습 요구를 지닌 학생을 다양한 환경에 통합 시 학교인사와 지역사회 구성원과 함께 협력
CC10S7	협력적인 활동을 개발, 실행, 그리고 평가하기 위해 집단 문제해결 기술을 사용
CC10S8	수업방법의 활용에 있어서 다른 사람과 수업 기법과 지도원리를 함께 설계
CC10S9	특별한 학습 요구를 지닌 학생의 특징과 요구에 대하여 학교 인사와 의사소통
CC10S10	다양한 배경으로 인해 특별한 학습 요구를 지닌 학생의 가족과 더불어 효과적으로 의사소통
CC10S11	관찰하고, 평가하고, 그리고 보조교사에게 피드백을 제공
MR10S1	완전 지역사회 참여를 조장하기 위하여 성인기로의 전환교육 계획을 세우는데 팀 구성원과 함께 일을 한다.

1) CC(Common Core)는 특별한 교육적 요구를 지닌 학생들을 위한 교사들의 일반적인 수행능력의 영역을 의미함
2) MR(Mental Retardation)은 지적장애/발달장애 교육교사들에게 요구되는 수행능력의 영역을 의미함
3) K(Knowledge)는 지식 영역을 의미함
4) S(Skills)는 기술 영역을 의미함

지적장애교육 교사의 직무수행능력에 관한 선행연구로 Mackie, Dune과 Cain(1960), Mackie, Williams와 Dune(1957), Peter(1975), Hamdan(1980), Ho(1990), 박경석(1987), 김홍길(1987), 신윤철(1991)의 연구가 있다.

Mackie, Dune과 Cain은 지적장애교육 교사의 전문적 수행능력을 10대 영역 100개 능력항목으로 구체화하여 제안하고 있다. 그 영역으로는 ① 지적장애아 교육에 대한 전문지식 ② 아동 및 편차의 이해 ③ 교육과정의 적용과 교육방법의 이해 ④ 특수기기 및 자료를 선택하고 사용할 수 있는 능력 ⑤ 아동 및 양친과 상담하고 지도하는 능력 ⑥ 검사와 기록의 실시와 해석능력 ⑦ 관계 전문가 및 단체와 협력해서 일할 수 있는 능력 ⑧ 프로그램을 준비할 수 있는 행정적 직능 ⑨ 중도 중복장애아에 대한 지도 능력 ⑩ 인격 품성과 태도 등이다.

또한 Mackie 등은 지적장애아교육 교사에게 요구되는 능력을 7개영역으로 나누

어 100개 능력항목을 개발했는데 그 7개영역으로는 ① 사회인에게 지적장애아를 이해시키기 ② 교육과정의 개발 ③ 적절한 교육적 절차의 이해와 적용 ④ 적절한 교수자료와 도구의 선택, 개발 및 사용 ⑤ 특수교육에 대한 일반적 안내 ⑥ 개인간의 인간관계 ⑦ 행정과 법적정보를 들고 있다. 한편 이 영역으로 현장 교사에게 자신의 능력을 3단계(우수, 중간, 부족)로 평정토록 한 결과 61항목은 우수, 36항목은 중간, 단 1항목만이 부족으로 나타났으며, 지적장애교육 교사를 위한 가장 중요한 항목으로 학생들의 개인차에 대한 인식, 학생들의 훌륭한 행동패턴을 개발하여 돕기, 학생들의 수준과 흥미에 알맞은 교육과정의 선택과 사용, 교육과정 개별화에 대한 기술 등이 선정되었다.

Peter는 지적장애교육 교사에게 요구되는 능력을 수행능력과 이론 및 방법론상의 능력으로 나누어 제시하였는데, 수행능력으로 지적장애아의 교수에 학습원리 적용, 중도 난독증의 교정 수업, 학습 장애의 교정에 지각 발달 원리의 적용, 지적장애학생을 위한 교수 목표 기술, 지적장애아 가르치기 등을 들었으며, 이론 및 방법론상의 능력으로는 학습 장애의 원인 기술, 지적장애아의 정의, 보호수용급·훈련가능급·학습지진아 등의 수준과 분류의 교육적 적절성 기술, 지적장애의 원인론과 의학적 처치 기술 등을 제시하였다.

또 Hamdan(1980)은 지적장애교육 교사의 능력을 수업계호기, 행동과 학습의 평가, 수업실행, 학급경영, 사회·정서적 성숙의 촉진, 전문가와의 교제, 부모와의 협력 등의 7개 영역으로 나누어 40개 능력항목으로 제시하였으며, Ho는 지적장애교육 교사에게 필요한 능력으로 5개 영역 74개 능력 목록을 개발하였는데 현장 사정 결과 가장 중요하게 인식되고 있는 항목으로 지적장애 학생의 발달을 이해하기, 효과적인 학습을 위한 계획과 의사결정하기, 효과적인 행동관리, 중요한 진단도구 사용하기 등이 선정되었다.

우리나라에서 지적장애교육 교사의 직무수행능력에 관한 연구로는 박경석이 Mackie등의 안에서 27개의 목록을 수정 채택하였고, 우리나라의 지적장애교육 교사들이 자유 진술한 능력 목록에서 30개를 수정 채택한 결과 최종적으로 설정된 8개 영역 57개의 전문능력 목록을 개발하였다. 그 영역으로 지적장애아 교육 기초, 발달특성 이해와 판별, 교육과정 운영과 교육 방법, 특수기기와 매체 활용, 생활지도와 상담, 연구 활동과 활용, 행정관리, 인성적 특성을 제시하였으며, 김홍길은 지적장애교육 교사의 능력목록으로 7개 영역 40개 항목을 개발하였는데 이 수행목록에 대해 현장교사들은 단순한 것에서부터 복잡한 것까지 적은 단계로 작업 나누기, 부모들로부터 아이들에 대한 정보 얻기, 목표 달성을 위한 적절한 내용 선택, 가정에서 부모들이 그들 아이들에 대한 올바른 인식을 갖도록 돕기 등을 중요한 능력으로 평가하였다. 신윤철은 학위논문에서 지적장애아 발생 원인과 예방지식, 지적장애아의 권리와 교육적 과제, 지적장애아 교육의 변천사, 지적장애아의 심리적 특성과 개인차의 이해, 지적장애아의 교육사회적 지식, 지적장애아 교육과정에 관한 지식, 지적장애아의 지도원리 및 방법 이해, 지적장애아의 교육평가능력, 지적장애아의 권리와 교육적 조치능력, 지적장애교육 교사의 역할과 책무 등 10개 영역 27개 요소를 제시하였다.

지금까지 살펴 본 일반교사가 갖추어야할 직무수행능력, 특수교육 교사가 갖추어야할 공통수행능력 등에 근거하여 지적장애교육 교사가 갖추어야 할 바람직한 심화능력의 기본 방향을 요약하면 다음과 같다.

첫째, 지적장애교육을 담당할 교사는 교사로서 갖추어야 할 일반능력의 바탕 위에 모든 특수교육 교사가 갖추어야 할 공통능력을 갖추어야 할 것이다.

둘째, 지적장애교육을 담당할 교사는 교사로서 갖추어야 할 일반능력과 모든 특수교육교사가 갖추어야 할 공통능력의 바탕 위에 지적장애 분야의 심화능력을 갖추어야 한다.

제8장 기능중심 생활지도

기능중심 생활 지도 내용과 방법, 대화로써 생활지도 등을 살펴본다.

1. 지적장애아 생활지도

생활지도는 장애인 자신의 안정감, 지혜, 역량, 지침 등을 마련할 수 있게 해주는데 있다. 그러므로, 생활지도는 한가지 사태에만 국한된 것이 아니라 생활의 모든 면을 포함한다. 생활지도를 각 개인이 일상생활에서 해결해야 할 여러 가지 문제를 자력으로 해결할 수 있도록 지도하기 위한 조직적 봉사활동이라고 본다면 첫째, 생활지도는 학습자의 각종 문제해결을 증대시킴에 있으며 둘째, 여러 가지 방법 및 심리검사 자료들을 활용한다. 셋째, 학급, 학년, 학교 내에 생활지도를 위한 효과적인 조직체가 있어야 한다.

한편, 생활지도의 목표는 각 개인이 자기의 문제를 자기 스스로 해결할 수 있는 능력과 새로운 사태의 적응력을 길러 주는 데 둔다. 생활지도의 초점은 문제 자체가 아니라 개인이며, 개인의 자율적 성장을 촉진시키는 데 있다. 즉, 자기자신의 이해, 적응능력의 발전, 과학적·비판적 사고력의 함양을 통한 문제해결력의 증대이다.

생활지도의 궁극적 목표는 지·덕·체를 겸비한 자신감과 자율적 능력을 가진 인간을 창조하는 데 있다. 결국 지도자는 개체가 당면한 여러 가지 문제를 해결하도록 돕고 전인적인 인간으로서의 완성을 위한 전문적·조직적인 봉사를 위해 ① 자기실현을 돕고, ② 자주적 인간완성, ③ 행복한 삶을 영위해 나갈 수 있는 유연성 있는 적응능력 배양, ④ 전인적 조화로운 인격의 완성, ⑤ 사회의 봉사자가 되어 기쁨을 느끼게 도와주어야 한다.

지적장애아의 교육은 원칙적으로 생활을 위한(목적), 생활에 의한(방법), 생활의(내용) 교육이 그 원칙임에 틀림없다. 많은 학자들은 지적장애인의 생활능력을 신장시키는 것이 지적장애아 교육의 본질이라고 주장하고 있다(Zunker, 1990).

생활지도가 각 아동의 소질, 환경문제, 진로 등을 이해하고 그에 알맞게 그 가능성을 최대한으로 실현시키기 위한 원조를 중심으로 한다면 지적장애아 지도방법은 생활지도가 아니면 안된다는 결론을 얻게 된다.

지적장애아의 요구와 특성을 감안한다면 교과중심의 지적학습보다 일상생활능력을 기르는 생활지도가 더 중시되어야 한다.

사실 지적장애아 교육은 생활이 곧 학습이요, 학습이 곧 생활인 것으로 생활지도니 학습지도니 해서 엄밀히 구별하기가 어려운 것이 그 특수성이라 할 수 있다.

1) 생활지도의 원리와 영역

생활지도의 일반적 원리를 항목별로 요약해서 소개하고자 한다.

① 생활지도는 각 개인의 가치와 존엄성을 얻는데 기초를 둔다.

② 각 개인의 전인적 발달은 생활지도의 중요한 목표이다.

③ 생활지도는 전체적 교육프로그램이 통합적 부분을 형성한다.

④ 생활지도는 전체 학생이 대상이 된다. 생활지도의 대상은 일부 비적응아에 한정된 것이 아니라 정상아를 포함한 모든 아동과 학생이어야 한다.

⑤ counseling이 생활지도 활동에 중심이 된다.

⑥ 생활지도는 하나의 학습과정이다.

⑦ 생활지도는 치료보다 예방이 원칙이다.

생활지도에서 다루는 일반적인 영역을 다음 8가지로 구분할 수 있다.
① 교육지도(educational guidance)
② 직업지도(vocational guidance)
③ 인성(정서적)지도(personal-emotional guidance)
④ 사회성지도(social guidance)
⑤ 가정문제지도(family guidance)
⑥ 건강지도(health guidance)
⑦ 여가선용지도(leisure-time guidance)
⑧ 종교 도덕성지도(religious-moral guidance)

2) 지적장애아의 생활지도

(1) 올바른 습관의 형성

특히 지적장애인의 생활지도는 지도자의 태도에 따라 좌우되는데, 교사 및 부모는 학생들과 사물 및 대상에 대한 관심(關心)과 무관심(無關心)의 상태에 따라 그들의 습관이나 행동이 달라지게 되어 있다.

습관은 인간이 성장해 가면서 자연법칙과 조화를 이루면서, 개인의 효과성과 대인관계의 효과성을 개발하는 데 점진적이고 순차적이며 완전히 통합된 접근방식을 제공해 준다. 지적장애인의 습관형성은 교육자들의 관심과 무관심의 정도에 따라 달라지게 되어 있다. 습관은 개체의 의존적 단계에서 출발하여 독립적 단계로, 그리고 상호의존적 단계로 점진적으로 나아가게 지도되어야 한다.

성숙의 연속선상에서 볼 때, 지적장애인들은 개인적·정서적 안정을 통한, 사회의 적응으로, 경제적 안정을 이루는 것이 1차적 목표라고 볼 때, 어린 시기의 의존적 단계는 상대방이 주체가 되는 패러다임이고, 독립적 단계는 내가 주체가 되어야 한다.

이제까지는 독립적 성숙을 위해 여러 가지 조치들이 강구되어 왔지만, 앞으로는 상호의존적 단계로 "우리"가 주체가 되는 형태로 지도·육성되어야 한다.

상호의존적 단계는 독립적 단계에 있는 사람들만이 할 수 있는 선택이다. 만약 지적으로 상호의존적인 사람은 다른 사람의 가장 좋은 생각을 내 자신의 생각에다 결합시킬 필요가 있음을 안다. 결국 상호의존적인 습관의 개발은 새로운 형태의 더 큰 가치를 만드는 시너지(Synergy) 효과를 창출할 수 있는 기회를 확인시키는 데 있다.

(2) 사회적 관계유지와 자아정체감 확립

지적장애아 생활지도는 그들의 특성을 타인으로부터 조력 받는 조성작용으로서 의미와 사회화과정으로서의 역할을 충분히 실천·제공해 주어야 할 전문가와 지도환경이 필요하다.

장애아가 가정이나 학교, 사회의 일부로서 생활속에 존재하기 때문에 가정, 학교, 지역사회는 지적장애아동과 상호의존적·사회적 관계에 있게 된다.

가정 및 학교, 지역사회는 한 아동의 건전한 성장, 발달을 위해서 그들이 할 수 있는 최선의 환경을 제공해 주어야 한다.

지적장애인의 기능적 생활능력은 시설에서 보다 경험적 사회생활을 통해서 더 발달한다는 생각은 여러 학자들의 공통된 견해이다(Larson & Lakin, 1989).

모든 사람은 그들의 능력에 토대해서 새로운 기술과 그들의 욕구와 흥미를 충족시키고자 학습한다. 개인은 사회에 참여함으로써 사회기능을 배우게 되므로 개인의 원망에 아주 민감히 반응하는, 주택, 사회적 관계, 여가나 레크리에이션 활동 등에서 가치있는 결과를 실현하였음을 확인할 수 있는(성공감, 만족감) 것들에 초점이 주어져야 한다.

최근 지적장애인들의 재활 독립을 위해 학교 및 사회의 재구조를 통한 완전통합에 힘쓰고 있는 이 때, 스스로 자기문제를 결정할 수 있게 하는 데 제반 조치들이 강구되고 있다.

모든 사람에게 개인적으로 안전한 생활을 하게 하는 열쇠는 사회적 관계 유지에 있다. 특히 가족관계, 학교 교사와 동료학생 등 인적관계는 매우 중요하다. 특히 지적장애 성인에게는 지속적으로 가족에 포함되어야 한다. 이는 가족들이 보호하고, 모니터하고, 개인적으로 권리를 주장함으로써 사회 속에 지적장애인의 생활이 포함되게 함은 매우 중요하다(Lutfiyya, 1991).

그 외 이웃주민, 학교, 직장동료와 같이 학습이나 일을 하면서 타인과 사회적 관계를 이루어 가야 한다.

사회에 기여하는 구성원으로서 의미있는 참여는 생활의 장에 고용구성원이 되게 참여시키는 것이다. 그들의 요구와 발달가능성을 기초로 지역사회에 기여하는 직업인이 되게 함은 국가사회적인 계속적 서비스제공과 임금노동을 통한 생산적인 근로자로서 육성, 진정한 사회통합을 위한 지원고용체제의 유지에 있다.

모든 인간의 삶의 질을 개선하기 위해서는 기본적인 건강과 안전을 위한 안정감, 인생의 방향을 인도해 주는 지침, 지혜, 선택과 결정을 위한 수단으로서의 역량을 키워주어야 한다(Covey. 1989). 지적장애인 역시 이 네 가지 요소가 상호의존적이었을 때 독립적인 능력을 갖게 되고, 상호의존적이고 원만한 대인관계를 위한 튼튼한 기초를 갖게 된다.

자아정체감 확립을 위해서는 장애 그 자체가 인간의 가치를 상실하게 한다는 생각은 갖지 않게 할 필요가 있다. “작은 것이 더 아름답다”는 개념확립과 더불어 모든 대상에 대한 긍정적인 관심을 갖게 하여 가치의 영역을 확충시킬 필요가 있다. 그리고 대부분의 생활은 사회구조 자체의 모순에 의한 것이지 장애의 부정적인 영향임을 불식시켜야 한다.

또한 자기의 능력에 대한 상(像)을 설정하게 한 다음 절대적 가치를 부여하여 가능성에 대한 신념을 갖도록 함이 더욱 중요하다.

(3) 경험주의적 방법

지적장애아의 일반적 특성이라고 할 수 있는 추상화·일반화 능력의 미발달과 정신구조의 미분화와 응용·종합능력의 결여 등으로 인하여, 지적장애아의 생활지도는 생활적, 경험적, 작업적이어야 한다.

생활적 :

① 어른들에 의해 가공되어진 방법이 아니고, 아동의 본래적인 흥미나 요구에 근거한 자연적인 생활이어야 한다.

② 어른이나 지도자들로부터 강요된 수동적인 생활이 아니고 전심전력을 다할 수 있는 생활이 되어야 하며,

③ 가정이나 사회의 실생활과 떠난 모방적 생활이 아니고, 현실의 생활과 연속된 실제적 생활이어야 한다.

④ 장래 생활과 관계있는 자주적인 생활능력을 획득하게 하는 생활교육이어야 하고, 학교생활 자체를 극력 생활화하고 현실도가 높은 생활장을 용의하게 해야 한다.

경험적 :

① 타인의 활동이나 경험을 견문하는 것보다 자기의 주체적 활동을 통해서 하는 경험
② 문자나 기호를 통해서 하는 경험보다는 감성적 경험
③ 한 감각을 통한 경험보다는 오감을 통한 경험
④ 추상물이나 추상화된 사태에 대한 경험보다는 구체물이나 구체적 사태에 대한 신기성 경험
⑤ 모형이나 양식화된 사태에 대한 경험보다는 실물이나 실태에 대한 경험이어야 한다.

작업적 :

① 신체적 활동에 의한 욕구나 흥미의 충족, 자연물이나 구체물과의 직접적 접촉을 통한 경험학습, 개연적인 운동에 의한 신체적 기능훈련
② 목적적 자기활동으로, 목표도달이 쉽게 확인되기 때문에 강한 목표의식을 갖게 되고, 과거의 실패경험을 해소하며, 과제 해결의욕, 활동의욕, 생활의욕, 성취감을 높인다.
③ 작업을 통해 협동활동 및 관계가 쉽게 이루어지고, 협동작업을 통해서 사회에의 적응성을 높인다.
④ 생활활동으로서의 의미는 신변생활을 처리하는 데에 많은 작업이 필요하며, 일상생활에 불가결한 작업을 실천케하여 생활능력을 높인다.
⑤ 노동의 실천을 통해서 직업생활에의 적응능력을 높여 사회의 생활유통기구 등을 이해시킨다.

(4) 생활자립훈련과 지도

독립적 생활영위를 위한 개인 잠재능력의 최대개발이라는 목적을 달성하기

위해서는 다음의 몇 가지 구체적 지도가 필요하다.

첫째, 신변처리 및 생활자립 기능의 습득이다.

지적장애아들에게 생활자립기능을 습득시키기 위해서는 체계적이고 효율적인 지도가 필요하다. 지도내용은 운동·감각, 지각, 개념, 인지영역 순으로 확대됨은 당연하고, 먼저 생활자극에 대한 변별훈련을 통한 선택적 주의집중력을 키워 나가는 일이 일차적이다. 생활자극들은 먼저 구체적인 과제로부터 추상적인 과제로 점진적으로 지도되어야 한다.

• 즉 구체적이고 입체적인 자료를 활용한 시각변별기능을 높이기 위해서는 ① 크기, ② 모양, ③ 방향(전도 : 앞, 뒤), ④ 방향(역전 : 위, 아래), ⑤ 색상, ⑥ 내부차이 등의 차원에 대한 훈련을 먼저 하고, 추상적인 자료에 의한 시각변별기능을 강화하는 ① 그림에 의한 차이 변별(큰 차이, 다소유사, 거의 유사), ② 기하도형, ③ 문자, ④ 낱말 순으로 이루어져야 한다.

• 시청각에 대한 변별훈련 후 주의집중행동을 개선시켜야만 생활자립기능의 습득이 쉬워지고, 기타 생활지도(문제행동지도)가 용이하다.

지적장애아들의 주의집중관련 변인에는 지능, 지각환경을 비롯한 상황유인 변인들이 많지만, 일반적인 지도과정에서는 ① 관련자극의 선택(선택자극의 중요성 인식, 관련자극의 강도증가, 촉감과 운동지각 이용, 감각적 단서와 선행경험의 이용, 자극의 수와 복잡성, 신기성, 친밀성, 일상적 생활의 자료제시), ② 주의이동(주의선택 통로의 제한, 소요시간의 조정), ③ 주의집중시간의 증대(성취과제 설명, 활동중단 빈도조절, 기간의 증대·강화), ④ 연속적 주의집중행동 개선(완만한 연속과제에서 연속항목으로 제시, 군 단위화, 시연), ⑤ 부가전략(개별화 교수, 변별능력 내에서 학습의 지속이 필요, 인지적 수정, 약물복용, 식이요법 등)이 필요하다.

둘째, 생활지도는 한 개의 독립된 교육프로그램이 아니라, 제 영역과 통합을 이루는 전인적 발달을 강조해야 한다.

특히 지적장애아의 생활훈련은 의료, 교육, 심리, 사회, 직업적 재활을 위한 전인적 훈련이 되도록 기본적인 역할을 한다. 생활지도훈련은 타 학습영역의 발달을 높이는데 기본적인 조건이 되어야 하고, 조기교육으로부터 이루어진 생활훈련은 장애인들의 적절한 취업을 도와 사회생활통합에 필수적인 작용이 되어야 한다.

생활지도는 먼저 인성적응훈련, 생활훈련(직업전훈련), 장애보상기능훈련, 직업훈련 등이 반드시 포함되어야 한다.

참고로 생활자립훈련프로그램의 하위영역별 지도내용을 소개하면 다음 〈표 8.1〉과 같다.

지적장애 생활지도는 기능(활동) 중심의 지도과정으로 구조화되어야 한다.

① 의식화(제재확인, 준비) 혹은 과제 파악(중심과제 파악, 본질적인 요소의 확인)
② 목표확인(요소적인 활동의 결정, 구체적인 기능의 확인) 혹은 예상수립(구체적인 활동예상의 수립)
③ 활동화(예비활동, 문제발견)
④ 문제의 초점화(발견된 문제의 해결)
⑤ 습숙화(문제의 실증적 해결, 기능의 발휘)
⑥ 정리 및 발전(검토와 발전)

<표 8.1> 생활중심 자립훈련 프로그램 하위영역과 지도내용

영역	하위영역	지도내용
Ⅰ. 자립기능	1) 의복의 입고 벗기와 손질	① 혼자서 옷입기 ②적절한 의복입기 ③ 의복의 손질(세탁기, 건조기 사용, 의복세탁, 옷개기, 다리미, 드라이크리닝, 의복수선)
	2) 용의 단정	① 차림새 단정 ② 손톱과 손청결 ③ 얼굴 청결 ④ 입냄새 제거 ⑤ 치아의 청결 ⑥ 몸냄새의 통제 ⑦ 머리 청결 ⑧ 보장구 사용 ⑨ 손수건 · 화장지 사용
Ⅱ. 개인 · 대인 관계 행동	1) 정서	① 언어나 행동으로 표현 ② 감정의 조절 ③ 적당한 휴식
	2) 타인 지향 행동	① 다른 사람의 표정 읽기 ② 여러 가지 목소리 이해 ③ 제스츄어 이해 ④ 사회적 예의범절 익히기 ⑤ 의존 · 요구 안하기
	3) 동기유발	① 노력과 강화의 연결 ② 좋아하는 강화재 말하기
	4) 사회지향행동	① 행동과 결과 알기 ② 사회규범에 따른 성적 행동하기

Ⅲ. 정보처리	1) 시각	① 시각적 주의 ② 추시 ③ 도형과 소지의 변별 ④ 시각적 완성 ⑤ 비계열적인 시각적 기억 ⑥ 계열적인 시각적 기억 ⑦ 시각적 연합
	2) 청각	① 청각적 주의 ② 청각 변별 ③ 청각적 기억 ④ 청각적 연합
	3) 촉각	① 촉각에 의한 사물의 구별 ② 손의 촉각 느끼기 ③ 온도의 구별 ④ 여러 가지 냄새 맡기
	4) 언어이해	① 전치사의 이해 ② 비교형용사의 이해 ③ 견본과의 대응 ④ 물체의 이류와 동류 이해 (그림, 도형의 변별, 문자의 변별, 단어의 변별)
Ⅳ. 학습·대안전략	1) 단기기억	① 시계열적인 시각적 치환 ② 지시순종
	2) 교수기법	① 보조해 주면서 사물조립 ② 모방을 통한 사물조립 ③ 언어지시에 따른 사물조립
	3) 반응의 일반화와 대처 행동	① 훈련대상자에게 반응 일반화 ② 장면에 대한 반응 일반화 ③ 대처행동(과제, 문제정의, 해결법 이용, 대처행동)
Ⅴ. 직업전기능	1) 시각·운동협응	① 눈과 손의 목표에 대한 추종 ② 작은 근육운동의 협응(사물쥐기, 구슬, 구멍에 막대 끼우기, 원붙이기, 연필 쥐고 사용하기, 가위질) ③ 그리기 ④ 견본의 묘사
	2) 시각변별과 분류	① 형태에 의한 분류 ② 색상에 의한 분류 ③ 크기에 의한 분류
	3) 수기능	① 숫자의 이름 말하기 ② 숫자 쓰기 ③ 구체물의 갯수 세기 ④ 숫자와 물건의 갯수, 숫자와 그 읽는 법 연결짓기
	4) 조립기능	① 조립기능(조합, 접기, 레벨 붙이기, 이음매 조립, 언어지시로 물체조립)

2. 생활지도의 방법

1) 일반적 방법

생활지도는 개별지도(individual guidance)와 집단지도(group guidance)의 방법으로 크게 구분되며 학교에서의 생활지도활동은 크게 나누어 ① 학생이해(조사)활동(student inventory service), ② 정보활동(information service), ③ 카운슬링활동(counseling service), ④ 정치활동(placement service), ⑤ 추후활동(follow-up service) 등으로 구분할 수 있다.

(1) 개별지도

지적장애아는 개인차가 심하기 때문에 철저한 개별지도가 필요하다. 각 지도자는 개개 아동을 잘 이해하는데 힘써야 한다. 그 아동의 특성, 장애정도, 능력, 환경, 욕구 등을 잘 이해하고 그에 알맞는 내용과 방법으로 실천적으로 지도되어야 한다.

개별지도의 유의 사항으로는 ① 애정으로 허용적 분위기에서 지도해야 한다. ② 교사에 대한 친밀감과 신뢰감 형성 ③ 개인별 관찰기록부의 누가적 활용 ④ 반복 연습지도 ⑤ 실천적이고 그들이 이해할 수 있는 방법이어야 한다.

(2) 집단지도

집단의 역동적 기능이 인간형성에 크게 작용한다. 지적장애아에 있어서 집단은 매우 좋은 지도자이며 치료자이기도 하다. 이들도 같은 또래의 지적장애아 집단에 들어가게 되면 평소에 말을 잘 듣지 않던 아이가 말을 잘 듣게 되고 난폭하고 공격적인 아이는 그 행동이 집단 내에서 잘 수용되지 않기 때문에 자연히 행동이 개선되고 매사에 소극적인 외톨이도 집단의 자극에 의하여 자발적인 의욕이 싹트게 된다. 그래서 새로운 행동양식을 몸에 배도록 하는 데는 가정에서의 개별지도 보다 학교나 시설에서의 집단적인 리더가 더 효과적이다.

인간은 사회적 접촉에 의해 그 성장이 촉진된다. 지적장애아는 사회적 접촉의 장애 때문에 그들의 성장은 더욱 늦어진다고 볼 수 있다. 지적장애아라도 어릴 때부터 광범위한 사회적 접촉의 기회만 많이 주어지면 상징적 모방이나 자극에 의하여 비교적 일찍부터 자립이 가능하게 된다는 사실을 잊어서는 안 된다.

집단지도란 장(場)의 분위기 조성이 매우 중요하므로 상황유인의 범주들을 충분히 고려해야 한다.

① 소집단을 통한 동질집단의 지도를 한다.
② 집단가운데에서 리더를 두는 게 좋다.
③ 리더는 역할을 자주 바꾸어 주어야 한다.
④ 심리적 안정과 이유를 빨리 시킨다.
⑤ 부단한 촉진자극과 개인의 인격을 절대 존중해야 한다.
⑥ 집단의 응집력을 높이기 위한 방법과 '우리'라는 생활감정을 길러야 한다.
⑦ 집단놀이를 통한 자기표현의 기회를 신장시킨다.

2) 내용별 지도

(1) 신변자립 및 기본 생활습관의 지도

기본적 생활습관이란, 좁은 의미로서는 식사, 배설, 수면, 의복, 청결 등 생리적, 신체적인 것에 관한 생활습관을 말하며, 광의로는 사회생활에 필요한 기본적 생활습관까지 포함하는 것으로서 훈련적인 성격을 말한다.

중증장애아일수록 기본 생활습관의 지도에 더욱 치중해야 하며, 이를 학교교육으로 받아들여 계획적으로 반복, 훈련시켜야 한다.

이를 위해서는 필요감을 일으킬 수 있는 장의 설정에 유의해야 하고 꾸준히 지도하며 세분화된 단계적 지도가 필요하다. 그리고 실제적, 동작적 지도와 아울러 실천적 지도가 필요하며 가정의 협력이 절실하게 요구된다.

(2) 성격의 지도

지적장애아가 정상아와 다른 점은 지적 조건에도 상당히 차이가 있지만 보다 더 중요하게 다루어져야 하는 것은 지적장애아동 개인의 성격 및 정서에 대한 이차적 영향이 더욱 심각하며 모든 행동이나 표현의 동인이 되고 효과적인 적응 및 지도에 많은 문제거리를 제기한다.

지적장애아동의 성격은 정상아동의 성격과 다름을 보이는데 그 이유를 살펴보면, 첫째, 그들은 다른 사람이 적극적으로 거부하지는 않는다 하더라도 지적장애아는 사회적으로 고립되기 쉽고, 둘째, 지적장애아라는 호칭이 그들로 하여금 자신을 더욱 의식하게되고, 그로 인해 다른 이들이 그들을 다르게 취급하기 쉬우며, 셋째, 가정에 지적장애아의 존재가 스트레스와 긴장을 야기시켜 지적장애아의 정서불안을 초래하며, 넷째, 대부분 사람들에 비해 지적장애아는 더 많은 좌절과 실패를 경험한다는 점이며 다섯째, 많은 지적장애아에게서 발견되는 두뇌손상이 정서문제 및 이상행동을 야기시킬 가능성이 높고, 여섯째, 지적장애아는 자신의 성격, 동기에 대한 통찰력 결여로 스스로 변화를 위한 노력이 어렵고 일곱째, 문화실조로 많은 지적장애아가 정서불안을 일으키기 쉬운 불리한 환경에서 많이 발생한다는 점을 들 수 있다.

이러한 이유들로 정상아동보다 이들 사이에서 일반적으로 발견되는 많은 성격 특징이 있는 데 다음과 같다.

① 실패한 것을 기대하기 쉬워 성공을 위해 노력하기보다는 실패를 회피하며 자신의 생각, 결정보다는 타인에게 의존하기 쉽다.

② 이들은 전반적으로 무력감을 느끼기 쉬우며 자신이 운명의 주체가 아니란 감정을 갖고 있다.

③ 사회적 고립으로 인해 많은 사회적 상호작용을 하는 특별전략이 채택될 필요가 있다.

④ 프로이드 학파의 해석에 의하면 자아개념이 결핍되어 있어 그들은 근심을 줄이기 위해 억압, 부정같은 원시적 방어 메카니즘에 의존하기 쉽다고 한다.

⑤ 그들은 다른 사람에게 정상임을 증명하려 애쓴다.

지적장애아의 비뚤어진 성격은 일차적, 본질적 특성이라기 보다는 환경적 요인에 의한 이차적 영향이 크다는 사실을 주목하지 않을 수 없다. 부모 형제로부터 도외시되거나 거부, 소외되고 또래나 사회인으로부터 조소, 멸시당하고 교사로부터 무시, 소외되어 욕구불만, 열등감, 소외감으로 그 성격이 비뚤어지기 쉽기 때문이다.

지적장애아 성격의 바람직한 파악은 투사적인 방법으로 특성을 잘 파악해야 한다. 그리고 대인관계 확대에 힘쓰고 적극성을 길러야 한다. 또한 자유로운 집단활동의 기회를 자주 갖게 하고 지나친 동정과 허용은 삼가해야 한다.

(3) 건강안전 생활지도

신체적 발달에 있어서는 큰 지체가 없다하더라도 그 기능면에서는 열악한 것이 사실이다. 즉, 운동기능도 뒤떨어지고, 외부로부터의 자극과 영향에 대한 저항력도 열악하여 병에 걸리기 쉽고 한번 걸리면 회복도 늦기 때문에 이들의 건강 증진을 위해 매우 신경써야 한다.

지적장애아 건강위생지도를 위해서는 개별적 양호가 필요하고 체형 체벽의 교정에 힘써야 한다. 그리고 신체 각부의 기능훈련에 힘써야 하며 올바른 식사지도에 유의해야 한다.

지적장애아는 위험을 감지하는 힘이 약하여 어느 정도 위험한가, 사태에 대한 판단력이 열악하기 때문에 자기보호가 어렵다. 작업이나 놀이시 도구의 사용 등에 안전교육이 중시되어야 한다.

안전지도는 현장에서 행동적 지도이어야 하고 도구의 사용훈련이 필요하며, 경험적 지도와 지나친 불안이나 경계심을 피해야 한다.

(4) 행동이상아 지도

지적장애아의 뇌기능 저하는 다음에 2차, 3차의 다른 장애를 수반하게 된다. 그래서 신체성장이나 운동능력, 지적활동, 인격, 행동, 학습, 사회생활 등의 모든 영역에서 정상아와는 다른 특성을 가지고 있다.

이러한 지적장애아의 일반적 특성에 관한 지금까지의 많은 선행 연구 중 특히 Frankel은 충동성, 정서불안정, 무기력, 운동기능 열악, 주의산만, 과잉의존, 호기심 결핍, 감각결함, 지각장애, 개념형성장애, 언어장애, 사회적 무능으로 제시하며, 이들 특성 가운데 신경적 손상이나 적절한 훈련경험의 부족에 기인한 지능지체인 것도 발견된다고 시사했거니와, 이들의 행동이상을 가져올 수 있는 심리, 사회 정서적, 성격행동적 특성을 보면 다음과 같다.

□ 심리적 특성

① 지각의 미분화: 대상물의 형태 지각의 결함, 청각, 중량감각, 피부감각 및 평형감각 등의 이상
② 정신구조의 경직성: 임기응변으로 상황변화에 적응곤란 및 고정적 사고나 방법에 고집하는 경향
③ 추상화 일반화의 곤란성
④ 기억흔적의 불안정성
⑤ 통찰력의 편협성: 행위의 목표와 수단과의 관계상황을 냉정히 통찰하는 것이 곤란, 비암시성이 강하며, 생활공간과 시간적 넓이도 곤란하다.
⑥ 경험에의 내발적 충동의 희박성
⑦ 행동의 이상성(외인성 지적장애가 주로 해당됨): 언어 중추장애, 내분비 이상 또는 대사장애, 뇌병변으로 인한 성격행동

□ 사회 정서적인 특성

의사교환능력 부족, 집단참여능력 부족(대인관계), 이동능력, 자기 지향력, 자기일처리 능력으로 작업능력이 제일 격차가 적음(Doll)

Dunn은 지능과 사회적응력간에 높은 상관관계에서 일반학급에 있는 지적장애아는 정상아로부터 거절되거나 무시당하고 「일반학급에 있는 IQ 50~75」의 아동은 특수학급에 있는 아동보다 실패에 대한 공포를 더 많이 보인다고 했다.

□ 성격 행동적 특성

지적 무능, 주의 집중력의 결여, 충동성, 공격성, 정서적 부적응, 정서적 혼란(정서적 불안정), 외부자극에 대한 지각의 불완전 '정서의 결여', '의존심' 등을 들 수 있다.

또한 지적장애아의 이상특성으로 규명되고 있는 경성(rigidity) 또는 행동성격상의 완고성(perseveration)에 관한 정의적 측면에서 Lewin, Kounin, Goldstin, Wener, Zigler 등 연구가 발표되었는데 특히 Lewin의 견해에 의하면 지적장애아는 내부적인 개별적 역학 부위가 두터운 경계로 구획되어 있어 정상아와 달리 지적 열약 뿐 아니라 성격구조 전체의 미분화 특성을 나타내는 결과라고 밝히고 있다.

지적장애아의 특이한 행동패턴을 두 가지로 요약하면, 우선 과거의 실패경험 장

면에 처하면 욕구불만에 대한 참을성이 매우 부족하여 쉽게 좌절해 버리거나, 때로는 거부하고 공격적인 반응과 같은 양상을 띄게 된다. 그리고 심한 부적 자아개념을 갖고 있어 이들의 학습태도는 부정적이고 자신을 실패와 관련지워 지각해버리기 때문에 학습의 과정마저도 곤란하게 되는 경우가 많아 이들의 특이한 행동패턴을 교육과정구성에 반듯이 고려해야 한다는 점이다. 또한 지적장애아에 있어 지적장애, 뇌염후유증, 간질 등에 의한 성격의 이상성 또는 신경증적 불안, 공포, 흥분 등은 환경과의 관련을 통해 일차적으로 행동이나 정서에 나타나게 되며, 이런 이상성은 어릴 때부터 이차적인 행동 및 정서적 특성으로 나타나게 된다

Goldstein은 Lewin이나 Kouin이 지적장애아의 특성으로 들고있는 경성(硬性)을 사람이 적당한 방식으로 환경에 적응해 갈 수 없을 때 생기는 것이라 하여 파국적 상태에 있어 자아방위의 수단이란 견해를 밝히며 이 경우 경성이 바로 이차적 행동기제에 해당되는 것이다.

이와 같은 심리적 기제에 의해 형성된 지적장애아의 이차적 심리특성에는 소극적 도피적 특성(비 사회적 행동), 반항적 ,공격적 특성(반 사회적 행동), 신경증적 사회생활 능력이나 사회적 적응성의 열등은 특히 성인기의 지적장애아를 판별하는 경우에 매우 중요한 요건이 된다.

Quay와 Werry(1979)의 분류에 의하면

① 행동이상(Conduct Disorder): 싸움, 폭행, 신경질, 반항, 불복종, 자신과 타인의 자산파괴, 건방짐, 반항적, 비협동적, 분열방해, 부정적, 지시거절, 난폭하고 시끄러움, 과시, 과민성, 과동행동, 모독적, 입버릇 나쁨, 무책임한 행동, 절도, 희롱, 실수불인정, 타인비방, 이기적.

② 사회화된 공격성(Socialized-Aggression): 나쁜 친구사귐, 집단절도, 비행친구에의 충성심, 도당에 가입, 야간외출, 무단결석, 무단외박.

③ 불안위축(Anxiety-Withdrawal): 걱정, 공포, 초조, 수줍음, 소심증, 친구 못사귐, 우울, 슬픔, 분열, 과민성, 쉽게 당황함, 열등의식, 무가치의식, 쉽게 좌절, 무관심, 함묵증, 자주울음.

④ 미성숙(Immaturity): 주의집중이 짧다. 집중력이 약함, 백일몽, 방심상태, 쉽게 추종, 수동적, 독창력 부족, 게으름, 흥미결여, 지루함, 완성전 실패, 인내부족, 지저분함, 단정치 못함 등의 4가지로 분류된다.

3) 교재교구 선택과 지도의 일예

(1) 신변생활지도

생활지도 방법에 있어 교재교구를 선택하고 활용하는데 유의해야 할 사항으로 몇 가지 구체적인 예를 들어 설명하고자 한다.

[1] 기능적인 훈련과 함께 태도 면에서의 습관형성이 필요하다.

일반적으로 신변생활에 대한 내용 특히 기본적인 생활의 버릇 길들이기는 매일 반복 지도에 의해 그것이 습관화되어 간다고 보지만 여기서 중요한 것은 의식화의 문제이다. 예를 들어 의복을 입고 벗는 일에 있어서도 그것이 되는지 안되는지의 기술적인 문제도 있지만 아동 자신의 의욕과 태도육성이 자립을 위해 무엇보다도 중요하다. 다시 말해서 처음에는 시키기 때문에 하는 단계에서 "무엇무엇 때문에 하자." 하는 의식의 이해가 수반되어 처음 태도로서 정착되어지는 것이다. 그리고 "아침에 세수를 하지 않으면 기분이 상쾌하지 못하다." 라든지 "학교에 가려면 옷을 갈아입고 단정히 해야 한다." 는 등의 의식을 할 수 있게 되어 자기 일은 자기 스스로 하는 자주적 자발적인 행동이 이루어짐으로써 신변생활에 대한 자립의 의미도 깊어지는 것이다. 그러기 위해서는 일과를 나누어서 하루 생활의 흐름속에서 순서에 따라 자기의 행동을 해나간다든지 기대를 가지고 생활해 나가도록 지도해야 한다. 또 "무엇무엇을 하고 싶다. 그러기 위해서는 ……." 라는 등의 목적의식을 가지고 행동하게 하는 장면설정의 연구와 어린이들의 자발적인 행동을 유발시키는 재료의 준비가 필요하게 된다. 의복의 입고 벗기에서도 입고 벗는 것만을 목적으로 시간을 설정하는 것보다는 등교하면 학교에서 입는 옷으로 바꾸어 입는다든지 체육이나 작업을 하기 위해 옷을 갈아입는 장면을 설정하여 생활과 결부된 장에서의 지도훈련이 되도록 하는 것이 좋다.

어떤 특수학교에서는 중학생의 교복에 넥타이를 착용시키고 있는데 입학 초에는 전원이 집안 식구들에게 넥타이를 매어 달라고 하지만 빠르면 4~5일, 늦어도 3주 내에 혼자서 맬 수 있게 된다. 여기서 넥타이를 매는 것도 그들이 가지고 있는 "나는 중학생이다." 라고 하는 자랑스러운 마음가짐과 매일의 등교시에 거울 앞에서 열심히 넥타이와 씨름한 성과라고 하겠다. 또한 웃옷을 입고 있는 동안에 넥타이의 길이를 잘 조절하지 못한다든지 길고 짧은 것에 신경을 안 쓰던 것에 관해 익히게 된다. 어린이들 자신의 필요에 의해서 하고 싶은 마음을 가지게 되면 다소 복잡한 조작을 요하는 것도 비교적 단시일에 습득하게 되는 것이다. 이와 같이 태도화되고 습관화되어 가기 위해서는 필요감이 생기도록 활동의욕을 제시하면서 그것이 원활히 전개되어 갈 수 있도록 방법을 연구해 가는 것이 필요하다.

2 능력과 특성에 맞는 소재와 도구를 적용한다.

첫째, 취급하기 쉬운 것을 선택한다. 가능한 한 다른 사람의 손을 빌리지 않고도 자기 일을 자신이 할 수 있도록 하기 위해서는 큰마음 먹고 도와주지 않는 것이 필요하다. 어린이의 경우 그 발달이 늦어지는 것과 무슨 일이나 해도 잘 되지 않는다는 이유로 주위 사람들이 과잉간섭을 많이 하고 독립심을 너무 재촉함으로써 모르는 사이에 의존심을 키우는 결과가 되기도 한다. 그렇기 때문에 주위 사람들이 되도록 도와주지 않고 그들 자신의 힘으로 처리할 수 있도록 하는 것은 어린이의 자립습관을 길러 준다는 입장에서 볼 때 크게 도움이 된다고 할 수 있다.

그러나 자기의 일은 자기가 처리한다는 것도 능력적인 면이 충분하지 못한 경우가 있기 때문에 하려고만 하면 자기 스스로 할 수 있다는 마음부터 먼저 저항없이 받아들일 수 있도록 준비해 둠으로써 무리없이 자기에게 익숙해질 수 있도록 해 주는 것이 필요하다. 저학년의 한 예로서 작은 단추가 몇 개 달린 오버를 입도록 할 경우에 혼자서 입는 데 시간이 걸리므로, 일일이 도움을 구하고 또 입고 벗는 일이 언제나 느리게 이루어졌다. 그렇기 때문에 취급하기 쉬운 큰 단추로 바꾸어 주었더니 자기 혼자 처리하게 되었고 입는 시간이 단축되어 선생님과 집안 식구들에게 칭찬을 받게 되어 완전히 자신감을 갖게 되었다. 또 입고 벗는 지도에는 옷의 형태와 단추의 크기 위치 등을 고려해 줌으로써 그 단계의 어린이에게 가장 적합한 것을 주어 스스로의 손으로 쉽게 할 수 있도록 해야 한다. 단추 끼우기와 같은 적은 일이라도 스스로 해결하게 되면 의존하는 마음가짐에서 독립심이 싹트도록 변화시키는 중요한 계기가 되는 것이다.

둘째, 취급하기 쉽도록 연구해서 개조한다. 스스로 하려고 하는 시작단계를 다른 사람이 도와주지 않아도 될 수 있도록 하려면 기성품이라도 연구 개조해서 취급하기 쉽도록 해 주어야 한다. 예를 들면, 마비가 있든지 손가락의 힘이 약해서 스푼이 쉽게 쥐어지지 않기 때문에 음식물을 흘리는 어린이에게는 스푼의 손잡이를 굵게 해서 잡기 쉽게 한다든지 또, 주의가 충분히 가지 않는 어린이에게는 의복 안과 밖을 틀리지 않고 식별할 수 있도록 표를 해 주는 것이 좋겠다. 또 배설지도에서는 다음과 같은 사례도 있다. 학교의 수세식 화장실에서 사용 후 물을 흘려 보내지 않는 어린이가 있어서 조사해 보니 수세장치가 버튼식으로 되어 있기 때문에 그 어린이의 손가락 힘으로는 버튼을 누를 수 없다는 사실을 알았다. 그래서 나무판자를 이용한 장치로 작은 힘으로도 취급하기 쉽게 해 주었더니 용변 후 물로 씻지 않는 횟수가 줄어들었다. 그러나 이것도 가끔 판자가 빠져나가 없어질 때가 있기 때문에 이번에는 수도꼭지 식으로 바꾸어 주었더니 물을 흘려서 변기를 씻어 내리게 되었다.

일방적으로 시킨다 하더라도 되지 않을 일을 시키게 되면 오히려 좌절감을 맛보게 하는 것 외에 하려고 하는 마음마저도 감퇴시켜 버리게 되는 것이다. 자주성을 크게 북돋우려면 때로는 실패하면서도 그것을 넘어서서 성공감을 맛보게 하는 경험도 중요하다. 현존의 상태만 생각해서 언제나 취급하기 쉬운 것, 조작하기 쉬운 것에만 시종하지 말고 그것을 하나의 단계로 생각하고 요구수준을 높임으로써 경험을 넓혀 주는 것이 바람직하다.

셋째, 순서와 영역의 지도를 말한다. 신변자립을 위한 지도에서 어린이의 능력에 맞도록 도구와 재료를 선택하는 것도 중요하지만, 기술적인 방법을 중심으로 어린이 자신이 할 수 있도록 힘을 길러 주는 것이 필요하다. 따라서 도구와 소재의 순서를 정해주든지 요령을 가르쳐 주는 것이 바람직하다.

ㅇ 처음에는 쉬운 방법으로 시키고 차츰 어려운 도구와 일반적인 방법으로 바꾸어 간다.

예를 들어 의복의 정리와 보자기 싸는 문제를 생각해 보자. 벗은 옷을 갠다든지 정돈해 둔다고 하는 것은 옷 입고 벗기의 중요한 버릇이 되겠지만, 그것이 갑자기 되지는 않는다. 그러므로, 다음과 같은 지도순서를 생각해 볼 수 있다.

- 상자를 마련해서 그곳에다 벗어둔 흐트러진 옷을 집어넣게 한다.
- 벗은 옷을 대충 정리해서 상자에 넣는다.
- 옷을 개어서 넣는다.
- 보자기에 싸는 것처럼 바르게 개어서 넣는다.

보자기에 싸는 문제에 대해서는,

- 처음에는 잡아매지 못하거나 어느쪽 끝을 잡아서 매면 좋은가를 모르는 경우가 있고, 또는 잡아맬 보조끈의 취급이 잘 안 되기 때문에 색깔이 다른 보조끈을 사방 구석쪽에 붙여서 사용한다.
- 보조끈 대신에 서로 잡아매는 것끼리 같은 표를 한 것을 사용한다.
- 보통의 보자기를 사용한다.

이와 같이 매는 것을 지도해 가는 중에 보자기를 쌀 수 있게 되며 이것이 끈을 매는 지도로 발전해 간다. 또 작업복 취급에 있어서도

- 끈을 길게 해서 앞에서 묶도록 한다.
- 윗끈은 고무로 하고 아랫끈만 묶도록 한다.
- 위에도 끈으로 해서 먼저 묶어 덮어쓰고 아랫끈을 묶는다.

이러한 단계를 거쳐서 뒤쪽을 묶는 기술을 습득해 간다. 이처럼 쉬운 것에서 어려운 것으로 또 어린이의 능력을 고려해서 만들어진 지도단계를 밟아가면서 점차로 일반적인 방법을 몸에 붙여갈 수 있게 하는 교재·교구의 준비가 요구된다.

○ 요령을 가르친다.

예를 들어 옷을 개는 지도를 할 경우 블라우스 같은 것은 갤 수 있어도 점퍼, 스커트 같은 것이 되면 좁은 책상 위에서는 어렵다. 이럴 때에는 선 자세로 턱을 이용해서 하라는 한마디의 요령을 가르쳐 주면 의외로 빨리 할 수 있게 되고, 어린이도 만족해 한다. 또 스웨터를 벗을 때는 먼저 머리쪽을 벗고 다음에 한쪽 손으로 소매 끝을 잡고, 교대로 손을 빼 나가게 하는 방법을 가르치면 벗은 것

이 뒤집어지지도 않고 어린이 자신의 옷 입고 벗기가 한층 쉬워지게 된다. 이와 같이 어린이가 어떤 일을 잘 처리하지 못할 때 어째서 그것을 할 수 없는가를 생각해 보게 되면 아주 간단한 요령이 머리 속에 떠오르게 된다. 그러한 요령을 알려줌으로써 지금까지 되지 않았던 일을 할 수 있는 계기가 되고 또 어린이에게 난관이 없어짐으로써 자신이 하려고 하는 의욕을 가지게 되는 것이다.

ㅇ 처음부터 바른 순서로 바르게 취급하는 방법을 가르친다.

지능이 낮은 어린이는 고집이 세고 한 가지 형을 몸에 붙이면 다른 것으로 쉽게 이행되지 않고 또 도중에서 다른 방법을 사용하면 혼란을 일으키는 때가 가끔 있다. 따라서 교재를 제시하는 경우, 실제로 손발을 움직인다든가 행동화해 나가는 것 같은 취급법이 바람직하지만 이때는 반드시 처음부터 바른 취급과 순서로 나타내는 것이 중요하다. 식사하기 전에 손을 씻는 간단한 예를 보더라도 먼저 씻는다는 동작이 청결이라는 관념과 연관되어 있는지를 알아보고 다음에는 바르게 씻는 법이 익숙한가를 잘 관찰해 봐야 한다. 손을 잘 씻었는데, 또 더러워졌다고 부모나 교사는 어린이를 나무란다. 그러나 이 때에 씻는다는 것이 아니고 단순히 손을 물에다 적시는 것이 더러운 것을 깨끗이 한다는 것을 어린이가 알도록 하지 않으면 의미가 없다. 그래서 손을 씻는다는 동작을 분석해서 손바닥, 손등, 손가락, 손가락 사이끝과 같은 순서를 명시하여 어디를 어떻게 씻어야 바르게 씻는 것인가의 방법에 대한 지도와 함께 청결의 관념을 기르지 않으면 안된다. 그리고, 그것을 항상 확인함으로써 그 의식을 강화하여 좋은 태도와 습관으로 몸에 붙여 나가도록 해야 한다.

(2) 집단행동의 지도

집단참가의 지도에서는 먼저 집단생활에 참가하기 위한 장을 마련해 주고 아동으로 하여금 여러 사람이 함께 생활하거나 놀이를 할 때의 즐거움과 재미를 느끼도록 해 주어야 한다. 그렇게 하는 가운데 자기와 타인과의 관계라든가 규칙과 약속을 이행하는 것, 다른 사람과 사귀는 법, 역할 분담 등이 형성되게끔 어린이를 다루는 것이 바람직하다. 이러한 지도를 위해서는 어린이들의 생활면에서 놀이와 게임이 그들의 흥미와 즐거움을 북돋우는 활동이기 때문에 의도적으로 활용해 보는 것이 좋겠다. 따라서 여기서는 주로 놀이에 대하여 생각해 보고자 한다.

어린이들이 놀이를 통하여 집단생활에 참가해 가는 과정을 보면 처음에는 혼자 놀면서 자기 곁에서 놀이를 하고 있는 다른 어린이가 있어도 별다른 관심없이 제멋대로 놀다가도 어느 때쯤 되어서는 관심을 가지고 만진다든지 물건을 뺏는다든지 하게 된다. 이러한 때에는 어른이나 자기보다 나이가 많은 어린이가 중개역할을 해서 놀아준다든가 또는 될 수 있는 대로 어린이들이 서로 접할 수 있는 기회를 많게 한다든지 해서 친구라는 의식을 가지도록 해 줄 필요가 있다. 친구라는 의식을 가지게 되면 차례를 정해서 놀이를 할 수 있게 되고, 한 단계 더 나아가 자기 역할을 다하고 있다는 것을 알게 되면 공동제작, 집단놀이 등의 여러 가지 형태로 발전해 나가게 된다. 한 가지 놀이법의 예를 들어보면 장난감 기차를 가지고 논다고 생각해 볼 때 처음에는 단순히 기차를 움직이기만 하던 것이 차츰 어떤 것을 가지고 선로를 만들거나 역을 만들기도 하며, 기차가 가는 것처럼 흉내를 내 보기도 한다. 이러한 때에 어떤 기차 모양의 완구를 주는가에 따라 교재·교구로서의 가치가 결정된다. 적목식의 기차가 좋은가 아니면 실물과 닮은 기차가 좋은가는 어린이의 상태와 노는 장소에 따라 틀리겠지만, 어린이의 의욕과 이해력에 가장 좋은 자극을 줄 수 있는 것이 적절한 교재라고 말할 수 있다. 그러면 놀이지도에 대해서 생각해 보기로 한다.

1 놀이의 기초

ㅇ 흩어진 두 사람 짝지우기

혼자 놀기는 하나 제멋대로 놀고 있어서 다른 아이들에게 관심을 나타내지 않는다거나 장난감이나 공을 혼자 움켜잡고 있어 어린이들끼리 놀도록 하려고 해도 잘 안될 때는 어른이 두 어린이의 교량역할을 해 주는 것이 필요하다. 이 때 어른이 먼저 한 어린이와 공을 주고받는 놀이를 하고 다음에 어른과 다른 어린이가 공을 주고받는 등의 놀이를 이해시킨 뒤에 차츰 어린이들끼리 놀이를 하도록 하면 된다. 이 밖에도 교사가 두 어린이와 함께 달리기를 한다든지 모래사장 같은 곳에서 준비된 통에 한 어린이는 공을 갖다 넣고 또한 어린이는 모래를 날라다 넣는 일을 하는 등 아주 단순한 놀이를 통해서 서로를 의식시키는 결과를 가져오도록 한다.

o 여러 아이가 같은 일을 함으로써 친구 의식을 갖도록 한다.

점토, 그림, 물놀이, 모래놀이 등 각자가 제멋대로 노는 경우에도 차츰 기분이 유쾌해지면 서로가 이름을 부르는 경우를 볼 수 있다. 내성적인 어린이도 분위기에 휩쓸려서 다른 아이들의 일에 응한다든지, 자기가 먼저 일을 하자고 말한다든지, 자기도 모르게 같이 있는 친구 중 누구와 손을 잡고 싶어하는 것, 누구하고 같이 일을 하자고 하는 등의 마음이 생기는 경우가 있다. 포크댄스, 행진, 체조, 유희, 노래, 리듬놀이 등의 지도도 이러한 목적에 부합되는 것이다.

o 여러 아이들이 차례에 따라서 하게 한다.

내가 먼저 하고싶다는 생각을 참으면서 기다린다고 하는 것은 자신을 통제하기 위한 훈련이 되기도 하고, 또 기다리고 있는 동안에 다른 아이들이 하는 것을 봄으로써 더욱 관심을 높이는 일도 된다. 그러나 차례를 기다리게 하는 시간이 어린이의 발달단계와 개인의 상태를 고려해 볼 때 너무 길어서 흥미를 잃게 하는 경우가 없도록 해야 하며, 기다리는 시간에도 역할과 동작을 부여한다든지 해서 싫증이 나지 않도록 해야 한다.

o 역할

어린이가 차에 타는 일과 미는 일, 물을 긷는 일과 운반하는 일, 구멍을 파는 일과 진흙을 운반하는 일 등 역할에 따라 놀게 됨으로써 단순한 일로부터 놀이나 유희로 발전해 나가게 되면, 초기적인 단계에서는 차에 타는 일을 좋아하는 어린이와 미는 일을 좋아하는 어린이를 짝지워 주면 한쪽 어린이가 다른 어린이에게 할 일을 시키는 경우를 가끔 볼 수 있다. 그러나 이것이 역할이라는 것을 자각해서 하는 것은 아니므로 지도자가 지시하여 역할을 교체시킨다든가, 좀 더 빨리 싣고 오면 좋겠다. 좀 더 많이 가지고 오면 좋겠다는 등 각자가 일을 잘 설명하여 자기가 해야 할 일을 스스로 깨닫도록 하는 것이 중요하다. 어린이끼리 의논해서 역할을 정하는 것은 매우 어렵겠지만 차츰 그러한 방향으로 지도해 나가야 한다. 술래잡기, 줄넘기, 그 외의 여러 가지 놀이에 의해서 자기역할을 다하는 지도가 이루어질 수 있다.

2 놀이의 구조화

위와 같은 기초 위해서 우리는 어린이를 집단에 참가시키는 한 방법으로 놀이를 통한 지도를 하고 있지만, 학급과 같은 규모가 조금 큰 집단에서는 공동제작, 리듬놀이, 집단놀이 등이 집단행동의 지도에 대단히 효과적이다.

o 공동제작

공동제작의 일 중에는 그 제재와 지도의 목표에 따라 이해하기 쉬운 것과 어려운 것이 있다. 예를 들면 각자가 마음대로 만든 것을 모아서 하나의 작품으로 구성하는 일은 비교적 쉬운 일이지만 서로 이야기하며 역할을 분담해서 진행시키는 것은 상당히 어려운 일이다. 한편 차츰 완성되어가는 작품을 통하여 한층 더 흥미가 깊어지고 서로의 교제도 강하게 할 수 있으며 또 누구는 색칠을 잘한다든가, 자르는 일을 잘한다든가 등의 기술을 통한 결과력도 생길 것이다.

각자가 만든 것을 모아 하나의 작품으로 구성하는 예를 들어보자.

• 각자가 꽃을 만들어 그것을 모아 꽃밭을 만든다. 작은 새나 벌레를 만들어 나무에 앉은 모양을 만든다. 포도를 만들어 포도넝쿨을 만든다.

• 각자가 부분적인 것을 만들어 하나의 완성된 것으로 구성한다. 나뭇잎을 만들어 나무에 붙인다. 잉어 비늘을 만들어 붙여 모아 큰 잉어를 만든다.

• 각자가 필요한 것을 분담해서 만든다. 동물원을 만들려고 하는 경우 각자가 동물을 만들어 모으는 것도 한 가지 방법이 되지만 또 한 걸음 나아간 단계에서는 여러 사람이 동물원을 만들려는 의도를 가지고 사전에 서로 이야기하고 역할을 정한다든지 해서 작업에 들어가게 하며, 제작과정에서도 논의해 가면서 만들어 가도록 지도해 나가는 것이 좋다.

각자가 만든 것과 이것을 모아 구성한 것 사이에는 상당히 다른 점이 있다는 것을 처음부터 어느 정도 잘 아는 어린이도 있고, 이렇게 만드는 과정에서 알게 되는 어린이도 있으며, 여기서 이러한 것을 이해하는 단계와 흥미를 갖게 되는 방법 등의 변화도 볼 수 있다.

○ 리듬놀이

리듬놀이는 리드미컬하게 몸을 움직인다든지 소리를 듣는다든지 해서 즐기는 가운데 감각적인 훈련을 하는 것이 본래의 목적이기 때문에 음악적인 요소가 많이 포함되어 있지만 친구와 같이 어울리는 일이 한층 더 즐거운 것이 된다. 이러한 분위기 속에서 간단한 약속을 지키는 것, 서로 협력하는 것, 순번을 기다리는 것, 자기의 역할과 자기의 그룹을 의식하는 것 등을 지도하는 일은 집단참가를 위해 대단히 효과적이다. 예를 들면, 합주에서 초기단계에는 여럿이 함께 같은 속도로 두들기던 것이 차츰 수준이 높아져 파트로 나눈다든지, 변화를 만든다든지 해서 보다 좋은 표현을 하려고 노력함으로써 친구끼리라는 의식도 높아져 가게 된다. 이 외에도 여러 사람이 행진곡에 맞춰 걷는다든지 손을 잡고 두 파트로 갈라져 노래하다가 지명당한 친구를 한 사람씩 끌어내 오는 놀이 등도 있다.

○ 집단놀이

아주 단순한 놀이라도 어떤 규칙과 약속이 있지만, 집단놀이가 되면 여러 가지의 규칙이 따르게 되며 놀이가 고도화되면 규칙도 또한 복잡하게 된다. 우리가 별 것 아니라고 생각하는 일도 어린이에게는 의외로 어렵기도 하고 또 어떤 경우에는 어째서 이런 일도 모르는가 하고 이상하게 생각되는 일도 있다. 예를 들면, 달리기에서 정해진 코스로 달음박질한다는 것이 어린이에게는 어려우며, 고리던지기에서도 선이 그어진 곳에서 고리를 던진다는 것을 잘 모르며, 고리를 거는 막대기 가까이까지 가서 고리를 던지고 오는 일들이 가끔 있다. 이러한 경우 고리를 던지는 장소를 분명히 하기 위해서는 선을 굵게 한다든지 그래도 모를 때는 적목 등을 길게 늘어놓고 던지게 하는 등 조금만 연구해서 하게되면 쉽게도 되고 그렇지 않으면 어렵게도 되기 때문에 어린이의 능력과 흥미에 맞게 규칙과 방법을 연구해 나감으로써 어린이들은 즐기면서 집단의 일원으로서 활동을 높여가는 일이 되며 또 지능의 개발이라든가 사회에서의 규칙 이해에 관련지워갈 수 있다고 생각된다. 다음의 놀이를 예로 들어 생각해 본다.

“예”의 대답 : 어린이는 즐거운 음악에 맞추어 몸을 움직이는 것을 매우 유쾌하게 생각한다. 먼저 선생님과 어린이들이 손을 잡고 큰 원을 만들어 음악에 맞춰 걸어 본다. 적당한 곳에서 음악을 중지하고, 그에 따라서 걷는 것도 중지한다. 그 순간 "○○야!" 하고 어린이의 이름을 부른다. 부름을 받는 어린이는 "예"하고 대답을 하며 원의 중심방향으로 한 걸음 나오고 이 때, 여럿이 손뼉을 쳐준다. 여기서 음악이 멈추는 시간과 자기의 이름을 불러 주리라는 기대가 어린이에게 있어서는 놀이의 요소가 된다. 이 놀이는 "자기 이름을 안다(부름을 받으면 대답한다)." 와 같은 대인관계의 기본인 자타의 구별을 지도하는 기회도 된다. 또 "음악이 나오면 걷는다. 멈추면 선다." "이름이 불리운 어린이는 '예'하고 대답하고 한 걸음 나온다.", "다른 어린이는 손뼉을 친다."와 같이 아주 간단한 규칙에 따라 놀이를 계속해 간다. 이러한 경험은 한 걸음 나아가 물건과 결부시켜 의자뺏기놀이로 발전해 간다든지 규칙을 복잡하게 하면서 규칙에 따라 놀이를 한다는 의식화의 초기적 단계가 싹트게 된다.

모래놀이 : 모래놀이는 촉감을 즐기면서 자유롭게 만들거나 흐트러지게 할 수도 있고, 혼자 놀이도 되는 즐거운 것이다. 또 모래를 쌓아올리는 일은 지능적으로도 별로 어려움이 없으므로 2~3명이 짝을 지워 협력하면서 산을 만드는 놀이도 할 수 있다. 그리고 이러한 소박한 협력에서 출발하여 점차 역할을 분담해서 노는 즐거움도 느끼게 된다. 또 삽, 물통 등을 도입함으로써 도구의 사용법이라든가 도구의 편리함을 알게되고, 도구를 빌리고 빌려주는 일을 통해서 의사교환의 학습장으로 될 수도 있다.

4) 지적장애인의 비행 및 문제행동

지적장애인의 심리적 일반특성은 ① 지각의 미분화, ② 정신구조의 경직성, ③ 추상화·일반화의 곤란성, ④ 기억, ⑤ 통찰력의 편협성, ⑥ 경험에서의 내발적 충동의 희박성, ⑦ 행동의 이상성 등을 들 수 있다. 성격행동적 특성을 요약하면, ① 지적 무능, ② 주의력의 결핍, ③ 충동성, ④ 반항적·공격적 특성, ⑤ 정서적 부적응과 혼란, ⑥ 정서적 불안정과 외부자극에 대한 지각의 불완전, ⑦ 정서의 결여, ⑧ 의존심, ⑨ 경성(rigidity) 또는 행동성격상의 완고성(perseveration) 등을 들 수 있다. 이들 특성으로 인해 과거의 실패경험 장면에 처하면 욕구불만에 대한 참을성이 매우 부족하여 쉽게 좌절해 버리거나, 때로는 거부하고 공격적인 반응양상을 많이 띄게 한다. 또한 이들은 심한 부적 자아개념을 갖고 있어 이들의 학습태도는 부정적이고 자신을 실패와 관련지워 지각해 버리게 됨으로 생활지도에 있어 이런 특성들에 따른 지도에 특히 유의해야 한다.

(1) 도벽과 방화

이것은 물품에 대한 자타의 소유의식이 분명치 않아 갖고 싶은 것이 있으면 유아적인 단순한 방법으로 가져오는 경우가 많다. 성인의 입장에서 도벽이라고 보지만 사실 따지고 보면 도둑질이 아니라 수집에 가까운 것, 주워 모으려는 데 가까운 것, 단순한 생리적 소유욕에 의한 것이 대부분이다. 정상아에게 보기 드문 이질적 행동을 도벽이라고 속단한다거나 그것으로 죄인시하여 아동을 지나치게 질책하는 것은 현명한 방법이 못된다.

생리적, 소유욕 충족을 위해 행해지는 행동들은 그들의 본능적 욕구를 감안하여 충분히 고려하여 지도되어야 한다. 정상아 같으면 자기억제가 될 것인데 자기통제가 잘 안되는 이들의 특수성을 고려한 지도가 연구되어야 할 것이다.

그리고 타인의 꾐에 빠져서 훔치거나, 지나친 부모의 억압으로 인해서 생기는 경우도 있다.

방화는 대개 절도, 폭력, 공격에 따른 반 사회행동을 동반하는 일이 많은데, 방화사건 속에는 그들이 가족, 이웃, 사회로부터 버림을 당하게 되고 권태와 학대를 받고 욕구불만과 열등감이 생겨 가족과 이웃 사회에 대한 반항과 복수에 의해 저질러지는 경우가 많다.

(2) 성범죄와 비행

그 원인은 충동적이거나 성에 관한 지식의 결여, 정신발달의 미숙에서 오는 성적 욕구 처리의 서투름, 미분화에 의한 원시적인 반응이나, 대상적 기제에 의해서 일어난다고 볼 수 있으며, 지적장애인의 독특한 성행동은 아니지만, 이들 집단에서 자주 발견되는 성적 행동문제를 열거하면(Monat; 1982, Hurley & Souner, 1983) 과도한 마스터베이션, 동성 및 이성간의 마스터베이션, 동물과 성교, 동성애, 근친상간, 아동성적학대, 음란행동, 강간, 원하지 않은 임신, 노출,

대중앞에서 옷벗기와 공개적 마스터베이션 등이다. 학교현장에서 자주 발견되는 예는 성기만지기, 마스터베이션, 강간이 가장 많은 비율이고, 이성의 신체접촉, 냄새맡기, 키스, 치마들추기, 이성의 속옷에 흥미, 유방만지기, 포르노잡지 보기, 낙서, 훔쳐보기, 성기노출 등을 들 수 있다.

대상자로는 경도보다 중등도 지적장애아가 성적행동에 문제를 많이 나타낸다. 연령별로 보면, 나이 어린 소녀가 많고, 강간에 있어 거의 미수에 그치며, 윤간범보다 단독범이 대부분을 차지하며, 방법에 있어서는 단순하며 졸렬하다. 특히 성기만지기, 마스터베이션, 성기노출, 이성의 신체만지기 등은 특별한 지도가 필요하며, 아동교육시 부모의 협력을 통한 성교육을 함께 하는 것이 바람직하다. 지적장애인의 생활환경 유형검토와 더불어 성병, 매춘, 성적착취 및 악용의 위험성을 인식시켜야 한다. 중도지적장애인의 경우, 낮은 언어능력수준 때문에 그림, 슬라이드, 인공보조기 등을 사용해서 지도하는 것이 효과적이다. 또한 성에 대한 관심이나 표현이 시작될 때 자연스럽게 포착해서 성교육을 해야 한다. 성교육자 자신이 성에 대한 정보학습이 필요하고, 성에 대해 편안하게 받아들이되 개방하며, 보다 솔직하게 대응할 수 있어야 한다.

(3) 싸움과 울음

지적장애아는 싸움은 잦으나 난폭한 성격은 별로 없으므로, 원인을 잘 살펴 지나치게 문제시 하지 말고 자기억제의 생활태도를 기르는 지도가 필요하다.

잘 우는 아동의 지도는 무관심하게 내버려두거나 울어도 자신에게 별 이익이 없음을 체감시키도록 지도함이 필요하다.

(4) 고립과 함묵

고립아의 경우는 능력이 낮거나 흥미의 범위가 좁아 고립되는 경우 능력, 흥미를 고려한 요구수준으로 끌어들여야 하되 사회적 적응을 서둘러 무리하게 강요하면 역효과를 낼 우려가 있으므로 유의해야 한다.

함묵아의 경우 함묵은 발음기관의 이상이 있거나 심한 지적장애로 인해 말할 수 없거나 또는 열등감, 소심, 공포 등 정서장애로 인해 말하지 않는 경우인데,

기관고장의 경우 의료적 특수대책이 필요하나 정서장애의 경우는 적절한 심리요법으로 효과적인 치료교정이 가능하다. 이들에게 교사의 따뜻한 접촉과 정서안정이 필요하며 아동의 특성과 취미, 흥미 등을 고려한 학습, 작업, 놀이가 되게 하여 성취감을 맛보게 하고 자신감을 회복시키며 따뜻한 우정을 증진시키는 학습전체적 생활지도를 겸해야 한다.

(5) 분열증과 발작

분열증은 사회적 접촉, 정서적 표현이 없고, 흥미 관심의 범위가 좁으며 망상과 환각에 사로잡힌다. 지적장애아 가운데 분열증을 가지고 있는 아동이 더러 있는데, 이것은 지적장애와 더불어 분열증을 가지고 있는 것으로, 접지성(接枝性)분열증이라고 한다. 이것은 보통의 지적장애아 집단에 넣으면 상호 의사소통이 잘 안되기 때문에 이상경향이 증대하여 집단에 적응이 잘 안될 우려가 있다. 이들의 분열적 행동에 대해서 이를 억제하려는 것은 무리이며 역효과를 가져올 우려가 있으니 위험하지 않는 범위 내에서 자기의 세계에서 즐기도록 하면서 치료대책을 강구해야 한다.

지적장애아 가운데는 간질발작을 하는 아동이 더러 있다. 경한 것은 본인도 잘 모르게 발작을 하는 경우가 있는데 이러한 경한 증상을 가진 이는 비교적 많다고 한다. 이것은 선천성과 후천성으로 대별 되는데 후천성은 어떤 원인에 의하여 뇌에 상처를 입은 것이 주된 원인이 된다. 간질은 보통 사람보다 자극이 많을 뿐이지 큰 병이라고는 할 수 없다. 그러나 그 결과 성격상의 문제로서 폭발성, 고집성 때문에 생활지도가 어려워진다. 이들의 치료는 발작을 억제하는 약물요법이 있기는 하나, 근본적 치료는 어렵다.

아동을 반듯이 눕힌 다음 그 어깨를 발로 버티고 두 손을 깍지끼고 턱을 잡아당긴다. 그러면 즉시 경련이 진정된다. 혀를 잘못 깨물면 출혈할 수 있기 때문에 손수건을 입에 물리는 것이 안전하다.

이 때 주위 사람들의 소란스럽게 떠들면 자극이 커져 발작이 심해진다. 이러한 발작을 상기 구급방법으로 예방할 수 있으나 이들에게는 평소부터 자극을 줄이고 심신의 안정을 기하도록 해야 한다.

이 밖에도 가출의 문제 등 여러 가지 문제 행동이 있으나, 이러한 각양각색의 문제 행동들의 발생원인과 치료 지도요령에 대해서 대략 다음과 같이 요약할 수 있다.

① 기질적, 생리적 원인이 주가 되는 것(간질을 겸한 충동적, 폭발적 행동 등).
② 심리적, 인간관계적 원인이 주가 되는 것(가정에서의 과보호로 인한 의존적 영향, 학습 단체에서의 승인의 결여로 인한 비뚤어지거나 내향적 경향 등).
③ 이질적, 심리적 원인이 중복되는 것(간질의 발작적 행동, 주위 사람들에게 추종적 태도, 폭발적 행동의 증대 등).

치료에 있어서는 기질적, 생리적 요인에 의한 것은 의학적 치료에 맡기지 않을 수 없으며, 심리적 인간관계에 기인한 것은 심리치료를 해야 하고, 기질적, 심리적인 것은 의료와 심리치료를 병행해야 하는 것이 원칙이다.

3. 감정과 일치하는 대화로서 생활지도

지적장애아의 올바른 생활지도는 교사의 언행과 반응에서 싹트게 된다. 교사의 대화가 지적장애아동의 생활에 많은 촉진적 영향을 줄 수 있다. 교사의 반응과 느낌이 아이들에게 어떻게 전달되느냐 하는 문제는 어른들에게는 중요하지 않을 수도 있지만, 지적장애아들에게는 대단히 중요하다. 교사들은 부정적인 비촉진 언어자극을 피하고, 새로운 긍정적인 심화적 언어촉진 자극(행동, 느낌, 결과서술)을 익혀 아동의 심리에 쉽게 접근해야 한다.

올바른 대화로서 생활지도를 하기 위한 조건을 들면 다음과 같다.

- 경건한 말의 사용과 거추장스럽지 않은 목표설정
- 수용과 인정
- 즉시성, 부드러움
- 일관성 있는 지도
- 교사의 질문과 발문의 중시
- 낙인과 무능력
- 적절한 정정과 지도방향 제시
- 대화의 간결성
- 성급한 도움과 멸시는 금물

- 평가적인 칭찬은 바람직하지 않으며, 창조적인 칭찬이어야 한다.
- 감추어진 장점을 두둔해 주기
- 대화의 청사진을 마음에 두기
- 충동성 대화가 아닌 자발성 대화 등

감정과 일치하는 대화만이 생활지도교육을 변형시킬 수 있다. 이는 바로 가르침 방식이 될 뿐 아니라 진정한 변수이다. 아직까지 우리 장애아들을 위해서 인격을 풍부히 하고 생활을 고상하게 하기 위한 적절한 대화가 강력하게 시도되지 못한 것이 사실이다.

비행기 조종사나 건축가, 의사들과 같이 엄밀한 직업훈련을 받지 못했다. 어떻게 해서든지 복잡한 인간관계를 잘 알아 가지고 생활지도 교육에 임해야 한다. 이를 위해 지적장애아들에게 ① 부단한 동기를 주고, ② 자율성을 촉진하고, ③ 자존심을 북돋아 주고, ④ 자신을 갖게 하고, ⑤ 불안감과 공포심을 줄이며, 좌절감을 감소시키고, ⑥ 분노를 가라앉히고, ⑦ 갈등을 줄이도록 노력해야 할 것이다.

지적장애아의 올바른 생활지도를 위해서는 대화의 고도능력을 필요로 한다. 유능한 교사는 의미론에서 민감해야 하고, 교과에 따라 교수법이 달라야 한다는 것을 알아야 하며, 지적장애아들의 감정을 이해하고, 사물을 설명하는 데는 적당한 언어적 촉진자극을 사용해야 함이 필수적이다.

지적장애교사는 어떤 경우라도 비난과 수치를 주는 언어는 피하고, 모욕과 협박을 말아야 하며, 바람직하지 못한 대화나 난폭한 수사를 쓰지 않아야 한다. 감정과 일치하는 대화는 노력의 결과이다. 지식의 연습과 자기수양이 있어야 되는 것이다. 따라서 감정과 일치하는 대화는 자연적으로 이루어지는 것이 아니고, 모든 기술과 같이 연습을 요하고, 모든 예술처럼 선택적이다. 무관한 사이에서는 아무말이라도 할 수 있다는 주장은 위로는 될 수 있을지언정 진실은 아니다. 그것은 마치 신체가 건강할 때 무엇이나 - 독약까지를 삼켜도 해롭지 않다고 믿는 것과 같다.

"교사는 인위적이면서도 효과적일 수는 없다. 과장만큼 자신을 실패시키는 것은 없다. 가면적인 존경이나 관심은 언젠가는 반드시 폭로되고 만다. 진실성이 없는 기술은 곧 정체가 드러난다." 교사와 지적장애학생간의 관계에는 감정의 일치, 느낌의 전달 외에는 아무런 대안이 없을 것이다.

제9장 주의집중 행동지도

이 장에서는 주의집중 정의와 연구 동향, 주의 파지이론, 선택적 주의집중 이론과 모형, 시각적 변별 과제와 주의집중, 주의집중 행동개선과 실제를 중심으로 살펴본다.

1. 선택적 주의집중 이론과 모형

선택적 주의는 많은 일상 활동에 널리 관계되어 있다. 강의시간에 어려운 강의를 이해하려고 애를 쓸 때는 강사가 하는 말의 의미에 주의를 집중하게 되지만 외부의 시끄러운 차소리, 각자가 서있는 위치나 주위에 있는 대상들의 움직임을 인지하지 못한다. 마찬가지로 혼잡하고 시끄러운 파티석상에서 대화를 할 때, 타인의 대화를 무시하고 특히 직접 상대방의 대화에만 주의를 기울이게 된다. 그러나 다른 사람들의 대화 속에서 자신의 이름이나 중요한 주제를 청취하게 되면 주의를 이리저리 바꾸어 가면서, 양쪽 대화에 모두 참여하려고 애를 쓴다. 이러한 단순한 예의 저변에는 많은 문제가 깔려있다. 어떤 정서를 사용하여 자극을 분리하고, 분리된 자극에 선택적으로 주의집중하게 되는가? 개체에 들어오는 모든 자극을 인식한 다음 하나의 입력자극에만 선택적으로 주의집중하는가? 아니면 형태재인이 완전히 이루어지기 전에 이미 선택적 활동이 일어나는 것인가? 개체가 한번에 하나의 자극에만 주의를 두게 되는 것은 각자의 처리

용량이 너무 엄격히 제한되어 있기 때문인가? 이러한 질문을 비롯한 다른 문제들에 대답하기 위하여 Shiffrin, Craig와 Cohen(1976), Cherry(1953) 등은 파티석상에서의 청취현황을 모조화한 양분청취법(dichotic listening procedure)을 사용했으며 이 절차에 의하면 두 가지 청각 메세지를 입체음수신기를 이용하여 각 귀에 하나씩 들려준다. 그리고 피험자로 하여금 단지 한쪽 귀에 제시된 정보에만 주의집중하게 지시한다. 피험자가 실제로 그 전달문에 주의를 집중하였는지 확신하기 위해서 전달문이 제시되면 곧 피험자는 각 단어를 반복함으로서 그 전달문을 검영시킨다. 만약 검영의 오류가 일어나지 않았다면 그 피험자는 검영자극에 주의집중 하였음이 틀림없다.

양분청취법으로 얻은 결과를 사용하여 Shiffrin 등은 선택적 주의집중 모형인 여과모형(filter model), 약소화모형(attenuation model), 사후선택모형(model of late selection) 등을 설정하고 검증했으며, 이러한 모형들이 주의의 개념에 크게 공헌했다.

1) Shiffrin, Graig와 Cohen의 주의집중모형

(1) 여과 모형

Cherry는 검영시키지 않은 메시지의 어떤 측면들을 피험자들이 감지할 수 있는지 조사하기 위해서 양분청취법을 사용 하였다. 그는 피험자로 하여금 신문에서 뽑은 기록문들을 한쪽귀에 제시하고 검영케 했다. 주의를 두지않은 다른 한쪽 귀에는 남자 혹은 여자 음성이 담긴 상투적인 언어의 녹음을 제시하거나 혹은 거꾸로 녹음한 언어적 자극을 제시했다. 그런 후에 피험자들에게 검영시키지 않은 전달문에 대하여 문의했다. 그 결과 피험자들은 거의 대부분 제시자극에 대한 정확한 대답을 했다. 그러나 주의집중하지 않은 전달문 속의 특정단어는 식별하지 못했다. 그래서 분명히 피험자들은 검영시키지 않은 전달문 속의 의미적 속성에는 주의 관심을 두지 않았고 총체적인 물리적 속성에만 주의집중 하였다고 볼 수 있다. 그것은 마치 피험자들이 검영시키지 않은 메시지의 단어를 35번이나 반복했는데도 그 단어를 회상 할 수 없는 것으로 나타났다.

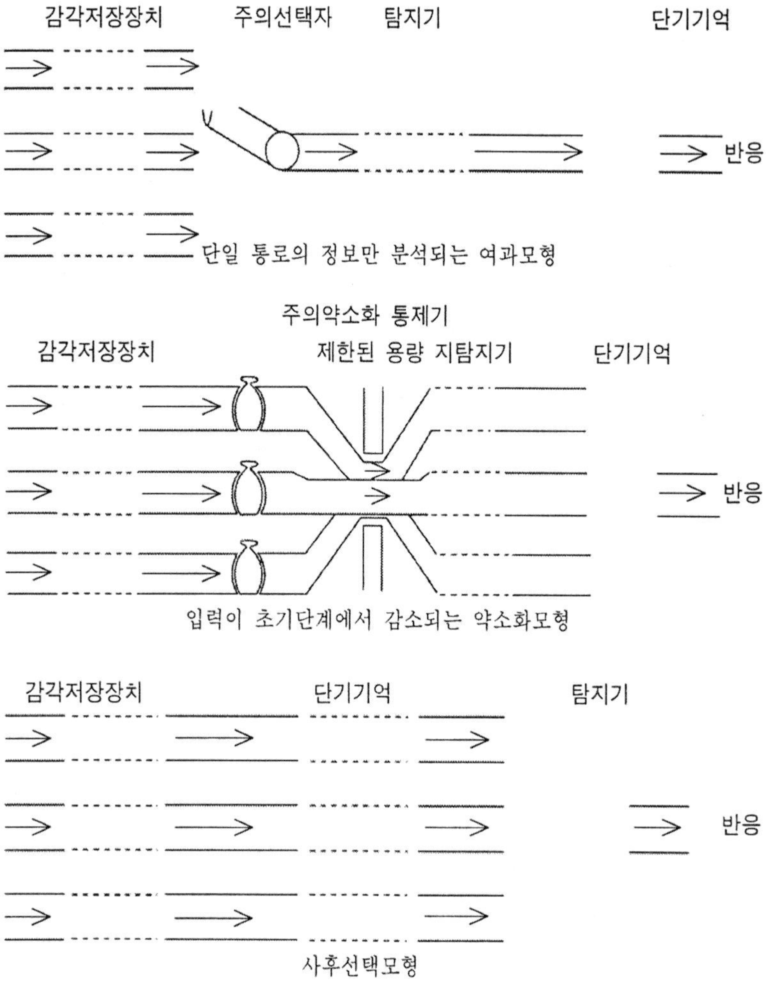

〔그림 9.1〕 선택적 주의집중 모형

Broadbent(1982)는 중다기억장치 모형의 틀을 마련한 전체적 처리의 맥락에 비추어 그는 또한 정보체계를 제한된 용량 때문에 한 번에 단지 하나의 메시지만이 그 의미를 파악하는데 필요한 폭넓은 처리를 받을 수 있다고 보고했으며, 이 정보체계를 제한된 용량에 단일 전달통로로서 작용한다는 것을 제안했다. 즉 들어오는 많은 메시지 중 어느 것이 주의를 받게 되느냐 하는 것은 단지 하나의 메시지만을 통과시키는 선택적 여과기에 의하여 주의가 선택되고 여러 가지 입력통로 가운데 하나의 통로만이 전달된다. 선택적 통로속에 있는 정보만이 의미적으로 분석 되어서 단기기억장치에 전달된다. 이때 주의 정보의 여과는 메시지의 전체적 물리적 특징을 바탕으로 메시지들을 분석하고 분류함으로써 이루어진다는 것이다.

여과모형의 핵심은 개체가 단지 1회에 하나의 메시지 의미만 분석하며 단지 하나의 메시지만 전적으로 주의집중한다는 것이다. 그러면 어떻게 해서 파티 석상에서 동시에 행해지는 두 개의 대화를 모두 이해할 수 있는가? 라는 질문에 여과모형에 따르면 개체가 두 대화간을 신속하게 옮겨가면서 이해하게 된다는 것이다. 그러나 특정시점에서는 단지 하나의 메시지만 전적으로 주의집중한다. 이러한 접근을 통해서 개체는 제한된 용량에 어떤 무리함이 없이 여러 사상들을 집약처리하게 된다.

(2) 약소화모형

여과모형은 개체에 입력되는 메시지의 물리적 속성을 분석함으로써 충분한 주의가 주어지는 하나의 메시지를 선택한다고 주장했다. 그러나 후속연구들은 선택 의미적 수준을 포함하는 여러 가지 분석수준에서 일어날 수 있음을 지적했다. Treisman(1964)은 메시지를 피검자들의 한쪽 귀에 제시하고 검영시킨 다음 일정시간 간격을 두고 똑같은 메시지를 다른쪽 귀에 제시했다. 그 결과 피검자들은 두 가지 정보가 동일한 것임을 탐지했다. Moray(1959)는 한 메시지를 검영하고 있는 피검자가 검영하고 있지 않는 다른 메시지 속에 자신들의 이름이 제시되면 흔히 이것을 알아낸다는 것을 관찰했다. 이같은 결과들은 개체가 검영하지 않은 메시지 속의 정보의 의미를 처리하지 않고 물리적 속성을 처리한다고 주장하는 여과모형과는 상반된다고 하겠다.

Treisman(1964)은 이러한 결과의 설명을 위해 입력되는 메시지가 일련의 검열을 받게 된다는 약소화모형을 제안했다. 약소화모형은 두 가지 점에서 여과모형과 다르다. 첫째, 여과모형은 주의선택이 물리적 분석을 기초로 일어나며 주의집중을 하지 않은 메시지의 의미는 분석되지 않는다고 주장한다.

한편 Treisman 의 모형은 주의선택은 의미적 분석을 포함하는 많은 분석수준에서 일어나며, 경우에 따라서는 주의를 집중하지 않는 메세지의 의미분석도 일어난다고 주장하고 있다. 그래서 Treisman의 모형에서 주의선택을 안내하는 분석을 Neisser는 전주의적 분석(Preattentive analysis)이라 부르며 단순한 물리적 분석을 강조하는 여과모형보다 더 복잡하다. 둘째, 여과모형은 주의선택적 과정이 여과기의 전환에 의해서 실무율(all-or-none)적으로 일어난다고 주장한다. 그러나 Treisman은 주의선택이 약소화과정을 거쳐서 일어난다고 주장했다. 모든 통로를 통해 들어오는 정보가 분석되고 단기기억장치에 전달된다. 그러나 개체의 주의정보 처리용량이 제한되어 있기 때문에 모든 통로를 통해 들어오는 정보는 약소화되거나 혹은 감소된다. 이와 같은 견해로 미루어 볼 때 주의집중하지 않은 정보가 여과를 통해서 완전히 제거되는 것이 아니라 오히려 주의집중한 정보보다 다소 약소화되어 처리된다고 볼 수도 있다.

(3) 사후선택모형

Deutsch와 Deutsch(1963), Norman(1968), Shiffrin과 Gardner (1972) 등은 정보의 선택이 후기분석단계 예컨대 단기기억과 주의집중 관계의 측면을 긍정적으로 대답했다. 앞에 그림에서 일어날 수 있다는 일치된 견해를 갖고 있다. 후기 선택 모형은 약소화 작용이 초기에 일어난다는 생각을 받아들이지 않는다. 입력되는 정보는 단기기억장치에 그대로 전달되며 단기기억장치는 제한된 용량을 가지고 있기 때문에 입력되는 정보를 저장할 수도 없고 그 정보를 장기기억장치에도 전달할 수가 없다. 그 결과 선택적 처리가 일어나게 된다. 앞에서 제기된 약소화 모형과 후기선택모형간의 주요 차이점은 주의의 선택이 일어나는 단계에 있다. 약소화모형은 흔히 형태재인이 일어나기 전에 초기처리단계에서 주의선택이 일어난다고 주장하기 때문에 초기선택모형이다. 한편, 후기선택모형은 입력되는 모든 정보는 재인되며 주의선택은 단기기억의 단계에서 일어난다고 주장하고 있다. 후기선택모형의 모든 정보는 그 정보가 양분청취에 의해 검영되지 않은 메시지 속에서 제시된다고 하더라도 재인된다고 예측하고 있다. Lewis의 실험에서 폭넓은 의미적 처리의 발생 입장에서 그 예측을 입증했으며, 사람들은 많은 목표항목을 동시에 탐색할 수 있다는 관찰결과에서도 지지되며 분명히 입력되는 정보항목들은 형태재인이 일어나기 전에는 약소화되지 않는다. 아무튼 어느 단계에서 선택적 주의가 일어나느냐고 물을 때 “감각기억-속성분석-재인-단기기억” 들로 일련의 단계가 나뉘어짐을 가정하고 있다. 문제는 이러한 개념이 개념주도적 처리보다 자료주의적 처리를 강조하고 있다는 것이다. 앞에서 지적한 바와 같이 의미적 분석과 개념적 분석이 입력되는 정보를 처리하는데 영향을 미친다. 더욱이 이러한 개념주도적 처리는 자료주도적 처리와 동시에 일어날 수도 있다. 그래서 이러한 관계 즉 주의가 일어나는 단계를 자원할당모형(resource allocation model)을 통해 더욱 진전시켰다.

2. 시각적 변별과제와 주의집중

1) 차원의 수

변별과제의 자극으로 사용된 차원의 수는 Zeaman과 House의 주의집중 이론이나 Fisher Zeaman(1973)의 주의·파지이론에 관련된다. 1963년의 주의집중 이론에서 무관차원의 수가 증가하는 것은 변별과제에서 피험자의 학습수행을 감소시킬 것이라고 가정했다. 이 이론은 많은 유관차원의 제시가 학습수행을 높이는 단일의 집합적 유관차원(one look)을 형성하도록 결합시킨다는 생각을 발전시켰다. 결국 Zeaman과 House는 지적장애아가 정상아보다 유관차원을 더 오래 관찰해야 된다고 생각했다.

Fisher와 Zeaman의 주의-파지이론에 있어서는 차원의 수가 주의집중의 범위나 혹은 다면관찰모형의 관계내에서 주로 논의되었다. 지적장애아동은 정상아처럼 주의집중 범위의 결함은 구조적 결함(structured deficiency) 즉 변경불가능한 조건이라고 제시한 주의집중이론의 매개변수 가운데 하나이다.

여기서는 무관차원, 유관차원, 색전환(color distractors) 효과 등 세개의 독립변인에 따라 연구된 내용의 요점만 살펴보았다.

먼저 무관차원의 수에 대한 영향에 초점을 둔 연구 가운데 Evans (1968) Gruen과 Berg(1973) 등의 연구가 무관차원의 성취도를 비교한 것이었다.

Evans는 변인의 수 즉 무관차원의 수 증가가 EMR의 성취도는 감소시키만 CA가 동등한 정상 청소년들이 교육가능 지적장애아보다 변별과제에 있어서 더 잘 수행하였음을 연구보고 했다. Greun과 Berg는 교육가능 지적장애아와 정신연령이 같은 정상아동, 그리고 훈련가능 지적장애아와 정신연령이 같은 정상아동들의 수행이 다양한 무관차원의 어떤 조건에서도 차이가 없음을 보고했다. 결국 Gruen과 Berg는 무관차원의 수 증가가 모든 집단의 수행을 감소한 결과임을 보였다.

Evans와 Beedle(1970)은 남아들은 무관차원이 시행내에서 다양하게 제시될 때보다는 시행간에 다양하게 제시될 때 더 잘 수행하지 못했다. 또한 자극간의 간격이 증가될 때 교육가능 지적장애아도 과제변별을 잘 수행하지 못하는 경향임을 보고했다.

Cliton (1972) Cliton과 Evans(1972)는 정신연령과 다양한 무관차원의 수를 가진 변별시행상의 성취수준과는 관계를 지우지 못했으나 융화조건과 무관차원의 수는 상호작용하였음을 연구보고 했다.

한편, 유관차원의 수에 대한 효과를 연구한 Evans(1968)는 교육가능 지적장애아에게도 크기나 형태보다 색상차원이 학습하기에 더 어려웠음을 보고했다. Ullman과 Routh (1971)등은 유관차원수의 증가는 학습의 효과를 도와준다는 Zeaman과 House이론을 지지하였다. 그러나 Fisher과 Zeaman의 이론적 견지에서는 다른 다면관찰능력을 확증하지 못하고 있다.

색전환연구에서 무관차원으로서 색을 사용한 Klein(1972)과 동료들의 연구에서는 교육가능 지적장애아가 색에 대한 주의가 산만했으나 정상아동들은 그러하지 않았음을 발견하였고, 더욱이 정상아들은 교육가능 지적장애아보다 과제수행에서 오류가 적었다. 즉 색이 지적장애아들에 탁월한 단서라고 지적되었다. 이러한 연구들은 Zeaman과 House 및 Fisher과 Zeaman의 이론들을 명백하게 지지하고 있다.

위의 연구결과들과 관련하여 교육적인 함의를 살펴보면, Cliton과 Evans (1972); Evans(1968), Gruen과 Berg(1973)등은 무관차원수의 증가는 지적장애아의 학업성취를 방해하고 있음을 알았다. 그래서 교사는 학습과제에서 무관차원의 수를 감소함으로서 정신치체아 학습을 증진시킬 수 있을 것이다. 예컨대 작게는 그들의 책상위에 있는 많은 무관자극에 주의를 빼앗기는 것을 줄일 수가 있다. 교수자료를 준비할 때, 색, 그림, 크기와 같은 것이 문제해결하는데 관련되지 않는 것이라면 너무 많은 무관자극들을 포함시키지 않도록 모든 교사는 주의해야 할 것으로 생각된다.

변동유관차원의 효과연구에서 Evans(1968)는 지적장애아가 명도에 대한 주의집중이 용이함을 발견했으나, Gruen과 Berg는 크기에 더 잘 반응한다고 보고했다. 이들 연구 결과 외에도 Zeaman과 House (1963)는 지적장애아가 색보다 형태에 더 잘 반응하는 경향이 있음을 발견하였다. Hall(1971)은 지적장애아가 가지고 있는 차원에 대한 편견의 효과를 검증하였는데 시각 변별과제에서 많은 영향을 미치고 있음을 보여주었다. 또한 Fisher과 Zeaman(1973)도 지적장애아는 선호차원이 유관차원일 때 더 빠르게 학습한다는 사실을 보고하였다. 차원편견을 고려한 교수기술은 다음과 같다.

[1] 지적장애아의 차원편견은 비공식적으로 조사할 수 있으며 또한 수업에 특색을 이룰 수 있다. 이러한 편견을 발견하기 위해서 다양한 색이나 크기를 제시하여 그가 좋아하는 것을 선택하도록 한다. 예컨대, 교사는 여러 가지 색과 크기가 다른 삼각형들을 제시하여 아동반응을 기록하고 가장 빈번하게 선택되는 차원을 결정할 수 있다.

[2] 만약 차원편견이 유관차원에의 주의집중을 방해한다면 용암법으로서 편견이 갖는 제지적인 효과(inhibitory affects)를 감소시키는 데 사용될 수 있다. 만약 색이 기호차원이라면 색차원은 최초의 자극제시에서 주의집중을 촉진하는데 큰 효과가 있을 것이고 그 자극을 계속 제시하는 동안 절차로 그 기호차원은 감소시켜 나가는 것이다. 예를 들면 만약 아동에게 4개의 단어 가운데 〈아〉 자로 시작하는 단어를 택하도록 한다면 최초 시행에서는 〈아〉 자로 시작되는 단어를 색깔로서 제시하고 점차로 색을 줄여서 마지막 시행에서는 색이 없는 단어로 제시한다.

· 최초 시행: 과자, 가방, 학교, 아가(빨간색으로)
· 중간 시행: 병아리, 주전자, 아버지, 무지개(짙은 적갈색으로)
· 최종 시행: 아우, 형님, 누나, 조카

3 만약 아동의 색에 주의편견이 있다면 산수기호(1+1, 1−1, 1÷1, 1×1)를 색과 짝지울 수 있다. 마이너스 기호(−)는 항상 적색, 프러스 기호는(+)는 청색 등으로 하여 점차로 색깔이 없어지고 아동은 기호에만 반응하게 된다(ㄷ, △, ○, −).

Evans와 Beedle(1970)는 두 자극간 거리, 크기의 차를 증가시킬수록 지적장애아의 변별학습은 감소된다는 사실을 발견하였다. 따라서 최초 변별과제에 있어서 두 자극의 크기를 더 가깝게 하여 변별하기 쉽도록 해야 한다.

Ullman과 Routh(1971)는 유관차원수의 증가가 시각변별과제에 있어서 지적장애아동의 성취도를 개선시킨다는 사실을 발견하였기 때문에 교사는 여러가지 차원에 따라 다양한 과제를 정시지체아에게 제시할 만하다. 예컨대, 아동에게 단어 끝이 「리」자로 끝나는 말을 가르칠 때 교사는 접미어 「리」와 결합된 단어들과 그렇지 못한 단어들을 짝지워 놓은 이자 내지 삼자택일의 변별과제로서 제시할 수 있다. 아동의 수행능력을 증진시키기 위하여 「리」자가 포함된 차원에 대하여 주의 변별학습이 이루어질 때는 색과 크기에 대한 차원은 사라질 수 있다. 다른 예를 하나 더 든다면, 여러 가지 철자가 놓여있는 자극장에서 E자를 선택하도록 했을 때 그 E자는 다른 철자와는 다르게 여러 차원(크기와 색깔)에 따라 다양하게 할 수 있다. 즉, M, S, E, L, W에서 E자는 큰 적색글자로 한다.

Fisher와 Zeaman은 작은 자극차이보다 더 큰 자극차이가 변별문제해결을 촉진시킨다고 했다. 이러한 연구결과는 유관차원수의 증가가 학습을 증진시킨다는 것을 시사한다. 근본적으로 어떤 차원에 대한 주의집중은 개개 차원이 가지는 단서들 간의 물리적인 기능이라는 사실을 그들은 알아냈다. 단서의 특수성과 단서의 차이가 주는 교수면의 함의는 다음과 같다.

1 자극의 유관차원은 주의집중을 개선시키기 위하여 명백하게 구별이 될 필요가 있다. 수업자극들의 유관차원이 강조되어야 한다. 예컨대 만약 아동이 어떤 사람의 얼굴 모습을 보고 그 얼굴에 기분을 묘사하려고 한다면, 그 얼굴의 특징인 단서감정 즉 입의 미소표시 등이 두드러지게 그려져야 한다. 단서의 특수성이나 독특성은 역시 배경단서의 독특성을 높이기 위하여 다음과 같은 방법들이 있을 수 있다.

㉠ 양각으로 튀어나온 글자나 그림, 모양을 활용한다.

㉡ 하나의 글자, 하나의 숫자, 하나의 낱말, 하나의 문장 등 한 번에 한 개씩의 자극만을 제시한다.

㉢ 접미어에 주의를 갖지 않는 아동을 위해서 접미어를 두드러지게 나타나도록 표시하는 것과 같이 유관자극차원에 주의 집중을 끌도록 하기 위해서 명암펜을 사용한다.

㉣ 유관차원을 알아볼 수 있도록 하기 위하여 화살표를 사용한다. 즉 "ㄷ"으로 시작되는 단어를 찾는 데 도움을 주기 위하여 교사는 "ㄷ"으로 시작하는 모든 단어 옆에 화살표시를 해 둔다.

㉤ 유관차원을 나타내기 위하여 색을 사용한다. 즉 특징적인 단어들은 다른색으로 나타낸다. 일예로 고양이(적색)는 달린다.

㉥ 지정독본 가운데 꼭 읽어야 할 선택된 항목에는 동그라미를 그린다. 즉 지방신문의 광고란에 구체적인 구직광고 및 상품판매광고 등에 동그라미를 한다.

시각변별을 포함하고 있는 수업과제에서는 유관차원의 단서가 뚜렷하게 달라야 한다. 예컨대 지적장애아동에게 자극카드를 두 묶음으로 분류하도록 한다면 두 개의 영역이 분명히 구분될 수 있어야 한다. 즉 적색 정사각형이 있는 카드와 적색동그라미가 있는 카드로 분류하고 적색정사각형이 있는 카드와 적색 직사각형이 있는 카드로 분류하지 않아야 한다. 주의 집중을 이끌어 내기 위하여 단서차이를 이용한 교수방략을 생각해 보면 다음과 같이 요약할 수 있다.

2 글자나 형태 또는 수인지의 시초단계에서는 아주 다른 모양 등을 가진 항목으로 제시될 수 있을 것이다. 예컨대 아동은 m과 n보다는 m과 t철자 사이의 차이를 구분할 때, 동일한 자극(idential stimuli)이 포함되는 것은 자극간을 구별하는 유관단서에의 주의 집중을 도와준다. Brown(1970)은 지적장애아의 과제수행을 높이기 위한 방법으로서 동일한 자극을 사용했다. 예컨대 만약 지적장애아에게 5개 문자 가운데서 「다」자를 찾도록 했다면 자극제시 속에 여러 개의 동일한 문자를 포함시킴으로써 지적장애아의 변별능력을 높힐 수 있다. (즉 가, 가, 가, 다, 아, 혹은 D, D, D, E, C 등)

Clinton과 Evans(1972)는 구체적인 학습과제에 있어서 자극특성과 강화배열은 상호작용관계를 갖는다는 사실을 발견하였기 때문에 교사가 강화한다면 학습을 방해받을 수 있다. 그러나 초기 반응탐색이 보다 더 어려운 과제에서 강화된다면 학습은 증진될 수 있다. 교사가 실제적으로 이러한 시사를 따를 수 있는 유일한 방법은 여러 과제를 변화시켜 가면서 그 강화의 효과를 계속적으로 알아보는 일이다. 따라서 만약 강화계획이 정반응을 증가시켰다면 교사는 그 강화방법을 계속해야 하지만 그렇지 않다면 교사는 강화전략을 변경하거나 과제를 변경해야 한다.

앞에서 언급한 것처럼 Evans(1968), Gruen과 Berg(1973) 등은 차원에 대한 선택기호는 지적장애아동의 주의집중과정에 영향을 준다. 더욱이 지적장애아동 가운데는 특정한 반응전략이나 반응편견을 가지고 있는 아동들도 있음을 지적한 연구도 있다. Clinton(1972) Clinton과 Evans(1972)는 교육가능 지적장애아들이 시행마다 유관자극의 위치를 교체하는 시각변별과제에서 더 잘 수행하였음을 발견하였다(즉, 왼쪽의 유관자극을 오른쪽, 그 다음은 왼쪽에...).

지적장애아가 이 과제를 아주 잘 수행했기 때문에 단일교체(single alternation)는 지적장애의 특징을 보여주는 것으로서 가정할 수 있다. 반응양태를 고려해 본 몇 가지 지도상의 실제는 다음과 같다.

1 시각변별과제상에 나타난 지적장애아의 반응 양태는 비공식적으로 평가한다. 위치자극차원, 교체경향(alternation tendency)과 지속경향에 대한 기호를 주시한다. 이에 대한 평가는 변인수 간에서 택하도록 시각과제의 시행으로 이루어질 수 있다.

2 아동의 선택기호와 반대가 되는 차원에 주의집중을 요구하는 수업과제에서는 유관차원에 관한 사전훈련을 제공해야 한다. 만약 아동이 색에 주의집중하기를 좋아한다면 형태에 관한 수업과제를 배우기 이전에 선행되어야 한다. 예를 들면 지적장애아동은 산수과제를 학습하기 전에 산수기호(+, -, ÷, ×)나 수의 형태를 구분하는 훈련을 먼저 받아야 한다.

3 무작위반응양태를 요구하는 수업과제에 있어서는 지적장애아가 반응태세를 가질 수 있도록 사전훈련이 주어져야 한다. 만약 지적장애아동이 왼쪽에 있는 대상만을 항상 선택하는 경향이 있다고 하면 다른 위치에도 주의집중 할 수 있도록 보상을 주면서 사전훈련을 해야 한다.

4 지적장애아의 반응태와 일치하도록 수업과제를 계획할 필요가 있다. 만약 어떤 지적장애아동이 단일교체 패턴을 정반응이 되도록 구성해야 한다. 예를 들면 각 쌍에서 e를 선택하게 하고 e의 위치를 바꾸어 놓는다.

시행1 : a e, 시행2 : e b, 시행3 : c e, 시행4 : e m

2) 유인자극 조건

Fisher와 Zeaman(1973)은 구체적 차원과 연합된 보상과 비보상의 기초에서 자극차원에 주의를 갖도록 학습하거나 자극차원을 피하도록 학습한다는 가정을 하였다.

더욱이 이론과 실제 연구를 한 후에 그들은 변별과제를 통하여 자극과 단서 선택과정에 있어서 강화나 비강화 둘다 초기에 주의를 끄는 데는 영향이 있다는 결론을 얻었다.

Harris와 Tramontana(1973), Harter, Brown과 Zigler(1971), Lobb(1972), Massey와 Insalace(1969) 등의 연구는 주의변별학습에서 정적 조건과 부적인 조건 두 요인의 영향변인을 연구하였다. 그 결과 정반응에 대한 정적 강화와 오반응에 대한 반응가 또는 벌칙은 지적장애아 각자의 학습수행을 돕기 때문에 보상과 벌의 의미는 타당성이 있는 것으로서 학습장면의 사태를 연구하는데 도움이 된다고 했다.

House(1973)는 학습기회를 오랫동안 연장하는 것이 더 높은 보상비율을 제공할 것이라는 가설과 도구적 학습을 강화할 것이라는 가설을 설정하여 일련의 연구를 한 결과 보상비율이 주의집중 반응의 강화에 영향을 미친다고 하는 견해를 뒷받침하고 각 과제를 오랫동안 시행함은 보상비율이 높기 때문에 학습을 더 잘하는 결과를 가져왔다고 보고하였다. 이 사실로 교사는 지적장애아에게 새로운 내용을 소개하기 이전에 강화비율을 높임으로서 넓은 훈련을 받을 수 있음을 확실히 하였다.

Lobb(1967)은 유관차원이 부적, 정적 단서에 대한 사전훈련을 받은 보상과 비보상 피험자는 지적장애아의 학습수행을 증진시켰다고 보고했다.

Harter, Brown과 Zigler(1971)의 사회적 칭찬에 관한 연구에서 공공기관 수용 지적장애아에 대한 사회적 강화는 개인의 학습성취를 방해한다는 사실을 알았기 때문에 지도자와 교사는 칭찬의 효과를 주시해야 한다. 예를 들면 수용된 정박아는 아주 많이 사회적 칭찬이 미치기 때문에 주의 과제에는 관심이 거의 없다. 이와 같은 상황에서 교사는 적절한 행동만 칭찬해야 함을 확실히 인식해야 한다.

Harris와 Tramontana(1973)는 EMR과 TMR을 대상으로 정적 강화와 반응가의 영향을 비교 연구한 결과에서 지적장애아의 장애정도가 더 깊어질수록 피험자들이 실험에서 사용된 유인조건에 덜 민감하다는 사실을 발견하였다. 이 사실로 교사의 보상은 아동을 위한 강화가치를 가져야 함을 확실히 했다.

지적장애아의 지적 수준이 더욱 더 낮아짐에 따라서 교사나 참석자는 제일차적 강화물을 사용하는 것이 필수적이 되어야 한다.

유인자극조건으로는 정적 조건과 부적 조건, 사회적 칭찬, 보상비율 등 네 요인으로 요약된다.

이상의 요약된 결과를 Fisher와 Zeaman(1973)의 연구와 견주어 보면, 올바른 선택의 주의집중에 대한 보상은 변별학습모형에서 나온 것이다. Fisher와 Zeaman(1973)은 주의집중 모형에서 유인조건과 단서 -보상연합에 의하여 영향을 받는다는 것을 주장하였다.

이러한 사실은 지시과제로 지적장애아 주의집중을 증가시키기 위해서 교사는 수업자극을 보상과 연합시켜야 한다.

그 실천적인 예로 ① 유관자극에 주의집중을 시키기 위해 강화를 제공하고 강화는 선택적으로 주의를 집중하도록 구체적으로 제시하여야 한다. 예를 들면 교사는 “나는 네가 적색철자를 보는 것을 좋아한다.”또는 “나는 네가 나의 손을 바라보기를 원한다.”고 말할 수 있다. ② 자극이나 자극의 유관차원으로 벌의 조건과 연계시키지 마라. 예를 들면 “너는 카드를 떨어뜨렸다. 그래서 너는 명령을 위반했다.” ③ 바람직한 차원에 대해서 주의집중의 연속적인 접근을 강화하자. 즉 “나는 글자ㄱ를 지적하는 데 아주 잘하였다. ④ 수업과제의 나중에 사용되는 자극차원에 특징을 나타내는 게임을 하라. ⑤ 학생들에게 피드백을 제공하는 학습센터를 활용하자. 예를 들면 정반응에 대해서 빛을 비추어 주는 학습권을 사용할 수 있다. ⑥ 학급에 빈번하게 사용된 자극과 정적인 단서의 보상연합을 학생들이 획득하는 데 돕도록 하라. 즉 철자, 수, 모양, 색깔

3) 전이조작

Lobb(1974) Lobb과 Childs(1973), Millgram과 Noce(1968) 등은 변별학습에 있어서 시연은 지적장애아의 학업성취를 돕는다는 사실을 밝혔다. 이 사실을 미루어 보아 교사는 과제를 수행하는 동안 큰소리로 암송시연을 해서 기억을 되새겨 볼 필요가 있음을 보여 주었다. 이 사실은 교사는 암송하도록 가르친 지적장애아의 활동을 감시할 필요가 있고 시연활동에 참여하도록 격려해 줄 필요가 있다.

Lobb과 Stogdill(1974) Turrisi와 Shepp(1960)는 과잉학습은 연습이나 실습의 활용을 필수적으로 하게한다. 학생들은 흔히 연습활동을 하기를 싫어하기 때문에 교사는 흥미나 동기를 증진시키는 연습활동을 연구해야 한다. 이것은 구체적인 연습을 조장시키는 게임을 개발하거나 활용함으로서 달성될 수 있다. 교사는 아동이 과제를 올바르게 연습하도록 하고 틀리게 연습하는 일이 없도록 확실히 해야 한다. 즉 셈문제를 틀리게 연습하는 것과 같이 아동은 정반응을 연습하고 동기를 유지해 주는 것을 확실히 하기 위해서 교사는 자기교정을 특정지을 수 있는 자료를 개발할 수 있어야 한다. 즉 수수께끼판, 해답key, 해답진열창, 전자학습판과 일부 상업용 자료 같은 것으로 훈련을 강화해야 한다.

Switzky(1973)는 차원내 변경보다도 더 천천히 이루어지는 차원외 변경학습이 절대적 조건은 아니고 차원외 자극의 단서변별이 높다면 빨리 학습될 수 있다는 사실을 발견했다. 단서구별이 낮으면 차원내 자극은 더 빨리 학습되고 단서구별이 높으면 차원내 과제 또는 차원외 학습 어느 것도 차이가 나타나지 않는다. 이 사실은 전이조건에 있어서 주의집중에 단서차이와 단서변별의 효과를 지지한다.

주의집중과정의 전이조작에 영향을 요약하면 언어시연과 전이조작, 과잉학습, 신기성, 친밀성조작과 단서변별 등이다.

Fisher와 Zeaman(1973)은 변별학습에서 차원내 차원외 전이효과를 조사하기 위하여 계획한 많은 연구에서 보고하였다. 그들은 구체적인 유관차원에 훈련을 한 후에 지적장애아는 동일한 차원에서 제시한 새로운 단서가 과제에 더 잘 학습을 수행한다는 입장을 지지하는 연구에서 의견의 일치를 보았다고 주장한다.

그러나 지적장애아의 과제수행은 관련차원이 사전훈련에 따라 변경한다면 잘 수행되지 못할 것이다. 바꾸어 말하면 단서의 변경이 동일한 차원내에서 일어난다면 차원내 변경의 수행은 촉진되고 차원외 변경은 학습을 높이지 못한다. 전이효과에 대한 이러한 내용에서 몇 가지 교수적인 시사는 다음과 같다.

1 교수절차 인지에 있어서 아동은 많은 형태에 참여해야 한다. 사전 절차 인지를 증진시키기 위한 차원내 변경의 활용은 다음과 같은 계열로 될 수 있다.

· 수직선을 선택하도록 사전 훈련시킨다. / o l
· 수직철자를 선택하도록 사전 훈련시킨다. a c l
· 철자i를 선택하도록 과제를 변경한다. a f i
· 원모양에 사전 훈련한다.∧ x o
· 철자 o로 변경한다. x y o
· 결합을 활용한 철자로 변경한다. b d p

2 방향성과 같은 개념에 초점을 둔 유사한 계열 철자 인지를 증진시키기 위해서 고찰될 수 있다. 예를 들면 철자 p와 b의 인식은 상-하의 주의변별을 요구한다.

3 사전 연습훈련은 유관자극 차원을 (형태, 색상)특징짓는 사전연습과 같은 것으로서 학생들로 하여금 더 잘 수행하는데 도와 준다.

4 일반적으로 수업자극에도 지적장애아에게 예행연습기간은 더 많은 자극으로 주의집중을 기울이게 하는데 도움이 된다.

5 가능하다면 한 수업활동에서 다른 수업활동으로 자극의 유관차원에 대한 갑작스런 변경은 피해야 한다. 예를 들면 지적장애아동이 색상이 기호로 된 대상을 분류하고 선택하는 것에서 크기를 기호로 한 분류나 선택으로 변경했을 때 그들은 두번째 과제의 유관차원(크기)에 참여하기 어려움을 경험할 수 있다. 변경이 필요할 때 차원은 분명하게 두드러진 단서를 사용해야 한다.

6 지적장애아동에게 단어형태에 반응하도록 하고 단어의 크기와 주위환경에는 관계없이 그 단어를 인지시키도록 훈련함으로써 차원내 이동을 활용하라.

예를 들면 아동에게 「멈춤」이란 단어를 선택하도록 훈련시키고 여러 환경에

서 멈춤단어를 제시하라. 즉

- 그 단어(멈춤)의 크기를 바꾸어 보고
- 멈춤신호에 그 단어를 얹어보고
- 차도에 멈춤이라 쓴 것을 제시하고
- 신문에서 오려내어 가지고 자극카드에서 제시하고
- 문자에다 제시하고 절에다 나타낸다.

4) 이류학습

이류학습은 주의변별학습의 한 유형으로 이류단서가 유관차원내에 포함되어 있는 최소한 세 개 이상의 자극배열을 가진 이류문제를 변별하는 학습이다.

House(1964)는 이류학습의 과정이 ① 이류관계를 전달해주는 매질차원(Vehicle dimension)에 주의를 집중하고 ② 매질차원내에 있는 단서들 간의 상호관계를 관찰하고 ③ 이류단서에 도구적으로 반응하는 일로서 이러한 3가지 연쇄반응에 의해 이류변별학습이 가능해 진다고 했다.

Brown(1970), Dickerson과 Girardeau(1970) Penn, Sinsberg, 그리고 Wolhueter(1969), Martin과 Tyrrell(1971) 등의 연구에서 중요하게 다루고 있는 변인들로는 정신연령 수준이나 지식 수준에 따른 특징규명, 반응편견, 이류단서를 전달해주는 차원의 수, 배열된 자극의 수, 사전훈련의 효과 등이다. 이류학습에 초점을 둔 연구들을 요약해 보면 선행연구들은 이류학습과제를 통해 지적장애아와 정상아간의 성취수준을 주로 비교하였다. Brown(1970)과 Hall(1971)은 지적장애아의 이류학습상의 곤란성 문제가 특정변인을 통제함으로서 감소될 수 있음을 시사했다. 첫째는 선호차원내에 있는 이류단서를 훈련시키는 방법이고 둘째는 이류단서를 전달해주는 차원의 수를 증가하는 방법이며, 셋째는 차원내이동의 이류학습에 들어가기 전에 양자택일 과제를 미리 사전훈련시키는 방법이다. 넷째는 자극배열에 있어서 동류자극수를 증가하는 일이 중요한 것으로 보고했다.

Hall(1971)은 정신연령 수준이 다른 지적장애아 집단간(8.5세와 6.5세)에는 선호차원에 차이가 없었다고 보고했다. Hall의 연구는 계속 탐색해 볼 연구과제라 생각된다. Martin과 Tyrell(1971)은 교육가능 지적장애아에게는 이류과제가 세 가지 선택 변별과제보다 더 어려웠음을 발견하였고 또한 교육가능 지적장애아에게는 차원외 이동이 차원내 이동보다 더 어려웠음을 증명하였다. 또한 Dickerson과 Girardea(1970)는 교육가능 지적장애아는 중도 지적장애아의 과제수행보다 보상이 없는 이류자극을 더 잘 변별한다는 것을 증명하였다.

이상에서 지적장애아의 이류학습 과제에 관한 선행연구들을 살펴볼 때 다음과 같은 몇 가지 중요한 연구문제에 시사를 얻을 수 있다. 동일한 자극을 많이 추가하여 풍부한 동류자극(indential stimuli)가운데 이류자극을 제시함으로써 보다 쉽게 그것을 선택할 수 있을 것이라는 점과 지적장애아의 이류학습능력을 증진시키기 위해서는 여러가지 유관차원에서 이류자극을 제시하여 그 자극의 단서 독특성을 증가시켜 주는 것이 효과적일 것이라는 점이다. 더욱이 이류학습 과제에 대한 지적장애아의 수행능력은 만약 이류자극의 차원이 그들이 좋아하는 선호차원일 경우에는 더 잘 이루어질 것으로 보고 있어 지적장애아의 선호차원을 조사하여 이용하는 문제도 앞으로 중요한 하나의 연구과제라 여겨진다.

지적장애아 이류학습의 교수적 함의를 살펴보면 다음과 같다.

첫째, Brown은 자극의 중복성으로 지적장애아의 이류학습 성취도를 향상시켰다. 즉 Brown은 세 개의 자극 가운데 이류자극을 선별하도록 피 실험자에게 가르치는 대신에 4개는 동일하고 1개는 이류인 5개의 자극들 가운데 수를 증가시켜 이류자극을 선택하게 했다. 예를 들면 “b”란 문자를 인식시키기 위해서는 교사는 다음과 같이 과제를 어린이가 이류자극 “b”를 선택할 수 있도록 지도한다.

b c c c c
a a b a a

결국 교사는 하나의 이류 단서를 만들어 4개의 동일한 자극들을 가진 어떤 자극의 배열속에 위치시킴으로서 자극에 대한 인식력을 향상시킬 수 있다. 그 때 교사는 동일한 자극의 숫자를 점진적으로 감소시켜야 한다.

둘째, Brown(1970)은 여러 가지 차원에 따라 이류자극을 변경시키므로 지적장애아들의 학업성취도를 발전시킬 수 있음을 보여 주었다. 이와 같은 발견의 함의는 이전에 제시되었던 단서차이와 단서변별 (특징)에의 적용과 유사한 것이다. 즉 5란 숫자와 몇 가지 차원들에 있어 다른 자극들 가운데 5란 숫자를 선택하게 함으로 5란 숫자의 인식력을 개발할 수 있다.

파랑2　빨강5　파랑2
파랑4　파랑4　빨강5
파랑0　빨강5　파랑0

셋째, Hall(1975)은 만약 지적장애아 개개인들이 이류자극의 차원들이 그들이 더 좋아하는 차원이라면 이류학습 과제를 더 잘 수행한다는 것을 발견했다. 예를 들어, 만일 한 개인이 형태보다는 색상을 더 좋아한다면 이류과제에 있어서 유관색상은 성취도를 발전시킬 수 있다. 교사는 그들이 더 선호하는 차원을 학습자들에게 할당할 수 있을 것이고 그 후 더 좋아하는 차원을 학생들의 주의선택 변별과제 수행에 도움이 되게 사용할 수 있다. 그 예로 만일 색상이 더 좋아하는 차원이라면 교사는 일정한 자극들에게 암호를 채색하므로 피검자에게 그곳으로 주의집중을 시킬 수 있다.

Zeaman과 그의 동료들의 시각적 변별도구를 사용한 연구결과에서 나타난 주의집중과정에 영향 미치는 차원과 단서들을 주요 영역별로 요약해 보면 차원의 수에 관련된 영역은 무관차원과 유관차원, (차원이동)역전, 색전환 등이고 유인조건으로는 정적, 부적 조건, 사회적 칭찬, 보상 비율, 전이조작으로는 언어시연, 신기성, 친밀성 자극, 과잉 학습과 훈련, 단서의 유의미성과 중복성 등을 들 수 있고 이류학습자극 등 크게 네 개 영역으로 집약된다.

3. 주의집중 행동개선

1) 주의집중 장애의 분류

주의집중의 의미를 정의하는 것과 더불어 주의집중과정에서 여러 가지 다른 유형의 주의 결핍상태를 기술 할 수 있다. 뇌 손상 아동의 주의집중 장애는 ①

과잉행동, ② 무관자극에 초점을 맞춤으로써 주의집중을 지속하는데 어려움을 겪는 주의 산만(distractibility), ③ 억제 불능 (disinhibition)이나 내적 및 외적 주의산만에 반응하는 경향, ④ 고집(perseveration)이나 적합하지 않는 행동의 반복 등이다(Strauss & Lehtinen,1947).

(1) 정신의학적 분류

미국정신의학협회가 발간한 정신장애의 진단과 통계편람은 과잉행동을 수반하는 주의집중 장애와 과잉행동을 동반하지 않는 주의집중장애 등 두 가지 유형의 주의집중 장애를 들고 있다.

과잉행동을 수반하는 주의집중장애로 가장 중요한 특징은 부적절한 주의산만, 충동성 및 과잉행동 증상이다.

[1] 주의산만의 일반적 특징으로는 시작한 일을 끝내지 못한다거나 가끔 주의깊게 듣지 않는 것 같으며 쉽게 주의가 흐트러진다. 그리고 학교에서의 활동이나 지속된 주의집중을 요하는 과제에 주의를 집중시키는데 어려움이 있고 또한 놀이 활동을 계속하기가 어렵다.

[2] 충동성 : 한가지 활동에서 다른 활동으로 지나칠 정도로 자주 바꾸며 가끔은 아무런 생각없이 순간적인 행동을 한다. 또한 인지손상에 기인된 것은 아니지만 작업활동조직이 어렵고 모든 일에 감독을 해야 하며 수업 중 자주 불려 나오고 경기나 집단 상황에서 차례를 기다리지 못한다.

[3] 과잉 행동 : 사물 주위를 뛰어다닌다든지 잘 기어오르고 의자에 조용히 앉아 있지 못하거나 지나치게 안절부절 못한다. 그리고 잠잘동안 지나치게 움직이고 항상 쉴 사이 없이 활동하거나 마치 모터로 움직이는 것 같이 행동한다.

[4] 7세 이전에 발생하며 적어도 6개월간은 행동이 지속된다.

[5] 정신분열증, 정서장애가 심한 지적장애나 극심한 지적장애에 의해 기인되지는 않는다.

(2) 심리교육적 분류

어떤 아동들은 통제를 받지 않고 내적자극에 의하여 유인되는 반면(과잉행동) 어떤 아동들은 어떤 자극에 의해서도 움직이지 않는다(과소행동). 이런 현상은 신경적, 생화학적 및 정서적 조건에서 기인되는 것 같다. 과잉행동과 과소행동 같은 조건들이 주의집중 장애로 생각되는 학교 성취도를 위해 요구되는 선택적 주의집중을 방해하는 경향이 있다.

과잉행동은 주의집중 결함으로 인한 학습장애의 한 요인으로서 과잉행동과 학습장애는 가끔 동일인에게서 나타나기도 하지만 과잉행동 아동들이라고 하여 모두 지적장애아나 학습장애는 아니며 이들 모두가 과잉행동을 나타내는 것은 아니다.

과잉행동아는 세 가지 구성요소를 들 수 있는 데 쉴 사이 없이 활동하는 아동의 운동요인으로는 출생부터 5세 사이에 두드러진 현상으로 나타나고 인지구성 요소는 초등학교 취학 기간에 나타나는 것으로서 아동들은 한가지 과제에 주의를 집중하는 시간이 짧아 학습 할 수가 없다. 사회적 구성요소는 청소년기에 절정을 이룬다.

Wender와 Wender(1979)는 과잉행동아를 다음과 같이 기술하고 있다.

“그는 끊임없이 움직이고 자동차처럼 돌진하며 언제나 안절부절 못하며 손가락을 두드리거나 발을 끌며 급히 걸어다닌다. 그는 장기적인 활동을 할 수 없다. 모든 장난감들을 선반에서 꺼내어 잠시 갖고 놀다가 버린다. 또한 오랫동안 색을 칠할 수 없다. 책을 읽으면 곧 흥미를 상실해 버린다. 학교에서 담임교사들이 지적하기를 아동은 안절부절 못하고 분열증적이며 자기 자리에 조용히 앉아 있지 못한다고 말한다. 가끔 과잉 행동아는 지나치게 활동적이고 지나치게 말이 많고 쉬지 않고 말을 한다.”

주의집중 장애의 또다른 형태는 과소행동으로서 이는 과잉행동의 반대 증상이다. 이런 유형의 아동들은 자신의 환경에서 위축되는 것을 말하며 이런 행동의 특징은 환경자극에 대하여 반응이 부족하며 백일몽 증세를 갖거나 지정된 과업을 완수하지 못하고 다른 아동들과의 대화에 거의 참여하지 않는다. 그러므로 교사의 할 일이란 관련자극에 아동의 주의를 집중시키고 그 자극들을 모으는 것이다. 이것은 주의집중 결핍 형태는 다음 논의할 주의집중 고착과 관련되어 있는 경우가 많다.

주의집중 고착(fixation of attention)은 또 다른 특징이 되고 있다. 이런 아동들은 자기 주변의 과업과 관계가 없거나 중요하지 않은 자극에 고착되거나 주의를 집중하는 것이다(Bang, 1968). Ross(1976)는 과잉배타적 주의(overexclusive attention)처럼 자극의 일면에 주의를 집중하는 것이라고 한다. 어린 아동들은 다른 모든 특징과 자극중에서 배타적 자극의 단 한가지 특성에만 주의를 기울이는 경향이 있다. 어떤 뇌 손상 아동들은 특정 자극에 지나치게 고착되거나 고집하려는 경향이 있다(Strauss & Lehtinen, 1974). 주의산만 (ditractibility)이란 한 가지 과제에 주의를 지속시킬 수 없는 아동들에게 붙이는 명칭이다. 이런 경우 아동은 환경 내의 다른 자극에 반응하고 과제를 완성하기 위한 관련자극을 선택하거나 과업 행동을 지속할 수 있다. Strauss와 Lehtinen(1974)은 그들이 환경내의 무관자극에 의하여 정신혼란을 야기시키지 않도록 하기 위하여 격리실에 고립시켜야 하며 경우에 따라서는 또한 교사가 귀걸이나 다른 보석까지도 착용하지 않고 단조로운 의상을 착용해야 한다고 주장했다. 이것은 주의산만을 줄이기 위한 환경내의 불필요한 자극을 극소화시키기 위한 것이다.

충동성이나 억제불능은 아동들이 선택적 주의집중, 학업성취 및 대인관계를 방해하는 경향이 있는 또 다른 형태의 주의집중 결함이다. 이 경우에 아동들은 모든 내·외의 혼란에 신속한 반응을 나타냄으로써 완수해야 할 과업으로부터 주의집중을 분산시켜 버린다.

2) 학습과제와 주의집중

항상 교사는 완수해야 할 과제나 과제의 특성을 아동에게 제시하고 아동들의 요구를 결정하며(Krupski, 1981) 대부분의 과제는 아동들의 청각, 시각 및 촉각 자극으로 받아들여야 하고 언어적으로나 행동적으로 반응해야 한다. 학교에서 아동들을 읽기, 쓰기, 철자 응용, 산수, 운동 수행기능, 사회적 행동 및 개념학습 등의 과업들로 인하여 직면하게 되는 여러 가지 요구에 대처해야 한다.

모든 학습과제에 기본이 되는 것은 주의집중이다. 아동들이 학습을 하려면, 학습과제에 관련된 요구사항에 먼저 주의를 집중하고 초점을 맞추어야 한다. 여기서는 학교수업들이 학습자에게 요구하는 일반적인 주의집중의 필요사항에 대하여 기술해 보면 ① 자극의 선택, ② 주의집중 행동 지속시간, ③ 일련의 제시 사항에 대한 주의집중, ④ 주의집중 변화 등 네 가지로 대별된다.

(1) 자극의 선택

새로운 과제를 학습할 때 필요한 한 가지 주요사항은 관련자극에 초점을 맞추고 무관한 자극을 선별해 내는 것이다(Bertyne, 1970). 지적장애 아동들은 정상적인 아동들보다 무관자극에 의하여 더욱 주의의 혼란을 일으키기 쉽다. 자극선택에는 외적 감각자극 선택, 내적 감각자극 선택 및 다감각 선택 등으로 나눌 수 있다.

외적 감각자극 선택은 무관한 자극을 선별해 내고 아동이 같은 통로를 통하여 과제를 완성할 때 관련자극에 초점을 맞추는 행동이다.

내적감각 자극선택은 동시에 두 가지 이상의 감각 통로를 통하여 받아들인 경쟁적인 감각 정보들 중 필요한 감각 정보를 선택하는 행동을 말한다(Senf, 1972). 다감각적 선택이란 서로 다른 감각 통로를 통하여 동시에 받아들인 두 가지 이상의 자극에 선택적 주의를 집중시키는 능력을 말한다. 예를 들면, 교사가 칠판에다 2위수 이상의 뺄셈을 설명할 때 아동은 교사의 설명을 듣고 뺄셈 절차를 지켜보아야 한다. 이런류의 다감각 통합과제는 특히 주의집중이 시각 및 청각자극에 동시에 이루어져야 하기 때문에 어려움을 겪는다.

(2) 주의집중 행동 지속기간

특정 과제를 완수하기 위하여 학습자는 주어진 기간동안 주의집중을 지속시켜야 한다(Bryan & Bryan, 1975).

학습과제를 숙달하는 데 필요한 주의집중 지속기간은 ① 과제의 곤란성, ② 아동의 조건, ③ 아동의 수준과 관심에 수업을 적응시키는 교사의 능력 등 세 가지 요소에 달려 있다. 아동이나 성인이 자신에게 너무 어려운 과제에 직면하게 되면, 선택과제에서 주의집중을 철회시켜 버리는 경향이 있다. 따라서 학생이 학습내용을 즉시 이해하지 못하면 학생의 주위는 산만해지기 시작한다. 예를 들면, 읽기 자료가 대단히 이해하기 어렵고 흥미가 없을 때, 아동의 주의는 다른 흥미 있는 것으로 향하게 될 것이며 아동이 교사의 지도 내용에 흥미를 상실할 때, 주의집중을 철회해 버리게 되는 단서가 된다.

학습기간에 아동의 신체적 조건이 과제에 초점을 맞추는 능력과 학습에 필요한 주의집중 지속 능력에 영향을 미치는 경향이 있다.

안근육 불균형 증상이 두드러진 아동은 두 눈을 한동안 읽기자료에 집중시킬 것이다. 눈이 긴장될 때 눈 근육은 이완되고 시각표현을 흐리게 하는 경향이 있다. 아동이 학습과제나 자료에 적절히 반응하지 않는다면, 자료나 절차가 아동으로 하여금 실수없이 반응하도록 적절히 계획되지 못했다는 단서가 된다. 이것은 특정 절차나 자료에 의한 것이든 아동의 어떤 내적 조건에 의한 것이든, 아동이 지시 단서에 적절히 반응하려면 그 문제가 해결되어야 한다.

필요한 주의집중 지속기간을 유지하기 위해서는 과제의 곤란성을 통제하거나 교수절차를 아동조건에 맞도록 조정해야 한다.

(3) 주의집중 이동

세상이란 매우 분주한 장소이며 대부분의 교실 또한 그러하다. 학습자가 보고, 듣고, 접촉하고, 맛보는 모든 것들은 그들의 주의집중을 끊임없이 요구한다. 일어나는 모든 사건들을 충분히 지각하기 위하여 학습자들은 그들의 주의를 한 곳에서 다른 곳으로 이동시켜야 한다.

역시 학습과제는 아동들로 하여금 한 가지 과제에서 다른 과제로 그들의 주의집중을 이동시키도록 요구하고 있다. 시각적 과제는 주의집중에서 시각-공간 이동을 필요로 한다. 예를 들면, 읽기에서 아동의 주의집중은 상(image)→단어→문단→페이지로 이동시켜야 한다. 또한 집단 토론에서 6학년 학생은 현재 토론중인 하와이의 천연자원보다 앞서 토론한 마젤란의 항해에 관한 학급토의를 생각할 수 있다. 주의집중 이동은 운동과제학습에도 역시 중요하다.

Dykman(1971) 등은 가끔 지적장애 아동과 학습장애 아동들은 한 가지 자극에서 다른 자극으로 주의를 이동시키는데 어려움이 있다고 지적했다.

Strauss와 Lehtinen(1974)은 주의집중 이동 불능을 고집(perseveration)이라고 말하고 그런 상태에서 아동은 새로운 자극에 따른 적절한 반응을 이동시키지 않고 같은 일을 반복하거나 지속한다.

(4) 연속적 제시에 따른 주의집중

여러 가지 학습과제는 연속적 제시의 단계적 방법, 즉 아동에게 연속적으로 질서정연한 과제를 제시함으로써 지도한다. 일부 학습장애아동, 지적장애아들은 일련의 연속적 제시에 주의를 기울이지 못한다. 아동은 처음 부분의 지시는 이해하나 지도내용의 마지막 부분은 거의 알아 듣지 못하여 그 자극을 보존하는 데 실패한다. 기억문제를 지닌 아동들은 그들이 듣고 본 것에 대한 최후의 것만 기억하거나 반응할 수 있다. 가끔 주의집중 기간이 제한된 아동들은 연속적 지시에 어려움을 겪는다. 지적 학습장애 아동을 주의집중에 곤란을 겪고 "73페이지의 첫부분 다섯 문제를 풀어라" 아니면, "74페이지 17, 18, 19번 문제를 풀어라"와 같은 지시를 기억하는 데 어려움을 겪는다.

3) 주의집중 행동평가

주의집중 장애를 지닌 아동들을 위한 치료 프로그램을 개발하기 위하여 교사는 이에 대한 문제점을 주의하여 관찰하고 문제에 미치는 요인을 판별해야 한다. 이것은 가르칠 특정 주의집중 목표를 선정하는 데 필요한 정보를 제공해 준다.

다음에서 주의집중 문제 평가와 치료목표 선정의 5단계를 살펴본다.

· 1단계, 관심있는 주의집중 행동기술 : 주의집중 행동을 평가하는 첫 단계는 관심을 가진 행동을 정확하고 상세하게 기술하는 것이다.

· 2단계, 상황적 유인판별 : 주의산만 행동이 일어나는 정확한 조건을 판별한다.

① 부주의 행동을 나타내기 이전이나 부주의 행동을 나타내는 동안 혹은 그 후에 어떤 조건들이 있었는가?

② 어떠한 특정 상황이나 특정기간에 부주의 행동이 일어나는가?

③ 주의집중 행동이 나타내는 상황이 있는가? 있다면 그 상황의 특징은 무엇인가?

④ 부주의 행동이 모든 학습과제나 그 과제의 특수성과 관련되어 있는가?

⑤ 과업이 아동에게 요구하는 것은 무엇인가? 너무 복잡한 과제들이 있는가? 아동들이 시도해 볼 만한 것인가? 과제가 일련의 주의집중 활동을 요하는가 아

니면 동시성을 지닌 주의집중 활동을 필요로 하는가?

⑥ 과제가 쉬워지거나 어려워질 때 어느 것에 학습자가 주의를 갖는가?

· 3단계, 지도교수 요소 판별 : 어떤 경우에는 주의집중 행동을 증가시키거나 감소시키는 수업기간 중 교사가 할 일들이 있다. 여기에는 몇 가지 질문이 들어 있는데 교사는 주의집중과 관련하여 아동의 수행결과를 조사할 것이다.

· 4단계, 신체적, 정서적 및 경험적 요인 판별 : 교육사, 건강기록, 심리보고 등 기타 여러 가지가 아동의 반응 실패에 어떻게 기여하는지의 여부를 결정하는 데 이용될 수 있다. 의사가 신체적 요인을 처리하고 치료한다.

· 5단계, 주의집중 목표선정 : 주의집중 목표 선정시 주의집중이 지닌 문제나 그 상황에서 주의집중 행동을 개선하려는 특정 상황을 선택하는 것이 도움이 된다. 예를 들면, 교사는 산수같은 특정 수업을 선정하고 일련의 지시를 그 집단에게 할 수 있다. 그 수업 시간 동안 구두지시에 대한 아동의 주의집중 행동 개선과 노력을 계속하여 아동들에게 주의집중 행동단서를 제시할 것이다. 교수 목표 진술시 다음 세 가지 요인을 고려해야 한다.

① 아동이 해야 할 기대행동 선택(예: 구두로 과제를 줄 때 교사의 말을 듣기)

② 아동이 수행해야 할 조건선정(예: 산수시간)

③ 목표달성 표본선정(예: 정확한 페이지를 넘기고 정한 문제를 다섯 번 중 네 번은 풀기)

4) 주의집중 행동개선

다른 발달 기능처럼 주의집중 행동은 추상적으로 개선될 수 없다. 주의집중 행동을 개선시키기 위한 모든 교수 절차는 특정과제와 관련시켜 개발해야 한다. 우리는 주의집중 자체를 훈련시킬 수 없고 무엇에 관한 주의집중 행동을 훈련시킨다.

오래 전 Binet(1911)는 지적장애아 학급을 조직했는데, 그는 지능 구조요인에다 주의집중 영역이 포함되어 있기 때문에 지적장애아 교육시 주의집중 결핍을 완화시키려고 했다. 그의 방법은 학급에서 조상(statues)게임을 하는 것으로써 이 게임은 아동들에게 신체적 자세와 가능한 한 제시된 자세를 유지하게 하는 것으로 구성되어 있고 가장 오랫동안 자세를 취할 수 있는 아동이 승리자였다.

이 절차는 아동으로 하여금 자세를 유지하는 데 도움을 줄 수 있을지는 모르나 다른 과제를 위하여 주의집중을 옮길 수는 없을 것이다. 다시 말해서, 주의집중은 모든 상황에 일반화시키고 훈련시킬 수 있는 단일 능력이 아니기 때문에 특정활동에서 주의집중 행동을 훈련시킬 필요가 있다.

지도할 주의집중 행동이 선정되었을 때, 교사는 특정 학습과제에 대한 동기유발과 주의집중을 증가시키기 위한 교수기술과 전략을 모색해야 한다. 그러므로 여기서 지적장애 아동의 선택적 주의집중을 개선시키는 데 도움을 줄 수 있는 교수기술과 전략들을 제시한다.

(1) 관련자극에 선택적 주의집중

모든 장애 아동들은 학습과제에 관련된 자극에 초점을 맞추는 일에 많은 문제를 지닌다. 예를 들면, 읽기 학습에서 아동은 문자의 연속성 보다 단어의 길이나 배열에 관하여 더 초점을 맞출 것이다. 아동이 관련 서비스를 선택하는 데 도움을 줄 몇 가지 전략들이 있다.

[1] 지적장애아들에게 특정 자극의 중요성 인식

교사는 과제분석을 통하여, 어느 자극이 중요한지 결정해야 하고 그 내용을 제시하기 이전에 이를 아동들에게 알려 주어야 하며 아동은 힌트를 받아야 한다고 Zeaman과 House는 말했다. 예를 들면, 좌우 방향은 '마차'와 '차마'를 구별하는 데 중요하다. 지적장애 아동들은 이 단어들을 정확히 읽기 위하여 문자의 순서와 형태를 보는 힌트는 받아야 한다. 가끔 간단한 "기억하렴! 여기서 시작하여 옆으로 읽어라"하며 페이지나 행의 왼편을 지적하거나 손가락으로 지적해 주는 것으로 충분할 것이다.

[2] 자극단서의 수나 복잡성을 줄임

여러 가지 많은 자극이 제시될 때, 아동들은 가끔 무관자극으로부터 관련 자극을 선택하는 데 어려움을 겪는다. 만약 교사가 제시물의 자극수를 줄인다면 전체자극 수도 줄어들 것이다(Dykman et al., 1971). 예를 들면, 어떤 지적장애 아동들은 한 페이지에 한가지 이상의 덧셈 문제는 할 수 있으나 다른 유형의 문제들로 뒤섞여 있는 페이지나 복잡한 과제는 실패하게 된다. 이같은 경우, 교사는 아동의 어려움을 줄이기 위하여 산수 문제 수나 다양성을 줄여야 한다.

③ 관련자극의 강도 증가

갑작스런 소음, 움직임 및 색깔은 아동의 주의 집중을 시각적으로 이끌기 위해 사용될 수 있다. 예를 들면 지적장애아들이 간단한 모음을 인식하고 읽는데 어려움을 겪고 있다면, 교사는 아동의 주의를 끌기 위하여 간단한 모음을 붉은 색으로 하고 시간이 지남에 따라 과제에서 색깔을 관련시키지 않을 수 있다.

④ 신기성과 친밀성

Scott(1966)는 아동들의 주의집중을 지시하기 위한 한 가지 효과적인 방법으로 신기성, 놀라움 및 유머 등을 들었다. Lewis(1975)는 학습 상황에 새롭고, 이상한 것을 소개함으로서 가끔 아동의 주의 집중을 끌 수 있고 그와 반대로 경우에 따라서는 친밀성 과제도 수업의 다양성에 따라 지도하면 학습성과를 거둘 수 있다고 말했다. 예를 들면, 신기성은 아동들에게 쉽게 간파될 자극이나 실패하지 않았던 자극을 제시해 준다. 수판, 계산기 및 전자계산기는 계산 연습시 이용되는 신기성 좋은 예들이다.

⑤ 촉각과 운동지각의 적용

주의집중은 촉각과 운동지각을 이용하여 증가시킬 수 있다. 촉각은 고립된 관련 자극을 도와주고 관련 자극 크기에 집중시킬 가능성을 증가시켜 준다. Fernald(1943)의 읽기 지도법은 문자 이름을 말하거나 발음할 때 문자의 수를 헤아려 봄으로써 시각자극에 대한 아동의 주의집중을 도와줄 수 있는 촉각과 운동지각의 적용에 관한 훌륭한 사례가 된다.

⑥ 일상적인 상황 내의 자료 제시

Scott는 규모가 평범한 상황에서 정보를 제시할 수 있다고 했다. 읽기시의 단어군, 서로 다른 종류의 잎, 운송방법 등이 학습내용의 사례가 된다. 세트를 이용함으로서 아동으로 하여금 특정 자극에 대한 주의집중을 학습하게 하는데 이는, 이들 관련 개념에 대한 정신적 세트가 있기 때문이다. 예를 들면 읽기 치료시에 평범한 세트를 제시하므로 지적장애 아동의 주의집중은 그 세트내에서 관련자극에 초점을 맞출 수 있게 된다.

[7] 의미와 선행 경험 이용

자신 내의 감각적 단서와 선행 감각적 단서는 주의집중을 증진시키기에 충분할 정도로 강한 것이다. Greey와 Wedderburn(1960), Treisman은 의미와 선행 경험은 자극 선택에 있어 중요하다고 했으며, 선행경험과 상황에 대한 기대는 투입되는 정보에 주의를 집중시키고 분석하는 데 매우 유용하다.

(2) 주의집중 지속기간의 증대

어떤 장애아들은 관련자극을 선택하고 주의를 집중할 수 있으나 주의집중 행동 지속시간은 매우 제한되어 있다. 다음 기술은 그들의 주의집중 지속시간을 증대시키는데 도움을 주기 위하여 이용될 수 있는 것이다.

[1] 아동이 성취해야 할 행동목표 설명

과제를 성취하는 데 필요한 활동 범위의 구조를 조직하고 그 과제들은 다시 하위 과제들로 세분하는 것이 필요하다. 이는 아동들이 자신들한테서 기대하는 바를 정확히 알고 각 활동들이 어떻게 구성되어 있는지를 이해하게 되면 전체 과제를 완수하기 위하여 각 하위과제의 관계를 보다 잘 판단할 수 있기 때문이다. 이 절차는 일정기간 주의를 집중시키지 못하는 아동들에 특히 유용하다.

[2] 계시기 사용(timer사용)

주의집중 장애 아동들에게 자신의 활동시간을 스스로 측정하게 한다. 계시기는 각 아동이 약속한 시간동안 행동을 할 때, 이용될 수 있고 강화를 주게 된다.

[3] 과제에 대한 지속시간의 증가

과제에 소비하는 시간을 증가시키기 위하여 아동을 격려하고 강화해야 한다. 우선, 처음에는 과제를 수행하는 데 필요한 시간은 아동의 주의집중 기간과 같아야 한다. 시간이 지남에 따라 과제의 길이를 점차 증가시켜 아동에게 주의집중 기간이 긴 과제를 주고 개선된 기록을 그들에게 제시함으로써 성취감과 성공감을 주는 것이 중요하다. 과제에 대한 전체 시간을 매일 도표로 그려 아동들의 주의집중 시간을 증가하도록 자극할 수가 있다.

④ 활동중단 빈도 조절

마음이 불안하고 주의집중이 곤란한 지적장애 아동은 자주 활동을 중단해야 하기 때문에 주의집중이 안되는데 적절한 시간을 부여하고 아동이 주의산만한 상황과 주의집중 상황을 구별하도록 도와준다. 시간이 지남에 따라 활동중단 기간과 빈도를 줄일 수 있고 아동이 자신의 활동계획을 설정하도록 격려한다.

⑤ 주의집중 기간의 증대 강화

특정 과제에 주의집중 기간을 연장시킬 때 강화를 통하여 주의집중 행동을 증대시킬 수 있다. 교사는 아동이 주의를 기울일 수 있는 시간을 60초, 75초 등으로 그래프를 그릴 수 있다. 다음에 아동은 자신의 주의집중 행동 기간을 관찰하도록 기록할 수 있다.

(3) 통제된 주의집중 이동의 가변성 증대

학습은 가끔 한가지 과제에서 다음 과제로 연속적으로 주의집중 이동을 필요로 한다. (Bangs,1968). 주의집중 이동에는 눈의 초점, 선, 한 지점에서 다른 곳으로 신체의 이동 등이 포함된다. 주의집중 이동에는 시간내의 변화, 현재. 과거, 미래에 관한 사고(思考) 등이 포함된다. 예를 들면 교사가 수업시간에 말을 하면서 칠판의 문제에 주의를 끌면, 아동들은 그들의 주의를 교사로부터 칠판으로, 청각자극으로부터 시각자극으로 이동시켜야 한다. 교사가 말을 하며 칠판 위에 문제를 푼다면, 주의집중이 청각채널과 시각채널로 나누어져야 하기 때문에 그 과업은 혼합되어 있다. 어떤 지적장애 아동들은 한번에 한 가지 이상의 채널을 통하여 정보를 이동시키지 못한다. 또 아동들은 그들의 주의를 증가시키기 위하여 여러 가지 입력을 필요로 한다.

1 한 번에 한 가지 채널만 요구

주의집중은 여러 가지 이용할 수 있는 가능성이 있는 자극 규모 중 단 한 가지 자극이나 몇 가지에 제한된다.(Zesman & House, 1963). 이런 이유 때문에, 한 번에 한 가지 채널만 요구하는 것이 도움이 된다. 예를 들면 교사는 시각 채널을 동시에 요하는 시각보조물 사용을 금해야 한다. 교사가 말을 끝냈을 때, 아동의 주의집중은 시각보조 자료로 이동될 수 있다.

2 주의집중 이동을 위한 시간 허용

주의집중 장애 아동들은 한 가지 자극에서 다음 자극으로 주의를 이동하는데 부가적 시간을 필요로 한다. 교사들은 다음 자극에 대한 주의를 끌어냄으로서 학생들로 하여금 주의집중 이동을 도와줄 수 있고 이동할 시간을 제고하게 된다. 한 가지 개념에서 다른 개념으로 이동시킬 때도 필요하다. 주의를 신속히 이동시킴으로써 아동들을 강화시키고 보상할 수가 있다.

3 주의집중 이동시간 단축

주의집중 이동시간을 점차 단축시킬 수 있다. 이는 한 가지 중요한 자극에서 다음 자극으로 주의를 이동시키는 속도와 가변성을 증대시키는데 도움을 줄 수 있다.

(4) 연속적 주의집중 행동의 개선

가끔 과제는 특정 순서에 따라 처리해야 할 일련의 활동을 포함하고 있다. 이것은 다양한 주의집중 요구 즉 지시에 대한 주의집중, 특정 결과에 대한 주의집중, 각 활동의 기능에 대한 주의집중과 같은 것들을 요구한다. 다음 지시항목은 연속적 주의집중을 발전시키는 데 도움을 줄 것이다.

1 항목수의 증가

연속적인 학습과제의 다양한 구성요소에 대한 주의집중은 처음에는 간단한 연속과제를 제시하고 점차 여러 가지 연속항목을 증가시킴으로 개선될 수 있다.

2 군단위화

연속과제의 구성 요소들을 그룹 지우는 것은 주의를 기울여야할 단위를 조직하는 데 유용하다(Pick, Chriety, & Frankel, 1972). 예를 들면, 문자를 학습하기 쉽게 세 자씩 그룹을 지울 수 있다(예 : 가나다, 라마바, 사아자 등)

3 시 연

단기 기억이나 장기 기억에 저장된 항목들은 중요한 관계가 있는 것으로 인식되고 기억되기 쉽고 주의를 기울이는 데 도움이 된다. 예를 들면, 과정이 기억될 때까지 단계를 연습하면 빼기 문제의 계산과 같은 과제의 연속 단계에 주의를 기울이거나 반응하기가 더 쉽다.

(5) 주의 집중 행동개선을 위한 부가전략

개별화 교수의 목적은 아동의 주의집중 기간을 증대시키는 것이고 아동이 학습할 수 있음을 보여 주는 것이다. 개별적으로 학습한 자료의 유사성을 집단 상황에서 성공할 수 있도록 유도해 주는 학급 상황으로 프로그램을 점차 이동시킬 수 있다. 그 외 주의집중 행동을 고양시키기 위하여 이용할 수 있는 몇 가지 부가 전략의 제목만 기술한다.

① 아동의 개별지도

② 아동의 변별능력 내에서 학습지속

③ 성공감의 증진(Scott, 1966)

④ 관련자극에 대한 주의집중 강화
(Zeaman와 House, 1963 ; Hewett, 1964)

⑤ 자기수정 기법지도(Kneedler & Hallahan, 1981; Broden, Hall & Mitts, 1971; Glynn, Thoman Shee, 1973)

⑥ 약물 치료(Barkley, 1977; Gadow, 1981 ; Pelham, Schnedler, Bologan & Contreras, 1980)

⑦ 식이 요법(Feingold, 1975 ; Holbrow, Elkins, & Berry, 1981)

⑧ 모방학습

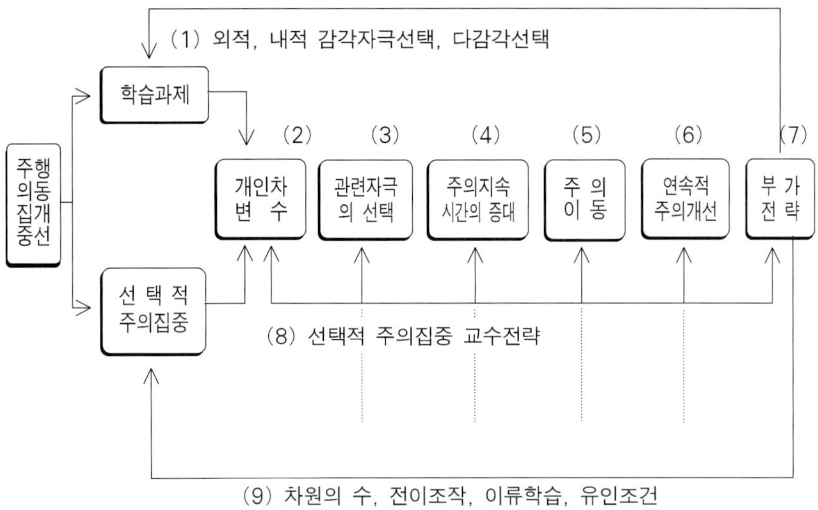

〔그림 9.1〕 주의 집중 행동개선을 위한 모형

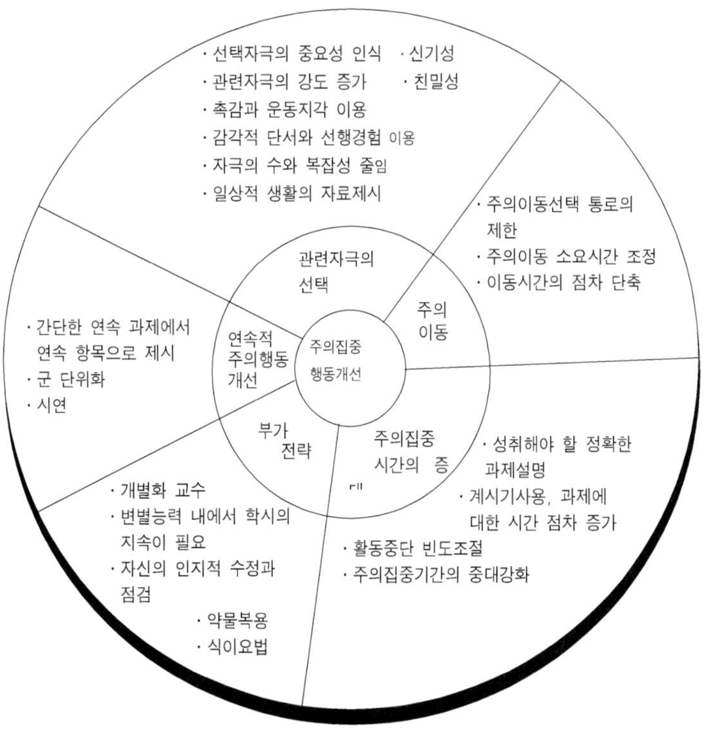

〔그림 9.2〕 주의 집중 행동개선 지도영역과 하위요인

제10장 학습지도

이 장에서는 학습관련 변인과 지도 기술, 학습지도의 실제적 조건, 학습 준비도, 지적장애아 학습지도, 문자 변별, 학습지도의 기술과 적용, 자료의 개발과 활용에 대한 전반적인 내용을 다루었다.

1. 학습관련변인과 지도기술

지적장애아들에게는 개인적 요구를 충족시켜 줄 수 있는 교수 프로그램이 반드시 있어야 한다. 지적장애아의 학습능력을 평가하거나 진단할 때는 잠재력과 학업성취도 사이의 불일치뿐만 아니라 발달상의 불일치 영역을 결정할 필요가 있다.

취학 전 지적장애아일 경우 언어발달, 청각수용장애, 청각-사고 및 조직상의 장애, 구어표현, 인지, 주의집중과 변별, 기억, 다감각 통합, 개념 형성, 문제해결, 근육운동 협동 등의 문제에서 장애를 나타낸다. 발달 가능성에 따른 지능발달 수준이 낮은 지적장애아의 진단은 일반적으로 학력이 CA와 MA 수준에 미달되는 정도를 확인하고, 관찰과 행동 불일치를 진단하며, 교사의 비형식적인 평가, 학문 및 영역간 협력진단, 진단결과 보고서 작성, IEP나 치료 프로그램 작성순으로 이루어진다.

1) 지도방법

지적장애아 학습지도와 교육적 조치절차는 상업적인 자료나 절차를 이용할 수 있으나 그들의 특성상 지도내용이 교사의 능력과 견해에 따라 지도방법이나 절차가 반드시 재구성되고 선택되어 지도되어야 한다. 이 원리들을 근거로 하여 과제훈련, 능력이나 절차훈련, 과제-절차훈련법이 적용되어진다.

(1) 과제훈련법

과제훈련은 주어진 과제를 수행하는 데 필요한 특정기능을 직접적으로 훈련한다. 교사들이 읽기, 쓰기, 셈하기에 어려움을 겪는 지적장애아들에게 이용하여 왔던 기본 전략들 중 한 가지는 목표진술, 과제를 구성하는 하위 기능이나 내용을 단순한 단위로 세분화하며, 아동들의 수행유무에 따른 하위기능을 결정하고, 순서상 아직 학습하지 않은 기능들부터 지도하기 시작한다. 이 절차에서 과제분석은 아동이 과제의 요소들을 숙달하도록 하고 전체 과제가 요구하는 복잡한 수준으로 구성 요소를 통합한다. 읽기, 산수, 쓰기 등과 같은 교과에 있어서 과제분석 방법은 각 구성 요소가 단독으로 성취될 수 있도록 하기 위해 과제들을 단순화할 수 있다. 예를 들면 교사는 한 문단의 복잡한 읽기 과제를 문장이나 한 문장내의 단어들을 분리해서 학습하고 한 단어의 음절이나 음소를 학습한 다음 단어, 문장 및 문단 읽기로 기능을 쌓아간다.

과제훈련법은 아동내의 학습문제나 능력부족에다 초점을 두는 것이 아니라 학습과제 그 자체에 대한 경험이 부족한 것으로 간주한다. 교사는 특정기능에 대하여 아동이 할 수 있는 것과 없는 것을 찾아내고 지적장애아가 과제를 성취하는 데 필요한 행동을 할 수 있는지의 여부를 결정하며, 목표를 행동용어로 진술한다. 아울러 다양한 강화기법을 이용하고 체계적으로 지도하며, 프로그램조직 등을 지원한다.

적응행동분석은 곤란을 겪고 있는 절차나 능력을 추론할 것이 아니라 아동의 상호작용능력, 현재의 행동 및 환경적인 상황에 전적으로 의존한다. 이때는 과제 중심의 관찰 및 훈련방법이 유일한 접근방법이 될 수 있다.

(2) 절차훈련법

이 방법은 능력훈련법이라고 한다. 사실 절차훈련은 가장 오래된 교육형태 중의 하나이다. 어떤 사람들에게는 훈련 받은 절차가 후에 다른 기능으로 바뀔 것이라는 기대와 더불어 정신기능이 개선되기를 기대한다. 문자를 읽고 쓰는 것은 먼저 학습과제에 따른 변별기능이 선행되어야 한다. 예를 들어 블록퍼즐을 해결하기 위해서 형태변별을 학습시킬 필요가 있다면 교사들은 블록퍼즐에 대한 형태변별을 가르칠 것을 강조하게 될 것이다.

아무튼 학습은 일정한 단계와 절차에 따른 훈련과 지도가 있어야 효과적이라는 것에는 대부분의 학자들이 동의한다.

(3) 과제-절차훈련법

항상 교사들은 아동들에게 특정과제를 실시하도록 하고 특수한 요구를 한다. 과제분석 접근법은 관련된 하위 기능에 초점을 두는 반면, 절차훈련자들은 정신작용 개선에 노력을 집중한다. 과제-절차접근법은 두 가지 접근방법의 중심개념을 통합하고 있다.

과제-절차훈련법에서 심리적 과정이나 작용은 별도로 훈련받을 수 있는 분리된 정신능력으로 생각지 않는다. 일련의 학습된 정신작용이나 특정과제에 대한 조건반응으로 절차를 보고 있다. 과제에 대해서 알려진 일련의 정신작용이나 행동들은 구체적이어서 측정할 수 있으며 훈련을 통하여 수정될 수 있다.

무의미한 추상적 기호에 대한 시각변별을 가르치는 대신에 과제-절차법을 이용하는 교사는 문자나 단어들의 시각변별을 훈련시키게 될 것이다.

과제-절차훈련법은 학습될 과제의 절차와 기능장애 치료를 겸한다. 과제-절차법은 세 가지 단계를 가지고 있다.

1 아동의 능력과 무능에 대한 평가.

2 과제 자체가 요구하는 행동기능과 인지기능의 계열성을 과제분석.

3 아동분석과 과제분석의 두 가지 결과를 비교하고 고도의 개별화 교수방법과 자료의 설계.

위에서 언급된 세 가지 전략들은 각기 상황과 아동들의 특성에 따라 적용될 수 있다.

과제훈련은 학업문제가 다소 적은 아동들에게 적절한 방법이나 절차훈련법은 취학전 단계에서 능력을 훈련시킬 때 적합하다. 과제-절차훈련법은 중복장애, 특정발달장애, 중도장애아지도에 적절한 방법이라 할 수 있겠다. 그런데 어느 한 가지 접근법만 고집하는 것은 적절하지 못하다. 교사들은 아동발달의 요구와 발달특정단계에 맞게 적합한 방법을 적용하여야 한다.

2) 지도기술

여기서는 교수계획을 작성할 때 고려해야 할 일반적 원리(① 아동의 특수한 요구발견, ② 연간목표와 단기목표의 설정, ③ 지도할 과제의 분석, ④ 아동의 수준에서 지도, ⑤ 교수법의 결정, ⑥ 적절한 보상, ⑦ 오류 없는 학습준비, ⑧ 자료의 반복학습과 피드백 제공, ⑨ 학습진보 측정)를 중심으로 제시한다.

<표 10.1> 교수계획 작성시 고려할 원리

단계	원 리
아동의 특수한 요구발견	· 지도계획 작성의 첫 단계는 아동의 특정요구를 알아내는 일, 즉 현재의 성취수준, 발달가능성에 대한 평가이다. · 이 평가는 아동의 발달이나 학교에서 아동의 과제수행을 방해하는 요인을 확인해야 하며 성취도 수준이나 태도를 정확히 고려해야 한다. 이들의 특수한 신체적, 사회적, 지적, 정서적 및 교육적 요구들은 계획서 작성의 기본요소가 된다. · 지적장애아들이 할 수 있는 것과 할 수 없는 것을 발견하는 것은 무엇을 어떻게 가르칠 것인가를 계획하는 기본적 요소로서 매우 중요하다.
연간목표와 단기목표의 설정	· 이는 교수 프로그램의 중심적 가치와 기본적 요소, 즉, 초점이 되어야 할 점을 결정하는 것이다. · 연간목표는 다음 학년말까지 아동의 도달점을 기술해야 한다. · 단기목표는 성취해야 할 행동과 행동이 일어날 조건, 성공에 대한 준거 등을 포함하여 기술해야 한다. · 아동이 성공적으로 수행해야 할 목표(반응), 과제제시 조건(자극), 성공 규준(측정)을 기록함으로써 교수목표 진술의 정확성이 증가될 것이다.

지도할 과제의 분석	· 배워야 할 각 기능이나 과제는 그 구성 요소들을 하위과제로 세분해야 한다. · 과제분석은 아동의 성공을 보장하기 위하여 과제를 단순화하는 데 그 목적이 있다. · 이것은 자극 욕구를 변화시키고 과제의 작은 부분에 초점을 두며 한 자극에서 다른 자극으로의 변화를 최소화하고 자료를 반복함으로써 이루어진다.
아동의 수준에서 지도	· 아동들이 부담 없이 반응할 수 있는 수준에서 아동을 지도하기 시작해야 한다. · 단순과제에서 점진적으로 복잡한 과제로 증대시켜 나간다. 교수 프로그램은 항상 아동의 수행 및 이해수준이나 출발점 행동수준에서 그 개념과 기능을 소개해야 한다. · 시작행동의 판별은 실수와 부적절한 반응을 예방하기 위한 여러 가지 전략 중 가장 중요한 것이다. · 과제를 분석하면 일련의 하위 과제로 이루어져 있으며 각 하위 과제를 수행하기 위해서 필요한 특수능력과 기능을 알 수 있다. 교사는 새로운 것을 가르치려고 하기 이전에 선수능력이나 기능을 미리 파악해야 한다. 능력 유무에 따라 수행할 수 있는 과제를 제시함으로써 부적절한 반응을 줄일 수 있다.
교수법의 결정	· ① 반응통로 선정 : 지도를 시작하기 전에 지적장애 아동이 나타낼 반응유형을 정확히 결정함은 중요하다. · ② 아동의 인지문제에 채택할 과제 수정 : 교사는 항상 지적장애 아동에게 무엇인가를 하도록 요구하고 그러한 요구는 아동이 정확한 반응을 통해 주의를 집중하고, 분석, 기억하고 통합하며 사고할 수 있는 능력에 따라 이루어져야 한다. 아동이 인지적 곤란을 겪을 때 구두에 의한 제시와 시각적 제시물의 특성을 수정하고 아동 반응의 성격을 변경시키거나 보다 낮은 수준에서 과제를 요구하는 것이 중요하다.
적절한 보상	· 특히 지도를 할 때 아동이 적절한 반응을 하도록 강화를 해야 한다. · 강화의 방법은 다양하나 즉시성, 일관성을 중요시하고 적절한 강화제의 선택과 효율적인 기법이 사용되어야 한다. 아무튼 지도지는 상황의 범주를 적절히 고려하고 시기에 맞는 관심과 무관심의 표현이야말로 올바른 지도방법의 첩경이다.

오류 없는 학습준비	· 모든 지도에서 지도자는 학습지도의 실제적인 조건, 즉 준비성, 동기, 반복연습, 전이 등 네 가지 조건이 충족되어야 하나 특히 아동이 학습자극에 대한 오류를 범하지 않도록 하기 위해서는 학습자극의 준비가 매우 중요한다. 세심하게 선택된 자료, 워크북, 교재 및 활동계획서 등은 오류가 없이 아동의 능력범위 내에서 선택되어야 한다. · 아동이 오류를 범한다면 자료나 학습이 너무 어렵거나, 변화가 가장 적은 단계별로 제시되지 않았거나 아동이 피로했거나 행동을 견디어 낼 인내력이 없기 때문이다. · 만약 오류가 생겼다면 교사는 교수활동을 중단하고 오류에 대한 근본 이유를 밝히기 위해서 학습이나 자료의 과제를 분석해야 한다.
자료의 반복학습과 피드백 제공	· 반복학습은 기억에 도움을 준다. 또한 학생에게 정확한 반응을 알려주면 학습은 신장된다. · 피드백은 여러 가지 방법으로 제공될 수 있으나 가장 보편적인 피드백은 교사가 아동이 말하고 행동한 것을 반복시키거나 정확히 했다고 말해 주는 것이다.
학습진보 측정	· 지도에서 가장 중요한 절차 중 하나는 지도기간 동안 학생이 어느 정도 진보 발전하고 있는지를 측정하는 것이다. · 학생 진보 정도를 측정하고자 할 때 무엇을 어떻게 측정할 것인지를 교사가 결정해야 한다. 또한 아동 자신의 자기평가를 통하여 성공의 규준을 의식하게 해야 할 필요가 있다.

2. 학습지도의 실제적 조건

지적장애아의 교육에서 아동의 변화가 기대될 수 있는 조건은 성장·성숙과 학습이다. 성장은 거의 유전적 조건에 의해서 결정되어지기 때문에 교육자가 통제할 수 있는 것이 못된다. 그러나 학습에 대해서는 어느 정도 교사가 영향을 미칠 수가 있다. 왜냐하면 학습은 통찰력의 발달, 적응행동의 발달, 새로운 개념의 지각, 지식이나 진보에의 의욕 등을 통합하고 있기 때문이다.

아동의 학습이 성공하자면 기본적으로 다음의 세 가지 의욕 또는 욕구가 있어야 한다. ① 목적달성에 대한 의욕과 능력, ② 목적달성까지 과업에 대한 계속적인 의욕, ③ 과업완수에 의한 자기강화에의 의욕 등이다.

정상아동은 학습할 의욕이 있고 자기의 능력을 최대한으로 발휘하려 하고 또 학습을 하려는 의욕을 갖고 있기 때문에 그 학습자에게 적절한 자극이 주어지는 경우에는 학습은 효과적인 성과를 올릴 수 있으나 지적장애아의 학습에 있어서는 많은 문제가 있다.

많은 학자들이 지적장애아 학습문제에 대하여 연구를 행하고 있으나 연구에 곤란한 점들이 있다. 예를 들면 아동의 동기문제에 있어서도 장소와 시간에 따라서 끊임없이 변동하기 때문에 연구에 애로점이 많다. 또 지적장애아의 학습능력 측정도 어려운 문제 중의 하나이다. 왜냐하면 학습과 관계가 있는 여러 조건 변인을 실험에서 통제한다는 것은 거의 불가능하기 때문이다.

지적장애아의 학습에 관한 연구자들의 일치된 견해는 지적장애아와 정상아와의 학습차이다. 학자들의 의견은 다음의 점에서 어느 정도 일치되고 있다.

첫째, 지적장애아는 정상아보다도 추상적 개념학습이 곤란하다.

둘째, 학습도달의 수준이 낮다.

셋째, 학습량이 적다.

넷째, 추리력이 약하다.

마지막, 자발적 학습이 곤란하다.

지적장애아 학습지도의 실제적 조건으로는 학습의 준비성(readiness), 동기(motive), 반복·연습(exercize), 학습전이(transfer) 등 네 가지 조건이 충분히 고려되어야 한다.

1) 학습준비성

준비성 혹은 레디니스라는 본래의 고유한 개념에는 유기체가 일관성 있게 정확한 방식(fashion)으로 적응할 수 있게 충분한 성숙(maturation)이 되어 있어야 한다는 일반적인 관념이 내포되어 있는 것이다.

<표 10.2> 학습준비성에 내포된 의미

- 첫째, 성숙은 학습준비성(readiness for learning)에서 매우 중요한 요인으로서 모든 학습은 학습자의 성숙단계에 맞도록 지도되어야 한다.
- 둘째, 주의집중(attention)은 준비성의 중요한 요인이 된다.
- 셋째, 성숙에 부가하여 학습준비기능은 선행기능(precursive skills)의 발달 정도에 기초한다.
- 넷째, 아동의 학습방법과 학습과정이 레디니스와 또한 관련된다.
- 다섯, 일반적으로 학교학습에 대한 아동의 정서적 적응과 태도도 레디니스의 중요한 요인이 된다.
- 여섯, 레디니스의 개념은 또한 개념발달(concept development)과 관련된다.
- 마지막, 학습자료의 적절한 선택과 준비 없이는 효과적인 교육을 기대할 수 없다.

2) 학습동기의 유발

동기유발(motivation)이란 용어는 자주 사용되는 용어이지만 흔히 교육적 의미에서 잘못 사용될 때가 있다. 즉 가장 범하기 쉬운 오용은 “우리는 아동에게 동기를 주어야 한다”라는 진부한 말이다. 아동에게 자극은 줄 수 있으나 동기는 줄 수 없는 것이다. 아동에게 자극을 주어 활동에의 참여나 개념학습을 열심히 하도록 이끌 수 있을 따름이다. 그리고 학습동기 유발의 개념에는 무수한 요인들이 포함되어 있다.

먼저 아동은 학습의 필요를 지각하고 있어야 한다. 예컨대 하급학년 수준의 지적장애아는 흔히 읽기를 위한 기초기능학습의 활동에 흥미를 갖지 못한다. 이것은 왜 읽기를 배워야 하는지를 지각하지 못하는 데 있다. 학교생활의 초기에는 높은 수준의 읽기능력이 없이도 별로 문제가 되지 않는다. 특히 읽기학습을 하도록 압력을 주는 동무가 적은 지적장애아 동질집단 속에서는 아무런 자극도 받지 않고 그럭저럭 지내버리기 쉽다. 그러나 상급학년 혹은 중학교 수준에서 지적장애아는 읽는 법을 배우려는 관심이 보다 높게 나타나기 시작한다. 왜냐하면 이 연령에서는, 예컨대 선진국의 경우 운전면허증을 받는 것이 중요한 동기가 된다.

이러한 매우 명백하게 나타난 요구에 기초하여 읽기 학습활동이 극적으로 증가된 사실이 많은 것이다.

이와 같이 흥미·관심의 정도와 기능습득의 요구(필요)수준은 학습을 촉진하는데 매우 중요한 것이다. 따라서 학습을 능률적으로 전개시키기 위해서는 학습자가 학습문제에 대해 흥미를 가지고 자진해서 해결하려는 의욕이 있어야 한다. 그리고 효과적인 학습동기를 유발시키기 위해서는 적정한 수준에서 안정된 방식으로 학습이 진행되어야 한다. 학습의욕을 높이기 위해서는 ① 학습이 학습의 필요성을 알도록 하여 학습요구를 자극해야 한다. ② 학습흥미를 발전시키기 위하여 그 학습영역에 성공적인 경험을 갖도록 해야 한다. 실패경험은 학습흥미를 저지하고 성공경험은 동기유발을 자극하게 된다. ③ 교사와 아동이 함께 설정한 장기 혹은 단기의 학습목표는 아동 개개인의 장단점을 충분히 고려하여 현실화해야 한다. 만약 능력 이상의 성취를 강요하게 된다면 학습실패는 물론 학습흥미마저 상실하게 된다. 이것이 장기화되면 모든 학교학습에 부정적인 생각을 품게 되는 것이다.

결과적으로 동기형성을 위해서는 유인성(incentive)과 동인(drive)을 가져야 한다. 언제나 학습에 실패하는 아동에 가장 효과적인 요인은 성공적인 경험과 장면을 설정하는 것이다.

특히 학습과제 시작시의 성공적인 수행은 무척 중요하다. 성공은 하나의 보상이며 아동의 보다 나은 학습수행을 이끌게 한다. 따라서 학습활동은 지적장애아가 성공할 수 있도록 구조되어야 하고 정확한 학습수행에 따른 즉각적인 보상이 마련되어야 한다. 지연강화는 학습을 방해하게 되므로 아동의 바른 반응에 대한 즉각적인 확인과 그 강화가 매우 중요하다.

3) 반복·연습

지적장애아는 정상아에 비해 자극에 대한 반응이 느리고 또 힘들게 수행된다. 따라서 지적장애아 지도의 기본은 다양한 방법으로 경험을 반복·연습할 기회를 그들에게 많이 제공해야 한다. 즉 연습과 다양한 반복은 지적장애아가 정확한 반응을 실행하도록 조력해야 할 것이다.

지적장애아는 한 가지 지식이나 기능도 몸에 밴 지식이나 기능으로 정착시키는 능력마저 열약하여 새로운 경험을 산 지식이나 기능으로 실생활에 적용하는 능력이 결여되어 있다. 따라서 이들의 학습은 반복연습이 필요하며 계속적, 발전적 지도가 요망되는 것이다. 그러나 반복연습은 단순한 반복의 연속으로는 흥미를 잃어 학습을 기피하게 되는 것이 특성이기 때문에 항상 그들의 흥미와 관심을 잘 파악하여 임기응변으로 다종 다양한 자료와 방법이 연구 활용되어야 한다.

4) 학습전이

학습전이(transfer of learning)와 학습태세(learning set)는 개념상 상당히 중복된다. 그러나 전이는 보다 일반적 방법이란 관점을 내포하고 있다. 선행학습이 후속학습을 촉진할 때를 정적 전이(positive transfer)라고 하며, 방해하는 경우를 부적 전이(negative transfer)라 하는데 일반적으로 학습의 전이라고 할 때에는 정적 전이를 뜻한다.

전이를 하기 위해서는 인지구조에 저장된 개념 및 사실을 가져야 하며 해결할 문제에 관련된 이들 개념을 선택하여 적절히 다른 상황에 적용할 수 있어야 한다.

Bryant(1965)는 연구 결과 지적장애아의 전이능력은 정적 전이보다 부적 전이의 경향이 명백하다고 밝혔다. 지적장애아는 "그들이 하게 되어 있는 것" 대신에 "그들이 하게 되어 있지 않는 것"을 보다 더 용이하게 기억하고 있는데 이는 정상아동과는 반대의 경향을 나타내는 것이다.

교육가능 지적장애아는 조직적인 구체적 자료가 제시될 때 전이가 잘 되고, 반대로 고지능아들은 규칙, 법칙, 원리, 일반화를 사용한 지도방법이 보다 전이가 잘 된다(Ortan Mckay and Rainy (1964)). 한편 지적장애아의 이러한 전이곤란은 그들의 두드러진 이상특성으로 지적되고 있는 경성(rigidity)에 대한 인지적 측면에서의 해석과도 관련된다고 볼 수 있다.

지적장애아는 정신구조가 미분화되어 있으며 구조를 형성하고 있는 각 영역내의 경계벽이 경화되어 있어 한 영역에서 학습한 사항을 학습해도 그것을 새로운 문제해결에 응용하거나, 또 그렇지 못하게 된다. 따라서 지적장애아 생활 전영역을 실제 경험영역과 연관시켜 장면에 따른 전이를 시켜야 한다.

전이를 학습태세(learning set)란 선행경험에 의하여 유사한 사태에서 부가적 문제나 부차적 문제를 스스로 해결하는 방법을 배우는 능력으로 일컬어진다. 이 현상은 학습하는 방법을 배우는 것(learning how to learn)으로 일컬어지고 있다. 학습태세의 연구는 지적장애아도 일반적으로 학습하는 방법을 배울 수 있다고 제시하고 있다.

Ellis(1958)와 Stevenson and Swartz(1958)에 의하여 학습태세의 형성능력은 정신연령이 높은 아동일수록 보다 빨리 이룩되므로 MA와 관계되는 것 같다고 제시하면서 동일한 MA를 가진 지적장애아와 정상아의 비교연구에서 지적장애아가 학습태세 형성에 약간 늦은 경향을 보였는데 이는 아마도 지적장애아의 성격상 완고성, 고집성의 경향에 기인된 것 같다고 했다. 또한 나이 어린 지적장애아가 보다 어려운 문제에 직면되기 이전에 쉬운 문제를 푸는 기회가 많이 주어질 때 학습태세는 보다 빨리 형성되어지며 지적장애아에게는 계열적인 사실 및 개념의 제시가 매우 중요하다는 것이다.

3. 학습 준비도

학습지도의 실제조건에서 약간 언급되었지만 좀더 구체적으로 살펴보면, 준비도(readiness)의 개념은 적절한 교육과 조치를 위해서 모든 교사에게 중요하지만 특히 개인차를 취급하는 특수교사에게는 더욱 중요하다.

IQ 75 이하인 아동은 동일한 생활연령의 정상 혹은 그 이상의 지능을 가진 아동보다 지적·신체적 성숙이 많이 늦은 것은 사실이다. 대부분의 경도 지적장애아들이 학교에 입학했을 때는 정신연령 4세 이하로서 일반학급에 배치된다. 그들은 읽기, 쓰기, 계산의 준비도를 갖추지 못하고 있다. 그러나 대부분의 경우 정상 및 그 이상의 아동의 것과 동일한 자료가 주어지며, 기껏 잘해야 그들 중 반 정도만 특수교육을 받는 실정이다. 만약 교사가 개인차를 고려한다면 일반학급 교사든 특수학급 교사든 준비도의 개념을 잘 이해해야만 한다.

준비도의 정의는 많은 사람이 다양하게 정의하고 있다.

Keliher(1967)가 뜻하는 바로는 준비도는 태어날 때 시작하여 죽음으로 끝난다. 일부 학자들은 우리의 전 생애가 단순히 죽음 이후의 생활을 준비하는 기간이라고 믿는다. 11세기초 Davis(1963)에 의해서 Thrndike의 세 가지 입증할 수 있는 학습법칙, 즉 준비의 법칙, 연습의 법칙, 효과의 법칙이 보고되었다.

준비성의 법칙이란 어떤 태세가 갖추어져 있을 때 그 활동을 하면 만족스러운 결과를 얻으나 태세가 갖추어져 있지 않을 때 활동을 하면 고통과 불쾌감을 느끼게 된다는 것이다. 위의 준비도에 대한 기술을 여러 가지로 해석하여 조작적 정의를 흐리게 하는 경향이 있다. 조작적 정의의 준비도란 일반 목표로서 특정한 행동이나 지식을 습득하는 여러 가지 주기적 행동과 지적 기능으로 이루어지는 것으로 생각된다.

초등학교 교육에 적용되는 '준비도'란 용어는 많은 함축성을 지니고 있다. 아동은 무엇을 준비해야 하는가에 대한 대답은 대답하는 사람의 과거 경험에 좌우된다. 각 개인은 자신의 흥미와 견해에 따라 준비도를 생각하며 교육원리나 교육과정에 대해서도 각자의 생각을 가지고 있는 것이다.

1) 학문적 견해의 준비도

아동을 어린 어른으로 생각하는 사람들이 있는데 이들은 일반적으로 학문적 견해의 준비도를 아동에게 강요한다. 이들은 대학 시절을 직업생활의 준비기간으로 간주하므로 자연적으로 이들에게 있어서 고등학교 시절은 대학 입학 준비기간이며 초등학교 시절은 중등학교 준비기간이며 초등학교 입학전 기간은 초등학교 일학년부터 좋은 학생이 될 수 있는 적당한 아동을 형성시키는 기간이 된다.

견해가 매우 좁은 사람들은 준비도를 단순히 읽기나 언어능력면의 준비로만 생각한다. 이들의 생각으로는 읽기란 인쇄된 자료로부터 지식을 습득하는 과정이므로 준비도락 책으로써 이루어지며, 정도를 낮춘 전 초보단계의 워크북으로 연습시키는 것으로 충분히 준비도를 갖출 수 있다. 나중에, 아동이 도구 과목에 옳은 반응을 할 수 없다면 그 아동은 실패자인 것이다.

2) 진정한 실패

부모나 교사들의 상식적인 사고 때문에 아동들의 학습상황이나 준비도에 실패를 경험하게 된다. 진정 상식적인 사고 자체를 새롭게 함으로써 학습상황을 진전시킬 수 있다. 부모들이 아동의 활동을 금지시키므로 아동들을 실패시킨다. 즉 그들의 자녀들에게 건전한 놀이나 경험을 못하게 하는 대신에 로봇 같은 아동을 만들기 위해 계획된 형식적이며 틀에 박힌 활동 스케줄을 다르게 함으로써 실패하는 것이다.

준비도를 교과에 관련시켜 생각할 때는 제한된 해석이 내려지므로 모든 교사는 활동 프로그램을 계획하거나, 아동의 적응 행동을 관찰할 때 혹은 모든 아동이나 단체의 전체적인 향상을 측정하고 개인차를 이해할 때 많은 측면의 준비도를 고려해야 한다.

준비도와 교과영역은 밀접한 관계가 있으며 아동들이 읽기, 쓰기, 계산을 시작할 준비가 갖추어져 있을 때는 명확한 표시가 나타남을 많은 교사들은 알고 있다. 만약 그 표시를 관찰하지 못한다면 아동은 어려움을 당하게 되고 너무 무리하게 빠른 속도로 특별한 도구 교과영역에 몰입되어질 수 있다. 교사는 아동이 학습의 어떤 면에는 준비도를 보이나 동일한 시간에 지도되어야 할 다른 것에는 준비도를 갖추지 못했을 때 특히 곤궁에 빠지게 된다. 왜냐하면 준비도가 갖추어진 영역에만 지도해야 되기 때문이다. 교사가 관찰하는 몇 가지 표시는 조용히 앉아서 읽기자료에 눈동자를 계속 고정시키는 능력, 듣고 지시를 따르며 요구된 시간 동안 읽기자료를 응시하는 능력 등이다. 또한 내용의 뜻을 파악하고 낱말형을 기억하며 예측하고 의미 있게 결합시키는 능력도 포함된다.

3) 준비도의 생리학적, 심리학적, 사회적인 측면

학령기 이전의 아동에 대해 연구해 온 대부분의 전문가들은 이 시기가 형식적인 학교 내외의 크고 작은 활동을 위한 준비도를 개발하는 데 가장 중요한 시기라고 생각한다. 많은 사람들이 준비도를 학습장과 연합된 것으로 생각하며 아동발달의 결점을 수정하기 위한 프로그램을 연구해 왔다. 어떤 전문가들은 사람의 평생 학습량 중 75%가 6세까지 학습된다고까지 말하고 있다.

Getman(1966)은 학습에 있어 유기적 조직체의 기초를 강조하고 있다. 시각학습은 습득된 지식의 약 80%의 책임이 있으므로 기호와 형태를 다룰 때는 아동이 그것을 정확히 지각하여 올바로 해석해야만 한다고 주장한다. 그는 또한 기호의 지각은 생리학적 발달과 매우 밀접한 관계가 있다고 생각하여 준비도의 평가에 새로운 차원을 부가했다. 그는 지각적 준비도를 강조하여 이것을 발달시킨 활동 프로그램을 조직했다.

준비도를 발달시키는 감각-운동 활동의 이론은 현대의 많은 사람들이 조기교육을 받는 아동이나 초등학교 입학전 아동을 관찰한 결과 이루어진 것이다.

이 이론은 Piaget가 아기의 조기학습에서 감각-운동활동을 처음으로 설명한 것으로서 새로운 것은 아니다. Piaget에 의하면 아이들은 자기 둘레의 것을 보고 들으며 손으로 만지는 데 촉각, 청지각, 시지각이 합하여 사고에 이용될 수 있는 심적 구조를 이룬다는 것이다. 이런 기초적인 감각-운동학습은 일생을 통해 계속되며 특별히 초등학교 입학전에 중요하다. 예컨대 아이가 사다리를 올라갈 때는 그의 몸동작은 조정하는 기능을 발달시킬 뿐 아니라 균형감각을 발달시키고 거리측정을 배우게 된다.

4) 감각 발달

아이가 음악에 맞추어 춤을 출 때나 인디언 춤을 흉내낼 때는 청각, 시각, 운동적 경험을 발달시키고 있는 것이다. 즉 보고 듣고 만진 것을 조합할 수 있을 때는 지각-운동학습을 이용하여 준비도를 발달시키는 것이다. 아동은 의미 있는 경험을 통하여 배우며 발전할 수 있는 기초 위에 있다. 그러나 불행히도 많은 아동이 충분한 경험을 하지 못하고 있다.

5) 교사의 관찰

조기 학습기간에서 가장 뚜렷한 양상은 그와 같이 짧은 기간에 이루어지는 성장의 질과 양이다. 키와 몸무게가 함께 증가되는 동시에 뼈와 근육도 급속도로 성장한다. 교사는 이러한 신체적 성장뿐 아니라 아동들이 자기 둘레의 모든 사물을 인식하고 이해하는 것도 주의해 보아야 한다. 왜냐하면 이러한 것은 보다 많은 경험을 위한 준비를 잘 갖추어 가는지를 나타내기 때문이다.

성장, 운동준비도, 읽기준비도는 같은 방법으로 판단될 수 있다. 읽기, 쓰기, 산수능력에 관련되는 운동기능은 기고, 걷고, 잡는 것 등과 같은 생리학적 성장을 따른다. 어릴 때 서고 걷는 기능이 뒤떨어지면 운동면의 학습성과도 역시 뒤떨어진다.

6) 시 각

시각도 준비도에 중요한 역할을 하는 것으로서 안과 의사에 의하면 시각 발달은 매우 복잡하며 많은 발전단계를 거친다고 한다. 이것은 읽기, 쓰기, 계산의 준비도가 갖추어지기 전에 충분히 조정되어 활용되어야 한다.

7) 자아상

아동들에게 준비도 상태를 갖추게 하는 조기교육의 가장 중요한 면은 적당한 자아상을 개발시키는 것이다. 무의식적으로 “나는 나를 좋아한다.”고 생각하는 아이는 긍정적인 자아상을 발전시켜 사회생활에서 자기의 역할을 기꺼이 한다. 동료, 교사, 다른 어른들과의 인간관계에서 즐거움을 느끼는 아이는 사회생활 준비도가 충분히 발달된 상태이다. 어떤 아이들은 이것이 학령전기에 발달된다.

8) 전인적 아동의 준비도

준비도에 대하여 생각할 때는 아동의 전체면을 고려해야 한다. 이들의 정신적, 육체적, 사회적, 정서적 성장의 측면에서 이야기하지만 학교에 가는 것은 이것이 합쳐진 전인으로서 한 아동이며, 성공 혹은 실패할 수도 있는 것은 아동 자체인 것이다. 아동들은 어떤 면에는 준비도가 갖추어져 있으나 어떤 다른 면에는 갖추어져 있지 않음을 깨달아야 한다. 너무나 빈번히 ‘문제의 증상’의 처리에만 힘을 쓰지 그 아동 자체에 대해서는 잊어버리고 만다.

Davis(1963)는 준비도를 성취하는 것은 모든 학습과 같이 나선형 발달형태를 이루는 것으로 간주되어야 하며 미리 결정된 시간에 일어난 여러 항목이나 내용, 경험으로 간주되어서는 안된다고 말한다. 모든 예비경험은 목표를 향해 나아가는 동시에 기본을 이루고 있는 첫번째 경험으로 돌아가야 한다. 즉 준비도의 체계적인 각 단계는 다음 단계로 나아가는 첫 발걸음이어야 하며 모든 단계는 중복되어야 한다.

특정된 연령집단내에서는 여러 분야에 있어 능력차이의 범위가 넓다고 어떤 교사가 말한다. 이것은 특히 초등학교 아동들에게 적용되는 말로서 이 때는 생활연령 6개월의 차가 나면 준비도는 이보다 더 많은 차를 낸다. 아동의 성별도 준비도의 차를 나타내는 요인이다. 대체로 남아가 여아보다 교과 준비도에는 늦게 도달하지만 운동발달면에는 앞선다. 많은 전문가들은 여아들은 6세에 1학년을 시작하는 반면 남아들은 7세에 1학년을 시작해야 한다고 말하고 있다. 그러나 능력과 마찬가지로 준비도도 매우 개인적인 문제이므로 아동 각자는 자신을 숙성시켜야 한다. 따라서 부모나 어른들이 지적장애아에게 준비도를 갖추도록 하기 위해 많은 제약을 가하지 않는다면 지적장애아의 준비도는 적절한 시기에 발달될 것이다. 즉 매우 효율적인 자신의 방법과 속도로 발달될 것이므로 어른들은 이 점을 깨달아야 하나 어떤 부모들은 지나치게 그들의 자녀를 일정한 틀 속에 집어넣어 아동 자신의 생활을 즐길 수 없도록 한다.

9) 억 압

강제적으로 성취하게 하는 것은 학습량을 확대시키기보다는 축소시키는 경우가 많다. 아이들은 한 경험에서 다른 경험으로 너무 급히 몰아가기 때문에 다음 단계의 준비를 할 시간이 없게 되기 때문이다. 오늘날 급속히 움직이는 사회생활에서는 아이들이 사색시간이나 조용히 움직이는 시간을 거의 갖지 못한다. 준비도를 갖추었을 때 즐길 수 있는 직접경험은 준비도를 의식한 부모가 아동들에게 계속적인 경험을 제공하므로 가지지 못할 때가 많다. 요즈음 사람들은 '서두르다'는 말을 매우 좋아하게 되었고, 아동들이 얼마나 그 일을 즐기는가를 강조하는 것이 아니라 얼마나 많은 일을 하며 얼마나 빨리하며 얼마나 많은 책을 읽는가를 강조하고 있다.

10) 개인차

만약 어떤 관점을 갖고 살펴본다면 개인차는 명백하게 나타나며 이것은 가장 먼저 고려되어야 한다. 아동의 개인적인 성장곡선은 교과의 준비도를 잘 나타내 준다. 성장이 느린 아동은 6세에도 학교에 입학할 준비가 되어 있지 않을 것이다. 그러나 그가 후일에도 동일한 수준의 학습을 성취할 수 없다는 것을 의미하지는 않는다. 일반적으로 지적장애아는 대부분의 정상아동이 습득할 학습내용을 어떤 시기에도 습득할 수 없을 것이다.

11) 학 습

모든 아동이 동일한 방법으로 학습하지 않는다는 것은 사실이다. 어떤 아동은 어른들이 바라는 방법으로 활동하려고 하지 않고 자기 자신의 특별한 방법으로 습득한다. 만약 계속적으로 아동 자신의 방법이 좌절되고 그에게 맞지 않는 양식에 모든 일을 맞추도록 강요된다면 그는 투쟁을 포기하고 끝까지 준비도를 못 갖춘 상태로 퇴보해 버릴 것이며, 가지고 있는 어떠한 창의력도 잃어버릴 것이다. 이러한 결과는 학교와 교사 및 부모의 잘못이다. 그러나 책임 맡은 어른들이 새로운 경험에 대한 아동의 준비도 수준을 알고, 그것을 받아들인다면 그 새로운 경험은 아동에게 확신과 안정감을 갖게 할 것이다. 이 점을 고려하지 않고 대체할 준비를 갖추지 않은 경험이라면 아동은 완전히 지울 수 없는 공포를 갖게 되거나 나중에 준비도를 갖추었을 때 즐거움이 될 어떤 것도 싫어하게 된다.

일상경험도 새로운 경험과 마찬가지로 신중하게 다루어져야 한다. 일상경험의 사건들은 가끔 감정을 축적하여 정서적인 혼란을 일으킬 수 있다. 만약 아동이 현재와 미래에 충분한 능력을 갖출 것이라 보장된다면, 아동의 대부분 경험은 아동 자신에 의해 선택되어져야 한다.

그런데 얼마나 많은 일들이 아동에게 준비도를 갖출 때까지 연기되어져야 하는가가 문제다. 자연히 미루어질 수 없는 일이 있다. 예컨대 건강, 안전주의 등은 아동이 이해할 수 없는 수준에서 지도되어야 한다.

학습과 학습준비도는 아동이 구체적인 것으로부터 추상적인 것으로 연결지을 수 있는 장면에서 더욱 성공적으로 이루어진다. 만약 아동들이 관련성을 잘 알 수 있도록 여러 경험을 합치면, 아동들은 그것으로 의미있는 구조를 세울 수 있을 것이다. 이런 구조화는 아동이 물체를 조작하고 문제를 질문하고, 전체 혹은 부분적으로 문제를 해결하며 놀거나 새로운 것을 만들 때 이루어진다. 즉 아동이 질문하고 탐구하는 과정에서 준비도가 가장 잘 발전된다.

초등학생에게 읽기 준비도를 발달시킬 수 있다. 이들은 말하고 듣는 기회가 매우 많으며 크레용 통에 붙은 상표와 방안의 도표, 표 등을 읽는다. 또한 책에 색칠하는 것과 교사의 이야기를 듣는 것, 또는 교사의 도움으로 경험을 쓰는 것 등은 모두 준비도를 발달시키는 것이다.

Olson(1949)은 아동의 발전상태를 측정하는 다섯 단계를 설정했다.

[1] 아동이 촉각, 후각, 미각, 시각, 청각의 직접 경험을 한다.

[2] 아동이 간단한 말을 이해하고 따라 할 수 있다.

[3] 다른 사람과 이야기할 수 있다.

[4] 1학년에 입학했을 때 구어와 기능적 문법을 마음대로 구사한다. 경험과 구어 사이, 그림과 말과 경험 사이의 연관성을 안다. 이 단계에서는 체계적으로 배열된 기호와 경험 및 구어 사이의 관계를 알 때 읽을 수 있다.

[5] 글자를 써서 의사전달을 할 수 있다.

지적장애아는 이 다섯째 단계에서 정상아보다 느리다. Olson의 연구에 의하면 부모나 교사는 이러한 단계를 거치는 아동의 발달을 재촉할 수 없었다. 초등학교 입학전 학교와 가정에서 자발적으로 읽기를 배우는 아동들의 기록을 조사한 결과 넷째 단계에서 가장 빨리 성장하는 경향이 나타났다. 둘째, 셋째 단계에서 별로 많은 향상을 보이지 못한 아동들은 넷째 단계에 들어갈 때만 부진했다. 이처럼 아동들의 발달단계에 많은 변화가 필요하지만 준비도의 각 단계에서 아동에게 학습을 강요하는 대신 일정하게 보조를 맞추어 나가야 된다는 점을 모든 사람들이 거의 수용하지 않고 있다. 모든 아동들이 계속해서 일정한 틀에 박히도록 어떤 양식에 맞추어지게 평가나 기타 내용을 요구하게 된다면 나중에 당면한 많은 일들의 준비도는 어떻게 개발할 수 있을까?

우리 사회에서는 너무 많은 형식적 평가방법을 아동들에게 사용한다. 또한 아동들의 환경을 너무 엄격하게 만들어 아동들의 본성 대신에 복종에 대하여 상을 준다. 이것은 어른들에게는 만족을 줄지 모르나 아동들에게는 전혀 그렇지 못하다. 교사들은 아동의 창의성을 존중하지 않을 때가 매우 많다. 형태에 색칠만 해야 될 것과 형을 따라서 그려야 될 과제를 엄청나게 제공함으로써 아동들은 다만 많은 연습을 거듭할 뿐이다. 뿐만 아니라 별로 유용하지도 않은 앉아서 하는 일을 많이 시키는데 이러한 작업은 단지 아동들을 조용히 시킬 뿐이다. 가정에서뿐 아니라 학교에서 또한 순종자가 되기를 요구한다. 초등학교 상황에서는(일반학급이든 특수학급이든) 아동, 교사, 부모가 모두 함께 활동하며 배울 수 있다. 아동은 그가 학령전기에 배운 것을 어린 동생에게 가르칠 수 있으며 부모는 아이들의 활동에 참가하여 같이 배울 수 있다. 교사는 부모와 함께 활동하여 아이들을 도울 수 있다. 창의성이 강조되며 교사와 부모가 '순종증세'를 잊어버리면 좋은 것이다.

부모들은 아동들의 학습 준비도를 인식해야 한다. 자기 자녀가 해야 될 시기라고 생각되는 어떤 일을 하지 않으면, 아직 성숙되지 않았다는 것을 모르고 좌절감에 빠지는 경우가 많다. 준비도의 개인차는 서로 다른 나이 수준의 아이들뿐만 아니라 같은 나이 수준의 아이들간에도 있다. 이러한 사실 때문에 특정한 시기에 그들에게 가장 흥미 있는 자료를 사용하고 여러 가지 활동을 시켜야 된다. 나이가 같다고 해서 같은 활동을 하기를 기대해서는 안된다.

초등학교 입학 전에는 아동들이 원한다면 개별적으로 자유롭게 놀도록 해야 한다. 그러나 가끔 그들이 위축되거나 아동의 행동이 교사나 부모에게 부적응으로 의심이 간다면 이런 아동들을 위한 활동은 의도적으로 계획되어야 할 것이다. 이런 원칙에 따라 부모와 교사는 아동의 발달에 현저한 이상 경향을 막기 위해 항상 관찰하며 방심하지 말아야 한다.

아동의 자발적인 관심은 좋은 지도핵심이 되며 일반적으로 좋은 결과를 가져오므로 아동의 준비도를 인식하고 여기에 맞추는 것은 모든 학습 분야에 필요하다. 만약 아동이 학령 전기에 지도와 격려를 받지 못한다면 학습과정은 저해될 것이다. 초등학교에서 급속히 성장하는 능력을 충분히 개발시키는 것은 관련된 모든 성인들의 책임이다. 아이가 너무 어리다는 전제하에 이것을 미루는 것은 졸렬한 생각이며 좋은 결과를 가져오지 못할 것이다. Tayler(1967)는 아이들이 나중에는 더 현명해질 수 있으나 5세까지만큼 빨리 학습하고 발달될 수는 없을 것이라고 말하고 있다. 매우 짧은 기간에 다만 학습의 기본 자질만 갖고 태어난 아기는 자신의 권리를 가진 한 사람이 되는 것이다. 어린아이에게는 사전 경험이 없으므로 최초의 인상은 깊고 명확하며 오래 지속된다. 아동들은 가끔 정서적 반응, 태도 및 특성의 한 집단을 형성하는 데 이것은 독특한 성격을 형성한다. 자발성, 자기 선택, 공상, 지능, 열성 등은 준비도에 대한 유도적 환경을 계획하는 데 경시될 수 없다. 어휘를 증가시키는 준비도는 아동이 놀이를 시작할 때 명백해진다. 새로운 놀이를 설명하기 위해 낱말이 필요하게 되기 때문이다. 아동들이 환경에 적응하기 위해서는 정신적 활동뿐만 아니라 신체적 활동도 필요하다. 우주공간과 시계를 관찰하고 방향, 높이, 거리를 결정하여 외부세계를 알기 위해서는 상당한 운동기능으로 조성된 몸이 필요하다.

지나간 초등학교 시절은 다시 돌아오지 않는다. 이때는 학습하는 데 가장 유력한 시기로서 활동적인 감각활동이 하루 모든 시간 중에 작용하는 자발적이며 자기유동의 시기이다. 즉 준비도의 황금시기이며 대부분 아동을 위한 지도가능의 시기이다.

4. 지적장애아 학습지도

1) 지적장애아의 학습상의 특성

지적장애아는 학습상 어떤 특성을 가지고 있는가 하는 문제는 지적장애아의 학습지도 방법을 결정짓는 중요한 원천이 된다.

따라서 많은 선행 연구에서 이미 밝혀진 일반적인 학습 특징을 살펴보면 다음과 같다.

<표 10.3> 지적장애아의 일반적 학습 특징

- 학습능력이 매우 열약하다.
- 주의집중과 지속력이 약하다.
- 학습전이가 잘 안된다.
- 개인차가 심하다.
- 개념적이거나 추상적 학습이 어렵다.
- 소거(消去)가 곤란하다.
- 조건 붙이기(conditioning)가 곤란하다.
- 자발성, 호기심, 독창성이 제한되어 있다.
- 언어발달의 지체 때문에 언어지도나 지시에 따르는 능력이 부족하다.
- 자기지향에 무력한 특징을 보인다.
- 관찰력, 평가력, 분석력, 비판력, 결정력 등이 부족하다.

2) 학습지도의 원리

(1) 개별화와 다양화의 원리

일반적으로 학습지도의 개별화란 학습자의 개인차와 개성에 따르는 지도방법과 학습내용의 구성을 의미한다. 민주주의 교육의 이상은 학습자의 개성이나 능력을 최고도로 신장시키는 데 있으므로 일반학급의 지도에서는 학습의 개별화를 위한 방안들이 많이 연구·제시되고 있다.

특히 여러 측면에서 개인차로 크게 두드러지는 지적장애아들의 지도는 개별화를 제일의 원리로 삼지 않을 수 없다. 획일적인 교수방법에서 탈피하여 다양한 개인차에 적합한 개별화된 교수방법(individualized instruction)이 필요한 것이다. 따라서 특수교사가 학습의 개별화를 효과적으로 수행할 수 있는 소규모의 학급집단으로 편성하게 되는 것이며, 아동의 개인차에 적응한 지도 방법과 프로그램을 개발·적용해야 하는 것이다.

오늘날 특수교육의 기본 방향은 규준화·표준화보다는 다양화·개별화로 지향하고 있다. 즉 일정한 규범적인 교육과정이나 교수활동을 강조하기보다는 특수교사의 독창성과 융통성을 크게 요구하는 다양한 교육방안과 개별화된 학습지도가 강조된다. 이 개별화의 원리는 교육 프로그램의 구성과 실천뿐만 아니라 교수 학습방법의 개별화, 자료의 개별화, 평가의 개별화가 함께 실행되어야 하며, Mursell(1964)은 학습의 개별화를 다만 양적, 수직적인 차이에서만 생각할 것이 아니라 적성, 흥미, 학습방법 등의 질적 개인차에 대해서도 생각해야 한다고 했다.

특수교육에 있어 개별화의 원리에 대한 자각은 이미 오래 전부터 계속되어 왔으나 이에 대한 구체적 교육 대책은 최근의 일이라 할 수 있겠다. 미국의 P. L.(94~142)에서는 모든 장애아동에게 최적한 공교육을 마련하기 위한 교육의 경영도구로 반드시 개별지도 프로그램을 구체적으로 적용할 것을 규정하고 있다. 동법에서는 이 개별지도 프로그램을 장애아동의 독특한 요구에 맞는 교수안을 마련하기 위해 관계 전문가들의 협의를 거쳐 개개 장애아동을 위해 개발한 문서화된 진술이라고 정의하고 있다.

동법에서는 IEP에 포함되어야 할 내용을 다음과 같이 규정하고 있다.

1 아동의 현재 수준에 대한 진술
2 단기 교수목표를 포함한 연간목표의 진술
3 아동에게 마련되어야 할 특수교육 및 그 관련 서비스 아동이 일반 교육 프로그램에 참여할 수 있는 정도에 대한 진술
4 서비스의 시작일자와 서비스에 참여하는 기간
5 연간목표에 비추어 단기 교수목표가 성취되었는가 않았는가를 결정하기 위한 객관적 준거, 평가절차 및 스케줄을 진술하는 것 등이다.
6 부모참여 정도

(2) 자발성의 원리

지적장애아는 호기심이나 자발적인 학습 참여가 극히 제한적이다. 따라서 먼저 요구 수준을 적절히 맞추어야 하며 어떤 행동이나 학습의 동기를 성공적으로 이끌어 나갈 수 있어야 한다. 지적장애아들은 학교에 오기 전에 자주 실패의 경험을 갖는다. 그 실패는 걷기, 말하기 같은 발달과업 성취의 지체와 이 발달 지체에 대한 가족들의 반응이 결합한 결과일지도 모른다. 가정에서 이런 실패의 혼합은 학교에서의 학습과 동기에 대한 태도에 부정적인 영향을 미친다.

지적장애아들도 모든 아이들과 같이 작업에 성공하기를 원하며 그들 교사와 부모들의 인정을 받고 싶어한다. 그러나 지적장애아들은 실패의 역사를 가졌기

때문에 그들의 성공을 성취하기 위한 노력보다 실패를 피하기에 그들의 정력을 쏟는다. 아이들은 새로운 작업을 터득하는 능력을 얻음으로써 그들은 역시 더 많은 유능함을 느끼며 성공을 되풀이할 때 아이들의 감정은 복잡한 환경에 대항하는 능력이 높아진다.

Harter와 Zigler(1974)는 가장 큰 즐거움은 작업이 낙관적인 도전으로 유도될 때라고 했으며 만약 이런 작업이 제시되면 본능적 동기가 높아질 것이라고 했다. White(1960)는 만약 아이들은 그들이 준비하지 않은 즉, 그들이 성공할 수 없는 작업을 하도록 강요당하면 그들의 감각 능력은 고통 받는다.

많은 지적장애아들은 그들이 실패할 때 그들이 가진 자료를 의심하게 되고 그들 자신에 대한 신념이 약하게 되므로 그들이 의지할 수 있는 것을 찾는 경향이다. 즉 여분의 단서를 찾는 아이는 제시된 작업을 취급할 수 없는 아이인 것이다. 따라서 교사의 역할은 독립하도록 아이를 도우는 것이므로 아이가 도움을 요청할 때 방관하므로 작업을 적극적으로 강화할 수도 있다.

동기에 관련된 몇 개의 지침을 제시해 보면 다음과 같다.

<표 10.4> 동기와 관련된 지침

- 그들의 발달 수준에 적절한 작업을 준비하라.
- 성공적인 대화로 학급 분위기를 잘 조성하라.
- 아동의 흥미를 유지하기 위해 매력적이고 손으로 다루는 자료를 사용하라.
- 학급활동에서 아동들과 친밀한 사건과 자료를 사용하라.
- 활동적인 참가가 되게 학습활동을 준비하라.
- 독립적인 사고에 보답하고 용기를 주어라.
- 새로운 작업 시도에 보답하라.
- 언어와 비언어적 수단을 통하여 외부 단서를 준비하라.
- 독립적 기능에 용기를 주기 위해 점차적으로 단서를 없애라.
- 성공적 노력에 대해 학급반원들이 서로서로 칭찬해 주는 사회적 보답으로 용기를 주어라.
- 아동의 능력 수준에 알맞는 문제 해결 활동에 기회를 주라.
- 특별하고 혁신적인 대답의 시도에 보답하라.
- 아동들이 틀렸을 때 그것을 다시 생각하라는 의미로 그들 노트에 질문을 주어라.
- 아동들이 그들의 미술, 음악, 무용 등과 같은 특별한 영역의 능력을 과시하기 위한 기회를 준비하라.

학급동기의 유발이 매우 힘들고 거의 소극적, 수동적, 무관심한 태도로 학습에 임하기 쉽다. 그들의 학습을 효과적으로 진행하기 위해서는 무엇보다도 아동이 학습에 적극적으로 참여하는 자발성 즉 자기활동에 입각한 학습지도의 전개가 매우 중요한 원리이다. 이러한 자발성을 갖도록 하기 위해서는 유인적인 학습자료의 개발, 활용은 물론, 여러 가지 방법과 상황(variety of ways and situations)으로 지도 활동을 다양화시켜야 한다. 이와 같이 강한 동인(drive)과 흥미를 자극함으로써 이들이 갖기 쉬운 실패기대나 부정적 자아상 그리고 회피반응을 감소시킬 수 있다. 또한 자신감과 성공 기대를 위한 효과적인 강화를 통하여 이들의 자발성을 최대한 존중해야 한다. 학습활동의 생동감은 학습자 중심의 활동학습에서 찾아볼 수 있다. 구체적이고 현장적인 생활 장면에서 아동 자신이 흥미롭게 학습에 스스로 참여하게 될 때 아동의 자발성은 신장될 수 있는데 아동의 흥미와 욕구를 충분히 알고 이에 따른 아동 활동 중심의 학습이 되어야 한다.

(3) 자립화의 원리

지적장애 교육의 궁극적 목표는 자립화에 두고 있다. 따라서 지적장애아 교육프로그램은 지적장애아가 장래에 개인적 적응, 사회적 적응, 경제적·직업적 적응을 원만히 할 수 있도록 구성되고 조직되어진다. 초등부 저학년에서는 주로 신변 처리를 잘할 수 있는 기본적인 신변 생활의 자립이 강조되고, 초등부 고학년이나 중학부 상급학년에서는 인간관계 및 사회질서와 규범 등에의 적응과 같은 사회적 자립이 중심이 되며, 중학부 하급학년에서부터 고등부에서는 직업교육을 중심으로 장래의 직업적 자립을 위한 직업교육을 강조하게 된다.

이 자립화의 원리는 지적장애아에게 매우 중요한 의미를 가지게 하는데 이들이 정상인과 동등한 대우를 받지 못한다 할지라도 남에게 의존하는 생활에서 탈피하여 자기 힘으로 살아갈 수 있다는 긍지와 정신적인 삶의 행복감을 갖도록 자극하게 된다는 점이다. 이와 같이 지적장애 지도는 어디까지나 자립화를 목표로 모든 교육활동과 교육적 조치가 취해지고 계획·실천되어야 한다.

(4) 생활화와 실제화의 원리

지적장애아의 교육은 생활을 바탕으로 한다. 즉 건전하고 유능한 생활인 양성이 이들 교육의 도달목표임과 동시에 또한 생활교육이 이들의 교육 출발점이다. 따라서 기본적인 생활습관 및 기능과 더불어 사회적 직업적인 태도와 기능을 습득시켜 실생활에서의 실용성과 일상성을 높여야 한다. 지적장애아는 지적 사고의 제한성 때문에 학문적 발달 수준은 낮다. 3R's의 지도도 어디까지나 실생활에의 적응을 위한 도구교과로서 필요한 것이며, 모든 지도 내용이 실제의 생활 장면에서 정선되어 조직되어야 한다. 이러한 생활교재나 생활단원에 의해 생활과 직결된 생활교육이 요청되는 것이다. 지적장애아 학습지도의 생활화 원리는 학교와 사회, 가정을 결합시켜서 아동이 일상생활에서 경험하는 것을 학교에서 받아들이고 이용하며, 반대로 학교에서 배운 것은 가정에 돌아가서 곧 일상생활에 실제로 활용하도록 한다는 것이다. 이리하여 학교는 생활을 통하여 배우는 생활의 장이 되어야 한다.

이와 같은 학습지도의 사회화 원리는 일반아동에게도 그대로 강조되는 원리이지만 지식인으로서보다는 생활인으로서 양성해야 할 지적장애에게는 더욱 핵심이 되는 원리인 것이다. 그러나 학습지도에서의 사회화 원리를 구현함에 있어서는 ① 학습의 개별화와 사회화의 균형, ② 학교학습과 가정지도간의 간격, ③ 아동상호간의 인간관계 등이 잘 조정되지 않으면 안된다. 결국 생활과 실제화의 원리는 경험의 재구성이라는 측면과도 연관을 지워야 할 것이다.

(5) 통합화의 원리

지적장애아는 정신 구조의 미분화 특징을 가지고 있기 때문에 분과적인 학습지도보다는 교과내용이나 학습경험이 통합된 학습의 종합적인 전개가 지도의 효과면에서 뿐만 아니라 전인교육 측면에서도 강조되는 것이다.

지적장애아 교육과정의 형태도 분과형보다는 종합형이 적절하다. 왜냐하면 아동의 지적 훈련이나 정서적 도야나 신체적 성숙이 개인 학생의 전인적인 인격과 관련되는 것으로 이루어져 조화적인 발달이 조성되어야 하기 때문이다. 학습지도의 통합화 원리를 구현하기 위해서는 먼저 교육과정의 통합성은 물론 교재나 교과를 통합하고 학습문제 해결의 진행방식을 종합적으로 실행해야 한다. 결국 통합교육은 교육적 통합, 사회적, 물리적 통합을 전제로 이루어져야 한다.

이상에서 언급한 학습지도의 원리는 모두가 일반아동에게도 적용되는 원리임에는 틀림없으나 지적장애아 교육의 특성에 비추어 볼 때 보다 철저하게 실천되지 않으면 안될 중요한 기본 원리들이다.

<표 10.5> 일반적으로 밝혀진 학습지도 원리

- 추상적인 것의 이해를 위하여 구체적 교재를 사용하며, 기지의 것에서 미지의 것에로 나아가야 한다.
- 아동들이 자발적으로 일반화하기를 기대하기보다는 획득한 지식을 어떤 상황에서 다른 상황에로 이행하도록 원조해 주어야 한다.
- 교사는 여러 가지 끊임없는 반복 활동을 시켜야 하고 부단한 흥미 장면에서의 학습자극을 제공해야 한다.
- 상황 유인의 범주를 최대한 고려해야 한다.
- 학습은 시각, 음성, 청각, 근육활동 등 여러 가지 다감각을 통해서 강화해야 된다.

3) Descoeudres의 교육체계와 방법

첫째, 아동의 자연적인 활동(natural activity)을 이용해야 함을 강조했고, Dewey의 「learning by doing」이론을 받아들이고 있다.

둘째, 지각적 지식(Perceptual knowledge)과 감각훈련(sense training)에 대한 필요성을 강조했다. 그 목적은 이미 획득한 지식에 정확성을 첨가하고, 새로운 지식을 창조하며, 또 사회활동을 통해서 언어적 표현을 향상시키고 풍부하게 하는 데 있다.

단서에 특별한 주의를 집중해야 하기 때문에 이 훈련은 필수적이다. Descoeudres는 Decoroly에 영향을 받아 감각과 주의를 훈련시키기 위하여 시각, 청각, 근육감각, 촉각, 미각, 후각에 관계되는 이들 감각을 발달시키기 위한 일련의 놀이활동(game)을 구성하였다.

시각훈련은 사물의 색, 형태, 크기, 방향, 위치, 명암 등을 변별하는 능력을 발달시킬 수 있게 한다. 예컨대 유색카드놀이와 같은 것을 활용하여 그림 위에 색깔이나, 모양 같은 것을 찾아 놓도록 함으로써 형과 색의 변별을 훈련시키는 것이었다. 또 소풍이나 여행시에 하늘, 구름, 나무 등 자연적인 환경에서의 사물과 사건을 관찰시킴으로써 변별과 일반화를 한 단계 더 나아가도록 하였다. 예컨대 특정 나뭇잎 모양과 같은 것을 찾도록 하여 맞추기 훈련을 하는 것이다.

청각훈련은 눈을 가리고 자기 이름을 부른 사람이 누구인가를 알아본다든가 호루라기, 벨, 시계, 유리그릇, 동전 등의 소리를 내어서 소리나는 물건을 알아맞히게 하는 것이다. 보다 나이 어린 아동들은 시각보다는 촉각을 통해 보다 잘 학습할 수 있다고 생각되었기 때문에 촉각과 근육 감각훈련도 매우 강조하였다.

이와 같이 게임, 연습, 자연적 활동을 통한 감각훈련은 감각지각과 주의에 결함을 가진 나이 어린 지적장애아들을 위한 프로그램으로 만들어졌다.

(1) 신체훈련

지적장애아는 지적 결함뿐만 아니라 신체적 결함도 있기 때문에 신체훈련은 매우 중요하다. 신체훈련의 중요성을 주장하는 이유는 다음과 같다(Desoeudres).

1 신체훈련은 신체의 조화적 발달을 도모한다.

2 신체운동은 정신 발달의 중요한 하나의 요인이다.

3 운동협응 혹은 운동 능력은 훈련을 통해서 발달될 수 있다.

4 신체훈련은 의사결정력과 의지력을 발달시키기 때문에 도덕훈련에 도움이 되며, 사교성, 자신감뿐만 아니라 인내력 의사소통 능력을 발달시킨다.

5 학교생활의 공포로부터 탈피할 수 있는 자신감을 길러 준다.

6 세수, 착탈의, 식사 등 아동의 일상생활 활동에 도움이 된다.

7 수공(手工), 그림 그리기, 글씨 쓰기 등 후일의 학교 학업에 도움이 된다.

Descoeudres의 신체훈련은 레크리에이션, 게임, 걷기, 소풍, 기타 학교 주변에서의 신체적 활동을 포함하는 실제적·자연적인 훈련이었지만 그 대부분이 리듬에 맞춘 훈련이거나 신호에 따른 행진 및 박수치기 등의 공식적인 것이었다.

(2) 수공과 미술

수공(handwork)의 목적은 신체훈련과 비슷하며 주의, 흥미, 의지력, 자신력, 사고의 표현력, 완성 작품의 감상력 등의 훈련을 포함한다.

수공의 범위는 조형, 일상생활의 과제, 구슬 꿰기 등에서부터 Frobel의 블럭 자료, 판(lath), 막대기 등 다양하다. 따라서 종이를 여러 모양으로 접는 것, 종이·마분지·성냥통 등을 주름잡고, 자르고, 여러 가지 다른 인공물로 만드는 것 등이 있었으며 보다 정신연령이 높은 아동들은 자수, 바느질, 뜨개질, 목공, 금속공예 등이 장려되었다.

그림은 언어의 한 형태로 생각하고 그림그리기가 때때로 아동들이 자기의 생각을 표현하고 투사하는 최초의 방법이라고 했다. 또한 그림은 자기표현 및 눈과 손의 협응을 훈련시키는 한 방법도 된다.

(3) 실물교수

교실내의 많은 활동들은 구체적이어야 하고 아동들의 이해가 가능한 수준내에 있는 것이어야 한다. 또한 그 활동은 아동 자신의 경험에서 도출된 것이어야 하고 지적장애 아동들의 실제적 요구를 만족시켜 주는 것이어야 한다.

실물교수(the object lesson)란 Descoeudres에 의하면 물체(자료)와 아동들의 경험 내에 있는 활동들을 교수에 이용하는 것을 말하는데 이러한 활동을 쓰기, 수 등을 포함하는 제 프로젝트에로 통합시키는 것이다. 이는 lngram등이 경험단원을 강조하게 한 선구적인 것으로 생각된다.

(4) 언어와 독서산(讀書算)

지적장애아들은 청력 결여, 이해력 부족, 습관, 언어 기관의 결손 등 여러 가지 이유 때문에 언어에 많은 결함을 가지고 있다. 따라서 언어훈련은 지적장애아 교육과정의 한 특수 요인으로 중요시되며 또 다른 교과지도와 관련해서 강조되어야 한다.

읽기 지도는 너무 빨리 시작해서는 안되고 무리한 주입식 방법은 교사에게 하나의 고통스러운 일에 불과할 뿐 어떤 진보를 기대할 수 없다.

읽기는 주로 게임과 활동에 의해 처음에는 자연적인 통합적 방법(synthetic method)으로 지도를 하고 그 다음에는 음성적 방법(phonetic method)이나 분석적 방법으로 지도하는 것이 효과적이다.

산수는 구체적 물체를 이용하는 게임과 활동에 의해 처음에는 수개념을 발달시키고 후에 수의 상징과 수의 이름을 지도한다. 또한 가능한 수공, 그림박자(리듬) 등과 관련지워 반복 지도해야 한다.

Descoeudres의 지적장애아 지도 방법은 Seguin이나 Binet 등의 영향을 많이 받았지만, 동시에 시대적 교육이론을 많이 수용하고 또 실천에 옮기기도 했다. 또한 현대 교수에의 공헌은 지적장애아들이 학습시 부딪치게 되는 곤란점 및 교육과정을 전개하는 데 아동의 욕구와 경험을 이용하기 위해 고안한 게임과 활동들에 대해 심리학적 해석을 내린 데 있는데, Descoeudres의 교수체계를 요약하면,

① 전통적인 방법으로서의 형식적(공식적) 감각훈련과,
② 경험을 통한 현대교육 철학이라는 양면이 결합되어 있음을 발견할 수 있다는 점이다.

잘 숙련되고 훌륭한 일반교사가 사용하는 지도 방법과 크게 다를 바 없으나 지적장애아의 학습 특징과 능력 수준에 특별한 관심을 가지고 이에 맞는 계획 실천이 요청된다고 할 수 있다.

이들 지도 방법의 강조점을 요약하면 다음과 같다.

첫째, 아동이 독자적으로 메워야 할 간격이 없도록 고도로 계열화·조직화된 지도 활동과 프로그램이 필요하다.

둘째, 정상아에 비해 학습 패키지가 다르기 때문에 개개아 학습률에 적응할 개별·반복학습이 필요하다.

셋째, 모든 학습 내용은 보다 다양하고 변화 있는 방법과 현황을 통하여 제시되어야 한다.

넷째, 학습된 기능을 보다 많이 응용·적용할 수 있는 기회를 제공하여 학습의 생활화에 노력해야 한다.

4) 문자 변별을 위한 단계적 지도

다음에 제시된 것은 계열로 조직되어 있다. 여기에는 간단한 과제에서부터 복잡한 과제로, 그리고 구체적인 과제로부터 추상적인 과제로의 점진적인 과정이 포함되어 있다.

(1) 구체적이고 입체적인 자료를 활용한 시각 변별 기능 강화

1 모형의 차이 변별

① 3개의 물체를 늘어놓는다. 그 중 2개는 같고 나머지는 그 형태가 크게 다르다. (예 : 똑같은 연필 2자루와 책 1권을 보여 준다.)

② 똑같은 것 중 하나를 지적하고 나서 "이것과 같은 것을 찾아라."라고 말한다.

③ 아동이 정확하게 찾은 다음에 "그래, 그 두 개가 똑같은 것이다."라고 말하면서 같은 모형이라는 말을 도입한다. 그 다음에 그것들은 똑같다는 것을 아동이 말하게 하고 똑같다는 말이 단지 듣는 용어로서보다는 말하는 용어의 일부가 되게 한다

④ 모형에서 크게 차이가 나는 다른 물체를 사용해서 이러한 유형의 짝짓기 활동을 계속한다. 똑같은 것을 골라내는데 물체의 수를 증가시킴으로써 과제가 점차 어렵게 한다.

⑤ 짝짓기를 도와 주지 않음으로써 곤란도를 증가시킨다.

⑥ 여러 개의 똑같은 물체를 짝지어지지 않은 한 개의 물체와 함께 늘어놓음으로써 다르다는 말을 도입한다. "같지 않은 것을 하나 찾아라, 그리고 다른 것을 선생님에게 보여라."라고 아동들에게 말한다. 고르는 것을 마친 후에 "이것은 다르다."든가, "이것은 저것과 다르다."라고 말로 대답하게 한다.

⑦ 아동들이 모형에서 크게 차이가 나는 물체들을 변별할 수 있게 된 다음 유사한 모형의 물체를 변별하는 활동을 도입한다. 스푼, 꽃병, 빗 등과 같은 여러 가지 물체를 이용한다. 변별 과제가 어려워짐에 따라 물체를 변별하는 데 어려움이 있는 아동은 격려해 준다.

2 크기의 차이 변별

① 과제 1에 개관된 절차에 따르지만 크기에서만 다른 물체로 대처한다. 크기별로 자료 세트를 쉽게 이용할 수 있는 것은 상자, 솔, 접시, 사발, 양말, 장갑, 구슬 등이 있다.

② 제시된 물체 중에서 크기가 같은 것과 다른 것을 찾아내게 한다. 같다, 다르다는 용어의 개념을 강화하기 위해 구두로 대답하게 한다.

③ 제시된 물체 중에서 크기의 차이를 점차로 줄임으로써 과제의 곤란도를 증가시킨다.

3 방향의 차이(전도) 변별

① 대칭되어 있지 않은 똑같은 자료를 사용해서 전도된 형태의 개념을 이해한다. 한 줄에 같은 물체를, 그러나 그 중 하나는 반대로 되어 있도록 배열한다. (예 : 한 줄에 같은 쪽으로 똑바로 의자 4개를 두고 반대쪽으로 다섯 번째 의자를 놓는다.)

② 모든 의자가 똑같은 것이지만 하나는 다른 쪽으로 되어 있어서 차이가 난다는 것을 아동이 알도록 한다. 다른 하나를 골라내게 하고 그것이 어째서 다른가를 말하게 한다. 아마도 아동은 "이 의자가 다른 쪽으로 돌려져 있기 때문에 다르다."라고 말할 것이다. 아동이 반대 방향을 알아차리는 것을 나타내는 어떤 반응이라도 수용해 준다.

③ 반대라는 말을 도입하기 위해서 아동의 반응을 이용한다. "그래, 그 의자는 다른 쪽으로 돌려져 있다."라고 말한다. 그것이 반대다. "다른 의자와 똑같이 보이도록 반대로 된 의자를 누가 바꾸어 놓을 수 있는가?" 그 의자를 정확하게 바꾸는 것과 그렇게 하는 이유를 진술하는 것이 시각 변별에 대한 근육 운동 감각의 강화를 시킨다.

④ 방향에 대해서 반대로 될 수 있는 여러 물체를 가지고 연습을 더 하게 한다. 반대라는 용어와 개념이 아동에게 의미를 가지게 될 때까지 이러한 활동을 계속한다. 가위, 연필, 숟가락, 손잡이 달린 컵 등의 집합 자료를 사용하도록 고려한다.

⑤ 근육 운동감각의 도움과 촉각적인 도움으로 자기의 시각기능을 강화하기 위해 반대로 된 형태를 인식하는 데 곤란을 가지고 있는 아동을 격려해 준다. 각 물체를 잡아보고 그것이 위치하고 있는 방향을 지적하게 한다. "이것은 저쪽을 가리키고 있다."라고 아동이 말하게 하며 차례로 각 물체를 잡을 때 이렇게 하는 것을 반복하게 한다. 방향이 바뀐다는 것은 물체가 반대로 됐다는 것임을 인식시킨다. 다른 것의 방향과 같이 되도록 반대로 된 물체를 아동이 바꾸게 한다.

⑥ 아동이 반대로 된 물체를 완전하게 변별하는 능력이 있게 된 다음에 어떤

집단내에서 물체의 반전된 위치를 변별하고 기능을 그에게 소개한다. 다른 물체의 같은 쌍의 배열을 아동에게 보여 준다. (예 : 물체의 세 쌍을 보여 주는데 각 쌍은 책과 칠판지우개로 구성한다. 두 쌍은 같은 순서로 배열한다. 지우개-가방의 형태 두 쌍, 셋째 쌍은 반대 순서로 배열한다 ; 가방-지우개의 형태 한 쌍. 같은 쌍이나 다른 쌍을 아동이 고르게 한다.)

⑦ 다른 물체의 쌍이나 세 개로 된 쌍으로 이런 활동을 계속한다. 이들 과제는 나중에 가서 문자는 같지만 위치가 반대로 된 '선생-생선'과 같은 낱말을 혼동하지 않도록 하는 데 필요한 변별의 유형을 도입하는 데 도움이 된다.

4 방향에서의 차이(역전) 변별

① 물체가 가리키고 있는 위로, 아래로의 방향을 강조함으로써 거꾸로 된 위치를 인지시킨다.

② 반대로 된 형태를 취급한 과제 3에서 이용된 것과 똑같은 자료를 사용한다. 그러나 반대로 된 위치에다 물체를 놓는 것 대신에 똑같은 물체 중에 적어도 하나는 다른 것의 위치와 거꾸로 되는 방향으로 위치하도록 놓는다.(예 : 숟가락 손잡이가 아래로 오게 네 개를 놓고 위로 오게 한 개를 놓는다.)

③ 과제 3에서 사용한 것과 같은 방법을 따른다. 그러한 활동을 하는 동안에 거꾸로라는 용어와 개념을 이해한다. 거꾸로 된 물체를 인식할 수 있을 때까지 이러한 변별 활동을 계속한다.

④ 반대 위치와 거꾸로 된 위치를 결합한 모형 변별로 과제를 잘하는 아동에게 다소 부담을 준다. (예 : 손잡이가 달린 컵을 배열한다. 그 다음 컵 한 개를 거꾸로 하고 그 손잡이도 다른 것과 반대 방향으로 돌려놓아 위치를 반대로 한다. 위치가 틀린 것을 인식시킨 다음 다른 것과 같이 보이도록 바꾸게 한다. 이런 과제는 방향 특성 때문에 가끔 혼동을 일으키는 문자와 낱말 변별에 필요하다.)

5 색의 정도 차이 변별

① 같은 물체를 사용해서 색깔의 정도 차이를 인지시킨다.

② 색깔의 정도 차이를 강조한다. 색깔의 대비가 명확한 물체를 제시한다.

(예 : 흰 분필 몇 개와 밝게 채색된 분필 한 개를 제시한다. 차이가 나는 분필을 찾아내라고 한다.)

③ 푸른색과 자줏빛 또는 노란색과 오렌지색 같은 더 적게 대비되는 과제를 제공해서 과제의 곤란도를 점차 증가시킨다. 그 다음 옅은 색과 명암과의 차이를 변별하도록 한다.

④ 정도를 달리하는 다른 유형의 특성을 다룬다. (예 : 밝고 어둠 사이의 여러 가지 정도를 변별하는 과제를 제시한다.)

6 내부 차이의 변별

① 위의 과제에서 제시된 모형, 크기, 방향, 정도에 대한 외부적인 차이를 충분히 인지한 후에 내부 차이의 변별을 도입한다.

② 내부의 차이를 강조하는 과제는 외부가 똑같은 물체만을 사용한다. 각 집합에는 눈으로 볼 수 있는 내부 차이가 있는 물체를 적어도 하나는 포함해야 한다.

③ 간단한 과제로 내부의 차이를 변별하는 활동을 시작한다. (예 : 칠판지우개 중 한 개의 뒤에 압정 한 개가 꽂힌 것 외에는 똑같은 4개의 분필지우개를 늘어놓는다. 모든 지우개가 똑같은가를 아동에게 먼저 말하게 한 다음 하나가 다른데 왜 다른가를 말하게 한다. 지우개의 내부에 단지 한 개의 압정이 첨가된 사소한 내부 차이라는 것을 아동이 확실하게 인식하게 한다.)

④ 각 과제에서 하나의 독특한 차이를 강조하는 이런 형태의 활동을 계속한다. 이런 유형의 차이를 제시하는 자료를 모은다. 자료를 쉽게 모으기가 어려우면 어떤 집합의 똑같은 물체 가운데서 하나를 고쳐서 쉽게 만들 수 있다. 고쳐서 할 수 있는 것들로는 내부의 세부 사항을 대치, 삭제, 첨가, 확대해서 만들어지는 것을 포함한다.

⑤ 이상의 변별을 잘할 때까지 방향의 내부 차이에 대한 변별을 포함하는 모든 활동을 유예한다. 그 다음 반내로, 거꾸로 될 수 있는 부분을 가진 물체들을 선정한다. (예 : 움직일 수 있는 바늘이 달린 똑같은 판지로 된 시계 문자판을 사용한다. 반대 또는 거꾸로 된 위치를 제시하기 위해 바늘을 고정시킨다. 똑같은 위치에다 모든 시계의 바늘을 놓게 한다.)

(2) 추상적인 자료에 의한 시각 변별 기능의 강화

[1] 그림에서의 차이 변별

① 아동이 잘 아는 사람, 동물, 물체 중 크게 다른 여러 가지 그림을 보여 준다. 한 개 이상의 똑같은 그림이 포함되어 있다. 구체적, 입체적 자료에서 변별에 제시된 절차처럼 같거나 다른 그림을 고르게 하고 그것을 고른 데 대한 이유를 말하게 한다.

② 잘 아는 개념들의 그림에 대한 변별을 포함한 다른 활동을 제시한다. 각 과제의 곤란도와 아동의 독특한 변별요구에 관련된 자료를 적용시킨다. 크게 차가 있는 그림을 구별하는 것으로부터 다소 유사한 그림을 구별하는 것, 그리고 마지막에는 거의 똑같은 그림을 구별하는 것으로 진행해 간다. 곤란도의 각 수준에서 구체·입체적 자료변별에 도입된 여러 가지 유형의 차이를 설명해 주는 그림을 제시한다. 다음은 곤란도의 순서에 따라 변별활동을 하도록 배열된 그림이다.

■ 크게 차이가 나는 그림 구별하기

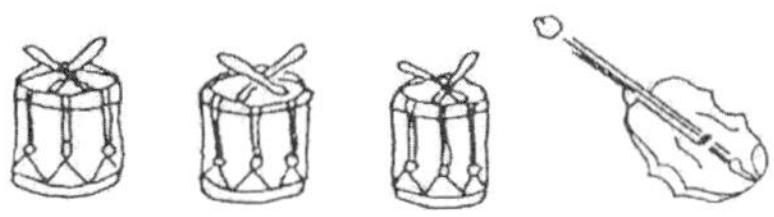

■ 다소 유사한 그림 구별하기

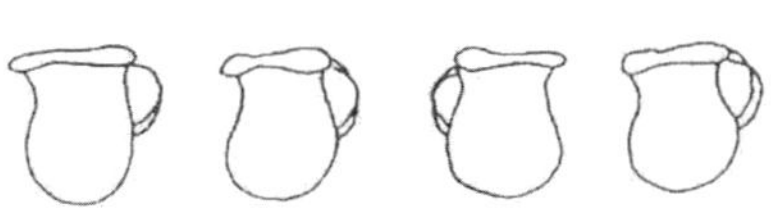

■ 거의 유사한 그림 구별하기

③ 각 아동의 특별한 변별능력을 알기 위해서는 아동의 기능을 개별로 평가한다. 이러한 평가는 교사의 아동 개인별 체크일 수도 있고 특별한 목적으로 계획할 수도 있다. 그것은 각 아동의 현재 교육적 요구가 규명될 수 있도록 계열적 곤란도의 순서에 따라 배열된 일련의 과제들로 구성되어야 한다.

④ 시각변별 프로그램은 그림에서의 차이를 변별하는 능력을 개발하고, 평가하는 데 도움을 준다. 프로그램 3~6과 같은 크게 차이가 나는 그림을 사용한 활동으로부터 시작해서 점차로 상당한 어려움에 직면하게 되는 여러 가지 유형의 과제로 진전한다.

2 기하도형의 차이 변별

① 아동의 준비태세가 됐을 때, 추상적 모형을 구별하게 하는 시각변별 단계로 나아간다. 큰 차이가 나는 동그라미, 세모, 네모와 같은 간단한 기하도형을 아동에게 보여준다. 앞에서 제시한 일반적 교수절차에 따른다.

② 과제와 도형의 복잡성 때문에 곤란도가 증가하는 일련의 과제를 제시한다. 과제자료를 선정할 때는 다음의 계열에 따른다.

■ 큰 차이가 나는 도형 구별하기

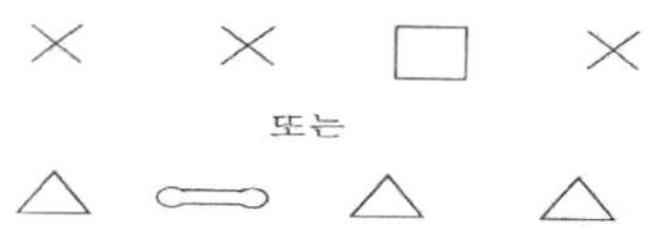

■ 다소 유사한 도형 구별하기

■ 거의 똑같은 도형 구별하기

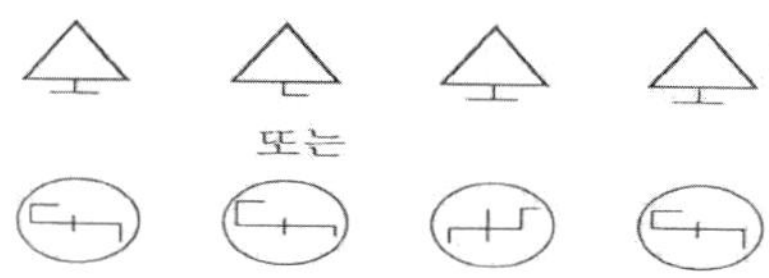

③ 기하 도형 변별에 대한 아동의 개별적인 능력을 평가한다.

3 문자에 대한 차이 변별

① 아동에게 문자변별을 제시하는 데 사용될 계열을 결정할 때는 먼저 큰 차가 나는 것, 다소 유사한 것, 거의 똑같은 것 등의 각각에 속하는 문자를 결정한다.

② 그 다음 이러한 세 가지 범주에 속하는 문자들로 된 문자검사를 준비한다. 아동의 능력을 평가할 때는 문자변별하는 것이 그 문자의 이름을 말하게 하는 것이 아니라 같거나 다르게 보이는 문자를 간단히 지적하게 해야 한다. 다음은 곤란도가 증가되는 검사에서 검사문항으로 사용될 수 있는 문자의 예이다.

■ 큰 차이가 나는 문자 구별하기

ㄱ ㄱ ㅎ ㄱ ㄱ　또는　ㅍ ㅍ ㅇ ㅍ

■ 다소 유사성이 있는 문자 구별하기

ㅁ ㅁ ㅇ ㅁ ㅁ　또는　ㅂ ㅂ ㅁ ㅂ ㅂ

■ 거의 똑같은 문자 구별하기

ㄱ ㄱ ㅋ ㄱ ㄱ　또는　ㄷ ㄷ ㄷ ㅌ ㄷ

③ 문자변별에 대한 아동의 요구가 규명된 다음 그 독특한 요구에 적절한 과제와 자료를 제시한다.

4 낱말에 대한 차이 변별

① 낱말변별의 도입은 문자변별이 끝난 다음에 한다.

② 문자변별은 의미있는 낱말이나 의미없는 문자의 결합으로 이루어질 수 있다. 의미 없는 낱말도 아이들이 그것을 발음하는 것이 아니고 같거나 다르게 보이는 것을 가려내도록 하는 것이기 때문에 이용할 수 있다. 아이들이 읽기자료에서 부딪치게 될 차이 나는 유형의 낱말을 선정한다.

③ 앞의 과제에서 열거한 평가와 교수 절차에 따른다. 낱말변별 과제에다 이러한 평가와 교수절차를 적용한다.
④ 각 아동의 낱말변별 요구에 맞출 수 있고 특정한 과제와 자료를 제시한다. 다음 계열의 각 단계를 통해 아동을 지도한다.

■ 큰 차이가 나는 낱말 구별하기
누나 누나 사람 누나 또는 바지 바지 바지 하다

■ 다소 유사한 낱말 구별하기
학교 학교 하다 학교 또는 간다 간다 간다 가보

■ 거의 똑같은 낱말 구별하기
시간 시간 조간 시간 (첫 글자의 차이)
가자 가자 가라 가자 (끝 글자의 차이)

5. 학습지도의 기술과 적용

학습지도 기술이란 수업 과정과 형태에서 그 성격이 다르고 그 나름의 특질이 있다. 즉 과정은 교재의 특질에 따라 한 시간의 학습의 흐름을 규정하며 형태는 과정의 합리적인 발전과 그 효과를 구속하는 수단으로 수업의 기술은 전체적인 학습과정의 흐름과 밀접한 관계를 맺는다. 지적장애아 수업기술과 과정은 더욱 전문적이고 독특한 기술을 요구한다.

수업의 실제에서 흔히 볼 수 있는 현상 몇 가지를 제시하면 다음과 같다.

1) 부정자극

이것은 학생들의 사고 활동을 촉진하고 자극하는 하나의 수단으로서 학생들이 수업 중 어떤 사태에 부딪혀 적당한 저항이나 모호한 상태에 있을 때 교사가 고의로 오답을 제시하여 사고에 자극하는 것으로 중도(重度) 장애아에게는 가급적 피해야 하나 경도 지적장애아들에게도 주의를 요한다.

2) 용어의 정선

수업은 감정이나 생각을 표현하는 말에 의하여 전개되고 발전된다. 간단명료하고 매력적이며 유인가를 지닌 것이어야 한다.

3) 거수(擧手)와 지명(指名)

거수와 지명은 학습지도 기술상 중요한 수단으로써 무시할 수 없을 정도로 조심성 있게 관심을 가지고 다루어야 훌륭한 수업을 할 수 있다. 효과적인 수업을 위해 부단한 자극과 내용 제시가 있어야 한다.

먼저 학생의 입장에서 볼 때, 옆의 아이에 따라서 손을 드는 경우, 선생님의 강요에 의하여 손을 드는 경우 등 자의가 아닌 타의에서 무의미한 기계적인 행동으로서의 상태를 찾아볼 수 있으나 교사는 학생에게 거수를 강요하거나 그와 같은 인상을 주지 말아야 한다. 또한 학생이 지명을 받고자 하는 욕망에서 거수하는 경우도 없지 않으나 지적장애아는 무의미하게 손을 드는 경우도 많다. 이런 경우 수용적인 분위기로 아동의 심정을 잘 이해하고 따뜻하게 대해 주어야 한다.

학생의 입장에서 거수는 교사의 질문에 대하여 해답을 하고자 할 때의 경우, 확인하고자 할 때, 아동이 질문을 하고자 할 때, 어떤 학생이 발문했을 때, 자기 의사를 발표하고자 할 때, 대답할 것을 정정하고자 할 때의 경우 등으로 나누어 볼 수 있다. 즉 자기 능력의 과시로 교사에 대한 인정감, 자기 지위 욕망 등 여러 가지 심리적 경향성을 발견할 수 있을 것이다.

일종의 억압이나 강요, 또는 무의미한 맹목적인 거수의 경향은 시정되어야 하겠고, 자기실현을 위한 자유, 공익을 위한 적극적인 참여의 기회를 얻으려고 하는 건전한 방향으로 지도해야 하겠으며 따라서 그 기회도 최대한 보장되어야겠다.

또한 거수할 시 '저요', '예' 하고 큰소리를 지르지 않게 가급적이면 없애는 것이 좋다. 교사의 입장에서 볼 때 아동들의 학습활동 참여의식 정도와 사태에 대한 이해 정도를 확인할 수 있으며 교사의 지도 의도와 사태의 저항도 확인을 할 수 있다.

결국 아동이 관심 있는 생활경험의 문제와 제시되는 사태는 가치롭고 명료하며 구체적이어서 전체 학생이 쉽게 그 물음의 핵심을 가려잡을 수 있게 해야 한다. 아동들의 거수율이 낮을 때는 그 원인을 발견하여 시정하고 손을 들지 않은 아동에 대한 의도적인 질문도 필요하다.

지적장애아에게는 선험적 사실을 충분히 뒷받침할 내용을 가지고 지명을 해야 한다. 의도적이고 계획적인 지명을 해야 한다. 또 내향성격인 아동이나 거수하지 않은 아동에게 지명의 기회를 주어야 한다. 일단 문제를 제시하고 지명을 해야 하며 문제의 난이도와 학력의 정도를 고려해야 한다.

4) 교사의 발언

1 요구적인 발언 : 작업, 의견, 개괄, 응용, 정의를 구하는 발언
2 수여적인 발인 : 사례, 자료, 개괄, 조건을 주는 것
3 확인하는 발언 : 경험적인 기억, 이해 정도 확인하는 것
4 상여와 질책
5 무반응 처리

5) 아동의 발언 및 처리 요령

아동의 발언은 지적장애아들을 즉시 이해함에 유일한 자료가 되는 것이다. 그 까닭은 교사의 요구에 따라 자기 자신의 사고나 감정을 어떠한 제재도 없이 자유로이 언어, 문자, 기호, 행동에 의하여 표현되는 상태이기 때문이다.

교사의 요구적인 발언이 많을수록 아동의 발언 횟수가 많아지며 수업이 보다 동적으로 전개된다. 이것이 곧 아동들이 학습활동에 적극적으로 참여하게 됨을 뜻한다.

반대로 교사의 일방적인 강요나 발언은 지적장애아들에게 누를 끼치게 되므로 그들의 발언 횟수도 극히 적게 되고 소극적, 정적인 활동이 되게 된다.

대체적으로 이들의 발언으로 개인의 학습 참여도나 이해도를 파악해야 한다. 특히

이들의 일제발언(一齊發言)을 없애는 방향으로 지적장애아 교사는 노력해야 한다.

아동의 발언이나 발표의 처리는 방법상 비단 상여와 질책뿐만 아니라 즉, 언어 이외에도 태도와 행동 그리고 기호로서도 가능하다. 위의 어떤 수단이든 아동들의 정서를 안정시키고 학습의 의욕 및 동기지움에 지대한 영향을 주므로 상황에 따라 문제를 주의 깊게 다루어야 한다.

첫째, 성공적인 발언에 대해서는 칭찬과 격려로써 만족감과 성공감을 갖게 하며 다음의 문제 해결에 자신과 의욕을 가지게 한다.

둘째, 실패에 대한 방관이나 질책은 특히 삼가며 격려적인 칭찬으로 계속적인 학습활동이 되게 해야 한다.

셋째, 부정답이라 할지라도, 또는 건의나 제의가 올바르지 않더라도 집단사고나 재고의 기회를 갖게 하여야 한다

넷째, 아동 발언의 수용 여부에 관심을 가지고 배척한다거나 질책·방관하는 등의 불공정한 처리에 유의해야 한다.

다섯째, 학습생활에 직접적인 동기 유발이 되도록 해야 한다.

여섯째, 학습상황에 적응할 수 있는 탄력성을 가지고 있는 질문과 발문이어야 하고 높이와 강도의 정확성 등을 항상 고려해야 한다.

일곱째, 지적장애아에게는 단순하고 개발적인 발문이어야 한다.

여덟째, 구체적이고 정확하고 개인차에 즉응되는 발문이어야 한다.

6) 학습자료

학습자료의 효과적인 활용은 지적장애아 학습지도의 제일의 관건이고, 형식적인 언어주의에 대한 직관적인 경험주의의 도전이다. 학습자료의 교육적 가치는 학습내용을 보다 정확하게 능률적으로 이해하고 소화시키기 위한 수단으로서 활용되는 데 있다. 이처럼 자료는 그 자체에 가치가 있는 것이 아니고 학습활동에 있어서 유효하게 활용되어 그 효과를 최대한으로 올릴 것을 목표로 구성되어야 한다.

이와 같은 뜻에서 볼 때 자료는 다음과 같은 조건이 확보되어야 지적장애아에게 더욱 도움이 된다.

① 사실이나 내용의 이해에 도움이 되는 것, ② 생활에 있어 사실간의 비교나

종합에 도움이 되는 것, ③ 문제 해결의 아이디어나 사고의 발전에 도움이 되고 감동이나 표현 활동에 도움이 되는 것, ④ 기능의 연습이나 학습의 정리에 도움이 되는 것, ⑤ 경험의 도입이나 조사활동의 시사를 주는 데 도움이 되는 것, ⑥ 결과를 확인한다든지 평가하는 데 도움이 되는 것, ⑦ 지적장애아 학습자료는 생활 주변의 가까운 곳에서 먼 곳까지, 또는 비용이 안 드는 것에서 많이 드는 것까지, 자연적 현상에서 인위적인 조작에까지 골고루 신경 써야 한다. ⑧ 자료 선택과 적용은 학습목표가 요구하는 것이어야 하고 또 내용과 일치되는 것, ⑨ 지적장애아 주의집중과 일정한 자료이어야 한다.

7) 학습과제의 제시와 판서

학습과제란 학습 주체인 학생의 심리적인 조건과 능률적인 학습의 준비 및 그 결과의 정착을 강화함에 있다.

지적장애아에게 학습과제의 제시는 개인차에 응한 과제를 제시해야 하고 학습의 사회화에 중요한 역할을 해야 한다. 특히 학습의 내용, 방법 등이 생활화에 직결되고 사회생활을 학습에 인용할 수 있는 과제를 제시해야 한다. 또한 강제적 수여는 효과의 저조를 초래하므로 낡은 숙제관념을 개선시킨 능력, 개인차 소요시간, 내용 등을 적당히 고려해서 흥미를 조성해야 한다. 숙제는 학습에 적응될 준비가 되어 있어야 하고 맹목적 암송 과제는 금물이다. 직접활동과 직집경험에 의한 능률적 활동이어야 한다.

판서는 학습목표 달성을 위한 수단으로서의 이용 가치가 있다. 실제 수업에 있어서 판서는 학생이 그 자신의 의견이나 생각을 문자나 기초 및 도형 또는 판서로써 나타내는 경우와, 수업 과정에서 중요 요소를 논리적이고 체계적으로 교사에 의해서 판서되는 경우가 있다.

바람직한 판서의 조건으로는, 지적장애아라고 하더라도,

1. 교사와 학생이 합작으로 이루어져야 하고, 읽히거나 보이는 효과도 가질 수 있다.
2. 노트와 관련되고 생각하게 하는 효과도 가져야 한다.

③ 간결하고 단순하며 알기 쉽게 해야 하고 계획적이고 조직적인 판서이어야 한다.
④ 판서에 지나치게 의존하지 말고 교사 자신의 화술이나 듣게 하는 능력도 훈련시켜야 한다.
⑤ 판서의 글자 크기 조절, 판서의 강도 조절 및 구조적인 판서이어야 한다.

6. 자료의 개발과 활용

1) 특수교육 자료의 의의

(1) 교육매체

학생의 학습효과를 증진시키기 위하여 각종 학교에서 교수용으로 사용되는 교육용 매체는 "인쇄 및 시청각물과 이에 수반되는 기술"로 정의되고 있다. 즉 어떤 학습목표를 성공적으로 달성하여 학습자로 하여금 기대된 행동의 변용이 일어날 수 있도록 그들에게 자극을 촉발해 주는 모든 인적·물적 환경을 교수 및 학습의 매체라 할 수 있다.

따라서 교육내용을 담고 있는 교과서를 비롯한 각종 교재물, 교육내용의 전달 역할을 하는 각종 기구나 장치들, 또 학습대상이 되는 실물모형 표본, 그리고 교수 및 학습활동을 간접적으로 지원·촉진하는 각종 수단들이 모두 포함된다.

(2) 특수교육과 자료의 중요성

장애아동은 신체적으로나 지적, 정서적으로 장애라는 불리한 조건을 가지고 있다. 이러한 불리한 조건들은 이들의 학습과 생활상에 큰 곤란을 갖게 한다.

또한 장애의 종류나 정도, 원인, 중복 등 아동의 내적인 조건이 각기 상이할 뿐 아니라 그들이 살고 있는 가정이나 지역사회의 환경적인 조건도 다르기 때문에 같은 장애를 가진 아동이라도 그들간의 개인차는 심하게 마련이다. 이와 같이 장애아동은 누구나 독특한 요구(unique needs)를 가지고 있다.

이러한 독특한 요구를 충족시켜 주기 위해서는 이들이 갖고 있는 내적·외적인 조건에 맞는 최적한 개별화된 교육이 실시되어야 한다. 장애아동은 잔존능력이나 잠재능력을 최대한 개발시켜 주는 것이 궁극적인 이들 교육의 목표이기 때문이다.

오늘날 특수교육에 있어서 교수-학습과정의 심리학적 기초에 대한 관심이 증가되고, 효과적인 지도 프로그램에 대한 과학적 지식과 기술의 발달이 이루어짐에 따라 교수방법의 혁신과 교육자료의 개발이 특수아동 교육에 관건이 된다는 인식이 높아가고 있다. 따라서 장애아들의 잠재능력을 보다 높게 개발하기 위해서는 무엇보다 교육적인 프로그램과 자료 그리고 체계적인 특별한 계획이 필수적인 조건이라는 원칙이 보편적으로 받아들여지고 있다.

모든 교육매체의 적용이 지능 발달에 직접적으로 영향을 미친다는 견해에는 차이가 있을 수 있지만, 특수한 프로그램의 결여와 잘못 계획된 지도활동이 장애를 가진 아동의 지적 발달을 방해하는 것이라는 사실에 대해서는 적어도 이론적으로는 일치된 견해를 보이고 있다.

(3) 특수교육 자료의 특징

모든 교육매체는 교수 노력을 경감해 주고 또 학습의 효과를 증진시켜 주는 교육적인 효과를 가지고 있어야 한다. 특수교육에 사용되는 자료도 일반 교육자료와 같은 공통적인 기능과 역할이 있는 한편, 장애에 따른 특수한 기능도 가지고 있는 것이다. 즉 시각장애 아동에게는 점자 자료나 녹음자료, 청각·언어장애 아동에게는 언어치료나 교정을 위한 자료 및 청능훈련을 위한 기기교재, 지체부자유 아동에게는 물리치료나 감각훈련을 위한 자료 및 각종 보장구와 같은 예를 들 수 있다.

흔히들 특수교육의 자료는 일반아동이 사용하는 학습자료와는 전혀 다른 특이한 자료여야 한다는 것처럼 잘못 생각하는 경우가 많다. 특수교육 자료가 반드시 신기하고 보다 특별한 특색을 띠어야 한다는 법은 없다.

다만 장애의 특징적인 조건에 따라 다소 특이한 자료들이 요구되긴 하지만 일반학습을 수행해 나가는 교수·학습자료는 원칙적으로 일반아동의 자료에 그 기초를 두고 있다는 점을 잊어서는 안된다. 그러나 특수교육 자료가 특수한 기능과 성격이 전혀 없는 것은 아니다. 장애를 가진 아동에게 사용되는 가치로운 자료가 되기 위해서는 다음과 같은 특징이 특히 고려되어야 한다.

1 장애의 특징과 장애아의 학습 형태에 적합한 자료여야 한다.
2 장애아의 정서적인 면이 충분히 고려된 자료여야 한다.
3 장애아의 주의집중과 그 지속을 유지할 수 있는 유인성이 높은 자료여야 한다.
4 동기의 유발을 자극하여 학습에 적극적으로 참여하게 하는 자료여야 한다.
5 자신감과 자아개념(self-concept)을 높여 주고 쉽게 성공할 수 있는 자료여야 한다.
6 장애의 조건에 따라 자료의 활용과 관리가 용이하고 실용성이 높은 자료여야 한다.
7 장애아동에게 사용될 기기교재 및 특별한 장치는 교육공학적인 검토와 생리학 및 인간공학적인 측면에서 충분히 검토된 것이어야 한다.

2) 특수 교육 자료의 개발

(1) 특수교육 교사와 자료 개발

장애아의 지도는 일반아동의 지도에 비해 상당히 어렵다. 특히 효과적인 자료가 마련되지 않고는 이들의 교육은 불가능할지 모른다. 따라서 좋은 자료, 가치 있는 자료를 개발하고 효과적으로 활용하는 일이 특수교육 교사에게는 매우 중요한 기본 능력에 속하는 자질이다.

특수교육에 대한 이론을 개발하고 특수교육의 정책을 마련하는 일은 일부 학자나 정책 입안자일지 모르나, 특수한 조건에 있는 하나의 인간을 직접 키우고 가르쳐서 바람직한 행동과 능력있는 행동으로 변화시키는 일은 특수교육의 일선 현장에 있는 특수교육 교사이다. 따라서 특수교육 교사의 능력이 정예화되지 못한 상태에서는 제아무리 훌륭한 교육정책과 교육이론도 모두 쓸모없는 것이 되기 쉽다. 특수교육 교사의 능력 가운데 교재나 교구를 효과적으로 활용할 줄 아는 능력이 필수적인 능력으로 중요시되고 있다. 특히 연구의 결과를 현장에 적용하는 능력과 자료 센터를 효과적으로 이용할 줄 아는 능력도 크게 강조되고 있다.

우리 나라에서는 아직 모든 자료의 고안 제작이 특수교육 교사에게만 강요되고 있는 실정이지만, 선진국에서는 이미 특수아동을 위한 전문적인 자료를 제작·보급하는 자료회사들이 많고 또 전국적으로 자료 센터들이 조직적인 정보망을 가지고 특수교육 교사를 지원하고 있다. 특히 정부 당국의 관심과 지원이 좋은 자료를 많이 제작·보급하도록 하는 촉매제가 되고 있다.

앞으로 자료의 개발과 제작도 중요하지만, 자료를 선택 구입하거나 기존 자료를 수정·보완하여 아동의 조건에 맞게 활용하는 역할도 중요하다.

(2) 특수교육 자료의 개발 방향

교육 자료를 크게 나누면 인적 자원(교사, 지역사회 인사, 동료 기타)과 물적 자료로 구분된다. 물적 자료에는 다음과 같은 것이 있다.

1. 시각자료(실물, 모형, 인쇄물, 정적 시각물)
2. 시청각 전자자료(정적 자료 : 슬라이드, 필름, 스트립, 실물 환등기 등, 동적 자료 : 영화, VTR 등, 청각자료 : 녹음기, 전축 등)
3. 자극-반응자료(프로그램 교재, 티칭머신, 언어실습 장치, 복합매체 지도자료 등)
4. 상황정보(situational information) 즉 연극, 역할놀이, 시범, 교육게임 등

이와 같은 여러 가지 자료를 개발하는 목적은 어디까지나 교수-학습의 방법을 개선하고 아동의 학습효과를 극대화하는 데 있다. 특수교육 교사가 장애아동 개개인에게 맞는 자료를 개발하기 위해서는 먼저 다음과 같은 점을 고려해야 한다.

① 장애의 상태를 정확히 파악해야 한다.
② 개별화 수업체제에 적합한 학습매체를 중시해야 한다.
③ 자료의 형태는 아동의 발달단계를 고려해야 한다.
④ 지역적, 문화적 격차에서 오는 영향을 고려해야 한다.
⑤ 교사의 능력차에서 오는 문제를 고려한다.
⑥ 위계적인 학습단계에 따라 선수학습의 결핍을 줄 수 있는 단계성을 고려해야 한다.
⑦ 자료에 대한 많은 정보를 수집해야 한다.

이와 같은 점을 고려하여 특수교육 자료는 앞으로 다음과 같은 방향으로 개발되는 것이 바람직할 것으로 생각된다.

■ 교재의 패키지화 : 교수-학습과정에서 차지하는 교수매체는 목표에서 제시된 내용을 담고, 그 내용을 전달하고, 교수전략을 선발하게 하고, 교수-학습활동을 전개하는 데 보조물로서 또는 직접 교수기능을 발휘한다. 따라서 한 단위의 교수-학습과정 속에 단일 매체만이 활용되는 것이 아니라 다매체가 적시적소에 상호관련적(context)·통합적으로 활용되어야 한다. 이리하여 특수한 교수-학습체제에 알맞도록 각종 자료를 연결 통합시킨 자료(package materials), 즉 통합교재(instructional package)를 개발·보급하는 경향이다. 통합교재의 대표적인 예는 연세대학교 교육연구소에서 발전시킨 교육발전연구(education development project)의 EDP 통합교재와 LAP(learning activity package) 교재이다. 특히 특수교육자료의 개발은 이러한 통합교재 즉 패키지화된 방향으로 모색되어야 할 것이다.

■ 자료의 개별화 : 일반교육에서도 이미 교육혁신 운동의 일환으로서 개별화 수업(individualized instruction) 방법이 강조되어 개별 처방학습(IPI : individually prescribed instruction)과 PLAN 프로젝트(program for learning in accordance with needs) 등 많은 개별화 교육방법이 활발히 발전되고 있다. 그러나 특수교육에서는 1975년 미국 공법 94-142에 근거하여 모든 장애아의 교육권 보장에 따른 개별교육 프로그램(IEP)의 개발을 이미 의무화하고 있다. 따라서 특수교육 자료는 장애아동 개개인의 심리 및 능력 상태, 학습 스타일, 장애 조건에 맞게 개별적으로 특성화된 자료를 개발하여야 할 것이다.

■ 자료의 시스템화 : 모든 자료는 체계적이고 조직적인 계열성을 가지고 개발되어야 한다. 수업의 과정 혹은 학습과정에 연관성이 없는 단편적인 자료는 그 활용도가 그렇게 높지 못하기 때문이다. 특히 아동의 발달 단계를 고려하여 직관적이고 구체적인 경험에서 점차로 추상적인 경험으로 발달해 가는 원칙을 감안하여 개발해야 한다. Edgar Dale의 '경험적 원추'이론에 따른 발달계열(구체적 경험 → 직접적 유목적적 경험 → 극화된 경험 → 시범 → 견학 → 전시물 → TV → 동(動)사진 → 정(靜)사진 → 라디오, 녹음 → 시각적 기호 → 언어적 기호와 상징)에 근거하여, 나이가 어리거나 지능이 낮을수록 구체화된 자료로부터 다단계로 나뉘어 추상화된 경험으로 이행시켜 주어야 한다. 또한 교과

의 논리적 계열에 따른 프로그램화된 자료는 물론, 난이도에 따라 세트화된 자료의 개발이 요청된다. 따라서 산발적이고 단편적인 자료보다는 학습의 내용과 목표에 구조화된 계열성 있는 자료가 개발되어야겠다.

▪자료의 현대화 : 고도 산업기술의 발달에 의해 수업에서도 교육공학적 접근을 촉진하게 되었다. 특히 오늘날 장애를 가진 특수아동을 위하여 놀랄 만한 새로운 교육공학 기재들이 개발·보급되고 있는 실정이다. 이미 선진국에서 적용되고 있는 현대화된 컴퓨터에 대한 각종 정보들이 많은 카탈로그를 통해 전파되고 있다. 특수아동에게는 보다 전문화된 첨단 교육기재가 요청되기 때문에 이러한 정보를 수집하여 이에 따른 현대화된 최신의 매체를 개발할 필요가 있다.

(3) 특수교육 자료 개발의 실제

특수학교나 특수학급 또는 임상 클리닉에 종사하는 교사는 직접적인 개별교수에 대한 모형(direct individual instruction model)에 따라 그 교수절차를 명확히 해 둘 필요가 있다.

개개 아동에 대한 진단, 지도 및 교정, 치료, 평가와 같은 일련의 과정에서 각 단계에 따라 각기 다른 자료들이 요구될 뿐 아니라, 일반적인 수업의 흐름 가운데 자료의 개발과 선정이 이루어지는 단계에 대한 바른 인식이 중요하다.

즉 출발점 행동을 진단하는 진단평가, 학습자의 개별목표 설정, 체계적인 교정·치료 프로그램의 계획, 적절한 교수 자료의 선정, 교수절차의 결정, 동기 요인의 배치, 학습자 진보에 대한 평가로 이어지는 개별교수 단계에서 프로그램의 계획에 의한 교수자료의 준비는 매우 중요한 단계임을 알 수 있다.

그리고 수업체제의 모형에 따라 교수-학습자료의 형태와 내용도 달라지기 때문에 수업설계와 매체 및 자료 개발은 불가분의 관계에 있다.

실제적인 특수 교육 자료의 개발을 위해서는 어떠한 수업 형태와 절차를 취할 것이냐의 전제를 가지고 출발해야 한다. 여기서는 특수교육 교사가 실제적인 자료 개발을 할 때 특히 고려해야 할 몇 가지 사항을 제시하고자 한다.

<표 10.6> 특수교육 교사가 실제적 자료 개발 시 고려할 사항

- 첫째, 자료 개발의 아이디어나 착상은 임상적인 지도 경험을 통한 문제의식에서 가져와야 한다.
- 둘째, 시청각 자료를 최대한 활용할 수 있는 방안이 모색되어야겠다.
- 셋째, 우리 주변에서 손쉽게 구할 수 있는 각종 자료를 구입・정리하여 조직적으로 분류해 둠으로써 풍부한 소재를 얻을 수 있다.
- 넷째, 가능하면 아동이 직접 조작할 수 있거나 조작활동을 자극할 수 있는 동적인 자료에 관심을 두어야겠다.
- 다섯째, 앞에서도 언급했거니와 특수교육 자료는 어딘가 신기해야 한다든지 혹은 고차적인 전문성을 띠어야 한다는 생각은 지나치게 하지 말아야 한다.
- 여섯째, 흔히 학습자료 전시회에 출품되는 작품들이 질적인 내실이나 자료의 가치인 타당성보다는 외형적인 양 위주에 치우치는 경향이 있다.
- 일곱째, 학습자료 개발이 다 그러하겠지만 특히 장애아를 위한 자료들은 더욱 정확하고, 섬세하고, 정서적으로 좋은 영향을 줄 수 있는 특징을 지녀야 하며, 색과 형, 크기의 적절성 그리고 위험성이 없고 견고해야 한다.
- 여덟째, 장애아의 교과지도를 위한 일반적인 자료 이외에 이들의 특수한 교육적 요구에 맞는 특색 있는 자료 개발에도 힘써야 한다.

(4) 자료개발의 내용

특수아동의 교육을 위해 개발할 수 있는 자료의 종류와 특성을 간단히 언급하면 다음과 같다.

[1] 간이 시각자료

- **융관자료** : 자료제작과 활용이 간편하고, 특수교육 자료로서도 다양하게 개발할 수 있다. 특히 자료의 분류와 결합이 용이하고 아동이 자발적으로 자료의 조작활동에 참여 할 수 있어 학습의 흥미를 지속시킬 수 있다. 또 모든 지도활동에 광범위하게 사용할 수 있어 자료의 이용도가 높다.
- **파일자료** : 생활주변에서 생생한 자료를 쉽게 구할 수 있어 제작이 용이하며, 풍부한 소재를 수집·정리하여 다양한 학습에 활용할 수 있다. 각종 사진, 그림, 화보 등을 파일화하여 계속 추가시킴으로써 특수아동에게 풍부한 간접적인 경험의 폭을 넓혀 줄 수 있다.

■ **모형자료** : 입체적인 모형자료는 실물을 정확하게 이해하는 데 도움이 된다. 특히 시각장애자의 촉지각을 통한 개념 이해를 돕기 위한 다양한 모형자료의 개발이 요청된다. 특히 모형을 분해 조립할 수 있게 하여 숨어 있는 내부 구조까지도 실제로 만져 보고 그 입체적인 특징을 관찰할 수 있게 하는 것이 가치롭다.

■ **괘도자료** : 다른 자료에 비해 제작이 간단하고 경제적이므로 실용성이 매우 높다. 여러 가지 내용을 거의 도해자료화(圖解資料化)할 수 있으므로 괘도자료의 발전적인 개발이 특수교육 분야에서도 요구된다.

■ **디오라마(diorama)** : 입체적으로 제시된 각 부분의 상관성을 생생하게 나타내어 주는 현실감이 높은 자료이기 때문에 특수아동의 흥미와 주의를 오래 지속시킬 수 있다. 주로 역사적이거나 지리적인 지도내용에 적용도가 높으나, 특수아동의 지도를 위해서는 여러 가지 내용의 디오라마를 개발할 수 있을 것 같다.

■ **그림극** : 그림과 말이 동시에 시각과 청각에 전달되어 강한 감동을 주며, 그 제작이 비교적 용이하다. 특수아동을 위한 단매식 혹은 회전식 그림자료의 개발이 적극적으로 이루어져야겠다.

■ **인형극** : 그림극은 고정적이지만 동적이고 변화가 있기 때문에 특수아동의 흥미를 특히 끌고, 아동 스스로 인형극 놀이에 참여할 수 있다. 또한 언어표현력을 높이거나 창의적인 활동을 자극하는 데 크게 도움이 되는 자료이다.

② 투시자료(projescted materials)

■ O.H.P.와 T.P : 다양한 자료나 교재의 제시가 가능하며, 아동과 대면하여 제시가 되고, 밝은 실내에서도 활용할 수 있는 이점이 있다. 그리고 T.P.는 교사의 아이디어에 따라 다채롭게 제작할 수 있다. T.P.는 반복해서 이용할 수 있으며 그 제시방법도 여러 가지이기 때문에 특수아동을 위함 T.P.의 개발이 있었으면 한다.

■ **교재영화** : 8mm 혹은 16mm의 교재영화용 필름이 많다. 특히 특수아동의 교육에 관한 필름자료는 미국의 각종 자료회사나 도서관에서 비교적 쉽게 구할 수 있다. 우리 나라에서는 특수교육의 계몽용으로 몇 편이 소개되고 있을 뿐이다.

- **슬라이드 자료** : 다른 투시자료보다 비용이 적게 들고 쉽게 만들 수 있어 활용도가 높다. 또한 영화에 비해 정적이므로 시간적 제한을 안 받고 사물의 실제 크기를 확대, 축소해서 볼 수 있다.
- **필름 스트립**(film strip) : 슬라이드와 매우 비슷하나 여러 개의 사진이 연속해서 붙어 있으므로 계속되는 내용의 사진을 연속하여 보여 주는 데 쓰이며, 슬라이드처럼 각 사진의 순서를 바꿀 수는 없다. 특수교육의 생생한 활동에 대한 스트립 자료는 미국의 자료회사를 통해 많이 보급되고 있다.
- **투시화**(transparency) : O.H.P.(overhead projector)에 넣어서 쓰는 투명한 아세테이트 그림을 말하며 T.P.라고 한다.
- **단일개념 영화필림**(single - concept film) : 이 영화는 대체로 5분 내외의 길이로 단 한가지 개념 또는 사항만을 다룬다.

③ 비투시 자료(non- projected materials)

사진자료, 도표 및 그림, 인쇄자료(프로그램 교재나 워크북 등의 자료)를 말한다. 특히 프로그램 교재는 개인차에 따라 진행될 수 있기 때문에 개별교육을 위한 특수교육에는 필수적인 자료라 생각된다. 소단계의 계열로 되어 있기 때문에 학습자에게 성공감을 자극해 줄 수 있고 피드백이 가능하다.

④ 녹음자료

녹음 디스크나 녹음 테이프가 포함되며 이러한 청각교재는 특히 시각장애아를 위해 필요한 자료들이다. 또한 언어장애아의 말하기 훈련에도 필수적이며 지적장애아나 지체부자유 아동을 위해서도 음악교재나 극화놀이, 개념형성에 매우 유익한 자료이다.

⑤ VTR(video tape recoder)

⑥ 견학, 자료인사

⑦ 복합매체(multimedia)

3) 특수교육 자료의 이용

연구의 개발이나 자료의 개발도 중요하지만 연구결과나 가치로운 자료를 교실에 적용하는 일 역시 중요하다. 우리는 특수교육 현장에서 새로운 교육 자료나 연구결과를 적용실천하는 면에 소홀한 것은 아닌지 생각해 보아야 할 때이다. 이미 새로운 교육 방법과 자료가 개발되어 있음에도 불구하고 구태의연한 방법에서 탈피하지 못하고 있는 경우는 없는가, 우리는 항상 새로운 정보에 신속히 접해야 하겠다.

미국 장애아교육국의 초대 국장이었던 Gallagher는 장애아 교육에 대한 새로운 지식과 이론을 실제적인 교육적 수준의 실천적 활동으로 바꾸는 메카니즘의 발전에 중점을 두어 프로그램 연구와 새로운 교육매체의 개발과 이용을 강조하였다.

(1) 자료에 대한 정보의 교환

이와 같이 미국에서는 조사연구를 통한 이론적인 발전과 실천적인 적용 사이의 틈을 좁히기 위한 이론-적용, 개발-실천의 연결운동이 강하게 심어져 있다. 이리하여 정부는 실천적인 영역에서 조사결과의 이용을 촉진하는 임무를 띤 여러 가지 새로운 행정기구들을 설치하였다.

전문화된 지식의 폭발은 새로운 지식정보의 보급과 이용을 위한 체계적인 정보체계를 필요로 하게 되었고 60년대 말경에는 새로운 지식의 보급과 이용 문제에 대한 체계적인 연구가 '지식이용학(science of knowledge utilization)'이라고 할만큼 진보되었다. 심지어 미시간 대학에서는 '과학적 지식이용 연구센터'까지 설치되었다.

(2) 특수교육 자료 센터

미국 대통령 직속 지적장애위원회는 미국 교육부(USOE)내에 교육자료 센터를 설치하여 특수교육 교사가 장애아동 교육에 적절한 교재와 정보를 쉽게 접할 수 있도록 해야 한다고 권고했다. 장애아교육의 교육자료 센터(IMC : instructional Materials Centers)가 특수교육 교사에게 교육자료와 정보를 제공하기 위해 설치되어, 자료의 평가와 새로운 교육자료를 연구개발하고 있다.

이러한 교육자료 센터가 1968년까지 모두 14개가 설치되어 12개는 대학이, 2개는 주 교육청이 관리 운영하고 있다. USOE와 특수아동평의회(CEC)의 공동후원하에 교육자원정보센터(ERIC)내에 국립정보센터(National Clearinghouse)가 설치되었고, 최근에는 국립 특수교육매체 센터가 설치되었다.

한편 장애아동의 효과적인 지도라는 문제에 중점을 두고 당해 지역의 특수교육교사에게 특수교육 개선을 위한 기술적인 서비스를 제공하기 위하여 지역자원센터(R.R.C. : Regional Resource Center)가 설치되어 있다. 또한 ERIC 특수아동정보센터(Clearimghouse)는 USOE의 자금을 받아서 CEC가 운영하고 있는데, 이 센터는 특수아동을 위한 교재의 개발, 연구결과에 대한 정보의 보급, 연구문헌과 자료의 수집, 발췌, 평가를 하고 있다.

ERIC은 워싱턴 시에 본부를 두고 미국 여러 지방의 대학이나 연구소에 위치한 19개의 정보 센터로 구성된 전국적인 규모의 정보망으로서 최신의 특수교육 연구 정보의 제공을 담당하고 있다. 우리 나라에서는 이제까지 이러한 특수교육 자료 및 정보 센터가 없기 때문에 그 필요성이 더욱 절실한 실정이다.

(3) 특수교육 자료의 평가

장애아동의 학습을 극대화시키고 아울러 교수의 노력을 경감시킬 수 있는 좋은 특수교육 자료를 선택 구입하여 사용하거나 개발하여야 한다. 흔히 특수교육 자료는 전문가만이 개발할 수 있는 것으로 생각하기 쉬우나 모든 특수교육교사는 다양한 자료의 개발이나 선택 활용에 전문적인 소양과 기술을 가지고 있어야 한다.

좋은 자료가 되기 위해서는 최소한 다음과 같은 조건에 합당한 자료인가를 평가해 보아야 한다.

<표 10.6> 좋은 자료가 되기 위해 평가할 사항

요 소	평가 내용
적합성	이 자료는 계획된 지도목표의 달성을 위해 최적한 매체인가, 학습효과를 올릴 수 있는 타당성있는 매체인가를 검토하여 적절한 자료를 선정해야 한다.
수준성	장애아동의 조건과 능력 수준에 적합한 자료인가, 자료의 형태가 장애의 상태에 부적합하거나 그 수준이 적절하지 않은지를 검토해야 한다.
양질성	아동이 안전하게 다룰 수 있고, 정확하고 섬세하게 제작된 자료인가, 자료의 기교성을 따져 보아야 한다.
활용성	자료의 조작이 복잡하지 않고 또 특이성이 강한 자료가 아니어서 아동이 활동하고 싶을 때 언제나 쉽게 사용할 수 있는 자료인가, 또한 견고하고 관리에 편리하며 다목적으로 이용할 수 있는 것인지 검토해 보아야 한다.
경제성	가능한 한 투입은 적게 하고 효과는 최대한으로 얻을 수 있으며 제작비용이 저렴하고 제작이 용이한 자료인가 살펴보아야 한다.
유인성	장애아동의 흥미를 끌고 주의 집중을 오래토록 지속시킬 수 있는 자료인가를 알아보아야 한다.
타당성	자료의 효과에 대한 검증이나 타당성을 인정할 수 있는 자료인가, 자료의 목적이 명백하고 이론적인 근거가 뚜렷한 자료인가를 평가해 보아야 한다.
현실성	현재의 조건과 실정하에서 개발이 가능한 자료인가, 대량보급이 가능한가, 자료의 교육적 공헌도가 일반화될 수 있는가 등을 충분히 검토하여야 한다.

제11장 여가생활지도

이 장에서는 지적장애아동의 여가활동의 중요성과 여가교육 프로그램의 내용 및 지도의 실제 등을 다루었다.

1. 지적장애아 여가 활동

1) 여가교육의 정의와 여가교육의 중요성

여가(Leisure)의 어원은 라틴어의 'Licere'로 "일이나 직업으로부터 벗어나도록 허용된(to be free)"이란 뜻을 나타내는 말이다. Kelly 와 Freysinger(2000)는 여가가 시대, 계급적 직업에 따라 다르게 정의된다고 했다. 여가의 개념에 대해 학자들의 논의가 진행되고 있지만 현재까지 널리 인정되고 있는 개념은 크게 3가지로 압축 될 수 있다. 첫 번째로 인정되고 있는 여가의 개념은 '노동에서 벗어난 자유로운 시간'으로 정의 내리는 것이고, 두 번째는 '자유시간에 행해지는 자발적인 활동'이다. 세 번째로 인정되는 개념은 여가를 자유시간이나 활동의 개념으로 정의하는 것이 아니라 '자유로운 마음의 상태'로 정의 내리는 것이다(노용구, 2001). 여가에 대한 학자들의 다양한 개념을 고찰해 보았을 때 여가란 "정신적, 육체적으로 자유로운 시간에 개인이 사회와 국가와 자기 발전에 긍정적으로 영향을 끼칠 수 있는 행위를 하는 상태"라고 정의 내릴 수 있다(조인수, 2002).

여가 교육의 정의는 학자들 사이에서도 다양하게 사용되어 지고 있다. 일반적으로 여가 교육은 광의의 여가 교육과 협의의 여가 교육으로 나누어 볼 수 있다. 광의의 여가 교육은 '여가를 위한 교육(Education for leisure)'이라고 할 수 있다. 전통적인 여가 교육은 레크리에이션 프로그램 혹은 방과후의 교육 프로그램을 통해서 여가의 참여기회를 제공하는 것으로 정의할 수 있다.

협의의 여가 교육은 치료 레크리에이션 서비스의 영역에 있어서 치료 서비스, 여가교육 서비스, 레크리에이션 참가 서비스 중에서 여가 교육서비스에서 하위 영역인 여가 인식, 사회적 상호작용 기술, 여가 활동 기술, 여가 자원의 활용에 초점을 두고 행하는 하나의 교수 기법으로 정의된다. 즉 여가에 대해 어려움을 가지고 있는 참여 대상에게 치료의 수단으로서 행하는 인지적인 전문교육을 말한다. 노용구(1999)는 여가 교육은 구체적인 목적을 가지고 미리 계획된 교육과정을 통해서 이루어져야 하며 결과적으로 여가 관련 지식의 습득과 여가 생활의 발달을 가져와야 한다. 여가 교육은 여가와 관련된 다양한 영역(개인, 사회, 환경)에 대한 지식 습득과 개발을 통해서 여가 생활의 질을 높여야 하고 이를 위해서 여가 지식과 기술을 제공하여 주는 것이라고 할 수 있다고 정의했다. 위의 다양한 정의를 통하여 살펴볼 때 여가 교육은 인간의 일생동안 의도적인 교육과정을 통해 여가와 관련된 다양한 영역(개인, 사회, 환경)에 대한 지식의 습득과 개발을 통해서 인간의 전인적인 발달을 촉진할 수 있도록 제공되는 교육과 관련 서비스라고 정의 할 수 있다(조인수, 2002)

장애아들은 시간을 유용하게 관리하는 능력이 부족하여 자유시간에 공간을 응시하거나 목적 없이 돌아다니고 심지어 자학적인 행동으로 시간을 보내기도 하며 그렇기 때문에 그들은 비장애 인에 비해 비 건설적인 시간의 경험이 많은 것으로 보고되고 있다(Coyne & Rion, 1980 : Hweard & Orlansky, 1984). 지적장애 학생은 비 장애 학생에 비해 실패 감을 더 많이 경험하고 자아개념과 동기수준이 빈약하여 사회적 상호작용의 결핍을 보이기 때문에(Cromwell, 1959, Porter, Collins & Mclver, 1965), 인지적 요구가 적은 여가 활동은 이들에게 유용한 강화로써 제공되며 성공 감을 제공할 수 있는 여가 활동을 통해 자아개념과 자신감을 갖게 한다고 한다.

장애인에게 있어 여가 활동의 긍정적인 효과에 대해 많은 연구자들이 언급했다. 내용을 정리해보면 다음과 같다(조인수,2002).

첫째, 사회적 기술이 발달된다. 인사하기, 대화의 기술 습득, 자기 표현력이 길러짐으로서 친구 사귀기를 할 수 있고 나아가 원만한 대인관계 형성을 통한 사회적응 능력이 길러진다.

둘째, 자기 존중감을 길러주고 자아개념을 확립하게 해준다. 인지적인 요구가 적은 여가 활동에 참여함으로서 즐거움을 느낄 때 거듭된 실패의 경험으로부터 성공 감을 경험하게 해주고, 소외감과 긴장이 이완되고 스트레스가 풀린다. 그러한 정신적인 안정감은 자기 존중감을 길러주고 자아개념을 확립하는데 도움을 준다.

셋째, 운동기능을 발달하게 해준다. 여러 가지 여가 활동 중에서 손으로 만들기를 통해서 소 근육 운동이 발달하고 운동경기에 참여함으로서 대 근육 운동이 발달하고 체력이 길러진다.

넷째, 문제행동을 감소하게 해준다. 무료한 시간을 적절하게 이용함으로서 자해적인 행동 즉 손톱 물어뜯기, 머리 부딪히기, 몸 흔들기, 물건 부수기, 아무거나 입안에 넣고 씹는 행위 등을 줄일 수 있다.

2) 지적장애아의 여가활동 유형

여가 활동이란 일이나 학업과 직접 관련되지 않은 자유로운 시간에 일어나는 모든 활동을 의미하며 음악, 미술, 관람, 공예, 게임, 클럽활동, 캠프, 야외활동, 교회활동 등을 포함하는 개념이다. 이러한 여가 활동의 유형과 활동 내용도 학자에 따라 다양하게 분류하고 있다(최태수, 2001). Parker(1976)는 적극적인 형태와 소극적 형태로 분류하였다. 첫째, 적극적인 여가 활동 : 예, 체능계통의 몸소 하는 활동. 둘째, 소극적인 여가 활동 : 운동관람, TV나 Radio시청.

이종길(1992)등은 여가활동 유형별 만족도의 변화에 대한 분석에서 여가를 행위자의 여가형태를 기준으로 능동적 여가 활동으로 스포츠, 문화예술활동을 수동적 여가 활동으로 독서, 영화관람, 음악감상, 낮잠으로 분류했다. 임번장(1995)은 여가활동과 여가만족의 관계에서 여가활동 유형을 스포츠활동, 취미 교양활동, 감상 관람활동, 놀이 오락활동 등 4개 유형으로 분류하였다. 최태수(2001)는 특수학교 학생의 여가활동 참여실태에서 다음과 같이 분류했다. 첫째, 오락, 사교활동 : 컴퓨터 게임, 전자오락, 장기, 바둑, 오목, 카드놀이, 생일 파티, 종교활동, 대화하기. 둘째, 취미, 교양활동 : 독서, 채집, 수예, 재봉, 목공, 공예, 집안 꾸미기, 수집, 음식 만들기, 라디오 듣기, TV보기. 셋째, 감상, 관람활동 : 음악회, 스포츠, 미술관, 박물관, 관람연극, 영화, 비디오 감상, 쇼핑. 넷째, 건강, 스포츠활동 : 축구, 농구, 배구, 야구, 수영, 테니스, 탁구, 줄넘기, 훌라후프, 등산, 낚시, 산책, 하이킹, 태권도. 다섯째, 행락, 관광활동 : 고적 답사, 여행, 야외 (유원지, 동물원)나들이. 그러나 이렇게 많은 여가 활동 중에서도 지적장애 학생에게 더 유용한 활동이 있다. 지적장애 학생이 여가 활동에 참여하기에 적절한 활동에 대해 MCARC 정보지(Montgomery Country Association for Retarded Citizen sheet, 1984)에서 다음 〈표 11.1〉와 같이 제시했다(최진희, 1994).

<표 11.1> 지적장애 학생에게 가능한 여가 활동의 분류

분류	활동 내용
혼자 활동	라디오 청취, TV시청, 슬라이드 보기, 피아노, 피리, 기타 악기 연주, 펜팔, 독서, 그림 그리기, 만들기
사회적 활동	소풍, 무용, 교회활동, 합창단, 모임.
예술, 공예	양초 공예, 케익 만들기, 비누 공예, 염색, 가죽 공예, 뜨개질, 가죽 공예, 목공예, 보석 공예.
활동적인 게임, 스포츠	공굴기기/잡기, 자전거 타기, 볼링, 야구, 축구, 조깅, 모형 비행기 날리기, 스케이트, 스키, 탁구, 하이킹 등.
테이블 게임	책상에 앉아서 하는 게임들 : 레고, 장기, 바둑.
가족, 친구와 함께 하는것	쇼핑, 이웃집 방문, 박물관, 동물원, 극장 가기 등
취미활동	우표 수집, 사진/엽서 모으기, 애완동물 기르기.

2. 지적장애아의 여가교육의 실제

1) 학교중심 여가 교육

(1) Clark의 여가 교육 내용

가정과 학교 및 지역사회 활동에 참여하는데 제한점이 있는 장애인도 여가와 레크리에이션, 놀이에 참여하고자 하는 동일한 권리를 갖는다. 장애학생은 여러 가지 가능한 여가활동에 대한 인식과 지식을 개발하고 확대해야 하며 여가를 즐길 기회에 대한 그들의 필요와 권리, 활동에 연결시키는 기술, 사회적 기대치, 여가 환경에 대한 교육이 필요하다. 학교에서 실시해야할 여가에 대한 교육내용은 다음과 같다(Clark, 2000).

첫 번째, 단체활동에 적극적으로 참여하기이다. 교사는 단체활동이나 게임을 계획하고 적용해야 한다. 학생들의 신체적인 특징은 고려되어야 하지만 신체적인 제한이 특별한 활동에 참여하는 것을 막아서는 안 된다. 지역사회에서 단체활동에 참석하기, 선택한 활동에서 능력을 보여주기, 활동에서 사용되는 도구의 적절한 다루기는 다른 영역의 교육목표에도 포함된다. 두 번째, 지역사회의 자원 알기이다. 교사는 학생들에게 지역의 기관, 학교 및 교회에서 이용할 수 있는 사회적인 모임이나 행사, 시설물을 가르치는 데서 시작해야한다. 다음단계는 학부형, 레크리에이션 지도자와 함께 교육해야 한다. 학생들은 자신이 참여할 수 있는 레크리에이션 활동의 범위에 대한 이해력을 발전시키고 지역사회에서 자신들이 이용할 수 있는 시설물과 자원에 대한 인식도 발달시킬 수 있다. 세 번째, 레크리에이션 가치 이해하기이다. 레크리에이션 가치를 이해하는 것은 자기인식의 발달과 관련이 있다. 이것은 삶의 전반적인 발달에 있어서 레크리에이션의 역할을 이해하고 독립적인 삶을 살아가는데 한 개인이 겪게되는 매일의 억압에 대한 균형을 맞추는 기능을 할 수 있다. 그러나 학생들은 이러한 이해를 오직 효과적으로 여가 시간을 이용하고 클럽이나 취미활동에 참여함으로써 내재화 할 수 있다. 그러므로 학부모와 교사, 레크리에이션 지도자 사이의 조화된 노력이 필요하다. 네 번째, 지역사회에서 레크리에이션 시설물 이용하기이다. 레크리에이션 시설물과 기구를 이용하는 방법과 기술을 배우는 것은 중요하다. 일차적인 목적은 학생들이 직접 시설을 관찰하면서 방법을 익혀야 할 것이고 이차적인 목표는 지역사회에서 이동과 관련된 기술도 익혀야 할 것이다.

다섯 번째, 여가 활동을 선정하고 계획하기이다. 레크리에이션 활동과 여가와 관련된 교육은 현장경험이 필수적이다. 이러한 경험은 학생들에게 여가 계획을 세울 수 있는 능력을 키워야 한다. 계획에는 비용, 위치, 이동, 신체적인 요구사항, 도구의 활동과 참여자의 수 등과 같은 요소가 포함된다.

(2) 현재 학교에서 실행되고 있는 여가교육

학교에서의 교육시간 중 직접적인 여가 교수에 쓰여진 시간은 다른 교과 영역에 비해 상대적으로 적으며 대개 체육과 미술, 음악 그리고 특별 활동 그리고 학교 재량 활동에 의해 실시되고 있다. 미국의 경우 PL 94 - 142에서 여가교육을 학교 교육과정에 포함시킬 것을 법률화하고 있다. Overs(1971)는 학교 교육과정에 여가 활동 시간의 포함을 주장하면서 지적장애 학생이 학교 교육과정을 통해 지속적이고 체계적인 여가 교육을 받아야할 것을 강조하고 있다. Ford(1984)는 특수교육교사가 장애 학생의 여가 활동을 학교 외의 담당자 - 복지관, 레크리에이션 협회, 스카우트 등에게 책임을 전가한다고 지적하면서 담임교사가 IEP의 내용에 여가 활동을 포함시키고 여가교육이 학교 생활 중과 방과후에도 수행되도록 직접적인 교수활동을 담당해야 한다고 강조했다(최진희, 1994).

그렇다면 여가 교육을 어떻게 학교교육과정 내에서 실시할 수 있는지 두 가지 방법에서 생각할 수 있다. 첫째, 독립된 과목으로 고안되어 독립적으로 진행하는 것으로 일반과목(국어, 수학)처럼 여가 교육이라는 과목을 설정하거나, 특별활동, 클럽활동, 야외활동, 소풍, 오락, 학교행사와 같은 활동이 이에 속한다. 둘째, 기존 교육과정의 모든 과목에 여가 교육 단원을 주입할 수 있다. 이상과 같이 여가교육은 특수교육 교사가 전체 교과목 내에 포함시킬 수 있으며 또한 독립된 교과목으로 제시 할 수 있다. 특수교육교사가 여가 교육을 교과목 내에서 실시할 때는 IEP의 한 부분으로 고안되어 체계적인 개발 및 실시가 필요하며 이를 위해 여가 교육에 대한 기초적인 지식이 요구되고 독립된 활동으로서의 여가 교육을 실시할 때는 특수교사뿐 아니라 특수교육 행정가 및 학교의 모든 교원과 지역사회 요원들의 상호 협조적인 준비가 요구된다. 지적장애 학생에게 여가 교육을 통한 효과를 극대화 할 수 있다(최진희, 1994).

(3) 여가 활동 프로그램

아래에 소개한 여가 프로그램은 Stumbo 와 Thomposon(2002)이 제작한 여가 교육 프로그램과 Chapel Hill의 North Carolina 대학의 레크레이션 센터에서 출판한 여가 각성 교육 프로그램(The Wake Leisure Education Program, 1991)을 번안하고 교육부(2000) 교사용 지도서를 참고하여 관계 전문가 3인의 자문과 지도 교수의 지도로 연구자가 재구성하였다.

<표 11.2> 여가 활동 프로그램의 구성영역과 주요 내용

I부		여 가 교 육	
차례	주제	중심 요소	하위요소(제재)
1	여가인식	여가의 중요성 및 가치이해	1. 여가 활동 이름 게임 4. 누구와 함께 갈까 2. 내가 하고 싶은 여가 활동 5. 일일 생활 계획표 3. 내가 추구하는 즐거움
2	여가에 대한 자아 인식	자신에 대한 여가 욕구 파악	6. 친구소개하기 10. 당신은 어떤 종류의 사람입니까 7. 여가 견장 11. 3개월만 살 수 있다면 8. 당신은 어떤 사람인가 9. 만약 내가 _할수 있다면 _할텐데
3	지역사회 자원에 대한 인식	여가 자원 확보와 활용법 이해	12. 집 근처 여가시설 이용하기 13. 여가 활동 전화번호부 14. 12평의 방
4	여가 장벽	여가 제약 파악	15. 여가 활동 방해 요인 해결 방안
5	여가 활동 실행에 대한 계획	계획표 짜기	16. 일년 동안의 여가 활동 계획표
6	여가 활동에 대한 실천	사회적 기술 개발	지역사회 시설 이용(우체국, 극장, 지역 주민자치센터, 박물관, 장애인 복지관, 17. PC통신 이용하기. 백화점 혹은 마트, 등산)
7	여가실천에 대한 평가	평가와 반성	18. 여가 생활 충실도 측정 19. 나의 여가 선언

2) 여가 교육 프로그램 구성 시 고려점

여가 활동이 선정되면 여가 교육 프로그램을 구성하는데 효과적인 프로그램 실시를 위해 고려해야 할 점이 있다(최진희, 1994). 이러한 지침들을 Dattilo와 Peter(1991)는 4개 요소로 Ford 등(1984)은 19개 요소, Wehman과 Schleien (1981)은 6개 지침, Wurch와 Voeltz(1980)는 10개 요소, Light(1989)는 4개 요소로 제시했다. 이상의 요소들을 종합해 볼 때 다음의 15개 지침으로 제시할 수 있다.

(1) 참여학생의 선호도

어떤 여가 활동을 어디서 누구와 함께 하는가를 결정하는데 있어 참여자인 학생의 욕구를 반영하는 것이 가장 중요하다. 이는 참여자의 동기유발 문제와 관련되며 관심 있는 활동은 오래 지속되고 지역사회로의 전이가 가능하기 때문이다(Hillman, 1980).

(2) 생활연령에 적절한 여가 기술

비슷한 생활연령의 비장애 또래 집단이 참여하는 여가 활동을 고려하여 장애학생의 여가 활동이 선정되어야 할 것이다(Wehman & Schleien, 1980).

Sheridan 과 Springfield(1987)는 지적장애 청소년에게 있어서 생활연령에 적절한 활동은 첫째, 정상화의 기회제공, 둘째 인지발달 기회의 제공, 셋째 적절한 의사소통 기술 발달, 넷째 사회성 기술 향상, 다섯째 개인적인 즐거움 제공과 같은 긍정적인 효과를 제공한다고 주장하면서 생활연령에 적절한 여가 기술을 강조했다.

(3) 비장애 또래의 참여

지적장애 학생에게 있어 만족스런 삶을 방해하는 주요한 장애는 사회적 상호작용 기술과 관련된 것이다. Handleman 과 Harris(1986)는 지적장애인의 주요한 문제 영역 2가지를 인간관계 형성과 사회성 발달로 보았으며 이러한 사회성 기술의 결여는 여가활동 참여 동안에 특히 두드러진다고 한다(Marlowe, 1979). 이에 Hitzhusen(1975)는 지적장애 청소년에게 같은 또래의 비장애 학생에게 수용되고 사회적 상호작용 기술을 획득할 기회를 제공하는 게임을 지지함으로써 여가 프로그램에 비장애 또래와 함께 참여할 것을 강조했다.

(4) 신체적 발달에의 기여

여가 활동이나 환경의 일반적인 신체건강 유지와 향상에 얼마나 기여하는가를 고려할 필요가 있다. 신체의 건강이 유지되고 발달된다면 삶의 다른 측면도 따라서 향상될 수 있다. Coyne(1980)은 장애 학생이 신체적으로 더 활동적이 될수록 부정적인 사회적 낙인은 최소화되고, 비만, 빈약한 근육 등으로 인한 신체적 질병도 감소되며 다양한 환경을 통한 모든 수행이 증가할 것이라고 설명했다.

(5) 여가 교육의 종적(longitudinal) 연계성

장애학생이 배우는 여가 교육의 내용이 학생의 연령이 증가함에 따라 적절하고 깊이 있는 내용으로 계속 연계되어 반복학습 하는 것이 중요하다(Coyne, 1980). 반복을 통한 여가 기술은 잘 습득 될 수 있으며 실생활로의 전이가 가능하기 때문이다(Ford et al, 1984).

(6) 참여하는 사람의 수

다양한 사람을 참여시키는 여가 활동 및 환경에 적합한 기술과 혼자 하는 환경 기술 모두를 습득하는 것이 중요하다. 이는 다양한 상황에서 여가 활동을 수행하기 위함이다. 장애 학생을 위한 여가 교육 프로그램은 한 사람, 두 사람, 세 사람 이상, 대그룹과 같이 다양한 배치를 갖는 여가활동에 참여하도록 고안되어야 한다.

(7) 부모의 요구 및 가정환경

지적장애 학생의 자유시간은 주로 가정환경에서 일어나기 때문에 여가 교육 프로그램에 부모와 가족의 참여가 중요하다(Stein, 1981). 부모의 욕구, 가족 구성원의 태도, 형제나 친척의 존재 등이 장애 학생의 여가 활동 다양성과 독립성에 영향을 미친다.

(8) 계절적인 요인

여가 활동은 계절적인 이점을 살리는 환경에서 가능하도록 준비되어야 하며 지역 기후조건을 고려해야 한다. 장애 학생을 위한 여가 프로그램을 담당하는 학교 행정가 및 전문가들은 많은 기술들이 기후조건 때문에 특정계절에 효과적으로 습득할 수 있으며(예 : 해변 가의 수영, 정원 가꾸기), 참여하는 활동 빈도가 증가한다는 것(예 : 야외축제 참여, 자전거 타기)을 인지해야 한다(Ford, 1984).

(9) 여가 자원에 대한 지식 및 활용

여가 자원에 대한 지식 및 활용은 여가 교육 구성요소 중 한 부분으로 Overs, Taylor 와 Adkins(1974)에 의하면, 적절한 여가 활동 선정에 있어 어려움은 여가 자원에 대한 지식의 결여에서 기인한다고 한다. 여가 자원에 대한 지식과 이러한 자원을 활용하는 능력은 독립적인 여가 생활을 구축하는데 중요한 요인이 된다(Peterson & Gunn, 1984). 지역사회 여가 자원에 대한 지식을 얻는 것 외에도, 지역사회에 능동적인 참여를 고무하는 여가 자원의 활용 또한 매우 중요하다(Richler, 1984).

(10) 학생 이동의 문제(transportation)

여가 환경에 도착하는데 필요한 시간, 거리, 사용되는 교통 수단의 종류, 장애 학생 이동시 포함되는 편의시설과 관련된 문제이다. Hughes(1985)은 장애인이 지역사회의 여가프로그램에 참여하지 못하는 가장 큰 이유는 교통의 문제에 있다고 보고, 교통수단의 비치가 지역사회에서 여가활동을 제공하는데 우선적으로 고려해야할 점이라고 주장했다.

(11) 비용(cost)

특정 여가 활동과 환경이 선택되기 이전에 비용 문제는 신중히 고려되어야 한다. 여가 기술을 습득하는데 요구되는 비용의 문제뿐 아니라 습득된 여가 활동을 즐기고 유지하는데 필요한 비용을 반드시 검토해야 할 것이다.

(12) 부분적인 참여의 원칙(principle of partial participation)

장애 학생은 독립적으로 여가 기술 과정을 완전히 수행할 수 없다고 가정되기 때문에 광범위한 여가환경과 활동에서 제외되는 경우가 많다. 장애 학생은 비장애 학생과 같이 유능한 수준으로 특정 여가 활동의 완전한 과정을 수행하는데 어려움이 있지만, 이들이 적어도 부분적으로 참여 할 수 있게 활동이 조직된다면 많은 기술의 획득에 참여 할 수 있다는 것이다(Baumgart, Brown, Pumpian, Nisbert, Ford, Sweet, Messina, & Schroeder, 1982). 장애 청소년이 여가 활동에 부분적으로 참여할 수 있도록 그들에게 적합한 개별화된 수정이 요구된다.

(13) 개별화된 수정(individualized adaptation)

현존하는 많은 여가 활동이 비장애인의 수행을 기준으로 하여서 게임을 할 능력과 기술이 부족한 장애인에게 적합하지 않으므로(Hughes, 1985), 활동의 규칙, 태도, 가치, 자료사용, 기준 등이 장애인에게 적합하도록 조정하여 제공될 수 있다.

(14) 특별지도(specialized supervision)의 필요성에 대한 우려

장애 학생이라는 이유로 특별한 감독과 지원이 요구된다고 생각하여 비장애 학생과 함께 할 수 있는 많은 여가 활동과 환경에서도 제외되는 경우가 많다. 이러한 부정적인 영향을 최소화하고 개별화를 증진시키기 위해 여가 교육 담당자는 가능한 한 비장애 학생에게 제공되는 것과 비슷한 특별지도의 양과 종류로 장애 학생을 가르쳐야 한다. 또한 지도의 종류 및 정도는 특정학생의 개별 욕구에 근거해야 하며, 장애학생을 위해 고도의 특별화된 환경을 창조하는 것보다 비장애 학생이 사용하는 기존의 것을 적용하고 수정하는 것이 바람직하다.

(15) 관련 서비스 담당자와의 협력

학교에서 여가 교육을 실시하는 특수교사는 관련 서비스 담당자들 즉 작업치료사, 물리치료사, 언어치료사, 심리학자, 사회사업가 와 함께 여가 교육의 우선적인 내용을 선정하고 교과과정을 개발해야 한다.

3) 지역사회 여가 교육 프로그램

우리나라에서는 구체적으로 지역사회 여가 교육 프로그램으로 소개된 것이 없다. 그래서 K시에 있는 복지관의 사회 재활 팀에서 방학중에 실시하고 있는 사회성 향상 프로그램을 본 연구자가 재구성하였다. 구체적인 활동내용은 다음과 같다.

<표 11.3> 지역사회 여가 프로그램

프로그램	활동 내용
나도 선수	장애인과 함께하는 생활 체육 프로그램(뇌성마비 야구, 스택 볼링, 롤러하키, 라켓 야구, 비행접시 용천, 플로어게이트, 혼성 수족구 경기, 시각장애인 게이트볼, 난쟁이 농구, 탄구, 통합축구, 탁구, 지적장애 리듬체조, 휠체어 베드민턴, 휠체어 럭비)
사회 적응 훈련	야외활동(견학, 유적지 답사), 특별활동(미술활동, 가사실습), 사회적응훈련(지역시설 이용법 익히기)등의 다양한 경험 제공
미술 교실	비언어적이고 창조적인 방법으로 자신을 표현하고 스트레스를 해소하게 함. 만들기, 물감 그리기, 모자이크, 합동화 그리기, 종이접기, 칼라믹스, 스테인드글라스 등, 다양한 미술활동 실시
주말 프로그램	일반인들과 일대일로 짝을 이루고 예술활동, 신체활동, 기타활동으로 나누어 다양한 공동체 경험을 제공
도예교실	각종 도구사용법을 익히고 일상생활용품(컵, 접시)등을 제작
체험 학교	예체능, 놀이위주의 프로그램, (1박 2일 캠프, 극장관람, 견학, 민속놀이 체험, 요리교실)
테마 교실	풍물, 댄스, 칼라믹스, 태권도 등을 3개월씩 익힌다. 잠재능력을 향상시키고 다양한 여가 문화를 제공한다.
우정 만들기	일반 청소년과 일대일로 친구를 맺어주어 유적지 답사, 전시회 관람, 콘서트관람 등으로 또래와의 교류를 가지게 하고 대인관계 능력 및 자신감을 향상시킨다.

4) 외국 여가 프로그램

(1) 미네소타 성 바울 전환 강화 프로그램

처음 한 주는 학교에서 레크리에이션 활동과 방법에 대해 계획을 세우고 그 때 학생들은 그들이 참가할 활동을 결정한다. 교사는 학생들의 이동수단, 자료, 활동에 대해 계획 세우는 것을 도와준다. 둘째 주는 활동에 참여하여 밖으로 나간다. 셋째 주는 교실로 돌아와 활동에 대한 반성뿐 아니라 다음주에 참여할 새로운 활동에 대한 계획을 세운다. 학생들이 참여하는 여가활동의 형태는 영화보러 가는 것, 볼링장에 가는 것, 스포츠 관람, 공원 산책 등을 포함하고 있다.

(2) 워싱턴주 이삭쿼쉬 전환 프로그램

18-21세의 성인생활에 적응을 돕기 위한 프로그램이다. 3가지의 요소를 가지고 있는데 첫 번째는, 지원전환(supported transition)이라 불리며 경도 장애아를 위한 것이며 두 번째는 지원자원 전환(supported resource transition)이라고 하며 중도(中度)의 장애학생을 위한 프로그램이다.

세 번째는 자원전환(resource transition)이라 하며 이들 학생들은 전환 교육의 모든 영역에 레크리에이션을 포함하고 있으며 레크리에이션의 모든 영역을 체계적으로 가르친다. 일주일에 두 번 지역사회의 레크리에이션 활동에 참여한다. 볼링장, 지역사회 센터 등을 활용하고 특수 올림픽에도 참여한다.

(3) 워싱톤주 브레메톤 직업 전 프로그램

Washington에 있는 Bremerton고등학교의 직업 전 프로그램(Pre-vocational Program, Bremerton, Washington)이며 생활에 중심이 되는 능력을 개발하기 위한 것이다. 학생 각자는 국어, 수학, 과학에 있어서 정상적인 진도를 가지고 있다. 레크리에이션 요소에 대한 방법은 정상적인 수업에 있어서 실험적인 수업을 하는 것이다. 예를 들면 과학 수업은 야외여행으로 구성되어 있고 학생들은 동물원과 공원 또는 정원에서 수업을 한다.

5) 여가 지도의 예

<table>
<tr><td colspan="2">프로그램의 주제</td><td>프로그램의 제재</td></tr>
<tr><td colspan="2">1) 여가 인식</td><td>(5) 일일 생활 계획표</td></tr>
<tr><td>학습지</td><td colspan="2">7. 일일 생활 계획표</td></tr>
<tr><td>활용 방법</td><td colspan="2">시계 그림에서 시간은 한시간씩 나누어져 있다. 한시간마다 하는 일을 기록하시오. 그리고 잠자는 시간, 식사시간은 파란색,. 학교에서 보내는 시간 중에서 자유로운 시간은 빨간색. 학교에서 보내는 시간은 노란색. 여가 시간과 자유로운 시간은 빨간색. 그리고 나머지는 보라색 색연필로 색칠 하시오.</td></tr>
</table>

< 하루 일과 표 시계그림 >

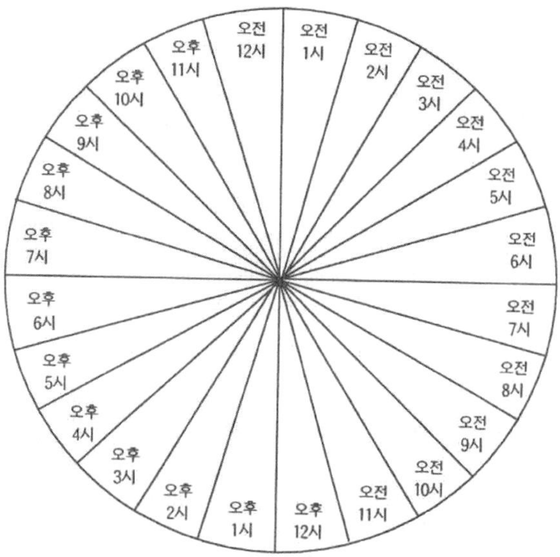

1. 생리적 시간(잠, 식사)을 포함한 필수 시간은 몇 시간입니까? (　　)시간
2. 학교에서 보내는 시간은 몇시간 입니까? (　　)시간
3. 자유로운 시간은 몇 시간입니까?(　　)시간
4. 주말 시간표는 다릅니까? 해당되는 사항에 ○표하시오. (같다, 다르다)
5. 다르다면 무엇이 다른지 쓰시오
6. 이 시간표에 만족합니까? ○표하시오 (만족, 불만족)
7. 불만족스럽다면 무엇을 바꾸고 싶습니까?

<table>
<tr><th colspan="2">프로그램의 주제</th><th>프로그램의 제재</th></tr>
<tr><td colspan="2">5) 여가활동 실행에 대한 계획</td><td>(17) 연간 여가활동 관리 계획</td></tr>
<tr><td>학습지</td><td colspan="2">21. 연간 여가활동 관리 계획</td></tr>
<tr><td>활용
방법</td><td colspan="2">빈칸에 여가활동의 구체적인 내용을 써 넣으시오.</td></tr>
</table>

〈 연간 여가활동 관리 계획 〉

월 별	하고 싶은 여가활동의 내용
1월	
2월	
3월	
4월	
5월	
6월	
7월	
8월	
9월	
10월	
11월	
12월	

프로그램의 주제		프로그램의 제재
5) 여가활동 실행에 대한 계획		(17) 연간 여가활동 관리 계획
학습지	22. 월 주별 여가활동 계획표	
활용 방법	주별로 자신이 하고 싶은 여가활동을 실시할 시간에 써넣으시오 여러 가지의 여가활동을 해당하는 시간에 각각 기록할 수 있음.	

<월별 여가활동 관리 계획>

날짜 시간	첫째 주 날짜(　　)	둘째 주 날짜(　　)	셋째 주 날짜 (　　)	넷째 주 날짜(　　)
새벽 1시				
2시				
3시				
4시				
5시				
6시				
7시				
8시				
9시				
1시				
11시				
12시				
낮 1시	학교 노래방			
2시				
3시				
4시				
5시	예를 들면 줄넘기			
6시				
7시				
8시				
9시				
10시				
11시				
12시				

프로그램의 주제		프로그램의 제재
7) 여가활동에 대한 실천에 대한 평가		(20) 여가 생활 충실도 측정
학습지	25. 여가 생활 충실도 측정	
활용 방법	다음은 여가 생활 충실도 측정표이다. 각 문항마다 그렇다는 ○를 아니다는 ×를 써넣으시오. ○한 문항의 개수와 5를 곱해서 점수를 내시오.	

〈 여가 생활 충실도 측정 〉

번호	여가 생활 충실도 내용	그렇다○ 아니다×
1	공부와 직접 관계있는 어떤 것을 배우고 있다.	
2	공부이외에 현재 열중하는 놀이나 활동이 있다	
3	매일 나혼자 있는 시간을 만들려고 노력한다	
4	한 달에 한번은 야외나 교외로 가려고 노력한다	
5	한 달에 한번은 친구를 만나러 간다	
6	일년에 한번은 시골의 친척집을 방문한다	
7	나의 여가활동을 도와주는 사람이 있다.	
8	가족들과 재미있게 지내는 편이다	
9	규칙적으로 운동을 하고 있다	
10	동네에 있는 공원이나 놀이터에 산책을 간다	
11	나만의 취미가 있다.	
12	나는 어디를 가든지 재미있게 잘 논다.	
13	여가활동을 하는 것은 내 생활에서 중요하다	
14	여가 시간에 특별히 배우고 싶은 일이나 취미가 있다	
15	마음을 터놓고 이야기를 나눌 수 있는 친구가 2명은 있다.	
16	여가활동에 참여한 후에는 기분이 좋다	
17	나는 혼자서 슈퍼에 가서 물건을 사올 수 있다	
18	나는 지금 통장이 있다	
19	나는 요즘에 제일 인기 있는 가수가 누구인지 알고 있다	
20	나는 지금 마음이 편안하다.	
점수	( ) × 5 = ( )	

03

지적장애교육의 최근이슈

제12장 전환교육

이 장에서는 전환교육의 개념, 전환교육의 모델, 전환교육의 과정, 전환교육 지원팀, 전환교육의 최근 동향과 과제, 직업진로교육에 관한 내용을 중심으로 제시하였다.

1. 전환교육의 개념

1) 전환교육 개요

전환교육은 장애학생이 학교교육을 마치고 가능한 한 생산적이고 자립적인 성인생활을 할 수 있도록 학령기 동안 필요한 교육 프로그램과 지원서비스를 제공하는 것을 의미한다(조인수, 2002). 어떤 정형화된 교육과정이라기보다는 성인생활 적응이라는 특수교육의 궁극적인 목표를 이루어 가는 교육의 과정으로 이해할 수 있다.

역사적으로 볼 때 특수교육과 직업재활의 두 개의 다른 서비스 체계를 통해 전환교육의 개념이 전개되고 있다. 하지만, 전환교육은 기존의 직업교육이나 진로교육이 직업생활에 중점을 두는 것과는 달리 기초학문, 개인생활, 가정생활, 직업생활, 여가생활 등 모든 분야를 다 고려해 계획을 세우는 것으로, 전인적인 재활에 이르는 넓은 영역을 포함한다(김효선, 2002). 구체적인 직업교육은 고등학교와 전공과에서 실시하지만 직업생활을 위한 직업 인식부터 탐구, 실습, 훈련에 이르는 과정을 포함하여 필요한 내용을 조기교육에서부터 학과목에 반영시켜 가르쳐야 한다.

미국 장애인교육법에 따르면 유아기에서 공립 초등학교로의 시기와 중·고등학교에서 성인사회로 나아가는 시기에는 반드시 전환교육을 실시해야 한다고 명시되어 있다(1990, IDEA, P.L. 101-476; 1997, IDEA, P.L. 105-17). 이러한 명시는 미국에서 장애인을 위한 교육법이 제정되어 공교육이 실시된 이후(1975, EHA), 1980년대부터 실시한 특수교육의 장애인 취업과 주거, 사회적 통합에 대한 회의적 연구 결과에 대한 반성적 접근으로 대두된 결과이다.

여기서는 전환교육의 개념을 기초로 하여 전환교육 실천에 필요한 내용을 중심으로 다루었다.

2) 전환교육의 개념

(1) 전환교육이란

전환(transition)이란 한 가지 조건이나 장소로부터 다른 조건이나 장소로 변화해 가는 과정이며, 개인은 생애를 통해 전환의 다양한 형태를 경험하게 되고 이러한 과정을 통해 발전해 간다. 전환은 나이에 따라 성숙해 가며 겪는 변화에 대처하기 위한 수직적 전환(예를 들면, 유아기에서 초등학교로의 전환, 중·고등학교에서 성인사회로의 전환 등)과 상황과 환경의 변화에 따라 대처하기 위한 전환교육인 수평적 전환(예를 들면, 분리교육에서 통합교육; 병원이나 교도소에서 가정; 전학; 이사; 이직; 결혼; 정년퇴임)으로 나눌 수 있다(그림 12.1. 수직적·수평적 전환).

전환이라는 용어가 교육적 환경 내에서의 각기 다른 과정을 지칭할 때도 사용되어지지만, 또한 전환은 학생의 졸업 후 적응을 용이하게 하는 과정의 의미로도 사용된다. 전환을 어떻게 개념 규정하느냐에 따라 전환에 대한 다양한 정의가 내려지기도 하며, 이에 따른 전환프로그램이나 지원전략이 달라질 수 있다.

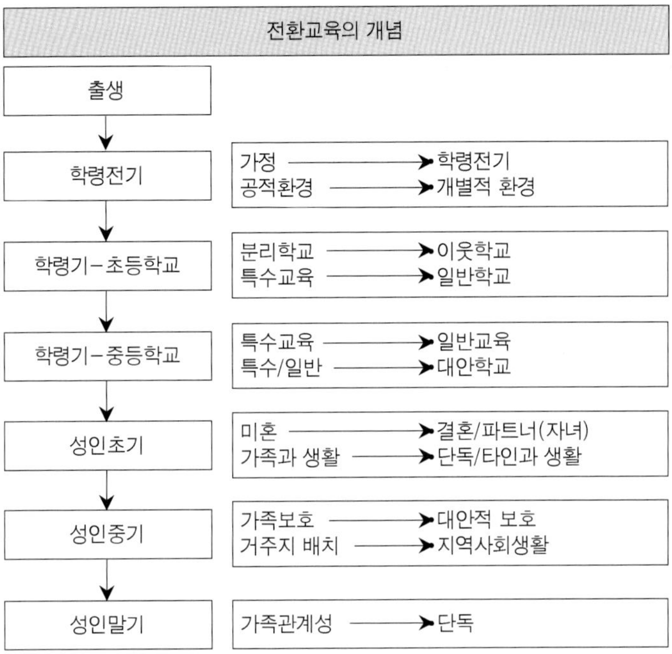

〔그림 12.1〕 수직적 · 수평적 전환

우리나라에서 사용하고 있는 전환용어는 'transition, transitional services, transition form school to society, transition for life'와 같은 용어로 사용되며 이는 1980년대 중반에 미국에서 사용된 용어(Clark & Kolstoe, 1995; 1985; Wehman, Kregel & Barcus, 1985)를 1990년대 중반부 '전환교육'이라는 용어와 더불어, '전환과정, 직업전환, 전환서비스, 전이, 전이서비스' 등의 다양한 용어로 사용된다.

'전환과정'은 학교체제에서 사회체제로의 전환이 이루어지는 과정이 강조된 것으로 보이며, '직업전환'은 학교체제에서 사회로의 전환 시 작업을 강조하여 사용한 용어이며, 또한 '전환서비스'는 학교체제에서 사회체제로의 전환을 위하여 학교에서 어떤 서비스가 주어져야 하는가에 초점을 맞춘 용어이다. 또한 '전이, 전이서비스'는 transition을 '전환'이라는 용어 대신에 '전이'로 번역한 것이다. 이렇게 본다면 전환교육이라는 개념을 어떻게 정의하느냐에 따라 전환이라는 용어가 전혀 새로운 개념일 수도 있다.

□ IDEA 전환교육의 정의(P.L. 105-17)

1990년 장애아교육법(IDEA; P.L. 101-476)과 1997년 개정 장애아교육법(IDEA; P.L. 105-17)은 전환교육 정의를 다음과 같이 규정하고 있다.

IDEA의 전환의 목적(section 300. 1): (a) 모든 장애아동의 고용과 독립생활을 위한 준비와 그들의 독특한 욕구를 충족시키기 위해 설계된 특수교육과 관련된 서비스를 강조하는 무상으로 적절한 공교육을 활용할 수 있도록 보장하는 것. (b) 장애아동과 그들 부모의 권리를 보장하는 것, 고용과 독립생활을 위해 학생을 준비시키기로 의도된 특수교육과 관련 서비스의 분명한 진술서에 교육자, 부모, 학생은 학생의 학교경험을 위해 계획을 할 때 성인결과를 고려해야만 확실히 성공할 수 있다(판례법; 20 U.S.C. 1400).

IDEA 전환의 정의(section 2000.29): (a) 전환서비스는 장애학생을 위한 일련의 통합된 활동의 수단으로 (1) 전환은 중등학교 이후 교육, 직업훈련, 통합고용(지원고용 포함), 계속적인 성인교육, 성인서비스, 독립생활이나 지역사회 참여를 포함하는 학교에서 학교 이후의 활동으로 이동을 촉진하는 결과중심 과정 내에서 고안된 장애학생을 위한 일련의 통합된 활동이다. (2) 이것은 학생의 기호나 관심을 고려한 학생의 욕구를 기초로 하며, (3) 다음 사항을 포함한다. ① 교수 ② 관련된 서비스 ③ 지역사회 경험 ④ 고용과 다른 학교 이후의 성인생활 목표 개발, 그리고 ⑤ 만약 적절하다면, 일상생활 기술과 기능적 직업평가의 습득을 포함한다. (b) 만약 특별하게 설계된 교수 혹은 관련 서비스로서 제공되거나, 장애학생이 특수교육으로부터 유익을 얻게 보조하도록 요구되어 진다면 장애학생을 위한 전환서비스는 특수교육이 될 것이다(section 300.18).

2004년 IDEA에서는 장애를 가진 학생을 위한 조정된 활동설계를 위한 전환서비스 개념을 다음과 같이 정의하였다.

(A) 결과지향 과정 내에서 설계된다. 이것은 장애를 가지고 있는 아이들이 학교로부터 학교 이후의 활동으로의 움직임을 촉진할 수 있는 학문적 기능적인 성취의 개선에 초점을 두고 있는데, 학교 이후의 활동들은 고등교육, 직업교육, 고용 중재, 계속적인 성인교육, 성인서비스, 독립생활 또는 지역사회 참여를 포함한다.
(B) 학생들의 강점과 선호 그리고 흥미 등을 고려한, 개인 아동들의 필요에 기반해야 한다.
(C) 교수, 관련서비스, 지역사회 경험, 고용, 학교 이후 성인생활 목표, 적절한 시기, 일상생활기술 획득, 기능적 직업평가가 포함된다(Section 602. Definitions(34) (A-C)).

□ 용어의 개념

제시된 전환교육 관련 용어의 개념은 다음과 같다.

- **학교이후 활동이란** - 개인이 다양한 성인 역할들 즉 중등이후 교육, 직업적 훈련, 고용통합(지원고용 포함), 계속적인 성인교육, 성인서비스, 독립적 생활, 그리고 지역사회 참여 등의 활동이다. 이러한 활동들은 단지 고용에 초점을 둔 관점에서 뿐만 아니라 지역사회 내에서 확장된 삶의 영역으로 옮기는 욕구를 포함하고 있음을 의미한다.
- **결과중심 과정** - 성과 지향적 과정에서 성과란 전환과정에서의 주요한 일반적, 구체적 목표를 나타내고 있다. 법에 의해 명시된 것처럼 이것들은 고용, 중등이후 교육, 직업적 훈련, 평생교육, 성인 서비스, 독립적 생활, 그리고 지역사회 참여 등이다.
- **서비스 제공 시기** - 적어도 14세 이전에 학생에게 제공되어야 한다.
- **일련의 통합된 활동** - 전환서비스를 구성하는 활동과 학생에게 전환서비스를 제공하는 각 기관간의 연계를 의미한다. 전환과정은 불가피하게 지역사회에서 각 기관의 다양한 인사들이 참여하게 되고 법령은 활동과 서비스가 중첩되지 않을 것과 각 기관과 인사가 각자의 책임한계를 인식하여야 함을 규정하고 있다.

□ **전환과정의 요소** - 학생의 기호나 관심을 고려한 학생의 욕구를 기초로 하여, ① 교수 ② 관련된 서비스 ③ 지역사회 경험 ④ 고용과 다른 학교 이후의 성인생활 목표 개발 그리고 ⑤ 만약 적절하다면, 일상생활 기술과 기능적 직업평가의 습득을 포함한다.

□ **서비스 결정자** - 학생, 학생의 교사, 학교의 책임자, 부모, 그리고 개별학생에게 필요한 서비스를 제공하거나 계획에 참여하는 외부기관의 대표자이다.

□ **전환서비스가 제공되는 장소** - 법령에는 전환 서비스가 제공되어지는 장소에 관한 특별한 언급은 없지만 학교, 지역사회, 일터, 그리고 거주지역 등 다양한 장소에서 전환 서비스가 제공되도록 한다는 것을 추측할 수 있다.

□ **필요로 하는 서비스의 종류에 대한 팀의 결정** - IEP 팀이 특정 학생에게 제공할 서비스의 종류를 어떻게 결정해야 하는 지를 규정하고 있지는 않다. 전환이 IEP의 구성요소가 된 이후 장애학생들에게 개별적으로 포괄적인 사정을 기초로 다른 교육 및 관련 서비스를 확인하여 응용하는 과정을 따른다.

(2) IEP 관련 규정

장애아교육법(IDEA, P.L. 101-476, 1990; P.L. 105-17, 1997)은 IEP 서비스를 강화시켰으며, 그 구체적인 내용은 다음과 같다.

첫째, IDEA(1990, P.L. 101-476)는 고용과 학교이후 결과를 위한 준비로 조기 전환계획수립을 규정하고 있다. 학생의 개별화교육프로그램(IEP) 요소 아래 전환서비스 요구에 관한 내용을 개발·포함하도록 규정하고 있고, 그 진술 내용을 해마다 갱신해야 한다고 규정한다. 또한 적어도 16세까지가 되기까지 실행하도록 하고 있다(section 300.347(b)).

이와 관련된 규정을 보면, - (b)전환서비스. IEP는 다음의 사항을 포함한다.
① 각 장애학생은 16세 (혹은 적절하다고 여겨지면 더 빠른 시기에 IEP팀에 의해)에 시작해야 하고, 해마다의 갱신, 학생의 진보적 배치과정 혹은 직업교육 프로그램에 참여 같은 학업과정에 초점을 두고, 학생에게 적용할 만한 IEP의 구성요소에 학생의 전환 서비스의 요구의 진술을 포함한다.

② 각 학생에 대하여, 16세에 시작(만약 IEP팀에 의해 적절하다고 여겨지면 더 어린 나이에)하고, 학생을 위한 필요한 전환서비스의 진술, 기관간 책무성의 진술 혹은 필요한 연계를 포함한다. 전환노력(교수와 계획)들은 조기에 시작할 필요가 있다.

둘째, 전환계획수립과정을 위해 특수교육자가 반드시 책무성을 가질 것을 규정하고 있으며, IEP에 학생이 학교체제를 떠나기 전 공립기관의 책무성 혹은 연계의 진술내용을 포함할 것을 규정하고 있는 것이다.

셋째, 전환계획과정에서 학생들이 주도적인 활동을 하도록 한다. IDEA의 최종규정에 전환서비스 목적이 학생의 전환서비스 욕구나 필요한 전환서비스 혹은 이 둘 모두가 고려되어지는 모임이라면, 14세에 시작되는 전환 서비스 모임에 학생이 참석할 것을 요구하고 있다(section 300.344b). 학생이 참석하지 않으면, 공 기관은 학생의 기호, 흥미를 보장할 수 있는 다른 조치들을 취해야 한다. 모임에 초청된 기관의 대표가 참석하지 않으면, 공 기관은 전환서비스의 계획수립에 다른 기관이 참석할 수 있는 조치를 취해야 한다. 다음은 그 법적 조항의 내용을 담고 있다.

(1) 이 항의 단락(a)(7) 아래, 공공기관은 만약 IEP 모임의 목적이 다음을 고려한 사항이라면 IEP 모임에 어떤 나이의 학생이라도 참석할 것을 요청해야 한다.

(i) section 300.347(b)(1) 하에, 학생의 전환서비스 요구

(ii) section 300.347(b)(2) 하에, 학생을 위한 필요한 전환서비스 혹은

(iii) 둘 다

넷째, IDEA는 전환서비스의 규정에 기관간 계획수립(interagency planning)에 관한 사항을 규정해 놓고 전환서비스와 계획수립은 팀에 의해 수행되어야 함을 강조하고 있다. 이 팀은 지역사회와 성인서비스 기관(예를 들면, 재활상담사)의 인사를 포함시킬 것을 나타내고 있으며, 기관간 계획수립은 특수교육자, 적절할 때 학생의 IEP모임에 초대되어진 외부 기관의 인사에 의해 주도되어져야 한다.

학생의 요구와 목표를 제고하기 위해 IDEA는 외부기관과 일치된 서비스의 연계가 되도록 중등학교 특수교사가 필요하다고 규정해 놓고 있다(section 300.348(a)(b)).

다섯째, IDEA(1997, P.L. 105-17)는 조기 전환계획 수립을 강조하고 있다. 학생배치와 직업교육 프로그램 참가와 같은 아동의 학업과정에 주안점을 둔 학생 IEP의 구성요소 아래 아동의 전환서비스 욕구에 관한 진술 내용을 해마다 갱신해야 하고, 적어도 14세까지는 실행해야 한다고 규정하고 있다. 또한 고용과 학교이후 결과를 위한 준비로 IEP 개발의 중요성을 강조한 사항으로 학생은 적어도 14세 혹은 적절하다면 더 빠른 시기에 IEP 작성을 하도록 도와야 한다(section 300.347(b)). 이에 관련된 규정을 보면, - (b)전환서비스. IEP는 다음의 사항을 포함한다.

(b) 전환서비스에서 IEP는 다음의 사항을 포함하고 있다.

(1) 각 장애학생은 14세(혹은 적절하다고 여겨지면 더 빠른 시기에 IEP팀에 의해)에 시작해야 하고, 해마다의 갱신, 학생의 학업 과정(진보적 배치과정 혹은 직업교육 프로그램에 참여 같은 것)에 초점을 둔 그들에게 적용할 만한 IEP의 구성요소 아래 학생의 전환 서비스의 욕구 진술, 그리고

(2) 각 학생에게 필요한 전환서비스의 진술은, 16세에 시작(만약 IEP팀에 의해 적절하다고 여겨지면 더 어린 나이에)하고, 만약 적절하다면, 기관간 책무성의 진술 혹은 필요한 연계를 포함한다.

여섯째, 가장 최근에 입법화된 2004년 IDEA는 고등학교 이후 생활을 위한 계획을 지원하는 전환계획과 전환평가에 대한 명령이 법에 의해 확고히 명시되었다. IDEA에서 전환계획에 대한 몇 가지 변화를 자세히 살펴보면 다음과 같다.

■ 전환계획은 아동이 16세 때 법적으로 결과를 위한 IEP를 시작해야 하는 시기보다 늦지 않게(즉 16세 IEP 실행 결과를 알기 위하여 그 이전에 사정이나 계획들이 실행되고 있어야 하므로 14세에 시작됨을 의미함), 그리고 해마다 계속해서 추가로 기록해 가야 한다(Section. 614(d)(1)(A)(i)(VⅢ)).

■ 학교 이후 목표 설정을 위해서는 훈련, 교육, 고용, 시기, 독립생활 기술과 관련한 연령에 맞는 적절한 전환사정에 기초한다(Section614(d)(1)(A)(i)(VⅢ)(aa)).

■ 전환서비스는 아동이 학교이후 목표를 도달하기 위해 지원해야 할 것이 무엇인지를 요구 한다(Section614(d)(1)(A)(i)(VⅢ)(bb)).

■ 법이 정하는 나이에 도달하기 1년 전 보다 더 이전에 시작한다. 이 제목 아래 아동의 법적 권리가 문서화되어 있어야 하고 예외의 경우에는 법조항에 의거하여 아동이 해당하는 적정나이를 변동시킬 수 있다(Section614(d)(1)(A)(i)(VⅢ)()).

전환체제는 장애인의 삶의 질 향상을 위한 공교육의 노력이다. 이러한 전환서비스 체제는 학교와 일터 그리고 성인서비스 제공자들의 책임을 나누는 종합적인 지원 구조를 의미한다. 즉, 전환계획은 교육 이외의 영역에서 학교 외부 기관 전문가의 공동 참여가 있어야 한다는 것을 의미한다(Levinson, 1993). IDEA의 결과로 인해 교육자가 전환계획의 중요한 역할을 담당해야 하지만, 교육자는 각 분야의 전문가와 연계하는 역할을 해야 하는데 이는 장애학생이 학교를 떠나게 되면 이들에 대한 기본적인 책임을 떠맡게 될 기관들이기 때문이다. 전환교육을 수립하는데 있어서 이들 기관들의 전문가들을 참여시키는데 실패한다면 그 성과는 성공적일 수가 없다.

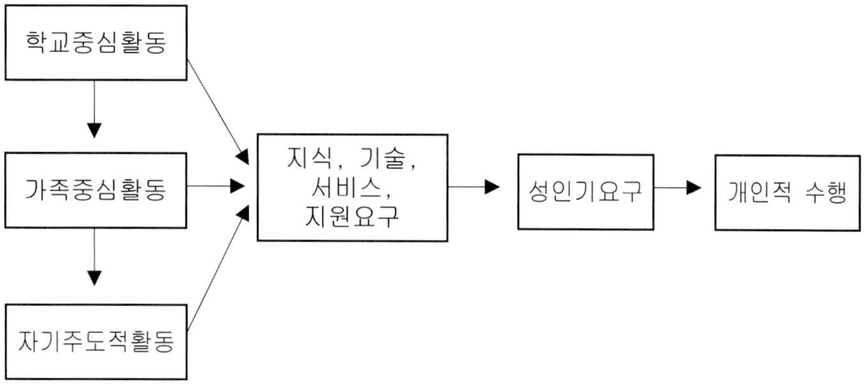

〔그림 12.2〕 전환과정의 함의

자료 : J. R. Patton and C. Dunn, 1998, *Transition form School to Young Adulthood : Basic Concepts and Recommended Practices.* Austin, TX:PRO-ED.

이러한 종합적인 지원체제로의 개념적 구조가 적합하게 수행되어진다면, 이 절차는 개인으로 하여금 중요한 지식과 기술을 습득하도록 이끌고, 지역사회에서 서비스와 필수적인 지원과 함께 연계 지을 수 있게 된다. 궁극적으로 이 결과들이 성취된다면 학생은 개인적 수행이 가능할 것이다([그림 10.2]).

2. 전환교육의 모델

1980년-90년대 동안 나타난 대표적인 진로교육과 전환모델은 Brolin과 Kokaska(1979)의 생활중심진로교육모델, Schumaker, Hazel과 Deshler(1988)의 생활계획프로그램모델, Brown(1984)의 4단계 전환과정, Will's(1983) 3단계 전환모델, Wehman, Kregel, Barcus's(1985)의 중등학교 직업프로그램, Halpern (1985)의 독립생활과 지역사회적응 모델, Clark와 Kolstoe(1995)의 장애청소년을 위한 학교중심 진로발달과 전환교육모델, 전환 프로젝트 모형, 그리고 생활통합 전환교육 모형(2000) 등을 들 수 있다.

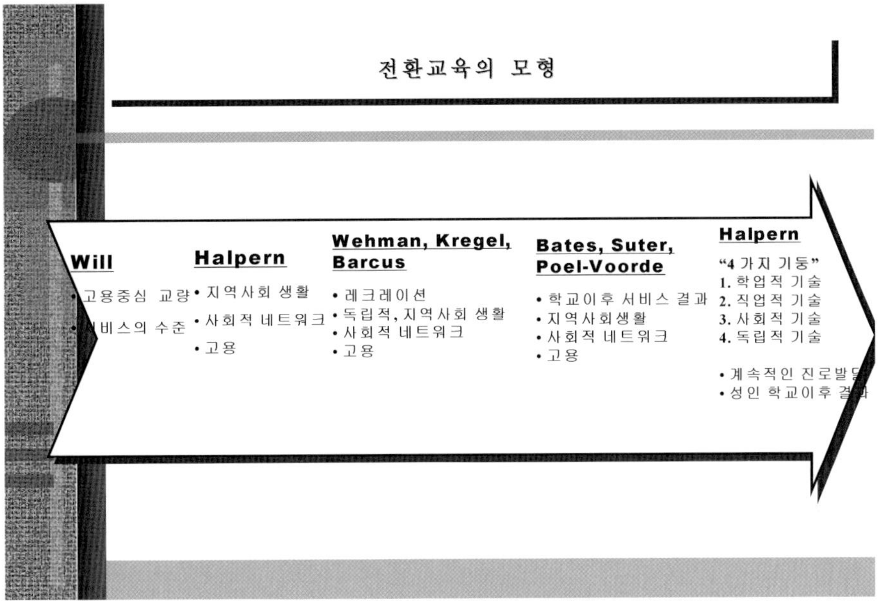

1) Brolin의 모델

많은 모델들이 1970년대 이후에 개발되었다. 특히 이 모델은 초기의 가장 대중적인 생활중심진로교육모델(Brolin & Kokaska, 1979; Kokaska & Brolin, 1985)중 하나이다. 이 모델(Life-Centered Career Education Model; LCCE)은 특수교육 작업-연구 프로그램의 많은 특징들을 다루고 있으며, 모든 연령의 사람들을 위한 진로교육의 개념을 계속적으로 확장시켜 왔다. 특별히, 이 모델은 일상생활기술, 개인-사회적 기능, 그리고 직업지도와 준비 영역에서 22가지의 주요한 능력을 확인했다(그림 12.3). 이 모델은 능력을 일반적 교육과정에 고취시키기 위해 광범위한 접근방법을 다루고 있고, 다양한 일상생활기술과 실제생활장면에서 성공하기 위해 필수적인 작업기술을 고려했다(Brolin, 1989). 이것은 중퇴한 학생들, 혹은 중도나 최중도 장애학생과 반대로 경도장애청년에게 초점이 두어져왔다. Brolin과 Kokaska는 전환과 작업분야에서 개척자이다. 수 년 동안 검정을 거쳐 이 분야에서 다음 후속 연구자들에게 하나의 지침이 되었다.

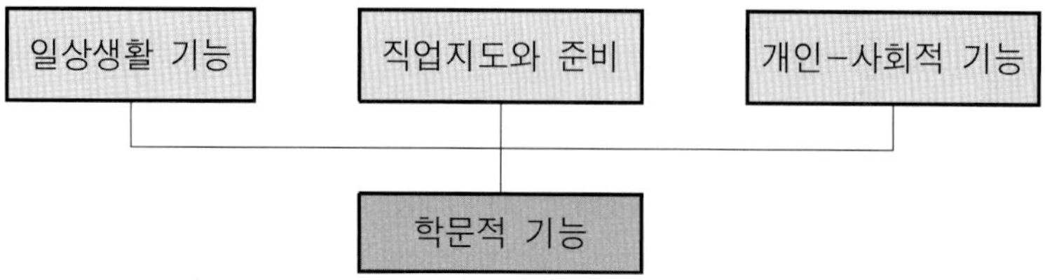

〔그림 12.3〕 생활중심 진로교육 영역

2) Will의 모델

가장 광범위하게 알려져 있는 전환모델 중 하나가 전 미 교육부의 특수교육 재활국 서기관이었던 Will(1983)에 의해 개발된 것이다(그림 12.4).

1983년 P.L. 98-199에 의해 특수교육 및 재활서비스국은 전환교육 프로그램에 대해 적절한 지역사회 기회와 서비스 협력이 개인적 환경과 욕구에 부합되도록 개발되어야 한다는 것, 전환교육 프로그램은 장애학생들에게 초점을 두어야 한다는 것, 그리고 전환교육 프로그램의 목적을 지속적인 것에 둔다는 가정을 두었다. 이 세 가정으로 Will(1994)은 전환교육 프로그램을 일반적인 서비스, 시간제한적 서비스, 지속적 서비스로 제시했는데, 전환교육의 과정적, 결과적 측면에서 선행연구들을 참조하여 고용(취업), 주거, 여가, 이동(사회생활)의 네 가지 관점에서 목적을 설정하였다. 고용에다 초점을 둔 프로그램의 구성요소에 대해 구체적으로 살펴보면 다음과 같다.

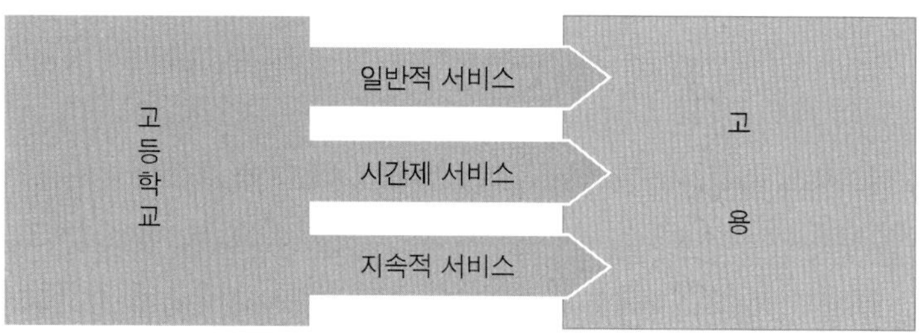

〔그림 12.4〕 OSERS의 전환교육과정의 구성요소

자료: Will, M. (1984). *OSERS programming for the transition of youth with disabilities: Bridges form school to working life*. Washington, DC: U.S. Department of Education of Education, Office of Special Education and Rehabilitative Services.

Will의 전환모델(Will's Three-Step Transition Model)은 3가지 주요 구성요소를 특징으로 하고 있다. 첫째, 일반적인 서비스(no special service)는 경도 청년장애인을 위한 것으로 전형적인 고용에 주안점으로 두고 있다. 이 모델은 지역사회 내에서 비장애인에게 이미 활용되고 있는 서비스로서, 경증 장애인을 위한 것으로 학생은 정상인처럼 지역사회 내에서 똑같은 생활방식을 추구한다.

고용유인 전환모델인 시간 제한적 서비스(time-limited services)는 전형적인 지역사회 직업을 수행하기 위해 수정을 요구하는 장애인들에게 활용할 수 있다. 시간제한 서비스는 특히 직업재활과 같은 지역사회에서 인간서비스를 이끌어낼 수 있다. 그러나, 특정기간 즉, 일단 개인이 직업에서 독립적으로 충분히 수행할 수 있게 된다면, 서비스를 중지한다. Will 모델의 마지막 구성요소는 고용을 유지하기 위해 지속적인 지원이 필요한 장애인을 위한 계속적인 서비스(ongoing services)이다. 이것은 기업과 산업 내에 전문화된 집단거주, 지원-경쟁고용, 작업동료 등 지원고용(supported employment) 선택의 창출이 요구된다. 여기서 선택이란 전통적인 비직업적 성인활동 프로그램들과 대치되는 경향이 있다.

3) Wehman, Kregel과 Barcus 모델

Wehman, Kregel과 Barcus(1985)는 특수교육 프로그램을 기능적 교육과정, 통합적 학교환경, 지역사회중심 서비스, 부모, 학생의 의견 및 기관간 협력이 포함된 개별화 프로그램 계획수립, 경쟁고용, 작업동료, 전문화된 작업준비와 같은 직업결과를 산출하는 중등학교 직업프로그램 모형을 제안했다.

Wehman 모델의 기본 원리는 첫째, 훈련과 서비스 전달 체제 내에 있는 구성원들은 반드시 참여해야 한다. 둘째, 부모는 필수적으로 구성원에 포함되어야 한다. 셋째, 직업 전환계획은 반드시 21세 이전에 수립되어야 한다. 넷째, 과정은 반드시 계획적이고 체계적이어야 한다. 다섯째, 양질의 직업교육 서비스가 제공되어야 한다.

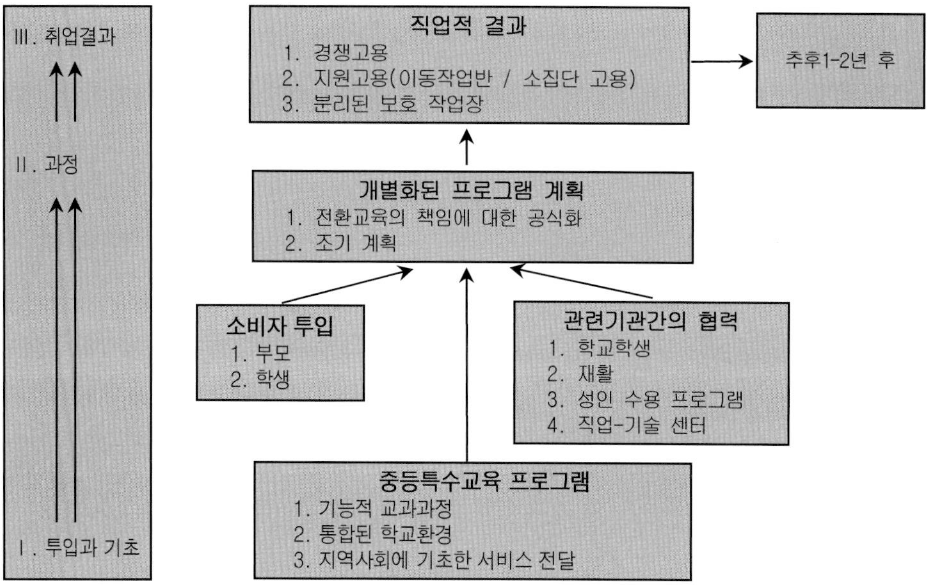

〔그림 12.5〕 장애학생을 위한 세단계의 직업전환모형(Wehman, 1985)

출처: Wehman, P., Kregel, J., & Barcus, M. (1985). From school to work: A vocational transition model for handicapped student. Exceptional Children, 52(1), 25~37.

4) Halpern 모델

Halpern은 특수교육 재활서비스국(OSERS)의 전환교육모델을 보완·확대하여 성과중심의 교육효과를 극대화하기 위하여 지역사회의 적응을 통한 성인생활 자립을 강조하였다(Independent Living and Community Adaptation Model).

전환교육의 일차적인 목표인 취업을 달성하기 위하여 직업교육과 훈련에 중점을 두고 취업 목적을 달성하고자 할 때, 취업률의 결과는 예상보다 저조하였다. 장애인이 학교에서 성인사회로의 전환에 성공하기 위해서는 취업을 위한 준비, 질적인 주거환경, 그리고 사회·대인관계 기술이 함께 갖추어지는 것이 중요함으로 전환교육의 범위를 확대하였다.

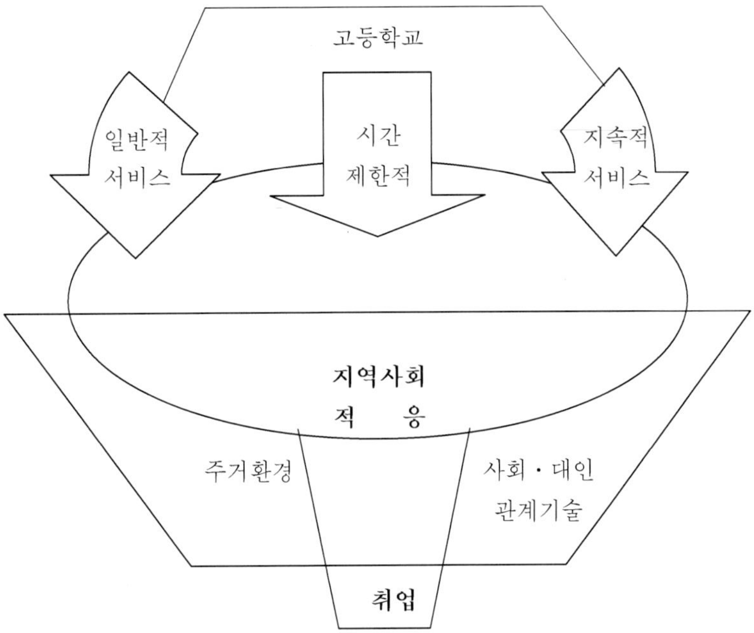

〔그림 12.6〕 Halpern의 전환교육모형(Halpern, 1985)

출처: Halpern, A. S. (1985) Transition: A look at the foundation. *Exceptional Children, 51*, (6) 476-486.

그림 12.6에서 보는 것처럼 장애인들이 성공적으로 성인사회에 적응하기 위해 고려되어야 하는 첫 번째 영역은 취업영역이다. 이 영역은 취업과 직접적인 관계가 있는 직업훈련 프로그램에서부터 직업조사기술, 최저임금수준 고려 등의 간접적인 관계가 있는 것까지 모두 포함한다.

두 번째 영역은 주거환경으로 주거지역에 접근할 수 있는 지역사회 서비스와 레크리에이션 활용 기회 가능여부 및 이웃관계와 안전등을 포함한 독립할 수 있는 질적인 주거환경이다.

세 번째 가장 중요한 영역으로 사회·대인관계 기술이다. 이 영역은 일상적인 의사소통기술, 자아존중, 가족지원, 정서적 성숙, 우정, 친밀한 관계와 인간관계 기술 영역이다.

취업의 성공은 질적인 주거환경과 원만한 사회·대인관계 기술과 함께 수반될 때 이루어진다. 이 모형은 전환교육의 영역을 취업영역에서부터 시작하여 주거환경 영역과 사회·기술영역까지 확대시켜 전환교육의 범위를 확대·발전시킨 모형이다.

5) Clark와 Kolstoe의 모형(포괄적 전환교육 서비스 모델)

이 모델은 학생들이 한 교육단계에서 다음 단계로 이동할 때, 교육 및 서비스 모델이 전환교육과 전환 서비스 수행 시 필요할 때, 나이/발달 수준에 따른 학생의 성과와 전환 출발점에 대한 견해를 반영한 것이다. 그리고, 진로 발달과 전환 교육 모델이 인생에 있어서 한 번의 전환만 있는 것이 아니라 많은 전환이 있다는 것을 특징으로 다룬다.

전환교육과 서비스의 포괄적인 모델은 한 부분의 성공적인 전환이 차후의 전환 성공 가능성을 증가시킨다는 개념을 고려해야 하고, 교육과 삶을 전환하는데 있어서 유지가 가능한 한 빨리 시작될 필요가 있다라고 진술한 진로발달 전환교육 분과(Division on Career Development and Transition; DCDT)의 입장까지(Clark, Carlson, Fisher, Cook, & D'Alonzo, 1991; Clark, Field, Patton, Brolin, & Sitlington, 1994) 확대되었다. [그림 12.7]과 [그림 12.8]은 출발점과 결과 요소에 있어서 이러한 견해를 반영하고 있다.

지식과 기능영역

- 의사소통, 학문적 수행 능력
- 자기결정
- 상호관계성
- 통합지역사회참여
- 위생과 건강
- 독립/상호의존 생활기술
- 레져와 레크레이션
- 고용
- 장래교육과 훈련

수료점과 결과

발달/생애국면	수료점
유아/걸음마와 가정훈련	학년기 프로그램과 통합된 지역사회 참여
학년전, 가정훈련	초등학교 프로그램과 통합된 지역사회 참여
초등학교	중등학교/쥬니어 고등학교 프로그램, 시기적절한 자기결정, 통합지역사회참여
중등학교/ 3년제 고등학교	고등학교 프로그램, 입학단계 고용, 시기적절한 자기결정, 통합지역사회 참여
고등학교	중등학교교육 혹은 입학단계고용, 성인, 계속적인 교육, 전임홈메이커, 자기주도적인 삶의 질, 통합지역사회 참여
중등학교 이후 교육	전문화, 기술, 전문가 혹은 관리고용, 대학원 혹은 전문과정 학교 프로그램, 성인과 계속적인 교육, 전임홈메이커, 자기주도적인 삶의 질, 통합된 지역 사회 참여

〔그림 12.7〕 포괄적인 전환교육 모델

지식과 기능영역

- 의사소통, 학문적 수행능력
- 자기결정
- 상호관계성
- 통합지역사회참여
- 위생과 건강
- 독립/상호의존 생활기술
- 레져와 레크레이션
- 고용
- 장래교육과 훈련

교육과 서비스 전달 체제

가정과 이웃
가족과 친구
공・사립 유아/걸음마 프로그램
지원서비스와 관련된 일반교육
지원서비스와 관련된 특수교육
일반적인 지역사회조직과 기관(고용, 건강, 법률, 주택, 재정)
특별한 지역사회조직과 기관(위기 서비스, 시간제한적 서비스, 계속적인 서비스)
도제기간 프로그램
학교와 지역사회 작업중심 학습 프로그램
중등학교 이후 직업 혹은 응용 기술 프로그램
지역사회 대학
4년제 대학과 종합대학
대학원 혹은 전문가과정 학교
성인과 계속적인 교육/훈련

〔그림 12.8〕 포괄적인 전환서비스 모델

6) 생활통합 전환교육모형(Living Inclusion Transition Model)

조인수, 전보성(2000)은 현재 특수학교의 고등학교와 전공과를 졸업한 학생들의 고용 및 독립생활과 지역사회 적응을 위한 대안적 모형으로 생활통합 전환교육모형(Living Inclusion Transition Model)을 제시하고 있다[그림 12.9].

생활통합 전환교육모형은 전환이 삶에서 여러 번 주어지므로 영·유아기에서부터 삶의 연속적인 단계를 포함하고 각 단계에 적합한 기준이 되는 결과나 진출시기를 두어 전환의 단기계획 설정시에 목표가 되는 결과 영역을 파악할 수 있고, 발달 단계별로 주어지는 교육과정들은 지역 사회 통합을 고려한 모형이다. 그리고 성공적인 전환을 위하여 관련 기관 및 전문가와 부모, 학생, 교사간의 협력이 중요하며 특히 전문가의 융통성 있는 계획과 지원이 필요하다. 운영방안 수립을 위해 기능중심 교육과정, 개별화된 전환교육계획(ITP)의 조기 수립, 통합적인 전환교육실시 방안 마련과 교사의 양성 및 연수가 이루어져야 한다.

첫째, 기능 중심의 교육과정 마련을 위해 가령 직업 교과의 경우, 학교에서는 기능적 훈련이나 직업 적응 훈련 중심으로 실시하고 실제적 경험과 지역사회기업 및 고용 전문가와 연계하여 현장(현직)훈련을 실시하여, 최종 배치 이전에 발생할 수 있는 문제점을 미리 예측하여 최소화할 수 있다. 또, 장애학생의 요구와 특성에 따라 통합되어지는데 필요한 서비스지원의 정도는 시간 제한적인 기회나 계속적인 서비스의 필요 유무를 전문가의 융통성 있는 배치로 제시하여 지역사회 참여도와 시간제 작업 경험으로 인한 유급 혹은 무급의 기회를 학생에게 제공할 수 있다. 이는 학생이나 고용주 그리고 학교의 입장 모두에게 유리하며, 고용측면 뿐만 아니라 장애 학생의 성공적인 지역사회 준거 기능의 획득을 기대할 수 있는 모형이다.

둘째, 개별화된 전환교육 계획의 조기수립을 위해서는 전환 전문가를 각 학교에 배치하여 학생들의 IEP 작성에서의 기초사정 단계부터 체계적으로 지역사회 내의 성공적인 구성원이 될 수 있도록 전환결과 영역에 대한 획득과 유지에 초점을 두어야 한다. ITP를 위해서는 IEP가 필수적이며 이것은 성공적인 전환을 위한 밑거름이라 할 수 있다.

발달단계	전환점
영·유아 및 가정훈련	유아원 프로그램과 통합된 지역사회로 진출
유아원 및 가정훈련	초등학교 프로그램과 통합된 지역사회로 진출
초등학교	중학교 프로그램과 연령에 적절한 자기 결정과 통합된 지역사회 참여로 진출
중학교	고등학교 프로그램이나 단순직 고용 연령에 적절한 자기결정과 통합된 지역사회로 진출
고등학교	중등교육 이후의 교육이나 단순직 고용, 성인·평생교육, 전업주부, 자기결정을 통한 삶의 질과 통합된 지역사회 참여로 진출
중등교육 이후의 교육	특수분야, 기술직, 전문직, 관리직고용, 대학원이나 전문학교 프로그램, 성인·평생교육, 전업주부, 자기결정을 통한 삶의 질과 통합된 지역사회참여로 진출

⇩

관련기관 및 전문가/부모, 학생, 교사간 협력

⇩

전환교육방안마련
기능중심 교육과정 마련
개별화된 전환교육 계획(ITP) 조기수립
통합적인 전환교육 실시 방안 마련
교사의 양성과 연수

⇩

서비스 지원 형태		
일반적인 서비스	시간제한적인 서비스	계속적인 서비스

⇩

전환결과(성취영역)	
의사소통과 학업성취	독립적/상호의존적 일상생활
자기결정	여가 및 레크레이션
대인관계	고 용
통합된 지역사회 참여	후속교육 및 훈련
건강과 신체관리	

〔그림 12.9〕 생활통합 전환교육모형

셋째, 통합적인 전환교육 실시 방안은 앞서 제시한 방안들이 체계적으로 이행될 때 더 효과적으로 시행될 수 있으며, 각 단계의 전환이 별개로 주어지는 것이 아니라 선행되는 전환과 뒤이어 주어지는 전환의 결과는 서로 영향을 미칠 수 있기 때문이다.

넷째, 교사의 양성과 연수가 전환교육 방안에 필요한 것은 전환교육은 체계적이고 통합적으로 실시되어야 하며 교사 한 사람의 노력이나 계획만으로 이루어지는 과정이 아니므로 전문인력의 양성과 교육이 중요하다. 전환교육은 교사와 학생 전문가와 지역사회 기관 등이 팀을 이루어 전환계획에 따른 학생의 관점을 충분히 고려하여 여러 상황에 맞게 구조화되어 실행되므로, 전문교사의 양성과 계속적인 연수가 반드시 필요하며 연속성 있는 서비스를 연계할 수 있도록 최선을 다해야 한다.

다섯째, 전환의 결과는 의사소통과 학업성취, 자기결정, 대인관계, 통합된 지역사회 참여, 건강과 신체관리, 독립적/상호의존적 일상생활, 여가 및 레크레이션, 고용, 후속교육 및 훈련 등을 중심으로 개인의 요구와 능력에 따른 개개인 학생을 위한 구체적인 전환 계획을 세우기 위해 설정되어야 하며, 가능한 한 다양한 학습경험의 기회를 제공해야 한다.

최근 전환교육 모델 영역은 더욱 포괄적인 내용을 강조하고 있다(Patton & Blalock, 1996).

다음은 IEP에 포함될 수 있는 전환 관련 활동 영역이다.

• 전환교육의 영역(Patton & Blalock, 1996)

• 의사소통	• 독립생활
• 지역사회 참여	• 여가/레크리에이션
• 일상생활	• 평생교육
• 고용	• 자기관리
• 재정/수입/금전 관리	• 중등학교이후 교육
• 건강	• 관계성/사회적 기술
• 자기결정/자기 주장	• 직업 평가
• 수송/이동	• 직업 훈련

<표 12.1> IEP에 포함될 수 있는 전환교육 관련 활동 내용

구 분	가 정	지역사회	여 가	직 업
초등학교	장난감 집어들기 설거지하기 잠자리 준비 옷 입기 몸단장하기 식사기술 화장실기술 의복 분류하기 청소하기 식사 준비하기	식당에서 식사하기 식당에서 화장실 이용하기 휴지 쓰레기통에 넣기 시내버스 갈아타기 물건 구입하고 대금 지불하기 보행자 안전 표지판에 적절히 대응하기 이웃집에 식사하러 가기	그네 타기 주사위게임 하기 술래잡기하기 색칠하기 공차기하기 크로켓 하기 자전거 타기 나이에 맞는 장난감 가지고 놀기 지역 축구리그 참가	바른 보관장소에 장난감 돌려놓기 일과 후에 방 청소하기 지정된 시간동안 일하기 식사 후에 식탁 닦기 2~4단계의 지시 따르기 전화 받기 휴지통 비우기 타인에게 메시지 전하기
중학교	빨래하기 간단한 식사준비하기 침실 청소하기 스낵 요리하기 잔디 깎기 나뭇잎 쓸기 식료품 리스트 작성하기 리스트보고 물건 구입 청소하고 먼지 털기 알람시계 맞추고 일어나 끄기	안전하게 길 건너기 백화점에서 물건 구입하기 식당에서 식사 주문하기 교통수단 이용 여가시설 찾아가기 지역 보이스카웃 참가하기 토요일에 이웃집 가서 식사하기	배구하기 에어로빅 배우기 친구와 장기 두기 골프 연습하기 자전거 타기 고교나 대학 농구 관람하기 산책하기 수영하기 지역문화센터 수공예 교실 참가	바닥 닦기 창문 닦기 옷 걸기, 가방에 넣기 테이블 나르기 1~2시간 일하기 기계 작동하기 싱크대, 욕조, 작업대 청소하기 학교 관리자 및 회사 직원과 인턴 작업순서 따르기

고등학교	집안 모든 방 청소하기 주간 예산 짜기 요리하기 자동온도조절장치 작동해서 온도나 공기 조정하기 정원 유지하기 개인적 욕구 유지하기 의복관리 및 유지하기	대중교통 이용해 지역사회 돌아다니기 은행에 예금하기 지역 백화점 이용하기 지역 식료품점 이용하기 지역 건강관련 시설 이용하기	조깅 보트 젓기 대학농구 관람하기 비디오게임 하기 카드게임 하기 YMCA수영교실 참가하기 정원손질하기 휴가 가기 테잎이나 CD모으기 잡지나 만화 읽기 친구와 같이 있기 또는 잠자기	경비업무하기 집안일 돌보기 지역대학 캠퍼스에서 구장 관리하기 식당에서 음식 서빙하기 세탁소에서 세탁일 하기 회사 수준에서 작업 수행하기

자료: Johnson, S., & Wehman, P.(2001). Teaching for transition, In P. Wehman, Life beyond the classroom: Transtion strategies for young people with disabilities(3rd ed.), (pp. 156-157). Baltimore: Brookes. Uded by permission.

3. 전환교육의 과정

전환계획의 과정적인 측면은 표 12.2에 제시한 바와 같이 학교 뿐만 아니라 지역사회 각 기관의 다양한 서비스를 포함하고 있으며, 사정, 계획, 훈련, 배치, 그리고 추수지도 순으로 연이은 단계로 구성된다. 이들 단계가 오직 하나의 독특한 시점에서만 일어나는 분리된 교육과정으로 구성되지 않고 각 단계는 서로 영향을 미치는 연속적 과정이며, 각 단계는 일정한 시점을 중심으로 반복적으로 일어나는 과정이다.

1) 사 정

전환사정은 학생에 대한 현재의 성취수준 결정을 목적으로 자료를 모으는 과정이다(Salvia & Ysseldyke, 1995). 사정되어져야 할 다양한 영역은 지적/인지적, 교육적/학문적, 사회적/대인관계적, 직업적 기능/직업적 적성, 독립생활 그리고 신체적/감각적 영역들이다. 장애인을 위한 전환교육은 전환 사정이라는 구체적인 계획을 통해 시작되어야 하며, 다음과 같은 질문을 해보아야 한다.

첫째, 졸업이후 생활에 도움이 되는 것 중, 대상 학생에 관하여 교사가 이미 알고 있는 내용은 무엇인가?

둘째, 졸업이후 목표를 결정하기 위해 대상 학생에 관하여 교사가 알아야 하는 내용은 무엇인가?

셋째, 어떤 방법으로 이런 정보를 제공할 것인가?

넷째, 사정 자료가 어떻게 수집되고, IEP 과정 속에 적용되는가?

좋은 전환 사정이란 개인이 전환기에 개개인의 목적과 기대를 다루는 것이며 아동의 목표를 성취시키고 만족스러운 결과를 낳기 위해 계획, 준비, 결정하는 영역을 제시할 뿐만 아니라(Clark, 1998), 사정과 중재에 관한 방향 제시 및 IEP 목표와 목적 개발에 기초를 제공할 수 있어야 한다.

(1) 전환계획과 준비요소 - 전환계획은 학생의 요구, 선호 및 흥미를 토대로 개발되어야 하며, 현재수행능력 사정, 생활기능과 지원전략의 개발에 초점을 맞춰야 한다. 프로그램 팀은 학생의 현재 및 미래의 요구, 관련된 능력 및 제한점, 직업교사, 특수교사, 상담교사, 일반교사, 양호교사와 같은 직원의 협력, 정보 및 자원 제공자로서 부모와 학생 참여 등의 요소가 확인되어야 한다. 전환목표를 선정할 때도 의학적 요구, 개인의 장점과 제한점, 필요한 지원서비스, 직업기술의 발달정도, 지역사회의 이용 가능한 직업, 자원 및 레크레이션과 레저기회 등을 충분히 고려해야 한다.

(2) 전환사정 기법 – 전환사정은 전환계획과 수행에 필요한 정보를 다루는데 필요하다. 이러한 전환영역의 사정은 개체와 환경을 사정하는 방법으로 나누어 진다(Dever, 1988; Smith & Schloss, 1988; Knowles, 1990; Brolin, 1995).

<표 12.2> 전환계획의 구성요소

사정			계획		훈련			배치			추수지도
영역	방법	담당자	내용(목표)	담당자	기능	장면	담당자	직업	주거	담당자	
지적/인지적 영역	검사 면접	학교심리학자			지적/인지적 영역	학교 사태	교사	경쟁 고용	독립 생활	학교 직원	
교육적/학문적 영역	관찰 검사 점수	교사	고용 영역	학교 직원	교육적/학문적 영역	주거 사태	학교 심리 학자	지원 고용	·단일 가족 가정 ·그룹홈	직업 재활 직원	필요한 지원 서비스의 제공
사회적/대인관계적 영역	사례 연구	상담가	주거생활 영역	직업재활 직원	사회적/대인관계적 영역	지역 사회 사태	직업 재활 상담자	보호 작업장 고용	지원생활	정신건강/지적장애 직원	제공 서비스 습득평가
직업 기능/직업적성 영역	상황적(실제적) 사정	직업 평가사	지역사회 기능화 영역	정신건강/지적장애 직원	직업기능/직업 적성영역		사회 사업가		·가정 ·그룹홈	사회 서비스 기관직원	
신체적/감각적 영역		사회 사업가		사회서비스 기관 직원	독립생활 영역		노동 감독자		시설 생활	부모	
		언어 치료사		고용주	신체적/감각적 영역		고용주		·간호 가정 ·병원		
		학교 간호사		부모			부모				
		작업/물리치료사		학생			언어치료사				

우선, 개체를 사정하는 방법은 학생에 대한 정보자료를 분석 즉, 이전의 교사, 직원 및 기록하는 배경정보 분석법, 학생, 가족구성원, 교사, 친구, 상담사, 이전의 고용주와 면담을 통한 면접/질문지법, 학력검사, 직업흥미, 기능적 생활기술, 자아개념, 학습형태, 직업적 태도 등 현재의 학문적 목적, 미래의 교육과 훈련의 선택에 중요한 심리측정 도구법, 실제작업이나 실제 자료와 도구를 포함하는 작업활동인 작업표본법, 규준지향적인 평가에서 탈피한 준거지향적 검사, 교육과정 중심의 측정(Shinn, 1989), 포트폴리오 사정, 수행능력 중심의 사정, 교육과정 중심 평가법

(CBA)(Cobb& Neubet, 1998), 개인의 미래의 직업이나 교육적 환경에 유사한 환경에서 행동을 평가하는 상황적 사정법(Simon & Halloran, 1994) 등이 논의된다.

다음으로, 환경을 사정하는 방법은 환경 내에서 발생하는 환경과 상황검사가 포함되고, 구체적으로 지역사회 환경분석, 작업분석, 중등학교 이후의 훈련환경 분석으로 나눈다. 지역사회 환경분석은 미래의 생활환경 및 현재의 생활 환경, 가정환경이 고려되어야 하고 개인 활동 장소, 장소에서 성취할 과제, 활동에 어려운 단계를 완료하는 방법, 훈련 프로그램의 종료를 위한 수행능력 수준의 결정(McDonnell, Wilcox & Hardman, 1991), 수행능력의 변인을 확인하는 분석(McDonnell, Wilcox & Hardman, 1991) 등이 강조되어야 하며, 작업환경의 요구를 분석하는 과정인 작업분석(McDonnell, Wilcox & Hardman, 1991), 고등학교 이후의 훈련 환경분석(Halpern, Yovanoff, Doren, & Benz, 1995)은 전환교육의 계획과 실행에 중요한 과제로 안고 있다(조인수, 2000, Sitlington, Neubert, & Leconte, 1996). 따라서 학생의 요구, 흥미, 진로에 따른 전환사정은 전환교육의 계획과 실천에 앞서 앞으로의 환경과 연결하기 위해 합리적인 단계를 거쳐 개발되어야 한다.

2) 개별화전환교육계획

학생 개별적인 요구와 기능에 대한 사정 후 수집된 정보는 팀에 의해 학생의 IEP에 포함될 개별화전환계획수립(ITP)에 활용된다. 이 계획은 고용, 주거생활, 그리고 지역사회 기능화와 관련된 목적과 목표가 명시되고, 필요한 서비스를 제공하게 될 책임을 맡은 전문가와 기관이 확정되어야 한다. 또한 서비스 준비에 따른 시간계획도 포함되게 된다.

무엇보다 장애학생의 전환과정에서 가장 중요한 것은 모든 장애아동을 대상으로 14세가 되기 이전에 공식적이고 개별화된 전환교육에 대한 계획서를 개발하는 일이다. 그리고 16세에, 필요한 전환교육 서비스에 대한 계획서에 다음과 같은 내용을 포함시켜야 한다. ① 수업, ② 관련서비스, ③ 지역사회 경험, ④ 고용 및 다른 중등학교 이후 목표의 개발, 그리고 필요하다면, ⑤ 일상생활 기술, ⑥ 기능적 직업평가에 맞추어 작성되어야 한다.

수 업	활 동	기관/인사 책무성	계 획
· 현재 수행 수준 · 장기목표			

지역사회 경험			
· 현재수행 수준 · 장기목표			

고 용			
· 현재수행 수준 · 장기목표			

〔그림 12.10〕 IEP 전환교육 계획 양식

개별화전환교육계획(ITP)은 학생의 교육 프로그램과 학교 경험이 학생의 학교 이후 목표와 일치되도록 만드는 하나의 도구역할을 한다(Thomson, Latter, & Ward, 1995). 개별화 전환교육 계획시 학생은 최소로 제한된 학습환경에 배치해야 하고, 이 과정은 학생의 목표, 바램, 요구에 맞추어져야 하며, 또한 학생의 능력 및 수행능력에 기초해야 한다. 한편, 전환과정에서 활용되는 서비스가 분명하게 확인되어져야 하고, 관여하는 모든 사람은 그 책무성에 대해 역할을 명확히 알아야 한다. 그리고 학생의 목표 수료 날짜가 기록되어야 한다.

장애아동이 획득하게 될 기능과 졸업하기 이전과 이후에 받게 될 전환교육 서비스에 대하여 구체적으로 기술한 계획서가 없이는 전환교육 과정의 다른 요소는 의미가 없다.

3) 훈 련

학생의 훈련은 개별화전환교육계획에 의해 확인된 요구에 따라 시작된다. 훈련의 영역은 학업기술, 직업기술, 진로개발, 생활기술 등이다.

(1) **학업기술** - 학생이 중등학교를 졸업하고 직장, 대학, 지역사회 생활에 성공적으로 전환하기 위해 학생은 읽기, 쓰기, 계산과 같은 기본학업기술을 습득해야 한다. 이러한 학업기술은 또한 기능적 교육과정으로 운영되어야 한다(Wolery & Haring, 1994). 기능적 교육과정은 개인적·사회적 기술, 일상생활 및 직업적응 분야에서 장애를 갖고 있는 모든 학생에게 필요로 하는 기능과 개념에 초점을 두고 교수요목을 배분하는 방법으로(Clark, 1994), 유의미한 환경에서 어떤 행동을 성취하는데 유용하며(Wolery & Haring, 1994), 실제생활 안에서 가르치고 일상생활에서 의미 있고 유용한 기본적인 학업기능이다(Hunt & Marshall, 1994). 새로운 기능습득에 어려운 졸업을 앞둔 학생들에게 기능적 교육과정은 반드시 제공되어야 하는 훈련 요소이다(Schloss & Sedak, 1986).

(2) **직업기술** - 효과적인 직업기술 개발의 요인은 직업교육과정에 영향을 주며, 이러한 요인은 지역사회 유형, 지역경제, 노동시장, 직업활용도, 서비스에 맞추어진 학생의 특성(나이, 장애유형), 자원활용(교수자, 교수자료) 등 모든 것이 교육과정 내용에 영향을 준다. 무엇보다 중요한 것은 장애학생의 취업은 지역사회에서 이루어지기 때문에 직업교과과정과 지역사회내의 노동시장을 연결시키는 것이 아주 중요하다. 여기서 중요하게 다루어야 몇 가지 내용으로 ① 기능적 교과과정, ② 합당한 교수적 수정, ③ 통합의 기회, ④ 지속성(Lewis, 1992)이 직업교과과정을 개발할 때 고려되어야 하며, ① 기능의 습득(직접교수, 시연, 모델링의 교수기술 활용), ② 일반화(교실상황에서의 수행기능은 응용의 제한을 갖는다), ③ 유지(정기적 반복과 연습) 등이 교수활동에서 고려되어야 한다. 직업준비와 직업획득은 직업교과과정에 중요하기 때문에 학생들은 모의 인터뷰, 이력서 작성, 시간제 작업이나 작업연구 프로그램을 동반한 실제 작업경험 등 직업적 사회기능을 연습해야 하고, 직업획득이 어려운 중증장애인의 유급직업

배치를 고려하여, 지역고용주들의 관심사항 조사, 전화, 메일조사, 직업재활 기관, 보호자립작업장, 노동조합, 고용공단, 지역상공회의소와 장애인 지역 옹호 지원그룹 등을 활용하여 습득기술과 직업준비를 개발해야 한다.

(3) **진로개발** - 진로교육은 진로를 가지는데 필요한 지식과 기술을 개인에게 가르치기 위해 설계된 교육과정이며(Smith & Luckasson, 1995), 진로교육과정은 인식, 적응, 탐색, 준비 4단계로 나누어진다. 유치원에서 시작하여 교육적 진로를 통해 계속되는 과정이다. 진로교육 프로그램은 학생의 진로에 긍정적인 효과가 있기 때문에(Herr & Caramer, 1988) 장애학생의 진로개발이 용이하도록 즉, 자기인식의 증가(Houghton-Miffiln, Boston, 1996), 직업인식의 증가(Houghton-Miffiln, Boston, 1996), 자기결정 기능의 향상(Field & Hoffman; Huber, 1996; Huber-Marshall, Martin, Maxson, Miller, McGill & Hughes, 1998), 직업준비도와 배치, 중등학교 이후의 모든 교육을 위한 준비(Baxter, 1995; Levinson & Ohler, 1997)가 개발되어져야 한다.

(4) **생활기술** - 생활기능은 독립적인 것, 일상생활과 관련된 기능으로(Mastropieri & Scruggs, 1994), 개인생활 환경을 조성하는 것이며(Smith & Luckasson, 1995), 전환교육 계획수립의 구성요소로 지역사회의 독립적 기능으로 아주 중요하다(Gajar, Goodman, & McAfee, 1993; Koher et al., 1994; Wehman, 1996). 이러한 영역은 가정생활기술(Wehman, Renzaglia, & Bates, 1985), 지역사회 생활과 이동, 사회/대인관계 기능(Wehman, Renzaglia & Bates, 1985), 레저기능(Wehman, Renzaglia, & Bates, 1985) 등이다. 교사는 장애인이 일정한 교수 없이 생활기능을 습득한다고 오판해 왔기 때문에, 생활기능은 장애학생의 교육과정에 포함시켜 훈련·개발되어야 한다. 장애인을 위한 적절한 레저 즉, 게임, 취미, 스포츠 등이 적용·개발되어야 하고, 레크레이션과 레저에 관한 전환계획이 보다 많은 연구를 통해 특수교육 관련인사에게 적용되어야 한다. 이러한 모든 기능들은 학령기 동안 모든 학생을 위한 교과과정의 한 부분으로 반드시 개발되어져야 한다.

4) 배 치

다음으로, 장애학생 배치(placement)는 직업배치, 주거배치, 그리고 고등학교 이후의 교육 배치선택으로 나눌 수 있다. 이 장에서는 주거배치와 고등학교 이후의 배치선택에 대한 사항보다 실제적인 직업배치 선택을 중심으로 과제를 살펴보고자 한다.

직업배치는 장애인과 비장애인이 상호작용하고 직무를 가진 비장애인이 받는 만큼의 임금과 수당을 받을 수 있는 최대한의 기회 제공하는 장소에 배치하는 것을 말한다. 일반적으로 직업배치 과정은 ① 초기사정접근 ② 교육계획 ③ 고용주와의 의사소통 ④ 직업배치 ⑤ 훈련 ⑥ 계속적인 지원 ⑦ 정기적 사정 등으로 이루어지며, 고용선택은 경쟁고용, 지원경쟁고용, 지원고용으로 범주화시킬 수 있다(Levison, Peterson., & Elston, 1994).

▫ **경쟁고용**(competitive employment)이라 함은 장애인이 일반인과 같은 임금과 연금을 받을 수 있는 직업에 배치되는 것을 말하며, 장애인에게 배치이전이나 배치초기에 집중적인 지원 서비스가 제공되어지나 지원서비스 기간은 제한되며, 일반적으로 경도 장애학생에게 적당한 고용선택이다. 경쟁고용은 일반인과 통합기회를 제공할 수 있고, 진보에 대한 기회 환경을 제공해 줌으로 정상화를 위한 촉매제가 될 수 있다(Wehman, Renzaglia, & Bates, 1985).

▫ **지원고용**(supported employment)은 1986년 재활법 개정안 7조의 정의에 따르면, 통합된 환경 내에서의 경쟁고용으로 ① 경쟁고용 경험을 갖지 못한 자 ② 경쟁고용이 심한 장애로 인해 중단된 자와 장애로 일을 수행하는데 계속적인 지원 서비스를 필요로 하는 자를 통합된 환경 내에서 경쟁적 작업을 수행하는 것으로 정의한다. 정리하면, 지원고용은 국가나 공공기관의 공적인 책임아래 경쟁적인 작업, 통합된 작업환경, 그리고 계속적인 서비스의 제공이라는 세 가지 요소가 핵심을 이루고 있는 샘이다. 지원고용 체계는 대규모의 분리된 보호작업장과 전일제 훈련식 프로그램을 지양하고, 장애인의 정상화라는 철학적 기저를 바탕으로 비장애인과의 통합에 중점을 두고 있는 점을 특징적으로 들 수

있으며, 현행 우리나라에서 고등학교나 전공과에 들어와서 직업적응이 어느 정도 가능한 장애학생들(특히 전공과)에게 시간제 유급고용의 형태로 지원고용을 실시할 수 있을 것으로 사료된다. 전공과의 설치 목적이 장애학생의 직업재활을 돕는 것이라면 전공과 학생에게 지역사회의 작업장에서 현장훈련과 실습을 제공하고 이를 통해 지원고용으로 나아가게 하는 것은 우리나라의 특수교육체계에서 적용될 수 있는 효율적인 방안이 될 것이다. 따라서 지원고용에 맞추어 지역사회에서 실시할 직업훈련프로그램(Community-Based Program)을 개발하는 것도 바람직한 방향이라 할 수 있다.

ㅁ **보호고용**(sheltered employment)은 주로 장애인을 고용하는 후생국에서 운영하는 사업을 말한다. 일반적으로 서비스를 제공하는 일 또는 작은 계약의 일을 수행한다. 보호 고용 목적은 장애인을 지원 고용 사업장에 배치하기 위한 적응훈련과 직업 기능 훈련의 전환 수단으로 계획되어진다. 보호 고용은 보호산업, 보호작업장, 작업활동센터 등 세 개의 범주로 분류된다. 보호 작업장은 참가자에게 보호된 환경하에서 단지 다른 장애인들과 함께 작업대에서 일하는 것을 말한다. 보호작업장 종사자는 일반적으로 하루에 극히 적은 수당을 받는다(Wehman et al., 1988).

비장애인으로부터 장애인을 격리시키는 보호 고용은 전문가와 부모들에 의해 문제시되어 왔다(Brown et al., 1985; Wehman et al., 1988). 어떤 이들은 조직화된 환경에서 성공적으로 활동할 가능성이 낮은 중증 장애인을 위하여 보호고용은 유지되어야 한다고 생각하지만(Bellamy, 1984), 다른 한편으로 이러한 격리는 어떤 상황에서도 부적당하다고 생각한다. 보호작업장과 관련된 많은 문제점으로 장애인은 미미한 임금을 받는다는 점과 현재의 사업과 산업 기술을 구체화하는데 실패해 왔다. 극소수만이 일정한 급료를 받는 직업으로 이직해 간다(Wehman et al., 1988). 이러한 이유로 보호고용선택 보다는 지원 경쟁고용이 선호된다.

5) 추수지도

전환교육의 마지막 단계인 추수지도단계에서 다양한 학교이후 사태에 대한 학생의 기능에 대한 성공여부를 평가하게 된다. 다소의 지원서비스의 중단, 또 다른 서비스의 시작 및 또한 추수지도 등 평가 결과로 부터 배치의 변화가 이루어진다.

추수지도는 고용이나 배치이후의 변화에 기인한 보충 훈련, 건강서비스, 이동기구의 수리, 교통비 보조 등의 사후 서비스와 기본생계비 보조, 교통편의 제공, 가족서비스 등 기타 서비스가 포함되어야 한다.

4. 전환교육 지원 팀

학생이 학교에서 성인기로의 유의미한 전환의 결과를 산출하기 위해 전환교육과 서비스가 제공된다. 교수와 연계가 주축이 된 전환과정은 전환목표의 발달을 핵심으로 하여, 학생의 전환욕구의 사정을 시작으로 하는 활동적인 과정으로 학생의 성취목표를 이루기 위한 실천과 행위로 끝이 나는 종합적인 활동이다. 이러한 종합적인 활동에서는 협력 팀간의 협동이 중요하다[그림 12.11].

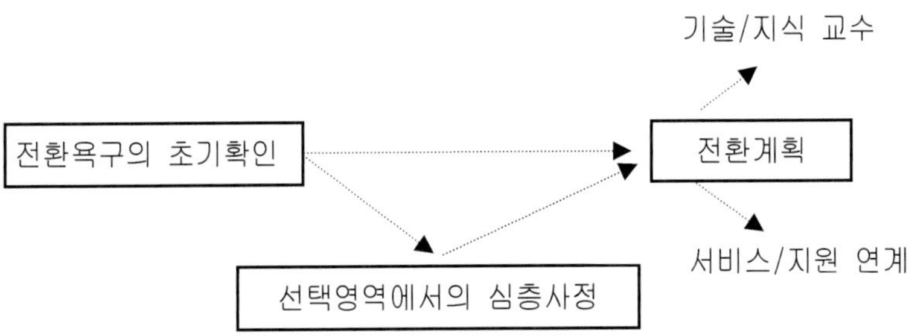

〔그림 12.11〕 전환교육 계획수립 과정

출처 : G.M. Clark and J. R. Patton, 1997, *Transition Planning Inventory*. Austin, TX: PRO-ED.

전환교육이 성공을 거두기 위해서는 전환교육을 담당할 수 있는 전문인력이 필요하며, 지역사회 자원을 보다 많이 활용하여 특수교육과 직업재활간의 긴밀한 연계가 이루어져야 한다. 전환교육의 효율적인 운영을 위한 관련인사 팀 구성을 보면 학교를 중심으로 한 팀 구성과 성인서비스 기관을 중심으로 한 팀 구성, 그리고 학부모 및 학생 본인의 참여 등으로 구성된다. 전환교육 관련인사 및 관련 기관들의 역할중 학교를 중심으로 한 관련인사들의 역할을 표로 제시하면 다음과 같다.

<표 12.3> 전문가, 가족, 기관의 역할

학교교직원	학교 교장 역할	· 적절한 시설, 사무원의 도움, 그리고 효과적인 프로그램 이행을 위한 자료 대금과 다른 자원 필수품을 제공 · 전환 교육 프로그램의 제작과 이행을 위한 지도력과 지지를 제공 · 교육청과 프로그램 안에서 전문성의 역할과 책임을 확실히 하는데 사용된 전환 계획과정을 개발하는데 돕는 일 · 학교에서 전환 교육모임 구성원들에 의하여 수행된 역할 감독, 평가 및 프로그램 이행을 돕는 일 · 교직원 연수 계획을 세우는 일을 도모하고 돕는 일
	특수교육과 직업교육 관리자 역할	· 적절한 시설, 자료 구입 대금과 효율적인 전환 과정을 위해 필요한 다른 자원들이 그 과정에 참여한 교직원에게 이용되는 것을 보장하는 일 · 계획 과정에 참여한 특수교육과 직업교육교사들에 대한 지도력과 지원의 제공 · 전환모형의 개발 및 그 모형 안에서 특수교육과 직업교육교사들의 역할과 책임성을 명확히 하는 것을 돕는 일 · 교사 직무 연수를 계획하는 것을 돕고 조성하는 일
	학급 교사 역할	① **일반학급교사** · 학생과 학부모 상담 실시, 학문 기능을 평가하기 위한 표준화검사 또는 교사-자작 검사지 감독 실시, 행동진행 척도와 평가 척도의 완성을 통한 학생의 사회적-개인 상호간의 기능과 작업 습관에 대한 정보를 수집 실시, 그리고 학생 작업 모범 형태를 제공함으로서 직업 평가 자료 수집을 돕는 일. · 자아인식, 의사결정, 그리고 역할 놀이, 극화, 촌극의 사용, 자서전, 자아-평가 활동, 현장 학습, 초대 연설자, 작업상황에 의한 다양한 직업의 필요와 요구를 촉진하는 교실 활동을 개발하는 일(즉, 직업 완성도를 촉진하는 활동 등)

학교교직원	학급 교사 역할	· 학습내용과 넓은 범위의 대안 직업과 일에 대한 책임성 사이를 연결하는 일에 있어 학생을 돕는 일 · 자아-주장과 자아-결정의식을 탐색하는데 학생을 돕는 일 · 학문적 기능, 일과 직업 기능, 사회적-개인 상호간의 기능, 그리고 일반 교실 수업으로의 독립적 생활 기능과 관련하여 직업적인 면에서 수업을 통합하는 일 · 학생의 학문적이고 사회적 필요에 따라 직업교육 교사, 특수교육 교사, 학부모와 상담하는 일 · 학교 현장 작업 경험성의 가능성을 확인하는 일을 돕는 일 · IEP 팀과 ITP 팀에 참가하여 전환 교육과정 목표 개발에 참여하는 일
		② 직업 교육 교사 · 직업 기능에 이르기 위하여 교사-자작 작업 표본과 평가의 장학, 학생의 사회적-개인 상호간의 기능과 행동 진행 척도와 평가 척도의 완성을 통한 작업 습관에 대한 정보 제공, 그리고 전반적인 직업 준비에 대한 정보를 제공하는 일 · 자아 인식, 의사결정, 그리고 학생들이 수용하는 직업훈련에 필요한 적당한 일과 요구의 인식을 촉진하는 현장 학습, 초청 연설가, 그리고 작업 시뮬레이션과 같은 활동을 개발하는 일 · 자아-주장과 자아-결정의식을 탐색하는데 학생을 돕는 일 · 학문 기능, 사회-개인상호간의 기능 그리고 직업 훈련으로의 독립적인 생활 기능을 수업으로 통합하는 일 · 직업 훈련 프로그램과 업무에 성공적인 달성에 필요한 특수적인 학문과 직업 기능과 능력에 관한 정보를 가지고 전이훈련 전환 팀을 제공하는 일 · 특별한 직업 영역에서 학생의 직업과 흥미를 평가, 학생의 직업 탐색을 촉진하기 위하여 국부적으로 개발한 작업 표본과 상황평가 기술의 개발과 사용을 돕는 일 · 학습내용과 넓은 범위의 대안 직업과 일에 대한 책임성사이의 연결하는 일에 있어 학생을 돕는 일 · 특수 훈련 영역에서 학교와 지방 고용주 사이에서 연락관으로서 활동하는 일 · 학생의 직업적 필요에 따라 일반 교사, 특수 교육교사, 학부모와 함께 상담하는 일 · 학교 현장과 지역사회 중심의 작업 경험 위치를 명확히 하도록 돕는 일 · IEP 팀과 ITP 팀에 참가하여 전환 교육과정 목표 개발에 참여하는 일

<table>
<tr><td rowspan="3">학
교
교
직
원</td><td>학급
교사
역할</td><td>③ 특수 교육 교사
· 학생과 학부모 상담 실시, 학문 기능을 평가하기 위한 표준화검사 또는 교사-자작 검사지 감독, 행동 진행 척도와 평가 척도의 완성을 통한 학생의 사회적-개인 상호간의 기능과 작업 습관에 대한 정보를 수집 실시, 그리고 학생 작업 모범 형태를 제공함으로서 직업 평가 자료 수집을 돕는 일.
· 자아 인식, 의사 결정, 그리고 다양한 직업적 필요와 요구를 촉진할 실내외 활동- 예: 역할 놀이, 극화와 촌극, 자서전 쓰기, 자아-평가 활동, 현장 학습, 초청, 연설, 그리고 작업 시뮬레이션-을 개발하는 일
· 넓은 범위의 대안 직업과 일에 대한 책임성 사이의 연결하는 일에 있어 학생을 돕는 일
· 학습내용과 지역사회에서 독립적인 역할에 필요한 기능을 연결하는데 학생들의 이해를 돕는 일
· 자기-주장과 자기-결정감을 탐색하는데 학생들을 돕는 일
· 직업적으로 관련된 학문 기능, 일과 직업적 기능, 사회적/독립적 기능, 그리고 특수 교육 수업 안에서의 독립적 생활 기능을 수업으로 통합하는 일
· 특수 학습 필요와 다른 교사, 부모, 학생에게 이러한 특수 교육의 필요성을 도모하는데 있어 효과적인 수업 기술에 대하여 정보를 제공하는 일
· 현장과 지역 사회-중심 작업 경험을 확인하는데 돕는 일
· IEP 팀과 ITP 팀에 참가하여 전환 교육과정 목표 개발에 참여하는 일</td></tr>
<tr><td>직업
지도
평가원
과
전문가
역할</td><td>· 직업 소질과 다른 작업 기능을 이행하기 위하여 고안한 직업 교육 평가 도구들을 관리, 작업과 관련한 환경에서 학생들의 보살핌과 평가자료 수집을 돕는 일
· 상황적- 특수적 평가 전략과 작업 표본의 개발과 사용을 돕는 일
· IEP 팀과 ITP 팀에 참가하여 전환 교육과정 목표 개발에 참여하는 일
· 학생의 직업 교육 필요성을 바라보는 일반교육 교사, 특수교육 교사, 그리고 직업교육 교사와 함께 상담하는 일
· 학생의 직업 배치와 직업 훈련을 돕는 일</td></tr>
<tr><td>학교
교육
심리
학자
역할</td><td>· 모든 장애 학생과 실시한 지적장애교육 평가의 일부분으로서 일반적으로 모은 평가 자료에 대한 직업 교육적인 함의를 고려하는 일(즉, 지능검사 자료, 학업 성취 검사자료, 인성 평가 자료 그리고 직업 교육 관점에서 적응 행동 자료)
· 직업 교육의 발달을 고려한 면담 실시와 관찰 절차들을 확장하고 이러한 평가들의(동기 유발과 직업 측정과 같은)직업 교육 평가도구들을 통합함으로서, 지적장애교육 평가들을 실시할 때 직업 교육의 정보를 수집하는 일</td></tr>
</table>

5. 전환교육의 최근 동향과 과제

교육의 장에서 전환교육과 서비스에 대한 인식이 점차 높아지고 있다. 전환교육의 최근 동향은 다음과 같다.

첫째, 전환서비스 및 특수교육의 동향은 통합교육의 맥락에서 생활기능 교육을 강조해야 한다.

둘째, 전환교육 요구 평가와 평가 프로그램 참여를 강조해야 한다.

셋째, 최소 적성시험 규정에 따른 장애학생의 졸업과 수료를 보장해야 한다.

넷째, 자기결정 훈련을 강조해야 한다.

다섯째, 장애학생 중도탈락자에 대한 학교의 조치를 강구해야 한다.

여섯째, 고등학교 졸업 이후 프로그램을 위한 교육과정중심 평가(CBA) 및 범주적 탈피가 강조되어야 한다.

일곱째, 직업의 종류와 전환교육 서비스의 체계적인 연구가 강조되어야 한다.

전환교육의 효율성을 결정하기 전에 장애인의 삶의 질에 가장 영향을 주는 구성요소가 무엇인지 체계적으로 확인해야 한다. 전환교육은 장애교사들은 전환교육의 정신과 실행을 위해 국가수준, 지방수준에 있는 교육청, 대학, 학부모회, 장애인, 지역학교 위원회, 행정가, 협력자와 함께 포괄적인 팀 접근을 실행하는데 책임을 져야 하며, 장애학생을 위한 국가의 교육체계는 모든 학생의 궁극적인 교육결과인 성인 생활준비를 보장하는 서비스 전달체계 안으로 통합되어야 하는 것은 불가피하다.

6. 효율적인 전환 실천에 대한 조망

이 조망은 효율적인 전환계획 작성의 범위를 강조하기 위해 아래의 주제를 제시한다.

- 능동적인 학생참여
- 능동적인 가족참여
- 미래지향적인 역동적인 계획
- 성인 서비스기관과의 협력
- 자연적 지원체제와의 연관
- 진로에 초점을 맞춘 고용경험
- 지속적인 중등교육 이후 교육을 통한 성공 성취
- 연관된 도전적인 교육과정
- 지역사회 생활에 초점
- 건강생활을 위한 오락 및 여가에 초점
- 국제사회에 대한 인식증가

1) 능동적인 학생참여

능동적이고 지속적인 학생참여는 효율적인 전환계획 작성에 초석이다. 이 장에서 우리는 자기결정의 중요성을 소개했는데 이것을 기술, 지식 및 태도 혹은 자신에 관한 신념과 자기 미래에 긍정적으로 영향을 미치는 능력의 결합체라고 기술했다. 전환기의 많은 청소년들이 계획에 능동적으로 참여하기가 어려울지도 모르지만 가족, 친구, 교사, 성인 서비스전문가 및 지역사회 구성원의 도움을 받아서 학생이 계획 작성 과정에 더욱 능동적인 역할수행을 배울 수 있고 그들 미래계획에 관한 주인의식을 개발할 수 있다.

2) 능동적인 가족참여

가족들도 또한 능동적으로 참여해야 한다. 핵심은 많은 가족들이 특수교육 체제에서부터 성인 서비스체제로 전환을 협의하기 위해서 필요한 정보가 부족하다. 자기 아동의 전환은 종종 가족들에게는 스트레스를 주고 혼란스러운 시간이 되지만, 그들이 필요한 정보를 가지고 있다는 것을 확신시켜 줌으로써 가족들을 돕기 위한 교육자와 다른 전문가에게는 그것이 의무로 지워지는 것이 된다. 가족들이 계획과정에 능동적으로 참여하도록 격려되어야 한다. 학생참여의 촉진과 함께 보다 능동적인 참여 및 학교와 성인기관과의 보다 밀접한 제휴를 가져오는 앞을 내다보는 창조적인 전략들이 많이 있다.

3) 미래지향적이고 역동적인 계획

성공적인 성인성과 달성은 오직 모든 핵심적인 팀 구성원들이 장기적으로 미래지향적인 방식으로 계획을 세울 때 발생한다. 학생이 경험을 얻고 결정하도록 허용하면서 가능한 빨리 계획 작성 과정을 시작할 필요가 있다. 개발된 계획은 역동적이어야 하고 청소년들이 경험을 얻음에 따라 청소년들에게서 나오는 결정의 변화를 반영해야 한다. 문서화된 계획은 명확하고 논리적이어야 하고 그 계획에 투입된 모든 사람들의 능동적인 참여를 반영해야 한다. 다른 무엇보다도 계획은 학생의 선택과 미래에 대한 개인비전을 반영해야 한다.

4) 성인 서비스기관과의 협력

계획 작성 과정의 모든 당사자들은 젊은 장애인의 성공적이고 만족한 성인생활이라는 공동목표를 향해 함께 일해야 한다. 서로 다른 기관 출신의 사람들이 함께 일할 수 있기 전에, 그들은 다른 분야에서 일하는 자신들의 상대역 사람들에 대한 보다 더 큰 이해를 얻어낼 필요가 있다. 교육자는 성인서비스체제에 관해 보다 더 잘 이해하려고 노력해야 하고, 이들 체제에서 일하는 전문가들은 특수교육 체제를 이해할 필요가 있다. 학생이 특수교육으로부터 보다 유연하게 전환해서 성인 서비스 세계로 나아가도록 돕기 위해 작용하는 전략을 창안해내기 위해 모든 전문가들이 함께 협력해야 한다. 그들은 또한 학생과 그들의 가족들이 두 가지 체제에서 함께 협력하는데 필요한 정보를 갖도록 보장해주는 데 필요한 조치를 취할 필요가 있다.

5) 자연적 지원체제와의 연관

비록 성인서비스가 많은 청소년들의 성공에 필수적이기는 하지만, 이와 동일하게 중요한 것이 자연적 지원체제이다. 동료 노동자, 친구, 가족, 이웃, 심지어 친숙한 지역사회 구성원 모두가 성인기의 조력과 지원의 잠재적인 자원이다. 거의 모든 성공한 성인들은 자연적 지원 네트워크에 의존하고 장애를 가진 젊은 성인에게도 이것은 마찬가지이다. 되풀이되는 핵심사항은 자연적 지원의 강력한 네트워크 구축은 쉽게 이루어지거나 혹은 자동적으로 이루어지는 것이 아니고 그 대신에 실질적이고 장기적인 계획이 필요하다.

6) 진로에 초점을 맞춘 고용경험

성공적인 진로는 성인생활에 핵심 요소이다. 장애인은 실업과 일자리 부족 등을 계속해서 겪고 있고 필수적인 성인생활을 경험할 기회가 거부되고 있다. 모든 사람들에게 지역사회에서 봉급을 받으면서 일할 기회가 주어져야 한다. 일부 사람들은 지속적인 중등교육 이후 교육과 훈련을 통해 이것을 성취하겠지만, 반면에 다른 사람들은 지원고용 서비스를 통해 장기적 지원을 요구한다. 핵심사항은 전환계획에 참여한 사람들이 통합적이고 유급의 지역사회 고용계획 작성과정에서 명확한 목표가 설정되어야 하고, 젊은이에게는 경험, 교수 및 그런 다음에 이런 성과를 위한 지원체제가 제공되어야 한다.

7) 지속적인 중등교육 이후 교육을 통한 성공 성취

지속적인 중등교육 이후의 교육은 성공적인 성인생활에 대한 다른 가능성을 열고, 많은 장애인들은 그런 교육에 대한 도전을 만족시킬 수 있다. 전환계획 작성의 다른 측면들과 함께 중등교육 이후 교육의 시작은 학습과 사회적인 성공을 보장하기 위해 향상된 준비, 자기결정훈련, 잘 조정된 지원체제를 만드는 것이다. 학생, 가족, 학교 및 대학교 직원 간의 협력이 필수적이다.

8) 연관된 도전적인 교육과정

학생이 고등학교에 재학 중일 때, 장애학생은 그가 성인이 되어서 그에게 좋은 편의를 제공해줄 기술을 배울 필요가 있다. 이들 기술 중 많은 것을 가족들이 학생에게 직접 가르칠 것이고, 반면에 다른 기술은 학교가 학생에게 가르친다. 미국의 2004년 IDEA(IDEA2004)와 낙제학생방지법(No Child Left Behind)은 모든 학생들이 학교에서 수업을 받도록 했다. 하지만, 관련 교육과정은 주정부가 제정한 학습기준을 넘어섰고, 고용주가 가치 있다고 생각하는 그런 기술 및 행동을 포함해 매일의 일상생활을 하기 위한 기능적인 기술을 포함한다. 다양한 학생들의 요구를 충족시켜 줄 적절하고 도전적인 교육과정 고안과정은 특수교육 체제에는 지속적인 도전이 된다.

9) 지역사회 생활에 초점

전환계획 작성은 고용 이상에 초점을 맞추고 있다. 학생 및 그의 부모들과 우리의 협력적인 노력은 청소년들이 가족을 떠나 처음으로 자기 자신만의 가정으로 전환하도록 준비시켜야 한다. 이것은 자기 나름대로 살아가는데 필요한 광범위한 영역의 기술을 가르치는 것을 포함한다. 보다 확장적인 지원요구를 가진 일부 장애인에게는, 지원받는 생활로의 전환은 매우 도움을 주는 계획이 필요하다. 우리는 또한 장애인이 관계를 모든 측면들과 함께, 이것은 빠르면 빠를수록 더 좋다. 우리는 또한 장애인이 관계를 발전시킬 기회를 가질 수 있도록 사회에 공헌하고 가치 있는 시민이라는 것을 인식하도록 보다 더 큰 지역사회로 연결되도록 청소년들을 돕는 일에 관계해야 한다.

10) 건강생활을 위한 오락 및 여가에 초점

이것은 아마 전환계획 작성의 영역 중에서 가장 무시되어 왔던 분야이지만 고용으로의 전환 혹은 독립생활로의 전환만큼이나 중요한 전환이다. 청소년들은 자신의 신체적 심리적인 건강을 어떻게 유지하는가를 배울 필요가 있다. 보다 만족한, 원만하고 행복한 삶의 유형으로 이끌어주는 방식을 지역사회에 어떻게 참여하는가를 배울 필요가 있다.

11) 국제사회에 대한 인식증가

마지막으로 오늘날 학생이 국제적인 의사소통과 통상에 점점 더 많은 토대를 둔 성인세계로 전환하고 있는 중이다. 우리가 살고 있는 사회는 계속해서 더욱 다양하게 바뀌고 있고 국제적인 유대관계를 가진 사업체에서 학생이 일할 가능성이 점점 더 증가하고 있다. 부가적으로 우리의 교육 및 성인 서비스체제는 다른 나라의 장애시민을 위한 서비스 질의 발달에 좋은 본보기 역할을 계속해야 할 것이다.

7. 직업·진로교육

1) 직업교육의 의미

직업은 단순히 생계를 유지하기 위한 계속적인 일(Occupation)뿐만 아니라 일의 기쁨과 소명을 받는 생애의 중요한 일(Calling, Vocation, Career)까지를 의미한다. 하나의 직업이 형성되기 위해서는 생계 유지, 인간 개성의 발휘, 사회인으로서의 책임이 동시에 내포되어야 하며, 노동 계속성이 뒤따라야 한다(정우현 1993).

장애인의 경우 개인적·정서적 안정을 통한 사회의 참여와 적응으로, 경제적·직업적 안정을 이루어 자아실현 시키는 것이 직업 진로교육의 일반적인 목적이다(조인수, 1996).

장애인의 직업은 의료, 교육, 심리, 사회적 재활의 전체에 터하여 종합적인 측면에서 고려되어야 한다. 진정한 직업교육은 장애인들의 신체적 정신적, 사회적, 경제적 가용능력을 최대로 회복시켜 경제적·사회적 자립을 위한 직업재활에 있으므로 인간 존재의 가치 실현을 위한 기회의 균등보장, 전인격적 독특한 존재로의 인정과 정상화 그리고 평등의식의 존중에 기초해야 한다.

직업의 의의나 목적을 ① 개성의 발휘 ② 사회적 역할 실현 ③ 생계유지 등의 3요소로 인식하고 있는 것이 일반적인 경향이다.

직업관은 이중에서 어느 측면을 강조하느냐에 따라서 달라진다. 즉 보수 지향적 직업관, 기여 지향적 직업관, 자아실현 지향적 직업관 등으로 대별할 수 있다.

결국 장애인의 직업교육은 그들의 잔존 능력을 최대한 개발하여 직업상담, 평가, 훈련, 정치 활동과 재활 서비스를 통해 직접적으로 정착되기까지 지속적이고 통합적인 서비스를 제공하여 완전한 사회 복귀와 능동적인 사회 참여를 돕는 과정을 말한다, 장애인들도 독특하고 전인격적 존재로 사회에 노동을 제공한 대가를 인정받는 고용인이 되기 위해서는 이들의 직업·진로지도는 꼭 필요하고, 지속적으로 이루어져야 한다.

이와 같은 장애인의 직업교육은 그들의 인권과 존엄성을 신장시키고 근로의 권리와 의무를 누릴 수 있게 하는 동시에, 국가·사회적인 부담을 경감시키고, 나아가서 잠재된 노동력을 적극 개발하고, 활용함으로써 국가와 사회 발전을 촉진화를 기할 수 있게 될 것이다.

오늘날 사회 구조의 변화와 더불어 장애인들이 직업사회인화 하는 과정에 있어 제반 특수성을 감안하여 더욱 전문적이고 구체적인 직업교육의 대안을 강구해 나가야 할 시점이다.

2) 직업교육의 원리

직업교육의 원리에는 다음과 같은 것들이 포함되어야 한다.

[1] 모든 사람은 기본적인 인간의 가치를 가지고 있으므로 심신의 결함범위 내에서 인생의 행복을 추구하도록 해야한다(행복권).

[2] 사회 성원의 일원으로 사회에 받아들여질 수 있도록 적응력을 키워야 한다(사회적응력).

[3] 장애인 자질의 존중과 계발(개인의 잠재적 능력 개발)

[4] 심신의 장애로 인한 결함의 한계성과 환경의 한계성을 인식하면서 현실적으로 대처해 나가도록 도와야 한다(한계성과 현실성).

5 신체적 욕구뿐만 아니라 정신적, 사회적, 문화적, 경제적 요구를 참작하여 전인적으로 도와야 한다(전인성).

6 개인의 특성에 맞게 다양하고 융통성 있는 교육이어야 한다(다양성과 융통성).

7 장애인 자신의 적극성 참여유도 교육(자아자신감, 자아존중감)

8 직업교육은 국가, 사회가 책임을 져야 한다(사회적 책임).

9 장애인은 여러 문제가 복합되어 있으므로 각 영역의 전문가와 전문기관이 서로 협력 보완하여야 한다(서비스 전달체제의 확립).

10 도움이 필요할 때까지 계속해서 도와주는 과정으로서의 교육이 필요(계속적인 서비스)

11 장애인 자신이나 재활 프로그램에 대하여 심리적 반응이 발생하므로 그들의 요구파악(요구와 발달 가능성 파악)

12 직업교육과정은 연속적 복합과정이므로 범위와 계열성 중시와 더불어 프로그램의 계속된 평가가 이루어져야 한다(교육과정의 구조화, 계속적 평가).

3) 직업지도 과정

직업지도의 과정은 장애인의 직업적 잠재능력을 평가하고 평가된 과학적 자료에 의하여 훈련시킴으로써 취업에 이르게 하는 과정이다.

이러한 과정은 크게 ① 직업교육 대상자의 평가 ② 직업 훈련 ③ 직업 안정과 지도 ④ 특수지도 형태로 나눌 수 있다. 직업지도 과정은 장애인의 취업과 고용을 지원할 수 있도록 계획된 목표지향적이고 개별화된 서비스의 절차를 말한다.

직업지도의 일반적 과정을 요약 제시해 보면 다음과 같다.

1 **예비 진단 연구(Preliminary Diagnostic Study)**: 예비 진단 연구는 개인이 직업교육을 받기에 적격한가의 여부를 결정하기 위하여 직업교육 과정의 신청단계 중에 공적 프로그램에서 실시된다. 예비진단 연구는 개인이 고용에 본질적인 핸디캡을 야기하는 신체적 혹은 정신적 장애를 수반하고 있는가에 대한 여부와 서비스를 제공함으로써 개인을 취업시킬 수 있는가에 대한 여부를 결정하려는

데 그 목적이 있다. 만약 서비스의 혜택을 예비 진단 연구에 근거하여 예견할 수 없으면, 그러한 판정을 하기 위하여 직업재활 잠재능력에 대한 확대 평가를 실시할 수 있다. 모든 사례에 있어 이러한 예비 진단 연구는 일반 건강상태 검사를 포함한다. 만일 대상자에게 정신적 혹은 정서적 장애가 있으면 정신과 의사나 자격을 가진 심리학자들에 의해 신뢰성 있는 검사가 실행되어야만 한다.

2 **세부 진단 연구**(Through Diagnostic Study): 공적 지도프로그램은 각 직업교육 대상자에게 어떠한 서비스가 필요할 것인가에 대한 결정을 내릴 목적으로 세부진단 연구를 반드시 실시해야 한다. 이러한 종합평가에는 개인이 고용 핸디캡에 관계된 의료적, 심리적, 직업적, 교육적 및 기타 고려할 점들이 포함된다. 그 다음 연구 조사 결과는 대상자와 함께 개별화된 성문 재활 프로그램(IWRP)을 작성할 때 고려되어 진다. 의료적 평가는 교육 대상자의 병력을 알아내는 것이 주된 목적이고, 심리적 평가는 장애인의 비신체적 능력과 한계성을 규명하고, IWRP의 작성과 후속 서비스 결정에 영향을 주는 태도, 관심, 동기, 그리고 성격 변인을 판별하려는데 그 목적이 있다. 그리고 사회, 문화적 평가는 대상자의 사회 내력을 얻기 위한 것이며, 직업적 평가는 대상자의 직업적 잠재력과 문제점을 규명하려는 것이다. 마지막으로 교육적 평가 과정의 목적은 장애인의 학습 경험을 확인함으로써, 장애인의 태도, 지식, 기술, 동기 등을 이해하려는 데 있다.

3 **확대 평가**(Extended Evaluation): 직업평가는 신청자의 재활 잠재 능력을 즉각적으로 판정할 수 없지만, 고용에 '핸디캡'을 야기시키는 신체적 또는 정신적 장애가 있을 경우에 공적 프로그램에서 확대 평가 기간을 부여한다. 그러나 이 확대 평가는 18개월 만료까지 공적 프로그램의 교육 서비스에 대한 신청자의 적격, 또는 부적격 판정이 내려져야 한다. 만약 장애인의 욕구가 큰 변화를 나타낼 수 있다고 판별되는 경우에만 각 대상자에게 오직 하나의 확대 평가 기간만이 허용될 수 있다. 부적격 판정이 난 경우에 공적 프로그램의 서비스에 대한 개인이 권리가 보호되어야 하므로 판정은 신청자가 고용의 관점에서 이익을 얻을 수 없을 것이라는 합리적 예견하에 내려져야 한다.

④ **개별화된 성문 재활 프로그램**(Individualized Written Rehabilitation Program: IWRP): 개별화된 성문 재활 프로그램은 지도자와 장애인 혹은 장애인이 독립적 판단 능력이 없는 경우에 그의 부모나 후견인 내지 적절한 대리인이 공동으로 작성하는 하나의 계획서이다. IWRP는 재활 및 교육서비스에 적격 판정을 받은 개개의 신청자나 확대평가 중에 있는 개인을 위하여 계속적으로 작성되는 계획서이다. IWRP 개발에 있어서는 직업목표의 결정과 성취에 일차적인 비중을 두고 있다. 최소한 IWRP는 적격 판정 혹은 확대 평가에 대한 근거, 장기 고용 목표, 고용 목표 달성에 관련된 중간 교육 목표, 고용 목표 달성에 필요한 구체적인 직업교육 서비스의 규명, 각 서비스 개시 예상 일자와 이들 서비스의 예상 기간, 교육 목적과 고용 목표를 향한 진전을 평가할 절차와 계획을 내포하고 있다. 여기서 덧붙여 교육 대상자나 혹은 적절한 대리인은 계획서 작성에 관여해야 하며, 만약 만족스럽지 못할 경우에는 그의 권리와 호소 절차를 명기하고 있어야 한다.

⑤ **상담과 지도**(Counseling & Guidance): 상담과 지도는 대부분의 교육 및 재활서비스 조항에 통합된 부분이지만, 구별되는 개별의 서비스가 될 수도 있다. 상담은 교육과정의 종합적 기능이다. 상담은 인간 본연의 성스러운 본성에 기본을 두고 호소하는 기능이고, 또한 개인에게 서비스를 제공하는 포괄적인 접근 방법으로서, 분리된 다양한 의견들을 통합하는, 지지받고 있는 상담이론과 기술이 많지만 차이점보다는 유사성이 더 많다. 상담의 궁극적 목표는 향상된 대상자의 기능이 최절정에 달하도록 하는 상담가와 피상담가 간의 바람직한 상호관계를 이루는 데 있다.

⑥ **신체 및 정신적 회복**(Physical & Mental Restoration): 신체 및 정신적 회복은 교육 대상자의 최적한 기능을 방해하는 신체적, 정신적 상태를 교정하는 데 주요한 건강 관련서비스를 말한다. 예를 들면 의료적, 물리적, 치료적 요법 및 보장구 등을 들 수 있다. 여기에는 물리의학, 물리치료, 작업치료, 언어소통과 치료, 재활간호, 보조기구활용, 기능회복 훈련과 보철술, 정신의학 등 많은 서비스가 포함될 수 있다.

7 **훈련(Training)**: 직업교육에 있어 훈련은 IWRP의 고용 목표에 대한 대상자의 진전을 도울 수 있는 폭넓은 학습 기회와 경험을 말한다. Jarrell(1972)은 훈련을 인성 적응 훈련, 직업전 훈련, 보상 기능 훈련, 직업 훈련 등 네 가지 영역으로 분류하였다.

- 인성 적응 훈련(Personal Adjustment Training)은 직업분야에서의 적응에 관련된 습관이나 태도를 개발하는 것을 말한다. 예를 들면 신뢰성, 타인에 대한 책임성, 인내력, 일관성, 시간관념 등이다(Bitter, 1968).
- 직업전 훈련(Prevocational Training)은 직업기술 개발의 선택과 준비에 필요한 배경과 지식을 말하고 있다. 직업전 훈련은 직업기술 훈련을 위한 준비단계이다. 프로그램의 예를 들자면, 견학, 작업장의 교대, 독서 등을 통하여 직업에 익숙하게 하는 것이다. 그리고 취업신청서 작성법 습득, 대중교통 이용, 소득 관리 등도 포함된다. 대다수의 직업적응 프로그램은 인성 적응 훈련과 직업전 훈련을 결합한 것이다.
- 보상 기능 훈련(Compensatory Skill Training)은 장애의 보상기능이 되면서 취업에 있어 중요한 개인의 기술을 개발하는 것을 말한다. 예를 들면 맹인을 위한 낭독, 가동 및 보행훈련 등을 들 수 있다.
- 직종 훈련(Vocational Training)은 구체적 직업기술을 개발하는 것과 관련된다. 이러한 기술은 다양한 방법, 즉 직업학교, 전문대학 및 종합대학, 견습 프로그램, 재활시설, 보호작업장, 현장 실습 등을 통하여 획득할 수 있다.

8 **작업 배치(Job Placement)**: 직장중심 프로그램에 있어서 작업 배치는 교육 과정상의 최절정을 이룬다. 작업 배치는 장애인의 가용 능력을 최고로 끌어올리는 회복의 측면에서 중요하다. 그 과정이 성공적으로 수행되었다면, 취업 환경은 교육 대상자의 능력, 흥미, 잠재능력에 균형을 이루게 될 것이다. 작업 배치는 개인에게 적절한 직장을 찾아 주는 것과 관계되는 것으로서, 매우 복잡하고 종종 과소 평가되기도 한다. 그 과정에는 학생들의 변인과 직업 환경 변인간의 상호관계를 인지하는 것이 필요하다. 전자에는 인성 요인과 작업 기술 요인이 포함되며, 후자는 모든 고유한 직업상의 고려할 점들이다. 똑같은 작업 환경이란 없다(Bitter, 1968). 그러므로 효과적인 작업

배치를 하기 위해서는 교사와 일선 전문가가 지역사회와 그 기관 및 자원에 대한 세부적인 지식을 가질 필요가 있다. 그리고 전문가는 직업의 요구사항을 이해할 수 있는 직무분석에 숙련되어 있어야 한다. 또한 직업공학이 관여되기도 하는데, 대상자의 기술로부터 고용주와 대상자가 최대한의 이익을 얻을 수 있도록 지원하는 작은 직업 수정을 수반하게 된다. 그러나 직장 배치가 교육과정 초기에 고려되는 상담과 학생들간의 상호 책임이라는 점을 명심하여 그들이 취업 상태를 유지하도록 지원할 목적으로 교육과정상 제공되어진다. 사후 서비스는 어떠한 교육 서비스라도 될 수 있지만, 그 활동들은 대상자가 원래 IWRP와 관계가 있어야만 한다. 최소한 상담을 하여야 한다. 상담가와 대상자는 만약 그들이 직업 기능을 최고의 수준까지 끌어올리려는 것으로서 회복을 실제로 반영할 직업 성과가 효과적이기를 바란다면 공동 노력을 아끼지 않아야 할 것이다.

⑨ **취업 후 서비스**(Post Employment Service): 사후 서비스는 학생들이 직업적으로 재활된 후 지속하는 것이 필수적이기는 하나, 또한 사후 서비스에는 복잡하거나 포괄적인 어떤 새로운 재활 노력을 수반하지는 않는다. 이러한 사후 서비스는 단 한 번의 수행이나 혹은 일정 기간 이상의 확대 종합된 것일 수도 있다. 공적 교육 프로그램의 사후 서비스의 몇 가지 예를 들면, 직업 요구 사항의 변화에서 기인한 보충 훈련, 건강 서비스, 공인 파출부에 대한 조정, 휠체어 수리, 교통비 보조 등을 필요한 경우에 실시한다.

⑩ **기타 서비스**: 재정적 지급을 통한 생계비 보조는 대상자의 기본생계비(의식주 및 기타 장애인의 재활 목표 달성에 중요한 물질 포함) 일부를 부담하는데 이용되어진다. 교통편의 제공(Transportation Support)역시 취업 대상자가 서비스 이용을 가능하게 할 목적으로 시행된다. 재배치 및 아동에 드는 비용 역시 재활 목표 달성에 관계된다면 지원되어진다. 장애인의 가족에 대한 서비스가 때때로 학생들의 재활 목표에 대한 적응에 있어 중요하다. 이 서비스와 기타 장애인의 취업 달성에 도움이 되는 여러 원조 등이 여기에 속한다.

위에 제시된 직업지도 과정은 예비 진단, 세부 진단, 확대 평가 등을 통한 대상자의 현재 성취 수준에 대한 올바른 평가로 개별화된 재활 프로그램을 작성하여, 상담과 지도, 신체 및 정신적 회복과 직업 훈련을 통해 작업 현장에 배치를 한다. 그리고 취업 후 서비스와 기타 계속적인 서비스를 제공한다.

4) 진로교육

(1) 진로교육의 의미

진로교육(career education)의 개념은 1971년 미국에서 개최된 교장협의회의 교육장이었던 Allen이 공식적으로 처음 사용하였다. 진로교육은 일반적으로 발달적 개념에 기초를 두고 직업교육, 생활 기능 교육, 전환교육프로그램, 기능적 교육과정, 지원작업(supported work)과 같은 여러 개념과 더불어 사용되어왔다.

Larvy Bailey는 진로교육을 "개인이 만족스럽고 생산적인 삶을 누릴 수 있도록 진로에 들어가 계속적인 발달을 꾀 할 수 있도록 돕기 위하여 제공되는 일체의 경험"으로 정의하고 있다(김충기, 1987). Hoyt는 "일 지향사회의 가치에 익숙해지고 이러한 가치를 개인의 가치 체계와 통합하여 개인에게 일이 가능하고 의미 있으며 만족할 수 있는 방법으로 가치를 그들의 삶 속에 이행토록 하기 위하여 모든 개인을 돕는데 초점을 둔 공교육과 지역사회 전체의 노력"으로 정의하고 있다.

진로교육은 학교교육이 학생들을 행복한 개인으로 돕는 생산적인 사회 구성원으로, 육성하는데 보다 더 밀접히 관련되고 공헌해야 한다는 생각에서 비롯되었다. 광의의 개념으로 직업교육이며 직업적성교육이라 할 수 있겠다.

결국 자신의 진로를 합리적으로 의식하는 인간을 육성하는데 있으며, 개인의 진로선택 및 적응 발달에 초점을 둔 교육적 작용이라 할 수 있다.

즉 학생 개개인의 흥미와 적성, 능력과 인성, 포부, 환경 조건에 알맞는 진학 및 직업 과정을 성장·발달 단계에 따라 진로의 인식, 탐색, 선택, 계획, 준비 등의 과정을 통하여 사회 생활에 적응하도록 기회를 마련해 주고, 장래의 생활에 만족하게 지도해줌으로서 선택한 진학 및 직업현장에 들어가 자신의 잠재력을 최대한 발휘하며 보람과 긍지를 느끼면서 행복한 인생을 누리도록 도와주는 조직적이고 체계적인 교육활동 프로그램이라 할 수 있다.

종합적으로 진로교육의 기초가 되는 개념은 ① 개인의 가치와 열망에 두고 ② 일의 가치와 존엄에 있으며 ③ 여가 활동의 경험이 관련되고 ④ 평생 동안 끊임없이 변화되는 과정이며 ⑤ 자아 개념의 발달은 직업과 관련됨을 인식하고 ⑥ 직업 선택에 필요한 정보와 오리엔테이션이 주어져야 한다.

장애인의 진로교육은 생활기능 중심(life skill), 지원 작업(supported work)과 고용 중심으로 이루어져야 한다.

5) 진로교육의 특징

진로교육의 일반적 특징과 진로교육 방법과 과정을 제시한다.

(1) 진로교육의 특징

[1] 진로교육은 교육과 작업을 연계한다.
[2] 진로교육은 가능한 모든 학교 관계자가 참여하는 종합적인 노력이다.
[3] 진로교육은 종합 개념이다.
[4] 진로교육은 전통적 교육이나 교과를 대체하는 것이 아니다.
[5] 진로교육은 진로 발달(career development) 단계별로 정의된다.
[6] 진로교육은 충분한 실습을 필요로 한다.
[7] 진로교육은 생활 기능(life skills), 정서적 기능(affective skills), 고용 잠재 기능(employability skill)을 개발하는데 초점이 맞추어져 있다.
[8] 진로교육은 학교가 가족과 공동체와 연계하여 밀접하게 활동할 것을 요구한다.

(2) 진로교육의 방법과 과정

[1] 진로교육의 방법

진로지도는 학교교육의 모든 국면에 걸쳐 관련되는 동시에 전교직원의 협조가 필요하며 진로지도는 먼저 진로계획이 수립되어야 한다.

일반적으로 진로지도는 다음과 같은 방법에 의해 전달될 수 있다.

첫째, 인쇄 매체를 통하여 학생들에게 진로정보(career information)를 제공하는 방법이다.

둘째, 기타 매체를 이용하는 방법이다.

셋째, 강연회, 토론회, 생업의 날(career day) 또는 수업활동을 통해 각종 직업에 대한 인식이나 태도형성이 진로에 대한 내용을 강조한다.

넷째, 면담을 통하거나 상담을 통한 방법이다.

다섯째, 흉내내기(simulation)에 의한 방법이다.

여섯째, 견학(field trip)에 의한 방법이다.

일곱째, 학교교육 과정을 통한 전달 방법이다.

여덟째, 현장실습 방법이다.

아홉째, 컴퓨터에 의한 방법이다.

열째, 진로상담에 의한 방법이다.

2 진로교육의 과정

진로교육이란 고등학교나 대학에서나 필요한 것으로 여기던 생각이 요즈음 와서 초등학교에서부터 직업 생활의 기초적인 태도 함양을 위한 교육 또는 방안이 마련되어야 하겠다는 새로운 인식이 싹트고 있다.

■ 자기이해

자기이해는 "나는 누구인가?"를 검토하는 과정이다. 개인 성장에 있어서 최적한 방법은 그의 신체적 특징·정신적 특성과 그의 가정환경의 조건을 종합적으로 이해하는 데서 시작되어야 한다. 자기이해는 자신의 소질개발, 흥미발견, 분수를 아는 객관적 자아의 발견을 의미한다.

■ 직업세계의 이해와 경험

직업은 인간이 일생을 살아가는 생활의 수단이면서 동시에 보람과 긍지, 자아실현의 과정으로 이해되어야 한다. 따라서 직업 선택은 누구에게나 필수적 요소이며 과정으로서 어떻게 하면 현명한 선택이 이루어질 수 있는가를 먼저 이해탐색 준비하는데 관심을 가지고 적응하도록 해야 한다.

직업이해는 각 직업군에 속해 있는 직업들을 소개하면서 각 직업별로 직업의 성질, 작업조건, 요구하는 교육 및 훈련정도, 보수, 승진관계, 장래의 전망(인력수급문제), 기타 해당 직업의 구체적 정보자료를 포함한 직무분석을 통하여 직업세계를 이해하고 경험도 해보며 탐색하는 과정이다.

■ 진로와 학습

자기 자신의 진로와 학습 관계를 이해하고, 학습 방법과 진로 성취와의 관계를 이해하며, 특별 교육이나 훈련을 통하여 직업역할 수행의 중요성을 이해한다.

■ 의사결정

"나에게 알맞은 직업은 무엇인가?" 라는 문제에 도달하여 학생 스스로 계획하고 검토 수정하는 과정을 거쳐 앞으로의 진로 방향에 결정을 내릴 수 있는 단계에 이르게 해야 한다. 개인의 적성, 능력, 흥미, 성격, 가정, 포부, 가치관 등을 재검토하고 수정하여 적재적소에 알맞는 방향에로 나의 직업성향을 이끌어 나가야 한다.

■ 직업준비

직업에 대한 잠정적인 의사결정이 이루어진 다음에는 직접적인 직업교육이나 직업훈련에 착수하는 일이 남는다. 체계적인 직업교육을 실시하고 작업 현장에서 기술 습득을 위해 체험을 갖도록 여건과 기회를 마련해 주어야 한다.

■ 직업의 확정

이해와 탐색, 결정, 준비를 통하여 진로 즉 직업이 확정되어 고용조건을 갖추고 취업에 들어가면 직업인으로서의 역할수행이 가능해진다.

■ 생산적인 직업인

마지막으로 자신이 좋아하는 직업을 선택하여 교육 훈련을 받고 또한 그 분야에서 종사하게 됨으로써 생활의 유지 수단과 만족의 행복한 삶을 누릴 수 있게 되었다면 자기 나름대로 성공한 것이다. 각자 나름대로 창조적 삶을 누릴 수 있도록 함으로써 적재적소에 인력의 배치가 가능해지고 불만 없는 인생을 영위하게 되며 결국에 가서는 자아실현의 단계에 도달하게 되는 것이다.

6) 직업교사의 역할

직업교사는 조정자(Arranger), 중재자(Agent), 지도자(Instructor), 안내자(Guide), 치료자(Therapist) 역할을 수행하는 것이 주된 과업이다(Kelso, 1974,; Bitter, 1979).

첫째, 조정자형 지도자는 학생들을 적절한 직업에 접촉시킬 수 있는 사람에게 소개하는 기회로 배치 기능을 강조한다. 이러한 배치 활동은 타기관이나 사람(직업 관련 공적 기관, 재활 시설, 기업체, 각종 실습학교 등)과의 조화, 협의, 협력 등을 한다.

둘째, 중재자형은 배치 기능 장애 고용주에게 대상자를 추천하는 일로서 조정자와 마찬가지로 학생들이 외적 요소에 치중한다. 학생들과 관련된 욕구, 잠재능력, 성향 등에 관한 정보를 입수함으로써 재활 대상자를 대신하여 장애인 고용주와의 접촉을 준비하게 된다. 중재자적 역할에 있어서 교사는 피고용자를 위하여 직업을 탐색할 수도 있고, 장래 고용주에게 장애인의 능력을 알릴 수도 있으며, 지역사회의 다양한 직업 요구 사항과 고용주의 고용 조건을 조사할 수도 있다. 권유는 우편 광고, 전화, 방문 등의 형식을 통하여 이루어질 수 있다.

셋째, 지도자형은 학생들이 취업하는데 도움이 되는 행동을 가르치려고 하는데, 그 의도는 학생 자신이 고용기회를 탐색하는데 필요한 기술들을 습득하도록 한다. 이 과정은 먼저 학생들의 현재 직업 탐색기술과 행동의 분석으로 시작되며, 다음에 지원서 작성법과 면접법, 즉 대상자의 직업 경력이나 장애 상태에 관한 필기 또는 구두 질문에 대답하는 법에 대한 클라이언트의 준비가 뒤따른다. 다루어지는 화제로는 취업 목적, 지원서 작성 요령, 구직 방법, 단정한 용모, 고용주의 기대, 고용주의 주된 인사 정책, 직업 예절 등이 중심이 되어야 한다.

충분한 사전 준비를 통하여 학생들은 스스로 구직 책임을 수행하게 된다. 재활 지도자들의 그러한 직업 배치법은 대상자가 직업 탐색 기술 및 행동을 학습하고, 개발할 수 있는 능력이 있을 때 가능하다. 그러므로 이 방법은 언어능력이 미약한 대상자들에게는 적합하지 않다.

넷째, 안내자형은 자신을 학생들에 대한 정보자원으로 여긴다. 이 역할에는 학생들에 대한 정보와 조언, 즉 대상자의 직업 탐색 기술 개선, 방법, 여러 직업의 장단점, 지역사회 직업 여건에 관한 직업 정보 등과 같은 것을 제공하는 것이 포함된다. 이 접근법에서는 학생들이 적정직업을 탐색하고 구하는데 대한 결정과 책임을 져야 한다.

다섯째, 치료자형은 배치 기능을 대상자가 자기 스스로를 더 잘 이해하도록 돕는 것이다. 치료자로서의 지도자는 재활 대상자가 이해를 하게 되면 그의 능력과 제약성을 고용시장의 기회와 더 잘 대응시킬 수 있을 것이라고 생각한다. 이러한 접근법을 통하여 재활 대상자가 직업 선택에 필요한 자립 능력, 책임감, 자신감을 증대시킬 수 있을 것이다.

제13장 자기결정

이 장은 지적장애아동에게 필요한 자기결정 행동의 필수적인 특징에 대해 설명하고, 각 구성요소들을 가르치는데 필요한 학습 전략에 대해 다루었다.

1. 자기결정의 정의

Martin과 Marshall은 "특수교육문헌에서 자기결정 정의를 이끌어내면서" 다음과 같은 개인이 자기결정된 사람이라고 했다.

어떻게 선택하는지를 알고 있고-자신이 원하는 것이 무엇인지 및 그것을 어떻게 얻는지도 알고 있다. 자신의 요구를 알고, 자기결정이 된 개인은 목표를 설정하고, 지속적으로 목표를 추구한다. 이것은 개인의 존재를 주장하기, 자신의 요구를 알리기, 목표를 만족시킬 진보를 평가하기, 수행에 맞추기 및 문제를 해결하기 위해 구체적인 접근하기 등을 포함한다(1995, p. 147).

이 말에 나타난 것처럼, 자기결정이 된 사람은 전형적으로 성인기와 관련된 역할을 성취할 수 있다. Wehmeyer(1992, 1996)는 "부당한 외부의 영향이나 방해를 받지 않고 자신의 삶의 질에 관한 선택과 결정을 내릴 수 있는 자신의 삶에서 주도적인 역할을 수행하는 것" 이라고 정의를 내리면서 자기결정을 교육성과 중 하나라고 기술했다(1996, p. 24). 주도적인 수행자(causal agent)는 자신의 삶에서 자신이 일을 행하고 자신이 몸소 일이 일어나도록 만드는 사람이다. 그래서 자기결정이 된 사람은 자신의 삶에서 주도적인 수행자로서 역할을 한다.

한 가지 잘못된 생각은 자기결정이 된다는 것은 자신의 모든 선택과 결정 전반에 대한 완전한 통제력을 가진다는 것과 똑같다고 믿는 것이다. Deci와 Ryan(1985)은 자기결정에 중요한 것은 절대적인 통제가 아니고 오히려 개인의 삶에 영향을 미치는 선택과 결정에 주도적인 역할 수행자임을 지적했다. 인간은 더 나은 수행을 할 수 있거나 행동을 더 잘할 수 있는 자질을 가진 다른 인간에 대한 실제 통제력을 포기하는 쪽을 선택할 지도 모르지만, 그런 결정을 허용할지 허용 않을 지라는 개인결정이 남아 있다. 그르므로, 자기결정이 된 사람은 매일 돌보는 활동을 수행하는 개인을 자기를 돌보는 사람으로 선택할 수 있고, 자신의 연간 세금계산서를 완성해 줄 회계사를 선택할 수 있고, 자신의 무릎수술에 대한 책임을 질 외과 의사를 선택할 수 있다. 비록 많은 경우에 결정과 선택에 대한 통제는 정확하게 소위 절대적인 통제이지만, 자기결정 행동을 위한 필요조건은 아니다.

자기결정이 된 활동에 지속적으로 종사하는 사람을 자기결정이 된 사람이라고 기술할 수 있고, 이때 “자기결정 되었다”는 기질적인 특성을 말한다. 기질적인 특성은 시간과 상황에 관계없이 행동과 행위가 지속적인 사람을 기술하는데 사용되고 있다. 이런 정의상의 틀 안에서, 자기결정이 된 행동은 4가지 기본적인 특징을 가진 행동을 말하는 것으로 파악 된다; ① 자율적으로 행동하고 ② 행동은 자기 규칙적이고 ③ 자신이 직접 행동을 시작하고 일에 심리적 역량을 가지고 반응하고 ④ 자아를 실현하는 방식으로 행동한다. 그림 1은 이들 4가지 핵심적인 특성간의 관련성을 보여준다.

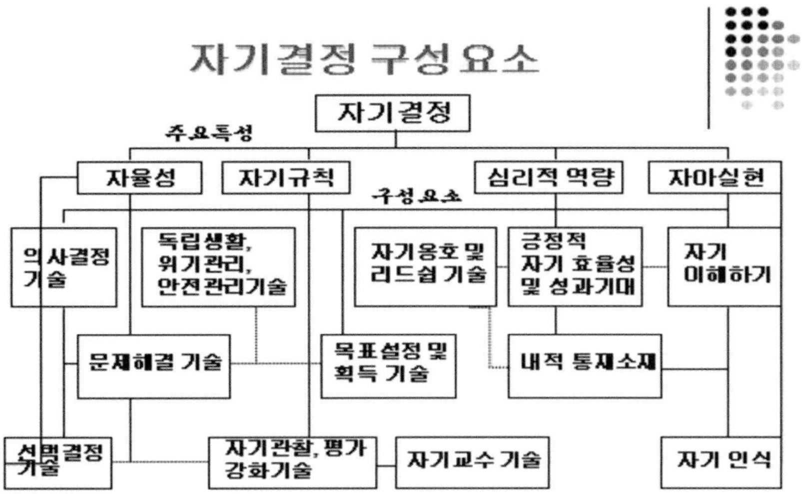

〔그림 13.1〕 자기결정 구성요소〕

자기결정은 아동과 청소년이 자신의 삶에서 주도적인 역할 수행자가 되도록 해주는 태도를 발전시키고 기능을 배우게 하는 삶의 전 영역에 걸쳐서 나타난다. 이들 태도와 능력이 자기결정의 구성요소이고 교수적인 강조가 생겨야하는 곳은 바로 이 수준의 정의상의 토대다.

1) 자기결정 행동의 필수적인 특성

자기결정이 된 사람은 자율적으로 행동하고, 자기 행동에 자기 규칙적이 되고, 심리적인 역량을 갖추고 자아실현이 된다. 필수적인 특성이란 용어는 개인의 행동이 반드시 어느 정도는 위의 4가지 각각의 특성을 나타내야만 한다는 것을 의미한다. 나이, 기회, 능력 및 환경은 위의 필수적인 4가지 중 어떤 것이 나타나는 정도에 영향력을 가질지도 모르고, 그렇기 때문에, 개인이 나타내는 상대적인 자기결정은 가끔은 시간에 따라 또는 환경에 따라 아마 다를 가능성이 많다. 그럼에도 불구하고, 이들 필수적인 각각의 요소는 반드시 있어야 하고 각각의 특성은 전체에 필요하지만 그 자체로는 자기결정 행동을 나타내기에는 충분하지가 않다.

(1) 자율성 행동

Sigafoos, Feinstein, Damond 및 Reiss(1988)등은 "인간의 발달은 돌보기와 안내를 다른 사람에게 의존하던 것에서부터 자기 스스로 돌보기 및 스스로 방향 정하기로의 진보를 포함 한다"고 말했다(p. 432). 이 진보의 성과는 자율적인 기능 혹은 이런 성과를 획득하는 개인의 행동을 기술할 때, 자율성이라고 말할 수 있다.

Lewis와 Taymans는 자율성을 다음과 같이 정의 내렸다;

부모로부터 정서적인 분리, 자신의 삶에 대한 개인적 통제의식의 발달, 개인의 가치체계의 확립 및 성인 세계에 요구되는 행동과제 수행하기를 포함하는 복합적인 개념(1992, p. 37).

자기결정 행동의 정의상의 토대 안에서, 만약 한 개인이 부당한 외부영향이나 간섭 없이 자신의 선호, 흥미 혹은 독립적인 방식으로 행동하면, 행동은 자율적이다.

Sigafoos와 동료들(1988)은 자율성에 공헌하는 4가지 행동범주를 파악했는데: 자기 돌보기/가족 돌보기 활동, 관리활동, 오락/여가활동 및 사회/직업 활동 등이다. 자기 돌보기/가족 돌보기 활동은 식사준비하기, 소유물 관리하기, 자질구레한 집안일 하기, 쇼핑, 집수리하기 및 일상사의 다른 활동 수행하기와 같은 일상적인 개인 돌보기와 가족관련 기능을 포함한다. 관리활동은 한 개인이 환경과 독립적으로 상호작용을 처리하는 정도를 말한다. 이런 활동은 지역사회자원 활용과 개인의 의무와 해야 될 일을 성취하는 것을 포함한다. 자율성 행동을 나타내는 오락 활동은 그 자체로는 특별한 활동이 아니고 오히려 그런 활동에 종사하기 위한 개인의 선호와 흥미의 정도다. 마찬가지로, 사회/직업 활동은 사회참여, 직업 활동 및 이런 분야에 적용되는 개인의 선호와 흥미의 정도를 포함한다.

자율성은 자기중심적이거나 혹은 이기적인 행동과 혼동되어서는 안 된다. 비록 사람이 종종 개인의 흥미에 맞추어 행동하기는 하지만, 사람이 자신의 특정한 흥미를 표현하지 않은 채 행동할 경우도 생긴다. 그런 경우에는 그것이 개인에게 신중을 요하거나 유익할 경우에 개인의 선호가 그 구체적인 흥미를 직접 말하지 않는 방식으로 작용할지도 모른다. 유사하게, 혼자서 행동할 때 아무런 외적 영향력 없이 행동을 하더라도 대부분 사람들은 엄격하게 독립적이라고는 절대로 보이지 않는다. 장애영역은 바람직한 성과로써 상호의존을 지각하는 방향으로 이동했는데 왜냐 하면, 모든 사람들은 일상생활에서 가족 구성원에서부터 낯선 사람들에 이르기까지 다른 사람들로부터 영향을 받기 때문이다. 맥락 및 사회적 변인은 각각의 사람들이 "수용할 수 있는" 수준의 방해와 영향이라고 정의를 내릴 것이다.

(2) 자기규칙 행동

Whitman은 자기규칙을 다음과 같이 정의 내렸다.

행동 결과의 바람직함 여부를 평가하고 필요할 경우엔 자신의 계획을 수정하고, 어떻게 행동해야 하는가에 관한 결정을 할 그런 환경에 대처하기 위한 반응목록과 자신의 환경을 자기가 확인할 수 있도록 해주는 복잡한 반응체계(1990, p. 373).

자기규칙행동은 자기관리전략들(자기모니터링, 자기교수, 자기평가 및 자기강화를 포함하는), 목표설정, 도달행동, 문제해결행동, 관찰학습전략을 포함하는데, 이 모든 것들은 학생들이 자신의 삶에서 주도적인 역할 수행자가 되는 것을 배우는 것이 필요하다.

(3) 심리적 역량을 갖춘 방식으로 행동하기

심리적 역량은 기질(통제소재), 인지(개인의 효능감) 및 동기(외적 기대감)를 포함한 지각된 통제의 다양한 차원을 말하는 용어다(Zimmerman, 1990). 특히 심리적 역량을 갖춘 방식으로 행동하는 사람은 ① 자신이 자기에게 중요한 환경(내적통제소재)에 대한 통제력을 지니고 ② 원하는 성과를 성취하는데 필요한 기능(자기 효능감)을 소유하고 있고 ③ 만약 자신이 그러한 기능을 적용하기를 선택하면, 인지된 성과가 이루어 질 것이라는(성과에 대한 기대) 믿음에 토대를 두고 그렇게 행동한다.

자기결정 연구가들은 자기결정 방식으로 행동하는 것은 능력과 태도의 결합이 요구된다고 강조했다(Ward, 1988; Wehmeyer, 1992). 대부분 사람들은 쉽게 이런 기능을 지니고 있는 사람을 알아보지만 일부 사람들은 몰라본다. 효과적인 결정하기 전략(능력)을 알고 있지만 만약 자신이 이런 전략을 적용하면, 자신이 원하는 성과(방식)를 성취할 것이라고 믿고 있지 않은 사람은 결정을 쉽게 하지 못할 것 같다. 비슷하게, 자신이 효율적이라고 믿고 있고, 행함으로써 성과에 영향을 미칠 수 있다고 믿고 있지만 필수적인 결정 내리기 기능이 부족한 사람은 그 행동을 함으로써 만족할 만한 성과를 더 이상 얻어낼 수가 없을 것 같다.

자기결정 행동을 위해 심리적 역량과 자아실현의 통합은 이 정의상의 토대를 위해서 인지와 행동 이 두 가지의 공헌이 중요하다는 것을 보여준다. Bandura(1977b)는 “인간행동에 관한 이론은 상징적인 활동을 무시할 수가 없다”고 주장했다(p. 13). Agran(1997)은 자기규칙을 성취함에 있어서 상위인지의 사용, 자기교시, 자기강화 및 관찰학습전략을 포함해 인지행동의 중요성에 주목했다. 자기결정 행동의 그런 인지적 측면은 쉽게 관찰되지 않지만 만약 누군가가 자기결정이 되길 원한다면 그것의 파악이 필수적이다.

(4) 자아실현

자기결정이 된 사람은 지식을 활용할 수 있는 방식으로 행동하기 위해 종합적이고 상당히 정확한 자신에 대한 지식과 자기의 장점과 약점을 이용한다는 점에서 그들은 자아를 실현하고 있는 중이다. 이런 자기지식과 자기이해는 자신의 환경에 대한 해석과 함께 경험을 통해서 형성되고 주요한 다른 강화 및 자기행동에 대한 귀인의 영향을 받는다.

2) 자기결정 정의 구조의 타당성

자기결정의 정의구조에 대한 타당성을 검사하기 위해서, Wehmeyer와 동료들은 자기결정 행동에 대한 각각의 필수적인 특성에 대한 자기보고 측정을 사용해서 지적장애와 다른 발달장애를 가진 400명 이상의 성인을 면담했다(Wehmeyer, Kelchner, & Richards, 1995, 1996). 표본은 두 집단으로 나누어 졌다; 자기결정에 높은 점수를 기록한 사람들과 낮은 점수를 기록한 사람들로 나뉘어 졌다. 이들 집단의 사람들은 각 필수적인 특성의 자기결정 측정치에 바탕을 두고 비교되었다. 측정치는 자율성 행동과 삶의 영역에서의 선택(자율성); 사회문제 해결 및 목표설정(자기규칙); 통제소재, 자기 효능감 및 성과에 대한 기대(심리적 역량); 및 자아인식/자기지식(자아실현) 등에 대한 사정을 사용했는데 4가지 필수적인 특성의 각각에 대한 측정치 점수가 자기결정 집단에 토대를 두고 유의미하게 사로 다르다는 것을 보여준다. 각 경우에 높은 자기결정 집단에 속하는 개인은 보다 더 많은 긍정적인 믿음을 지니고 있거나 더 많은 적응행동을 나타냈다. 자율성 및 자기규칙에 대한 측정치는 특히 자기결정 상태에 대한 잠재적인 예언자였다.

2. 자기결정 행동의 구성요소

자기결정 행동을 정의하는 데 필수적인 특성은 다양하게 상호관련 있는 구성요소들의 획득과 발달을 통해서 나타난다. 표1은 이들 요소들이다. 비록 이것들이 속속들이 규명해내려고 하는 목록은 아니지만, 이들 구성요소들은 특히 자기결정 행동의 출현에 중요하다.

이들 구성요소 각각은 독특한 발달과정을 지니고 있거나 특별한 학습경험을 통해서 획득된다(Doll, Sands, Weymeyer, & Palmer, 1996). 이들 구성요소들의 발달과 획득은 평생 동안 이루어지고 아동이 매우 어릴 때부터 시작된다. 몇 가지 요소들은 중등학교과정과 전환교육에 더 큰 적용가능성을 지니고 있는 반면에 다른 것들은 초등학교 과정에 더 초점을 맞추고 있다. 그렇기 때문에 교육성과로서 자기결정의 촉진은 의도적인 교육프로그램 뿐 아니라 학생 교육경험의 전 범위에 걸친 학습경험을 결합한다.

<표 13.1> 자기결정 행동의 구성요소들

구성요소	
▪ 선택하기 기능	▪ 자기교수기능
▪ 결정하기 기능	▪ 자기권리 주장 및 지도력 기능
▪ 문제해결 기능	▪ 내적통제소재
▪ 목표설정 및 도달 기능	▪ 효능감 및 성과 기대에 대한 긍정적 귀인들
▪ 독립, 위험 무릅쓰기 및 안전기능	▪ 자아인식
▪ 자기관찰, 자기평가 및 자기강화기능	▪ 자기지식

(1) 선택하기

아마 다른 대부분 구성요소를 다 합친 것보다도 장애인들의 긍정적인 삶의 질에 필수적인 요소로 선택하기 요소를 더 많이 강조해왔고 특히 중증장애를 가진 사람들을 위해서는 더욱 그랬다. 선택하기와 선택하기 행동을 가르치기 위한 훈련 프로그램들이 개발되었고(Gothelf, Crimmins, Mercer, & Finocchiaro, 1994; Parsons, McCarn, & Reid, 1993; Reid, Parsons, & Green, 1991; Warren, 1993), 장애인들을 위해 다양한 선택을 증가시키기 위한 노력이 행하여졌고(Brown, Belz, Corsi, & Wenig, 1993), 장애인들의 선택하기의 중요성에 대한 토론이 제공되었고(Ficker-Terrill & Rowitz, 1991; Guess, Benson, & Siegel-Causey, 1985; Shevin & Klein, 1984; West & Parent, 1992), 개인의 선호와 선택을 사정하기 위한 절차들이 개발되었고(Mithaug & Hanawalt, 1978; Stancliffe, 1995), 장애인들이 선택과 선호를 표현할 수 있는 정도를 결정하기 위한 연구노력이 경주되었다(Houghton, Bronicki, & Guess, 1987; Kishi, Teelucksingh, Zollers, Park-Lee, & Mever, 1988; Stancliffe & Wehmeyer, 1995; Wehmeyer et al., 1995; Weymeyer & Metzler, 1995).

Guess와 기타 사람들(1985)은 ① 자신이 더 좋아하는 것을 가리키는 선택 ② 결정하기 과정으로써의 선택 ③ 자율성과 권위를 표현하는 것으로써의 선택 등 3가지 수준의 선택하기를 제안했다. Reid와 동료들(1991)은 선택하는 행위와 자기가 더 좋아하는 것 찾아내기의 두 가지 기본적 요소의 선택하기 교수를 확인했다. 첫 번째 요소는 "두 가지 일로부터 혹은 더 많은 선택사항에서 한 가지 품목을 선택하기 위해 필요한 구체적인 행동하기"(Reid et al., 1991. p. 3)를 포함하고 반면에 두 번째는 그러한 행동을 선택하기를 더 좋아하는 성과선택을 하도록 이끈다.

선택에 관한 전체적으로 제한적인 연구는 너무 자주 장애인이 좋아하는 것에 대한 선택이 무시되거나 인정되지 않았다(Houghton et al., 1987; Kishi et al., 1988; Stancliffe & Wehmeyer, 1995; Wehmeyer et al., 1995; Wehmeyer & Metzler, 1995). 이런 발견은 비웃는 것 같은데 왜냐하면, 선호와 선택을 할 수 있는 능력과 기회의 증대는 중증장애를 가진 사람들에 의한 문제행동의 감소와 관련이 있기 때문이고(Gardner, Cole, Berry, & Nowinski, 1983; Grace, Cowart, & Matson, 1988; Munk & Repp, 1994), 적절한 적응과제에 증가된 참여(Koestner, Ryan, Bernieri, & Holt, 1984; Realon, Favell, & Lowerre, 1990; Swann & Pittman, 1977), 그리고 더욱 긍정적인 교육 혹은 성취성과(Koenigs, Fielder, & deCharmes, 1977) 등이다.

Kohn은 교실에서의 선택에 학생을 참여시키는 또 다른 장점을 아래와 같이 기술했다. 그는 다음과 같이 말을 한 교육자의 말을 인용했다;

나는 30년 이상 학생을 가르쳐 왔고, 만약 내가 교육과정을 고안하는데 아동을 포함시킨다는 사실만 아니었더라면 나의 교육열은 오래 전에 다 타버리고 말았을 것이다. 나는 학생들에게 말할 것이다, "다음 단원을 우리가 가장 재미있게 공부할 방법은 무엇일까?" 우리가 아동의 첫 번째 제안을 이용할 수 없다고 결정하면, 나는 말할 것이다, "좋아, 우리가 이것을 공부할 수 있는 다음으로 재미있는 방법은 무엇인가?" 학생들은 늘 좋은 제안을 해 오고, 내가 학생들의 이런 아이디어를 사용하고 있기 때문에 그들은 동기를 가지게 되고 나는 과목을 똑 같은 방식으로 결코 두 번 학습하질 않는다(1993, p. 12).

Shevin과 Klein(1984)은 선택촉진 교육과정에 필수적인 3가지 구성요소를 찾아냈다; ① 인지적/구별기능 ② 집중기능 ③ 실생활 경험에 대한 기능의 일반화 등이다. Shevin과 Klein은 이들 중에서 첫 번째 기능이 "학습자가 많은 선택사항 중에서 이행하고 구별할 수 있도록 해주는 기능이 행동하는데 필수적인 기능이라고" 확인했다(p. 162). 그들은 이 기능에 시각, 청각 및 촉각 구별기능과 "선택" 과 "더 많은" 개념에 대한 이해를 포함시켰다. 두 번째의 집중기능은 학생들이 좋아하는 것, 싫어하는 것, 능력, 원하는 것, 필요로 하는 것 및 궁극적으로는 더 좋아하는 것에 대한 파악을 포함한다. Shevin과 Klein은 실생활의 경험을 "교실 안과 밖의 활동으로 앞으로 행할 선택의 내용을 형성하는 활동들"(p. 162)이라고 정의했고 이들은 음식, 옷, 장난감의 선택 혹은 이런 것들에 대한 보기라고 확인했다. 학습된 인지적/구별기능 및 집중기능은 이런 경험에 일반화되어야 한다.

(2) 결정하기

선택하기와 결정하기의 이론과 실천 양자 간에는 상당히 많은 부분이 겹친다. 세 번째 필수적인 요소인, 문제해결에서는 더 많은 부분이 겹친다. 자율적이 되고 자기 규칙적이 되는데 이들 세 가지 모두가 중요하다. 선택하기는 개인이 더 좋아하는 것에 바탕을 둔 양자택일 중에서 선택하는 절차를 말한다. 결정하기는 선택하기를 오직 하나의 구성요소로 통합시켜주는 보다 더 넓은 일련의 기능을 말한다. Beyth-Marom, Fischhoff, Jacobs Quadrel 및 Furby 등은 대부분의 결정하기 모델은 아래의 단계를 통합하는 것이라고 제안했다:

1. 상응하는 행동방안을 열거하기
2. 행동에 대한 있음직한 결과를 확인하기
3. (만약 행동이 행해지면) 발생할 각각의 행동 결과에 대한 개연성 사정하기
4. 각 행동 결과에 대한 상대적인 중요성(가치 혹은 유용성) 정하기
5. 가장 매력적인 행동과정을 알아내기 위해 여러 가치와 개연성을 통합하기

Baron과 Brown(1991)은 “부족한 자기결정은 대체로 전 사회에 걸쳐 심각한 문제이고 이 문제는 아동기에서부터 청년기까지 강조될 필요가 있다”(p. 8)고 제안했다. 학생들은 한 가지 구체적인 결정이 행해질 문제를 어떻게 정의할지를 배울 필요가 있고, 그 문제의 특정한 상황에 대한 정보를 어떻게 수집할 지를 배울 필요가 있고 고려할 선택사항을 파악하기 위해 이 정보를 어떻게 사용해야 할지를 배울 필요가 있다. 일단 이들 선택사항이 명확해지면, 학생은 다양한 선택에 토대를 둔 행동의 결과나 성과를 평가하고 파악할 수 있도록 배울 필요가 있다. 그런 결과가 상세히 열거되고 나면, 특정한 한 가지를 선택하는데 선택하기 기능이 적용될 수 있다. 마지막으로, 학생은 행동계획을 실행해야만 한다.

많은 장애인들은 결정하기를 방해받는데 주로 능력이 없을 것이라는 가정 때문이고, 만약 개인이 인지장애를 가지고 있으면 특히 그렇다. Wehmeyer와 Metzler(1995)는 젊은이와 지적장애 성인들은 자신의 삶에 영향력을 가진 주요한 결정에 대체로 참여하지 못한다는 것을 발견했다. 예를 들면, 4,500명의 성인 표집 중에서 단지 33% 만이 자신의 주거를 결정하는데 자

신의 목소리가 반영되었다고 표시했고, 44%는 자신의 직장을 결정하는데 자신이 역할을 했다고 말했고 그리고 44%는 최근 자신의 의료와 관련된 일에 (도움을 받지 않고 혹은 도움을 받아서)동의했다고 말했다.

많은 교육자들과 부모들의 저변에 놓여있는 가정은 미성년자들은 정보를 제공받고서 선택하기나 결정하기를 할 능력이 없다는 것이다. 똑같은 가정이 또한 장애 개인들에게도 자주 적용 된다. 그래서 장애 청년들에게 압도적인 가정은 그들이 자기결정과정에 참여할 수가 없다는 것이다. 그러나 많은 연구자들이 미성년자들도 중요한 결정을 할 수 있는 능력이 있다고 제안했다.

Adelman과 동료들은 장애를 가진 및 장애가 없는 학생들이 결정하기를 할 수 있는 능력이 있다는 것을 보여준다. Taylor, Adelman & Kaser-Boyd(1983)는 특정한 지원 서비스를 받아야 할 대다수 청년들이 그런 서비스에 관한 결정하기 모임에 참석하기 원하고, 자신들이 원하는 성과가 무엇인지를 알고, 자신들이 모임에 참석할 능력이 있다고 생각하고, 모임에서 동의했던 행동에 맞게 잘 따랐고, 뒤이어 그 모임에 효율적으로 참여했다고 평가를 한다고 발견했다. Taylor, Adelman & Kaser-Boyd(1983)의 발견은 학생들이 학습장애 혹은 심각한 정서장애를 가지고 있고 또한 이들 학생들이 더욱 효율적으로 참석할 필요가 있고 기능을 개선시키는데 관심을 가지고 있다는 것도 알아냈다. Adelman, Lusk, Alvarez & Acosta(1985)는 학교와 관련된 문제를 가진 젊은이들이 자신의 심리 교육적인 문제를 이해하고, 평가하고 서로 의견을 교환할 능력이 있다는 것을 알아냈다.

다른 연구자들은 학생들이 교육적인 결정하기 모임에 참석할 기회가 제공될 때, 장애학생들이 다른 팀의 구성원들과 똑 같이 잘 한다고 판단했다. Salend(1983)는 학생 스스로 선택한 개별화교육프로그램(IEP) 목표와 간학문적 팀이 선택한 목표 사이에 상당한 일치가 있다는 것을 알아냈다. Philips(1990)와 Van Reusen, Bos(1994)는 학습장애 학생들은 결정하기 과정에 참여할 수가 있고 이 결과는 Wehmeyer와 Lawrence(1995)에 의해 지적장애 학생들에게서도 같은 결과를 얻어냈다.

미성년자들이 충분한 결정을 내릴 수 없다는 믿음은 부분적으로는 미성년자들과 장애학생들의 다양한 선택에 내포된 위험의 정도를 고려할 수 없다는 인식으로부터 온 결과일 것이다. 그러나 이 가정은 발달 심리학에서는 지지를 못 받고 있다. Grisso와 Vierling(1978)은 미성년자들의 인지 및 행동 특성을 치료하는 데 동의하는 능력에 대한 의문과 관련해서 살펴보았다. 그들은 "15세 혹은 그 이상의 미성년자들은 위험 관련 요인을 고려하고는 충분한 동의를 할 수 없다는 일반적이고 법적인 가정을 유지할 심리적인 근거가 없다"고 결론 내렸다(p. 423). 사실, 이들 저자들은 11세에서 14세 사이의 미성년자들에 의한 "독자적인 동의에 대한 제재를 정당화할 환경이 없다"고 주장했다.

Kaser-Boyd, Adelman, Taylor(1985)는 학습 혹은 행동장애를 가진 10-20세의 학생들에게 잠재적인 위험과 심리 교육적인 치료를 받는 것의 이점을 열거해보라고 요구했다. 예상했던 대로, 이 과제에 나이와 효율성간에 관련이 있었다. 하지만, 더 나이가 어린 학생들조차도 자신의 상황과 발달상 요구에 적합한 관심사를 알아낼 수가 있었다.

비록 선택하기에 대한 강조가 학생의 조기 교육과정에서 일어나야만 하지만, 특정한 결정하기 기능은 아마 중등학교 수준에서 더 강조될 지도 모른다. Berth-Marom 및 동료들은(1991) 일반화를 이룩하기 위해서 결정하기 및 문제해결이 친숙한 교육영역 기간에 가르쳐야 한다고 제안했다. 이렇게 하기 위해서 그들은 선택하기 기능과 함께 생활 기능이라는 맥락 안에서의 기능 혹은 기능적 교육과정을 어디서 살고 어디서 일하고 혹은 여가 시간을 어떻게 보낼 것인가와 같은 실세계에 적용함으로써 그런 기능을 가르치는 효율성에 대해 말했다.

(3) 문제해결기능

3번째 구성요소는 문제해결 기능이다. 결정하기는 다양한 해결책의 적합성에 대한 평가하기 과정이다. 대조적으로 문제는 "그 문제에 대한 해결책이 즉시 지각되지 않는다는 것이다" (Beyth-Marom et al., 1991, p. 20). 하지만, 특히, 문제는 "특정한 상황 혹은 사람이 자신의 환경에서 효과적으로 기능하기 위해서 반응해야만 하는 일련의 상황이다" (D'Zurilla & Goldfried, 1971, p. 108).

사람들에게는 매일 매일에 토대를 두고 결정을 요구하는 문제가 제시된다. 문제해결 기능은 전형적으로 두 가지 중요한 맥락인 비인간적 문제해결과 인간상호간 혹은 사회적 문제해결이라는 영역에서 문제결정에 초점을 맞추고 있다. 비

인간적 문제해결은 수수께끼와 철자 바꾸기를 완성할 수 있거나 수학문제를 풀 수 있는 개인의 능력에 초점을 맞춘 연구를 행한 연구자들로부터 가장 관심을 끌었다. 그런 문제들은 전형적으로 시간의 경과에도 불구하고 여전히 해결책이 그대로 남아 있는 오직 한 가지 옳은 해결책을 지니고 있다(Wheeler, 1991).

대조적으로 사람들 간의 상호작용을 포함하는 문제해결은 다양한 과정과 결정 순간을 요구하는 복잡하고, 시간과 상황에 따라 다를 수 있는 많은 가능한 해결책을 가진다(Wehmeyer & Kelchner, 1994). 비록 자기결정에는 두 가지 유형의 문제해결 기능이 중요하기는 하지만, 사회적 문제해결 기능은 자기결정 행동의 출현에 더욱 중요하다.

사회적 문제해결은 개인으로 하여금 다른 사람과 서로 상호작용하게 해주는 인지 및 행동전략을 강조하고 점점 더 사회에 직면하도록 해준다. 특수교육에서 중재에 대한 더 많은 관심은 엄밀히 말하면 사회적 기능훈련이었다. 비록 사회적 기능훈련 교수가 중요하기는 하지만, 유사한 사회문제해결기능이 없다면, 사회적 기능훈련만으로는 장애 젊은이와 성인들에게서 나타나는 사회적 상호작용의 부족에 대처하기에는 충분하지가 않다(Chadsey-Ross, 1989; Wehmeyer & Kelchner, 1994).

선택하기 과정에서처럼, 문제해결 기능은 실제로 모든 결정하기 과정 중간에 삽입된다. 결정하기 기능을 증진시키기 위한 대부분의 중재에서 첫 번째 단계는 당면한 문제를 파악하는 것이다. 그러나 대부분의 연구자들에 의해서 개념화가 되어졌기 때문에, 결정하기 과정은 이미 파악된 선택사항을 나열하는 것부터 시작된다. 실제로, 결정하기 전에 우선 사람들은 문제해결을 먼저 시작해야만 한다. 그르므로, 문제해결에 대한 교수의 강조는 선택하기 및 결정하기와 상당한 부분이 서로 겹친다.

이런 교수의 강조는 전형적으로 3가지 핵심적인 요소를 포함하는데: 문제파악, 문제설명 및 분석, 문제해결이다. 교수는 학생이 문제를 해결할 수 있고, 열린 탐구와 탐색을 촉진시키고 일반화를 고무시키는 환경 안에서 일어나야 한다. 교사들은 매일 매일 사용된 문제해결을 말로 설명하면서 본보기 역할을 해야만 하고 학생들에게 적절한 지원과 편의를 제공해야만 한다.

(4) 목표설정과 도달

사람은 자신의 삶에서 주도적인 행위자가 되기 위해서 계획하고, 목표를 설정하고 목표를 달성하는데 필요한 기능을 배울 필요가 있다. 목표설정 이론은 목표가 인간행동을 조절하는 것이라는 가정을 저변에 깔고 만들어 졌다. 이것은 교육의 동기와 성취에서도 똑같이 그렇다. 예를 들면, Schunk(1985)는 목표설정에 학생참여는 학습장애 학생들의 수학에서의 성취를 향상시켰다는 것을 발견했다. 행동에서 목표설정의 결과는 활동이나 행동과 관련된 이전의 경험 뿐 아니라 목표의 난이도 및 특정성에서 온 하나의 기능성이다. 목표성취는 전형적으로 목표와 관련이 있는 내용과 강도(intensity)라는 두 가지 기능이다. 목표내용은 목표의 이야깃거리를 말하고 반면에 목표의 강도는 개별목표에 대한 위계에서 그 목표가 가지는 우선순위를 나타낸다. 이 두 가지 측면에 상당한 차이가 개인들 간에 존재하고 목표획득 혹은 목표달성은 화제의 중요성과 특성 및 그 목표를 달성하려고 하는 개인이 가진 욕구의 강도로부터 영향을 받을 것이다.

비록 자기결정이 된 행동이 목표 지향적이기는 하지만, 자기결정이 된 것과 목표 지향적인 행동이 늘 반드시 성공적이거나 혹은 의도된 목표에 도달한다고 생각하는 것은 잘못이다. 자기결정이 된 행동은 특정한 목표나 목적의 달성에 의해서 목표 지향적인 행동이 절대로 평가될 수가 없는 것과 마찬가지로 그 행동의 상대적인 성공에 의해서 절대로 판단될 수가 없다.

목표설정과 목표달성 기능을 증진시키기 위한 교육적인 노력은 특정한 목표에 대한 파악과 진술, 이들 목표를 달성하기 위한 과제나 목적의 개발 및 원하는 성과를 성취하는데 필요한 행동에 초점을 맞추어야 한다. Martino(1993)는 목표파악과 진술에서 고려할 중요한 몇 가지를 찾아냈다;

1. 목표는 구체적이고 측정 가능해야 한다.
2. 목표는 성취 가능해야 한다.
3. 목표는 학생이 개선시키기를 원하는 것을 반영해야 한다.
4. 목표는 구체적인 시작일과 끝나는 날짜가 있어야 한다.
5. 목표는 글로 기록해야 한다.
6. 목표는 예상되는 성과라는 관점에서 진술되어야 한다.
7. 학생들은 목표에 대해 자신의 진보를 시각적으로 추적할 수 있어야 한다.

교육계획과 결정하기 과정은 목표설정하기, 수행 및 평가에 집중하는 일이다. 초등과정에서부터 학교를 졸업할 때까지 학생을 이 과정에 포함시키는 것은 효과적인 목표설정과 획득 기능을 증진시키는 한 가지 좋은 방법이다. 교사와 부모들은 단기 및 장기 목표를 파악하고, 목표를 기술하고 이들 목표에 기초한 계획을 수행하고 재평가하고 이들 계획을 개량하는 데에 효과적인 기능을 보여주는 모델이 될 수 있다.

(5) 독립, 위험 무릅쓰기 및 안전기능

자주 인용되는 특수교육의 목표 중 하나는 학생으로 하여금 가능하면 독립적이 되도록 하는 것이다. 이 말의 의미는 학생들 자신이 스스로 넓은 범위의 과제를 수행할 수 있어야 한다는 것이다. 독립적이 된다는 것은 자신의 지원, 돌봄 혹은 돈에 대해 다른 사람에게 의존하지 않는다는 것을 의미한다. Turnbell과 Turnbull(1985)은 독립을 "우리 사회의 근본적인 가치 중 하나"(p. 108)라고 말하면서 독립의 중요성을 강조했다. 그들은 장애인들을 위해서는 독립에 대한 필수적인 두 가지가 있다는 것을 강조했다. 삶에서 장애를 안 가진 사람들이 활용할 수 있는 것과 똑같은 기회에 접근성과 그런 활동에 참여할 수 있는 능력이다. 돌봄 제공자가 갖는 안전에 대한 두려움 때문에 이런 성과에 대한 방해물 중 하나는 장애학생들(성인들)에게 많은 활동을 수행하는 것이 허용되지 않는다는 것이다. 장애를 가진 일부 학생들, 특히 중증장애를 가진 학생들은 결코 완전히 "독립적이" 될 수가 없다는 것인데 왜냐 하면 그들이 지속적인 지원을 필요로 할지도 모르기 때문이다. 그러나 장애를 가진 많은 사람들은 다른 사람들이 그들이 위험을 무릅쓸 많은 기회를 제한하기 때문에 겉으로 볼 때 그들이 그렇게 독립적이 아니라는 것이 명백하다.

위험 무릅쓰기와 안전에 대한 걱정 또한 다른 사람들이 장애개인들이 선택을 하고 결정을 하는 정도를 제한한다. Schloss, Alper & Jayne 등은 다양한 선택과 연관된 위험의 4 가지 수준에 대해 토론했다.

1. 선택은 즉각적인 위험에 대한 어느 정도의 잠재적 위험은 포함하지만 그러나 개인 혹은 다른 사람에게 장기간의 해를 끼칠 가능성은 거의 없다.

2 결정은 개인 혹은 다른 사람에게 장기간 지속되는 해를 아주 적게 끼칠 최소한의 가능성을 가지고 있다는 것을 말한다.

3 선택은 개인 혹은 다른 사람에게 장기간 지속되는 중간정도의 해를 끼칠 개연성을 가진다.

4 결정은 개인적인 손상을 포함하는 거의 확실한 성과를 포함한다.

선택하기 혹은 독립생활에 종사하거나 많은 장애인에 대한 실제의 장벽은 돌봄 제공자의 안전에 대한 절대적인 보장 요구는 아주 낮은 수준의 위험을 지니고 있는 활동조차도 금지하도록 하는 경향이다. 확실히 어떤 손상으로 이끌 행동 혹은 중간정도 수준의 해를 끼칠 개연성을 가진 행동은 확실한 관심을 끄는 것이 되어야 한다. 그러나 대부분의 행동은 그런 수준의 위험은 포함하질 않고, 장애학생들은 위험수준을 사정하도록 교육을 받을 수 있고 효과적인 결정하기 과정을 사용해서 행동결과를 비교 검토할 수 있다. 그 외에도, 학생이 독립생활을 성취하는데 필요로 하는 안전 및 건강 증진 기능을 배울 수 있다. 이들 기능은 학생들에게 기본적인 응급처치 및 직업안전기능, 영양, 다이어트 및 의학적인 사실 및 약물 남용과 병을 예방하기 위한 기능을 가르치는 것을 포함할 수 있다(Agran, Marchand-Martella, & Martella, 1994).

(6) 자기관찰, 자기평가 및 자기강화 기능

자기결정 행동의 정의상의 틀은 자기규칙 행동과 같은 행동임을 확인했다. 자기규칙 행동은 최소한 자기관찰 혹은 자기모니터링, 자기평가 및 자기강화의 핵심적인 기능을 포함한다.

자기모니터링 전략은 학생에게 자기 자신의 행동을 사정하고, 관찰하고 기록하도록 가르치는 것을 포함한다. 자기모니터링 전략은 과제에 대한 집중, 과제 완성 및 과제의 정확성 같은 직업 관련 활동을 개선시키는데 자주 사용되고 (Hughes, Korinek, & Gorman, 1991), 그래서 전환관련 프로그램에 중요하다. Agran과 Martin(1987) 등은 교육중재에 효능감을 증진시키기 위해서 자기 모니터링의 이점 이외에도 학생으로 하여금 목표행동을 모니터하기를 요구하는 것이 그 자체 및 스스로 더 이상의 어떤 중재 없이도 원하는 변화를 만들어 낼 수 있다는 것을 지적했다. Agran(1997)은 이것은 왜냐하면 자기 모니터링 활동이 적당히 원하는 반응을 이끌어 낼 수 있는 식별자극으로 기능하기 때문이라고 제안했다.

자기평가 활동은 학생이 궤도를 벗어나지 않도록 해주고 목표와 목적을 포함해서 교육활동에 대한 자신의 진보를 평가하도록 해주는 체계적인 전략을 사용하는 것을 포함한다. 이것은 자주 학생이 그래프를 그리고 차트를 만드는 자기기록 과정과 그렇지 않으면, 목표나 목적에 대한 진보 기록하기를 사용하는 것을 포함한다. 그런 진보는 전형적으로 자기관찰이라는 어떤 형태를 통해 결정되고 그렇게 하는 동안에 학생은 주어진 목표행동이 발생한 것을 기록하고 식별하고 그리고 이전에 결정된 표준 혹은 기대된 성과 행동과 비교한다(Agran, 1997). 학생들은 기록용지에 점수를 매기도록 배우고, 목표행동의 발생 빈도를 확인하고, 목표행동의 발생과 미발생의 시간간격을 기록하고, 그래프 혹은 차트 양식 혹은 토큰의 사용을 포함해서 다른 어떤 기록하는 수단을 사용해서 이 정보를 기록하도록 가르칠 수 있다.

자기규칙의 3번째 측면은 자기강화전략의 이용이다. Agran(1997)은 자기강화를 긍정적이거나 부정적이거나, 목표행동의 발생을 조건으로 하건 말건, 결과에 대한 자기관리라고 정의했고, 그는 자기강화는 강화물에 대한 자아일체감과 파악된 강화물의 전달이라는 두 가지 기능을 가져야 한다고 제안했다. 학생들을 전자인 강화물을 파악하도록 연루시키는 것은 후자인 효능감을 강화시킬 수가 있다. 자기강화는 최악은 아니더라도 다른 사람으로 하여금 강화물을 전달하도록 하는 것보다 더 효과적이 될 수 있는 데 왜냐하면, 자기강화는 거의 늘 즉각적인 것이 될 수 있기 때문이다.

(7) 자기교수 기능

이전 3가지 요소와 밀접하게 관련되어, 자기교수 전략이 토론될 것이다. 자기교수전략은 학생들에게 "학습문제나 사회문제를 해결하도록 자신의 말로 촉진자극을 제공"하도록 가르치는 것을 포함한다(Hughes et al., 1991, p. 272). 이 기술은 일, 직업과 관련된 문제를 성공적으로 해결하는 데 사용되어 왔고(Agran, Fodor-Davis, & Moore, 1986; Hughes & Rusch, 1989) 그리고 독립에 필수적인 사회적 기능을 가르치는데 사용되어 왔다(Agran, Salzberg, & Stowitschek,

1987; Hughes & Agran, 1993). 본질적으로, 자기교수전략은 말로 하는 촉진자극과 외부적인 것에서 힌트를 주는 것에 대한 책임이 타인에게서 학생 자신에게로 이동되었다는 것을 말한다.

(8) 자기옹호와 통솔력 기능

자기옹호 기능은 개인이 글자 그대로 자신을 위하여 옹호를 하는데 필요한 기능이다. 옹호한다는 것은 일어나서 말하거나 정당성을 옹호하거나 혹은 사람을 변호하는 것을 의미한다. 정의상, 자기옹호 증진을 위한 교수는 두 가지 평범한 맥락에 초점을 맞추고 있는데, 어떻게 옹호를 할 것인가와 무엇을 옹호할 것인가이다. 초등학교 나이대의 학생들은 기본적인 자기옹호 기능을 배우기 시작할 수 있지만, 이 영역에 대한 대부분 교수적인 강조는 중등교육에 응용될 수 있다. 명확히, 학생들이 모든 일을 능숙하게 옹호할 수 있도록 가르치는 것은 가능하지가 않다. 장애학생들이 배워야 할 특히 중요한 영역 중 하나는 그러한 체제 안에서 교육과 전환과정 및 자신의 권리(및 책임감)를 포함한다. 많은 장애학생들에게는 학교가 다른 누군가가 결정해주는 일들을 수없이 행해야 하는 장소이다. 동기가 문제가 되는 것은 조금도 놀라운 일이 아니다.

전환나이에 도달한 학생들은 1997년의 장애인개별화교육법(IDEA) 수정안에서 자신들의 권리에 관해 배울 수가 있고(PL 105-17), 특별히, 전환결정하기에는 그 목적과 과정이 포함되었다. IEP와 전환계획회의는 유의미한 방식으로 자기옹호를 위한 이상적인 수단을 제공한다. 학생들이 자신을 위하여 옹호를 할 필요가 있는 "대의명분"이 될 수 있는 다른 중요한 영역은 성인서비스체계(장애와 일반), 시민으로서 가지는 기본적 법적인 권리 및 장애인이 이용할 수 있는 특정한 법적인 보호법을 포함 한다{예를 들면, 1990년 미국장애인법(ADA) [PL 101-336] 에 제공한 권리}. 그런 교수적인 노력은 반드시 권리와 책임 두 가지를 다 다룰 것이다.

자기옹호 중에서 "어떻게 옹호할 것인가"를 위한 교육과정상의 전략은 자기주장이 강하지만 공격적이어서는 안 된다는 것을 강조하는 교수를 포함하고, 일 대 일로, 작은 집단으로 및 큰 집단 상황에서 어떻게 효과적으로 의

사전달을 하는가, 어떻게 협정을 맺고, 어떻게 타협하고, 어떻게 설득을 사용하는가, 어떻게 효과적인 청취자가 되는가, 체제와 관료사회를 어떻게 조종할 것인가를 포함한다. 이들 각자는 다른 자기결정 기능의 획득 및 출현과 밀접하게 관련이 있다는 것이 명확하다. 예를 들면, 만약 개인이 한 가지 성과를 달성하기 위해 조약과 타협 같은 전략을 실제로 사용하길 원하면, 자신의 장점과 약점에 대한 믿을만한 이해가 중요한 요소이다. 이처럼, 학생은 그런 옹호를 특정한 목표로 연결할 수 있을 필요가 있고 그것을 문제해결 혹은 결정하기 과정으로 통합할 수 있을 필요가 있다.

(9) 내적통제소재

자기결정 행동의 마지막 4번째 요소는 기능 발달이 아니라 개인이 심리적 역량을 가지는 방식 혹은 자아실현 방식으로 행동하도록 해주는 태도에 초점을 맞춘다. 만약 어떤 사람이 주어진 환경에서 행동을 해야 한다면, 그 사람이 자신의 삶에 중요한 성과를 통제할 수 있다고 믿는 것이 중요하다. 그런 믿음을 가진 사람들은 내적통제소재를 가지고 있는 삶이라고 기술된다. Rotter(1966)는 통제소재를 자신의 행동과 결과 간에 우연한 관련을 사람이 지각하는 정도라고 정의했다. Mercer와 Snell은 그 개념을 다음과 같이 기술했다.

어떤 사람이 내적통제소재를 가지고 있다고 특징지어지면, 그는 강화를 자신 행동의 주된 결과라고 생각 한다. 반면에, 만약 어떤 사람이 외적통제소재를 가지고 있다고 특징지어지면, 그는 강화를 예를 들면, 행운, 운명, 기회, 다른 강력한 것들과 같이 외부에 존재하는 힘이라고 생각한다.(1977, p. 183)

통제소재 개념은 최소한 부분적으로 개인 및 집단 간의 동기, 성격 및 학습에 있어 차이를 설명하기 위한 설득력 있는 도구임이 증명되었다. 내적통제소재는 긍정적인 교육 및 학습 성과와 학교 관련 과제에 대한 증가된 시간과 주의집중을 포함하는 적응 성과와 연결되어 있다(Lefcourt, 1976). 외적 지향성은, 반대로, 결정하기, 산만 및 또래로부터의 거절에 대한 사회관계 순위 매기기에서 증가된 충동성과 관련이 있다(Ollendick, Greene, Francis, & Baum, 1991; Ollendick & Schmidt, 1987). 달리 말하면, 자신의 삶과 운명을 통제한다고 느끼는 학생은 자신에게 일어나는 모든 것이 다른 사람들이나 환경에 그 원인이 있다고 느끼는 학생보다 더 나은 수행을 한다.

장애개인들은 내적통제구조 안에서 제한된 탐색을 행한다. 이용할 수 있는 정보는 장애개인들이 더 많은 외적인 통제 지각을 지니고 있다는 것을 암시해 주고, 그래서 장애가 없는 자신의 다른 또래보다도 훨씬 더 비적응적이다(Wehmeyer, 1994를 보시오).

적응 효능감 및 성과에 대한 기대감, 긍정적인 자아인식, 현실적인 자기지식뿐 아니라 내적 통제지각을 증대함에 있어서 교육자들의 역할은 단순히 적절한 교육경험을 제공하는 것보다 훨씬 더 복잡하다. 옷 선택하기와 같은 그들이 매일 행하는 일에 관해 아동이 선택을 할 때에 내적통제소재가 생기기 때문에 그래서 이들 선택은 존중되고 지원된다. 아동의 행동과 긍정적인 성과간의 우연한 관련성을 이해하기 위해서는 아동이 능력과 노력 때문에 생기는 성과와 행운을 구분하는 법을 배워야만 한다. 이런 진행은 전형적인 발달 과정 안에서 일어난다. 매우 어린 아동들은 긍정적인 성과를 오직 노력 탓으로 돌리고 능력이나 행운은 생각하지 않는다. 그들이 나이가 들어감에 따라 그들은 우연 혹은 행운과 노력 혹은 능력을 구분하기 시작하고 청년기 초기에 노력과 능력을 구분하기 시작한다. 장애아동들은 자기 행동의 원인을 실제로 누구의 탓으로 돌리기 위해서 이 중요한 시기에 특별한 교수가 필요할 지도 모른다.

학습 환경을 고려하는 것과 그것이 학생의 통제지각에 미치는 영향을 평가하는 것이 특히 중요하다. 지나치게 통제적인 방법을 사용하는 교사들 혹은 교실에 엄격한 구조를 가진 교사들은 긍정적인 통제 지각의 발달을 제한한다. 이것은 교실이 혼란해진다는 것을 의미하지는 않고, 더 많은 통제를 허용하는 것이 모든 통제를 포기하는 것과 모든 규칙과 규정을 폐지하는 것과 똑같지는 않다(Deci & Chandler, 1986). 대신에, 교실은 학생들 자신이 자신의 교수재료를 획득하는 것과 같은 더 많은 행동을 스스로 수행할 수 있도록 구조화 될 수 있다. 그 외에도, 자신들에게 중요한 강화물과 성과를 통제하는 것을 학생들이 배울 충분한 기회를 제공할 학생주도 학습활동을 사용하는 교육프로그램은 문제해결, 선택하기, 결정하기, 목표설정 및 획득기능을 강조한다.

(10) 자기 효능감 및 효능감 기대에 대한 긍정적인 귀인

자기 효능감과 효능감에 대한 기대는 Bandura(1977a)에 의해 소개된 두 가지가 연관된 복합개념이다. 자기 효능감은 "사람이 부여된 성과를 만들어 내기 위해서 요구되는 행동을 성공적으로 수행할 수 있다는 확신"이라고 말한다(Bandura, 1977a, p. 193). 효능감 기대는 만약 어떤 특정한 행동이 수행되면, 그것이 예상했던 성과로 이끌 것이라는 개인의 믿음을 말한다.

이 두 가지는 개별적으로 필요한 것이라는 것이 명확하지만, 목표 지향적이고 자기결정이 된 행동과 같은 행동에는 충분하지는 않다. 간략히 말하면, 사람은 ① 그가 원하는 성과를 성취하기 위해서 요구되는 특정한 행동을 수행할 수 있고 ② 만약 그런 행동이 수행되면, 그것이 원하는 성과를 가져 올 것이라는 것을 믿어야만 한다. 만약 사람이 주어진 행동(그런 믿음에 대한 독자적인 타당성)을 자신이 수행할 수 있다는 것을 믿지 않으면, 결과적으로 그는 그 행동을 수행하지 못할 것이다. 사람은 주어진 행동을 자신이 수행할 수 있다고 믿을 수도 있을 것이다. 하지만 자신의 과거 경험 때문에, 그가 원하는 성과가 일어날 것이라고 믿지 않을 지도 모르고, 비록 그런 행동이 나타나더라도 그 결과 그는 그 행동을 수행하지 않을 것이다. 예를 들면, 장애학생은 장애가 없는 또래와 대화를 시작하는데 필요한 사회적 기능을 가지고 있다고 믿지 않을 지도 모르고 그래서 그런 행동을 시작하기를 단념하게 될 것이다. 거꾸로, 같은 학생이 자신은 필수적인 기능을 지니고 있다고 믿을 지도 모르지만, 과거에 무시를 당해왔기 때문에, 그는 다시 무시를 당할 것이라고 믿고 그 행동을 시작하길 단념할 것이다.

통제에 대한 지각처럼, 효능감과 기대에 대한 지각도 학업성취와 학습활동에 대한 지속성과 관련 있다(Lent, Bron, & Larken, 1984; Ollendick & Schmidt, 1987). 장애인의 자기 효능감과 효능감에 대한 기대를 조사한 연구는 거의 없다. 학습장애 영역에 현존하는 대부분의 문헌은 환경 혹은 교수적인 수정을 통해 자기 효능감과 효능감 기대의 변화에 초점을 맞추고 있다(Schunk, 1989). Wehmeyer(1994)는 지적장애인들은 비지적장애인들보다 효능감과 기대에 훨씬 더 적은 적응상의 귀인을 가지고 있고 그런 귀인은 학생이 나이가 들어감에 따라 훨씬 덜 적응이 되고 이들 귀인에 대해 전형적인 발달상의 기능이 지속적이지 않는 경향을 지니고 있다는 것을 발견했다.

효능감과 기대에 대한 귀인은 아동과 청년이 자신 주변의 세계와 상호작용을 해나가면서 나타난다. 사람은 자기 효능감과 효능감에 대한 긍정적인 믿음을 지니는데 왜냐하면, 개인은 그런 기능훈련을 함으로써 특정한 기능을 획득하고 그런 활동을 통해 기대했던 성과를 경험하기 때문이다. 몇 가지 사실이 장애인들의 이러한 지각획득을 제한한다. Kennedy(1996)가 강조를 했듯이, 좋은 의도를 가진 다른 사람들에 의한 과보호는 종종 아동의 기회를 제한하고 장애 젊은이들이 자기 효능감과 효능감에 대한 기대 인식을 확립하도록 해주는 활동에 참여하는 것을 제한한다.

특수교육을 포함해서 많은 지나치게 구조화된 환경은 선택 및 결정하기와 관련된 기능을 획득할 기회를 제한하고, 내적통제소재의 발달을 방해하고, 학생들 자신이 효율적이라고 배우는 것과 자신의 행동이 유익한 성과를 가져올 수 있다는 것을 배우는 것을 방해한다. 또한 지금까지 상세하게 말한 것들을 통해서 자기결정이 되는 행동을 증진시키는데 초점을 맞춘 교육프로그램은 학생들이 자기 효능감과 효능감 기대에 대한 적절한 지각을 발달시키는데 필요한 기회를 제공할 것이다.

(11) 자아인식과 자기지식

개인이 자아를 실현하는 방식으로 행동하도록 하기 위해서, 개인은 자신의 삶의 질에 이로운 영향을 줄 독특한 귀인을 어떻게 이용할 것인가에 대한 지식뿐 아니라 자신의 장점, 약점, 능력 및 제한점에 대한 기본적인 이해를 반드시 가지고 있어야만 한다. 학생들은 강의, 역할 놀이, 사회 기능 모의훈련 혹은 어떤 보다 더 전통적인 교사 주도적인 교육활동에서는 자신이 할 수 있는 것이 무엇인지, 할 수 없는 것이 무엇인지를 알 수 없다. 모든 사람들이 그렇듯이, 그들은 자신에게서 일어나는 일과 경험을 나름대로 해석함으로써 배운다. 주어진 시간에, 뉴욕타임지(The New York Tines)의 비소설 분야의 베스터셀러(bestseller) 목록에는 “인기 있는 심리학”으로 분류되는 한 두 권의 책이 포함되고, 그것은 관심 있는 독자에게 자신에 관해 더 배울 수 있는 기회를 제공하고 필요하다면, 그들의 성격, 지능 혹은 그렇게 자주는 아니지만, 자아상에 대한 이런 저런 것을 바꾼다.

그러나 이 과정은 순수한 자기반성은 아니고 오로지 주로 한계점에만 초점을 맞추지는 않는다. 많은 경우 장애학생들은 자신들이 아주 잘 할 수 있는 것보다도 자신들이 잘 할 수 없는 것을 더 기꺼이 잘 파악해 낼 수가 있다. 장애를 가지고 있다는 망령은, 질병과 결함모델에서 잘 나타나듯이, 어떤 주어진 상황에 따라 다르고 학생들은 자신이 잘 성취할 수 있는 것보다도 자신이 잘 성취할 수 없는 것에 생각이 더 많이 머무르게 된다. 왜냐하면, 특수교육은 근본 및 본질적으로 치료적 성격을 지니고 있기 때문에, 이것은 놀라운 일이 아니다. 청년들 자신이 이런 분야에서 더 많은 것을 성취할 수 있도록 자신의 장점을 개발하는데 초점을 맞추는 것이 특히 중요하다. Lipsky와 Gartner(1989)는 만약 대학들이 특수교육과정이 사용하는 것과 똑같은 구조를 채택하게 되면 대학생들은 근본적으로 장점과 흥미 영역을 무시하고 그들 대부분이 행하는데 어려움이 있는 과목과 활동에서만 약간 발전하려고 대학에 들어가고 대학 4년을 낭비하게 될 것이라는 것을 지적했다. 대신 중등특수교육 모델은 대학 졸업 후에 사용되는 프로그램을 택해야만 하고, 학생들은 오직 자신의 장점 및 흥미, 이들 기능을 자신에게 이익이 되도록 활용하려는 시도에만 거의 초점을 맞추어야 한다.

3. 자기결정력 향상 방안

1) 자율성 향상방안

<table>
<tr><th colspan="4">자기규칙 구성영역과 교수전략</th></tr>
<tr><th>자율성 영역</th><th>교수 전략</th><th>지도 과정 및 방법</th><th>지도의 예</th></tr>
<tr><td rowspan="4">1. 독립,
위험 무릅쓰기,
안전기술</td><td>1. 모의훈련</td><td>· 모의경험 제공→일반화 촉진, 목적행동 수행 기회제공
· 모의상황 경험 기회제공→자기주도 교수</td><td rowspan="4">· 경험과 일반화 촉진
· 역할놀이
· 꾸며낸 상황
· 자기점검
· 자기칭찬하기
· 자기조절 촉진 제공</td></tr>
<tr><td>2. 자기관리전략</td><td>· 자기관찰→자기평가→자기강화</td></tr>
<tr><td>3. 문제해결</td><td>· 문제해결 기회부여→일반화
· 문제분석→중재선택→결과평가→피드백 제공→자기강화</td></tr>
<tr><td>4. 자기교시</td><td>· 자기조절, 즉시강화 제공, 유형강화물 제공</td></tr>
<tr><td rowspan="3">2. 선택결정
(선호행동)</td><td>1. 선호 찾기 훈련</td><td>· 다양한 선호행동 표현기회 부여(반응사정→반응관찰→선택기회 제공)</td><td rowspan="3">· 여가시간 선택
· 쇼핑물건 선택
· 식사시간 선택
· 삶의 유형선택
· 고용선택</td></tr>
<tr><td>2. 선택결정 훈련</td><td>· 지속적 체계적인 선택(선택횟수, 선택유형, 선택제시방법) 선택경험 제공</td></tr>
<tr><td>3. 교실수업에 적용</td><td>· 학교생활과 일상생활을 통한 선택결정 기회의 통합→일반화 유도</td></tr>
<tr><td>3. 의사결정</td><td>의사결정훈련</td><td>· 학생이 선택하고 결정할 기회 증대
· 훈련프로그램을 통한 훈련</td><td>· 훈련을 통한 기회확대</td></tr>
<tr><td>4. 문제해결</td><td>문제파악
문제분석
문제해결</td><td>· 교실환경이 긍정적이고 열린 질문허용 -문제해결 촉진
· 사회적 실제적 상황에서 체계적인 문제해결 훈련과 사회기술 교수가 통합 →일반화 촉진</td><td>· 행동시연
· 모델링
· 코오칭
· 피드백
· 숙제과제</td></tr>
</table>

IDEAL 인지프로그램(Bransford & Stein, 1993)-학생에게 다음과 같이 가르친다. I=문제와 기회 찾아내기 (Identify problems and opportunities), D=목표 정의 내리기(Define goals), E=가능한 전략 탐색하기(Explore possible strategies), A=성과와 행동 기대하기(Anticipate outcomes and act), L=회고하고 배우기(Look back and learn).

2) 자기규칙 향상방안

<table>
<tr><th colspan="5">자기규칙 구성영역과 교수전략</th></tr>
<tr><th colspan="2">자기규칙 영역</th><th>교수 전략</th><th>지도 과정 및 방법</th><th>지도의 예</th></tr>
<tr><td rowspan="4">1. 자기 관리 전략</td><td rowspan="2">1.자기 관찰</td><td>· 성공인 행동관찰</td><td>· 목적설정→행동계획→계획실천→자기평가→계획수정(사이클)</td><td rowspan="2">· 높은 기대 설정
· 적절한 기대 설정(효율적)
· 기회 최대화 전략개발
· 모델링
· 목적행동구분능력 배양</td></tr>
<tr><td>· 자기관리전략 통합사용</td><td>· 자기관리전략 통합사용
· 목적행동 발생 여부 기록</td></tr>
<tr><td>2.자기 평가</td><td>· 자기평가 양식지사용
· 자기평가 경험 최대화</td><td>· 목적만족 여부 평가
· 반응과 결과 연결
· 목적달성토록 행동조절</td><td>· 자기 점검
· 자기기록
· 자기평가(양식지 활용)</td></tr>
<tr><td>3.자기 강화</td><td>· 강화 형성
· 강화 기회 부여
· 유형의 강화물 활용
· 말로 하는 칭찬 제공</td><td>· 자기관찰과 자기강화 통합해서 지도 효과적임
· 성공경험 제공
· 많은 강화물 활용</td><td>· 토큰 사용
· 유형의 상주기
· 칭찬제공</td></tr>
<tr><td colspan="2">2. 목적설정</td><td>· 적절한 목적설정
· 목적설정에 학생참여
· 능력에 맞는 목적설정
· 목적설정과 노력귀인 훈련통합</td><td>· 일상경험을 통한 지도
· 학생이 목적선택 지도
· 자기목적 공식화
· 사전계약하기
· 또래지원 지도</td><td>· 타인 모델링을 통한 지도, 역할놀이, 관찰을 통한 실천, 자기교시, 자기보고, 예행연습, 피드백 제공, PLANS, GOAL</td></tr>
<tr><td colspan="2">3. 자기교시</td><td>· 문제 진술-반응진술-반응평가-자기강화
· 일반자극 프로그램화
· 일반화 중재
· 충분한 예를 이용 훈련</td><td>· 교사가 과제수행-학생관찰-교사지시에 학생 과제수행-학생 자기교시하면서 수행-속삭이면서 학생수행-말없이 학생이 과제수행</td><td>· 모델링, 역할놀이, 강화, 촉진자극 주기, 실천기회 제공, 수정된 피드백 제공, 사물에 명칭붙이기, Did-Next-Now 모델, What/Where 모델</td></tr>
</table>

PLANS는 목적선택, 목적을 만족시키기 위한 방법 나열하기, 그리고 노트하기, 노트를 순서대로 배열하기(Pick goals, List ways to meet goals, And, make Notes, Sequence notes.) 등이다. 또 목적설정의 실제 적용으로는 Maher(1982)가 학습목적지향접근으로 (Goal-Oriented Approach to Learning)프로그램을 실

행했는데 이는 4단계로 목적설정-목적도달검사-교수전략 선택-목적달성 평가 등이다. 그리고 Did-Next-Now 모델과 What/ Where 모델 등이 있다.

3) 심리적 역량 및 자아실현 향상방안

<table>
<tr><th colspan="4">심리적 역량 구성영역과 교수전략</th></tr>
<tr><th>심리적 역량 영역</th><th>교수 전략</th><th>지도 과정 및 방법</th><th>지도의 예</th></tr>
<tr><td>1. 내적 통제소재</td><td>· 기회 제공 교실환경 조성
· 학습 성공경험 제공
· 행동과 수행관련 지도
· 행동과 수행에 기대 진술
· 학습에 학생 참가자격
· 부모조력 구하기
· 교사의 의사소통양식
· 교사권한 사용방식</td><td>· 인과귀인 교수에 초점
· 유머나 놀라움 사용
· 지도 교사의 열정적 지도
· 긍정적 교실환경조성
· 학생 장점 찾기 지도
· 목적지향행동 증진 지도
· 사회화 증가 지도</td><td>· 집단토의
· 자기반성훈련
· 역할놀이
· 비디오로 촬영된 시나리오
· 또래중재학습
· 협동학습</td></tr>
<tr><td>2. 자기 효능감</td><td>· 수행업적
· 타인경험을 통한 경험
· 말을 사용한 설득
· 정서적 각성
· 자기규칙화 된 학습전략</td><td>· 타인 경험을 보고 배우기
· 효능감 지각증진에 말이 강화 역할
· 정서행동이 환경에 영향
· 학생에게 믿음 제공</td><td>· 정확한 자기평가
-개인 장점 인식
-자기 효능감</td></tr>
<tr><td>3. 성과 기대감</td><td>· 성공경험제공
· 실패를 통해 배우게 함
· 일반화 촉진
· 파지증진</td><td>· 성공에 대한 기대감 증진
· 학생의 동기화 증진
· 학생주도 학습경험 제공</td><td>· 모델링
· 다양한 환경에서 행동시범, 행동시연
· 산출훈련, 언어 사용훈련</td></tr>
<tr><td rowspan="2">4. 자기옹호 및 지도력</td><td>· 특정 자기옹호</td><td>· 법적권리와 시민의식
· 지도력
· 교육계획모임</td><td rowspan="2">· We the People
· Bill of Rights Series
· 하여튼 누구의 미래인가?
· 자기권리주장운동
(김정권, 김혜경, 1999)</td></tr>
<tr><td>· 일반 자기옹호</td><td>· 직접교수
· 자기옹호계획
· 자기옹호 세미나
· 자기옹호 훈련기회 제공</td></tr>
</table>

4) 자아실현 향상방안

Wehmeyer와 Kelchner(1994)는 Mules는 학생이 자기 능력 이해에 바탕을 두고 자신에 대한 더 나은 이해를 위해 "나의 독특한 학습과 교육지원(My Unique Learning and Educational Supports) 혹은 MULES라고 언급되는 프로그램을 활용했다.

Field와 Hoffman(1996)은 Steps to Self-Determination라는 자기결정 프로그램을 활용했다. Brolin(1993)은 Life Centered Career Education 이라는 생활중심 진로교육 프로그램으로 일상행활 기능, 대인-사회적 기능, 직업안내 및 직업준비 등이다.

자아실현 구성영역과 교수전략

<table>
<tr><th>자아실현 영역</th><th>교수 전략</th><th>지도 과정 및 방법</th><th>지도의 예</th></tr>
<tr><td rowspan="2">1. 자아인식</td><td>1.자아인식훈련</td><td>· 자기 장점과 제한점 활용 올바른 정체감 확립
· 자신의 독특함 이해
· 타인과 구분됨 이해
· 자기수용 증진(최대이익)
· 흥미 및 능력 파악
· 학생의 능동적인 참여</td><td rowspan="3">· 두뇌 짜내기
· 역할놀이
· 집단토론
· 개인연습문제지
· MULES
· Steps to Self-Determination
· Career Education Approach
· LCCE
· 자기결정능력검사(김정권 외3인, 2000)</td></tr>
<tr><td>2.가족과 지역사회 협조</td><td>· 가족의 적극적인 지원
· 지역사회 자원 활용</td></tr>
<tr><td>2. 자기지식</td><td>· 학생의 자기평가
· 학생자기보고
· 학생자각 향상</td><td>· 장애몰인식 치료-자각증상 결여회복
· 심리적인 부인 극복
· IEP를 통한 인식지도</td></tr>
</table>

학생들의 자기결정을 보장하는 것은 실질적 지역사회참여를 통한 자아실현을 이루는데 매우 중요하다. 자기결정을 증진시키기 위한 교육프로그램은 교수활동만으로 구성되지는 않고 그 프로그램에는 또한 또래 및 성인 멘토

(mentor), 프로그램 만들기, 학습 환경 구조와 지역사회에 기반을 둔 통합학습, 기능적으로 고안된 교육과정 소개, 장애가 없는 또래와의 상호작용 증대, 성공 경험 제공 및 교육계획과 결정하기에 학생참여를 포함할 것이다.

자기결정 행동을 구성하는 구성요소들의 기능발달은 성공하기 위한 핵심적인 요소이다. 많은 사람이 증명을 했듯이, 교사들이 이런 성과를 얻기 위해 사용할 수 있는 효과적인 실천을 활용하기가 가능하다. 이 본문의 목적은 교사와 다른 교육전문가들이 장애학생들에게 자기결정이 된 젊은이가 되는데 필요한 기능을 가르칠 수 있도록 하는 것이고 교사와 다른 교육전문가들이 기대감과 흥분을 가지고 미래를 학수고대할 수 있도록 해주는 것이다.

제14장 보조공학

공학은 교육이 한계에 도달했다고 생각했을 때 혹은 보다 효과적으로 그리고 효율적으로 교육의 목표와 목적을 달성하고자 할 때 그 한계를 뛰어 넘어 목표와 목적을 달성하기 위한 수단으로 작용해 왔다. 특수교육에 있어서도 분명히 한계는 존재하며 목표와 목적을 효과적 그리고 효율적으로 달성하기 위한 수단이 필요하다. 즉 장애학생이 점차 중도·중복화되어 가고 있는 현실에서 기존의 교수방법을 대체 혹은 보완함으로써 목표와 목적을 달성하기 위한 새로운 무엇인가가 요구되는 시점이다. 특수교육공학은 그 대안이 되기에 충분하다. 특수교육공학은 특수교육이 갖는 일반성과 특수성을 공유하고 있는 만큼 교육공학과의 일반성과 특수성을 동시에 갖고 있다. 이는 특수교육공학이 교육공학의 다양한 이론적 틀을 공유하면서도 대상이 갖는 특수성으로 인해 교육공학에서는 다루지 않는 새로운 영역 -보조공학-을 포함할 수밖에 없음을 이야기 한다. 이장에서는 지적장애아동의 교육에 활용 가능한 특수교육공학의 일반성과 특수성에 대해 알아보도록 한다.

1. 교육공학과 특수교육공학

1) 교육공학

공학을 의미하는 테크놀로지(technology)란 '기예(art)'나 '기술(craft)'을 의미하는 'techne'와 '이성(理性)'을 의미하는 'logos'에서 비롯된 것으로, 학자들 마다 다양하게 정의되고 있다. 그러나 흔히 인용되고 있는 바는 Galbraith에 의한 것으로 그는 공학을 “실제적 과제를 해결하기 위한 과학적이며 조직화된 지식을 체계적으로 적용하는 것” 이라고 정의하였다. 따라서 공학이란 기계류나 장치 또는 여타의 무엇인가를 만드는 기술(technique) 혹은 하드웨어적인 의미에 한정되지 않음을 알 수 있다.

교육공학의 정의는 앞서 살펴본 공학의 정의를 토대로 하는데, 일반적으로 교육공학의 정의는 미국교육공학회(Association for Educational Communications and Technology: AECT)의 관점을 따르는 경향이 있다. 미국교육공학회는 1977년에 처음으로 교육공학에 대한 공식적인 정의를 제시한 이후 17년이 지난 1994에 이를 수정하여 발표하였다. 그러나 과거와는 비교할 수 없을 정도의 급격한 시대 변천으로 인해 이를 다시 새롭게 정의해야 될 필요성이 대두됨에 따라 2004년 미국교육공학회의 교육공학정의연구위원회(AECT Definition and Terminology Committee, 2004)는 교육공학을 “적절한 공학적 과정 및 자원을 창출, 활용, 관리함으로써 학습을 촉진하고 수행을 개선하는 연구와 윤리적 실천”으로 제시하였다.

2) 특수교육공학

(1) 정 의

과거 특수교육분야에서는 특수교육공학과 함께 보조공학(assistive technology), 보편적 설계(universal design) 등의 용어가 혼용되었으나 최근에는 특수교육공학이란 용어가 일반적으로 사용되고 있다. 2009년 국립특수교육원에서 발행한 『특수교육학용어사전』에 의하면 특수교육공학은 특수교육 대상 학생들에게 적절한 공학 기기와 서비스의 제공을 통하여 교육 및 생활 영역에서 질적 효율성을 높일 수 있도록 하는 학문분야로 소개되고 있다. 그러나 국내에서는 특수교육공학의 정의는 물론 범위에 대해 합의된 바가 없으며, 학자에 따라 그리고 맥락에 따라 각기 다르게 사용되고 있는 실정이다.

2007년 개정된 장애인 등에 대한 특수교육법에 명시되어 있는 특수교육의 정의(제2조 제1항)와 특수교육 관련서비스의 정의(제2조 제2항), 특수교육 관련서비스의 책임자 규정(제28조) 등을 토대로 특수교육공학을 정의하면 "특수교육대상자의 교육을 효율적으로 실시하기 위하여 각급학교의 장에 의해 제공되는 장애인용 각종 교구, 학습보조기, 보조공학기기 그리고 정보접근기회"라고 할 수 있다. 그러나 이와 같이 정의할 경우 다음과 같은 문제점이 발생한다. 첫째, 하드웨어적인 측면만 강조된다는 점이다. 즉 장애인용 각종 교구 및 학습보조기 그리고 보조공학기기와 정보접근기회 등은 모두 장애학생의 효율적 학습을 위한 물적 자원에 해당되는 것들이다. 따라서 교육공학의 영역 중 활용 측면만이 강조됨으로써 설계, 개발, 관리, 평가 등과 같은 그 외의 영역은 도외시된다. 둘째, 앞서 지적된 물적 자원에 대한 강조는 교육공학에 있어 강조되고 있는 체제접근의 개념을 반영하지 못한다. 체제란 상호관련된 구성요소들의 집합이며, 이 구성요소들이 어떤 목표를 향하여 유기적으로 상호작용하는 과정을 체제접근이라고 하는데 장애인 등에 대한 특수교육법을 토대로 특수교육공학을 정의하는 경우 초기의 체제접근에서와 같이 체제를 '산물'로 간주하게 되는 것이다. 이는 곧 교육공학분야에서의 전체적인 흐름에 역행하게 되는 것이다.

이상의 법적 그리고 학자들의 논의를 참고로 특수교육공학의 정의를 정리하면 특수교육공학이란 "특수교육대상자의 학습을 촉진하고 수행을 유지 혹은 개선하기 위해 제공되는 공학기기 및 교수전략 그리고 관련 서비스에 대한 이론과 실제"라고 할 수 있을 것이다.

(2) 특수교육과의 관계

특수교육공학은 특수교육의 목표와 목적의 실현을 위한 수단 혹은 도구적 기능을 수행한다고 할 수 있을 것이다. 특수교육공학의 제공은 학습을 촉진하고 수행을 개선해 줌으로써 장애학생의 교육적 요구를 충족시켜준다. 학습자의 학습 촉진 및 수행의 개선은 특수교육공학의 목표인 동시에 특수교육의 목표인 장애학생의 잠재성과 가능성을 극대화시켜주기 위한 토대가 되는 것이며, 궁극적으로는 건강하고 행복한 생활의 기초를 마련하고 배양하는 필요조건이 되는 것이다.

(3) 장 점

특수교육공학의 활용은 장애학생들에게 직·간접적인 효과를 제공할 수 있다. 미국의회 공학사정국(U. S. Congress, Office of Technology Assessment, 1988)은 컴퓨터 및 관련 공학을 활용했을 때 일반학생, 장애학생 그리고 교사 모두에게 긍정적인 효과를 얻을 수 있는 영역으로 다음을 제시하였다.

- 기본적인 학습능력을 향상시키기 위한 훈련과 연습
- 쓰기능력의 신장
- 추상적인 수학 및 과학개념에 대한 이해
- 과학, 수학, 사회분야의 시뮬레이션
- 자료처리 및 다루기
- 일반적 용도, 사무적 혹은 직업을 위한 컴퓨터 기술 습득
- 장애를 가지고 있는 학생들의 접근과 의사교환
- 도서벽지 지역의 교사와 학생들을 위한 접근과 의사교환
- 개별화교육
- 협동학습
- 학습자들의 학습활동 관리와 관련 기록 저장

이와 같이 공학은 모든 이들에게 많은 영역에 걸쳐 적잖은 도움을 제공하는데, 특히 Lewis(1993)는 장애학생들에게 제공할 수 있는 특별한 이점을 ABC모델을 통해 제시하였는데, 이는 곧 능력의 신장(Augment abilities and), 매체의 대체(Bypass or), 장애의 보상(Compensate for disabilities)이 가능함을 의미한다. 능력을 신장한다는 것은 인지적·신체적 손상으로 인한 현재의 능력을 공학기기를 이용하여 증진시키는 것을 의미하는 것으로, 저시력인 경우 문자확대기를 이용함으로써 잔존 능력을 적절히 이용할 수 있게 되는 경우가 이에 속한다. 그리고 매체의 대체란 정보의 입출력과 관련하여 정보의 입력이 불가능한 경우, 혹은 정보를 시각적으로 확인할 수 없는 경우 음성을 통한 입력 그리고 청각적 부호에 의한 출력을 제공하는 경우 등이 이에 속한다. 마지막으로 장애의 보상

이란 장애로 인한 비효율성을 최소화하는 것으로 철자를 자동으로 점검하게 하는 프로그램이나, 문장을 자동으로 완성하게 하여 학습자의 신체적 수고를 최소화하는 프로그램 등이 이에 해당한다.

ABC이론을 토대로 특수교육공학의 이점을 확장해서 살펴보면 다음과 같다(김용욱, 2005). 첫째, 특수교육공학은 장애학생들에게 개별적인 교수를 가능하게 하여 학습관련 수행능력을 향상시킬 수 있다. 둘째, 장애학생들에 대한 동기부여와 학습태도를 향상시킬 수 있다. 셋째, 장애를 보완하거나 이전에 하지 못했던 것들을 할 수 있도록 하는 새로운 능력을 부여할 수 있다. 넷째, 장애로 인하여 낮게 생각했던 자아상과 자신의 가치를 향상시킬 수 있다.

이와 같은 특수교육공학의 이점은 모든 장애학생과 맥락에서 나타나는 것이 아닌 만큼 장애학생의 교수·학습 및 실생활의 문제 해결에 있어 공학이 모든 것을 해결할 수 있을 것이란 지나친 믿음을 가져서는 안된다. 따라서 특수교육공학의 이점을 극대화시키기 위해서는 무엇보다도 개인의 요구 및 맥락 등을 고려하여 적절한 특수교육공학을 선택하는 것이 중요하다. 단 장애학생에 대한 공학적 지원을 위해서는 다음과 같은 점들이 고려되어져야 한다. 첫째, 특수교육공학은 장애학생의 수업 혹은 교육의 효과성·효율성을 위한 수단으로서의 기능을 수행하는 것이지 그 자체가 목적이 아님을 우선적으로 유의해야 한다. 둘째, 특수교육공학의 적용이 장애의 치료 혹은 완치를 의미하는 것은 아닌 만큼 지나치게 이에 의존해서는 안된다. 셋째, 개개인의 욕구 및 그가 가지고 있는 기능에 대한 평가가 선행되어야할 것이다. 즉 공학의 선택과 사용은 학생의 개인적 요구에 부합해야 함을 의미한다.

2. 교육공학의 특수교육적 활용

1) 접근권

접근권이란 사전적으로 “어떠한 비밀이나 정보에도 접근할 수 있는 국민의 권리”를 의미하는데, 이는 곧 사회 전반에 걸쳐 모든 국민의 기회 균등과 적극적 사회 참여를 보장하기 위해, 교육·노동·문화생활을 향유할 수 있는 근본적 권리임을 말한다. 국민의 근본적 권리인 접근권은 헌법에서는 인간의 존엄과 가치, 행복추구권(헌법 제10조), 평등권(헌법 제11조) 및 인간다운 생활권(헌법 제34조) 등을 토대로 보장되고 있으며, 모든 기본권의 실질화를 확보하기 위해서 필요한 권리라고 할 수 있다. 그러나 기본적 권리로서의 접근권은 과학기술의 발달, 그리고 극소전자기술이 반영된 제품의 가격 상승, 정보 이용의 유료화 등으로 인해 점차 특정 계층 특히 정치적 · 경제적으로 권력 혹은 부를 획득하고 있는 일부 계층에게만 허락되고 있는 것이 현실이다. 즉 정보격차가 점차 심화되고 있다. 이에 각국 정부는 정보격차가 야기하는 여러 사회문제를 경험하기 시작하면서 이를 최소화하기 위한 방안을 다각적으로 모색하고 있다. 정보통신기기의 가격 인하와 보급, 보편적 서비스의 범위 확장이라는 인프라적인 측면과 함께 장애인의 정보접근권을 보장하기 위한 정책적 대안이 바로 그것이다.

1997년 3월에 제정된 장애인 · 노인 · 임산부 등의 편의증진보장에 관한 법률에 의하면 "장애인 등은 인간으로서의 존엄과 가치 및 행복을 추구할 권리를 보장받기 위하여 장애인 등이 아닌 사람이 접근할 수 있는 정보에 다른 사람의 도움 없이 자유롭게 접근할 수 있는 권리"를 보장하는 접근권이 명시되어 있다. 그러나 동법의 시행령은 장애인의 정보통신에 대한 접근에 대해서는 언급하지 않고 건축물에 대해서만 다루고 있다. 2001년 1월에는 저소득자·농어촌지역 주민·장애인·노령자·여성 등 경제적·지역적·신체적 또는 사회적 여건으로 인하여 생활에 필요한 정보통신서비스에 접근하거나 이용하기 어려운 자에 대하여 정보통신망에 대한 자유로운 접근과 정보이용을 보장함으로써 이들의 삶의 질을 향상하게 하고 균형있는 국민경제의 발전에 이바지함을 목적으로 정보격차해소에 관한 법률이 제정되었다. 이어 2002년에는 정보격차해소에 관한 법률을 모법으로 하면서 미국의 보편적 설계 관련 제도를 따라 장애인 ·노인 등의 정보통신 접근성 향상을 위한 권장지침을 정보통신부 고시로 제정하였다. 그러나 권장지침에는 제조업자가 제품이나 서비스 설계에 반영할 수 있는 구체적인 접근성 가이드라인이 제대로 갖춰져 있지 못할 뿐만 아니라, 구매자나 정부가 제품과 서비스 평가에 반영할 수 있는 구체적이고 실질적인 평가방법이 결여되어 있는 것으로 평가되고 있다(디지털타임스, 2009년 1월 4일자 기사). 2005년 12월 한국정보통신접근성향상표준화포럼 산하 웹접근성분과위원회는 국제 표준화 기구인 W3C(World Wide Web Consortium)의 WAI(Web Accessibility Initiative)에서 1995년 5월 제정한 웹 콘텐츠 접근성 가이드라인(Web Content Accessibility Guideline 1.0: WCAG)과 WCAG 2.0 초안 및 미국재활법 508법을 참고로 국내 상황에 맞게 구성하여 국가표준인 인터넷 웹 콘텐츠 접근성 지침(KICS.OT-10.0003)을 마련하였다. 또한 2007년부터는 웹 접근성 품질마크 인증 제도를 신설하여 웹 접근성을 준수하는 사이트에 대해 웹 접근성 정보품질마크를 부여하고 있는데, 한국형 웹 콘텐츠 접근성 지침의 13개 항목, 26개 평가지표에 대한 51개 체크리스트에 근거하여 전문가 조사 및 평가를 통해 이루어진다(웹 접근성 연구소, www. wah.or.kr).

2) 보편적 학습설계

(1) 보편적 설계

무장애설계, 통합설계, 모든 이를 위한 설계 등 다양하게 불리는 보편적 설계는 건축가이면서 노스캐롤라이나주립대학교 보편적설계센터(Center for Universal Design: CUD)의 센터장이었던 Ron Mace에 의해 대중화되었다. 1985년 Ron Mace는 Designers West에 기고한 글에서 보편적 설계를 "단순히 건물이나 편의시설을, 추가비용 없이 혹은 거의 없이 설계함으로써, 장애의 유무에 상관없이 모든 사람들에게 매력적이고 기능적이도록 설계하는 것"으로 소개했다. 이와 같이 보편적 설계의 초기 개념은 건축학을 토대로 하고 있으나 점차 도시설계를 비롯하여 상품 설계와 같은 영역으로 적용 분야가 확장되어 나갔다. 그리고 정의에 대한 이후의 계속된 논의를 토대로 1998년 보조공학법(Assistive Technology Act: ATA)은 보편적 설계를 "가능한 기능적 능력으로 가장 광범위한 범주의 사람들에 의해 사용 가능한 제품과 서비스를 디자인하고, 전달하는 개념 또는 철학을 의미하며, 직접 사용할 수 있는(보조공학이 필요 없는) 제품과 서비스 그리고 보조공학과 함께 사용할 수 있는 제품과 서비스를 포함한다"라고 정의하였다.

현재는 보편적 설계의 개념이 물리적인 공간의 구성에만 국한하거나, 일부 사회계층이나 집단을 위해서 고려되는 것에서 사회 전반적인 모든 요소에서 고려되어야 한다는 하나의 운동 혹은 기준으로 자리 잡고 있다. 1998년 미국 노스캐롤라이나주립대학교의 보편적 설계센터가 제시한 보편적 설계의 일곱 가지 원리들은 다음과 같다.

- 원리 1: 공평한 사용
- 원리 2: 사용상의 융통성
- 원리 3: 단순하고 직관적인 사용
- 원리 4: 지각할 수 있는 정보
- 원리 5: 오류에 대한 관용
- 원리 6: 낮은 신체적 수고
- 원리 7: 접근과 사용에 적절한 크기와 공간

이와 같은 보편적 설계의 가장 큰 이점은(보조공학법, section 2 제10항) 제품의 생산 후 보다는 생산 전에 장애인을 위한 편의를 만듦으로써 많은 특별한 종류의 보조공학장치와 보조공학서비스에 대한 요구를 줄인다는 것이다. 또한 보편적 설계 원리의 사용은 기존의 보조공학과 호환할 수 있는 제품(서비스 포함)을 증가시킬 것이다.

(2) 보편적 학습설계

보편적 설계는 건축에서 유래되었지만 장애인을 포함한 모든 사용자의 편리와 접근성을 보장하기 위한 하나의 운동으로 확산되어 결국 교수-학습 분야에까지 확대 적용되었다는데, 이를 '학습을 위한 보편적 설계' 혹은 '보편적 학습설계', '교수를 위한 보편적 설계' 혹은 '보편적 교수설계(Universal Design for Instruction: UDI)', '교육에서의 보편적 설계'라고 한다.

보편적 학습설계라는 용어는 1989년 국립일반교육과정접근센터(The National Center for Accessing the General Education Curriculum)가 보편적 설계의 개

념을 학습에 도입하면서 사용되기 시작하였는데, 미국 특수아동학회(Council for Exceptional Children: CEC)는 보편적 학습설계에서는 장애학생을 단순히 개인차에 의해 학습 적응에 차이를 보이는 학습자로, 이와 같은 특성은 장애학생 뿐 아니라 일반학생 모두에게서 볼 수 있다고 하였다. 따라서 보편적 학습설계는 장애학생이 단순히 교육과정에 접근할 수 있도록 해주거나 이들의 특별한 요구에 한정된 것으로 볼 수 없음을 제시하였다(Council for Exceptional Children, 2005). 이에 보편적 학습설계를 "학습의 관점에서 보편적 설계는 보고, 듣고, 말하고, 움직이고, 읽고, 쓰고, 영어를 이해하고, 참여하고, 조직하고, 활동하고, 기억하는 능력에서 폭넓은 차이를 가진 개인들이 그들의 학습 목표를 성취할 수 있도록 교수자료와 활동을 설계하는 것을 의미한다. 보편적 학습 설계는 다양한 능력을 가진 학생들에게 대안을 제공하는 유연한 교육과정 자료와 활동으로 성취될 수 있다. 이러한 대안은 교육 자료의 교수설계와 수행 체제 내에서 만들어 질 수 있다-그것들은 사후에 추가되는 것이 아니다(Research Connections, Number 5, Fall 1999, p.2)"고 정의하고 있다(Bowe, 2000). 요컨대, 보편적 학습설계란 "다양한 특성을 가진 모든 학생이 동등하게 교육과정에 접근하고 참여하는 과정을 통해 바람직한 교육적 결과를 극대화할 수 있도록 계획단계부터 학생들의 일반성과 특수성을 고려하는 설계"라고 할 수 있다.

건축에서의 보편적 설계와 교육에서 추진하고 있는 보편적 설계는 개념상에서 차이가 있다. 건축이나 제품에서의 보편적 설계는 물리적 접근의 필요성을 위한 최대한의 지원을 목적으로 하지만 정보의 접근이 곧 학습을 의미하는 것은 아니기 때문에 보편적 학습설계는 주어진 특정 학습 목표에 관하여 저항을 줄여주거나 제거해 주는 지원과 저항을 극복하는데 필요한 도전을 균형 있게 제시하여 학습 기회를 최대화할 수 있도록 신중을 기하는 것(Meyer & O'Neill, 2000), 다양한 사람들이 쉽고 적절하게 사용할 수 있는 교육과정, 수업자료, 환경을 준비하는 것(Bowe, 2000)을 의미한다. 〈표 14.1〉은 이와 같은 보편적 설계와 보편적 학습설계의 차이점을 정리한 것이다.

<표 14.1> 보편적 설계와 보편적 학습설계 비교

	보편적 설계	보편적 학습 설계
접근과 참여의 수단	생산물과 환경은 부가적인 조정의 필요 없이 모든 사람들에 의하여 사용될 수 있게 한다.	교육과정은 교사에 의한 추가적인 조정의 필요 없이 모든 학습자들에 의해 활용 가능해야 한다.
활용	사용자들이 모든 접근을 통제하며 다른 사람들의 도움이 없거나 거의 필요하지 않다.	학습자들이 접근 수단을 통제하지만 교사들은 교수와 촉진, 학습자들의 학습에 대한 평가를 계속한다.
도전	• 만약 제거할 수 없다면 최소화한다. • 접근에 대한 장애는 가능한 한 많이 없어진다. • 가장 좋은 설계는 가장 쉽고 광범위한 접근을 제공한다.	• 몇몇 인지적인 도전들이 여전히 유지되어야 한다. • 접근에 대한 장애들은 없어져야 하지만 적합하고 적당한 도전은 유지되어야 한다. • 만약 접근이 너무 없다면, 학습은 더 이상 일어나지 않을 것이다.

출처: 노석준(2006). 보편적 설계 원리의 교수·학습에의 적용: 보편적 학습 설계. 제11회 이화특수교육 학술대회, 파워포인트 자료; Orkwis, R., & McLane, K.(1998: 10). 수정 후 인용

응용특수공학센터(Center for Applied Special Technology: CAST)은 보편적 설계 원리를 학습 환경에 더 구체적으로 적용할 수 있도록 돕는 보편적 학습설계 지침(Universal Design for Learning Guidelines)을 개발하여 발표하였다(CAST, 2008). 지침은 보편적 학습설계의 특성을 반영한 세 가지의 원리로 구성되어 있으며 각각의 원리는 다시 세 가지의 지침으로 구성되어 있다. 지침은 상황에 따라 융통성 있게 교육과정에 적용되는 것으로, 가능한 한 모든 학생들의 학습 기회를 최대화하기 위한 여러 가지 선택 요소와 융통성을 제공하고자 하는 것인 만큼 지침으로 제시된 내용은 융통성 있게 교육과정에 적절하게 혼합되고 연결되어야 함을 응용특수공학센터는 지적하였다. 더불어 지침은 '처방'으로서의 의미를 갖는 것이 아니라 현재 대부분의 교육과정에 존재하는 장벽들을 극복하기 위해 사용될 수 있는 일련의 전략들임을 강조하였다.

<표 14.2> 응용특수교육공학센터의 보편적 학습 설계의 원리 및 지침

UDL 원리	UDL 지침	
원리 I. 다양한 정보 제시 수단 제공	지침 1. 지각	1.1. 정보 제시방법을 학습자에게 맞추기 위한 선택
		1.2. 청각적 정보에 대한 대안을 제공하기 위한 선택
		1.3. 시각적 정보에 대한 대안을 제공하기 위한 선택
	지침 2. 언어와 상징	2.1. 어휘와 상징을 규정하기 위한 선택
		2.2. 구문과 구조를 명확하게 하기 위한 선택
		2.3. 해독 텍스트나 수학적 기호에 대한 선택
		2.4. 다양한 언어의 이해를 촉진하기 위한 선택
		2.5. 비언어적으로 주요 개념을 제시하기 위한 선택
	지침 3. 이해	3.1. 배경지식을 제공하거나 활성화시키기 위한 선택
		3.2. 주요 특징, 중심 생각, 관계를 강조하기 위한 선택
		3.3. 정보 처리를 안내하기 위한 선택
		3.4. 기억과 전이를 지원하기 위한 선택
원리 II. 다양한 표현 수단 제공	지침 4. 신체적 행동	4.1. 신체적 반응 방식의 선택
		4.2. 검색 방법의 선택
		4.3. 접근도구와 보조공학의 선택
	지침 5. 표현 기술과 유창성	5.1. 의사소통을 위한 매체의 선택
		5.2. 작문과 문제해결을 위한 도구의 선택
		5.3. 실제와 수행을 위한 비계의 선택
	지침 6. 실행 기능	6.1. 효과적인 목표 수립 안내에 대한 선택
		6.2. 계획과 전략 개발을 지원하기 위한 선택
		6.3. 정보와 자원 관리를 촉진하기 위한 선택
		6.4. 진전도 점검을 위한 능력을 향상시키기 위한 선택
원리 III. 다양한 참여 수단 제공	지침 7. 흥미 유발	7.1. 개별적 선택과 자율성을 증가시키기 위한 선택
		7.2. 관련성, 가치, 진정성을 향상시키기 위한 선택
		7.3. 위험이나 산만함을 감소시키기 위한 선택
	지침 8. 지속적인 노력과 유지	8.1. 목표와 목적의 요점을 강화시키기 위한 선택
		8.2. 도전과 지원의 수준을 다양화하기 위한 선택
		8.3. 협력과 의사소통을 촉진시키기 위한 선택
		8.4. 숙달-중심의 피드백을 증가시키기 위한 선택
	지침 9. 자기 조절	9.1. 개별적 목표 수립과 기대를 안내하기 위한 선택
		9.2. 대처 기술과 전략을 지원하기 위한 선택
		9.3. 자기-평가와 성찰을 개발하기 위한 선택

이상의 제반 원리들과 정의, 사례 등을 통해 볼 때, 보편적 설계의 원리를 교수 · 학습상황에까지 확장 · 적용하고 있는 보편적 학습설계는 장애학생들만을 대상으로 하는 특수교육을 일반교육과 분리된 이원적 체제로 설계하기 보다는 처음부터 학생들의 다양성의 범위를 보다 확장하여 교육과정이나 교수법 등을 설계함으로써 장애 유무나 연령 등에 상관없이 모든 학습자들을 적절하게 자극하고 그들을 교수 · 학습 상황에 효과적으로 참여시키는데 그 목적이 있다 하겠다(노석준, 2006).

3. 보조공학

1) 정 의

보조공학(assistive technology)이란 장애인들의 기능적 향상을 위해 부가적으로 제공되는 다양한 장치 및 서비스로, 미국에서 일반적으로 사용되고 있는 보조공학의 정의는 1988년 제정된 장애인테크놀로지관련지원법(Technology-Related Assistance for Individual with Disability Act, P.L. 100-407, 일명 Tech Act)과 1990년의 장애인교육법(IDEA)에 명시된 것으로 “상업적인 목적으로 만들어진 그대로이든 아니면 개인의 특성에 맞추어 만들어진 것이든 간에 장애 아동의 기능적 능력을 향상시키고 유지시키는데 사용될 수 있는 모든 물건, 장비 또는 생산체제”를 의미한다.

최근 이 두 법률은 1998년 보조공학법(Assistive Technology Act of 1998)과 IDEA 2004(Individuals with Disabilities Education Improvement Act, P.L. 108-446)로 새롭게 제정 혹은 개정되었으나 보조공학에 대한 정의는 공유하고 있다. 이와 같은 정의에 의하면 장애학생을 위한 공학은 매우 광범위한 적용이 시도되어야 한다는 점 그리고 보조공학은 물리적이고 장치적인 도구뿐 아니라 이들을 적절히 제공하기 위한 서비스까지도 포함한다는 것을 알 수 있다(Cathy, 2003). 이러한 보조공학장치(Assistive Technology Device)와 보조공학서비스(Assistive Technology Service)는 IDEA에 의하면 IEP 팀에서 장애학생의 교육을 위하여 필요하다고 결정하면 반드시 지원하도록 되어 있다. 즉 개별화, 적용 도구의 다양성, 서비스지원의 포함, 교육목표와의 연계성 등이 특수교육에서 보조공학 활용에서 중요하게 강조되는 개념이라고 볼 수 있다(박은혜, 2005; 신현기 · 한경진, 2006). 정리하면 보조공학이란 장애인의 신체적 · 인지적 기능을 유지 또는 향상시키기 위한 목적으로 지원되는 보조공학장치와 보조공학서비스라고 할 수 있다. 보조공학의 의미를 보다 명확히 파악하기 위해 보편적 설계와 비교하면 〈표 14.3〉과 같다.

<표 14.3> 보편적 설계와 보조공학 비교

보편적 설계	보조공학
디자이너/개발자의 책임감	사용자나 사용자 대리인의 책임감
서비스나 제품이 개발되는 동안 이루어짐	제품이 완성된 후 또는 서비스가 전달되는 동안 이루어짐
즉시 많은 사람들에게 제공됨	한 번에 한 사용자에게 제공됨
계속적인 접근성	소모적인 접근성
뜻밖의 발견을 허락함	혁신방법이 드물게 사용됨

출처: Bowe(2000 : 30).

2) 연속성

보조공학은 장치에 적용된 기술력의 정도에 따라 고급-중급-저급 테크놀로지로 구분할 수 있으며, 여기에 체계적인 교수의 제공과 관련 서비스를 제공하는 무 테크놀로지에 이르기까지 연속적으로 구성되어 있다. Blackhurst(1997)가 제안한 보조공학의 연속적 구성을 살펴보면 다음과 같다.

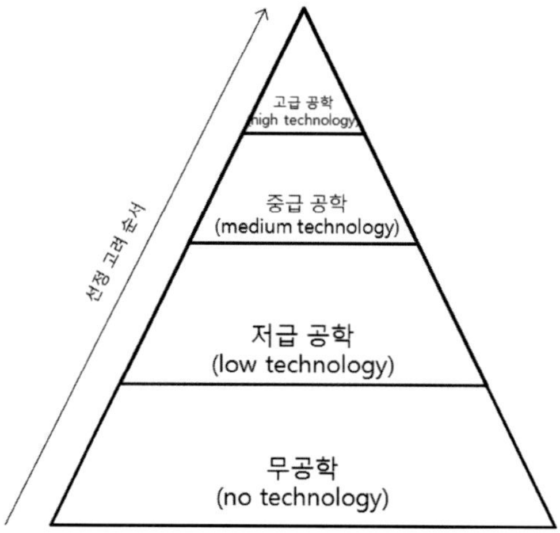

〔그림 14.1〕 보조공학의 연속성

- 고급 테크놀로지(high-technology): 컴퓨터, 상호작용 멀티미디어 시스템 등의 정교한 장치
- 중급 테크놀로지(medium-technology): 비디오 장치, 휠체어 등의 덜 복잡한 전기장치 혹은 기계 장치
- 저급 테크놀로지(low-technology): 덜 정교화된 기기 혹은 장치
- 무 테크놀로지(no-tech solutions): 장치나 기기를 포함하지 않음. 체계적인 교수절차의 사용 혹은 물리치료사나 작업치료사와 같은 관련 서비스

연속성의 측면에서 살펴본 보조공학의 분류를 보조공학 장치에 국한해 보자면, 저급 테크놀로지, 중급 테크놀로지, 고급 테크놀로지의 단계로 구분할 수 있다. 그리고 언급한 바와 같이 이와 같은 분류의 기준은 적용된 기술력의 차이를 근간으로 하고 있다. 그러나 고도화된 기술력이 적용되었다 함은 우선적으로 많은 비용을 필요로 한다는 점과 훈련의 요구 정도가 강화되었음을 내포하고 있다. 따라서 저급 테크놀로지에서 고급 테크놀로지로의 이동은 비용, 융통성, 내구성, 훈련의 요구 정도, 세밀성, 이동 가능성, 유지 요구 등과 같은 보조공학 장치의 특징도 점차적으로 강화, 증가됨을 의미한다.

3) 이 점

보조공학의 활용은 장애학생의 학습, 기초생활, 타인과의 사회생활, 여가 생활, 직업 생활 등의 생활 전반적인 영역에서 긍정적인 영향을 미칠 뿐만 아니라, 학령기 이후의 삶에 있어서도 많은 혜택을 제공하는 것으로 보고되고 있다. 따라서 보조공학의 활용은 장애학생의 삶의 태도를 바꿀 수 있는 중요한 동기적 요소로 작용하기 때문에 장애학생의 교수·학습 및 일상생활 등의 전 영역에서 반드시 고려되어야 한다. 보조공학은 다음과 같은 일반적 혜택을 제공한다.

첫째, 장애학생이 가지고 있는 능력을 전반적으로 지원, 확대할 수 있고, 이러한 지원과 능력의 확대는 장애에 대한 보상, 혹은 장애를 상쇄시킬 수 있다. 둘째, 장애학생들의 학습, 일상 및 여가생활, 직업 및 직장관련 활동 등에서 필요한 관련 과제들을 수행하기 위한 대안적인 방법들을 제공한다. 여기서 대안적 방법이란 손상된 인지적, 신체적 능력을 대신하는 새로운 방법으로, 보조공학은 시각적 손상에 대한 대안으로 청각적인 방법을 통해 보상해 줄 수 있다. 셋째, 장애학생의 기능적인 측면의 지원뿐만 아니라 대인관계와 같은 사회생활에도 긍정적인 영향을 제공한다. 기능적 측면의 지원은 정서적 그리고 정의적 측면에서 영향을 미치므로 장애학생들은 대인관계 형성에 보다 적극적일 수 있다. 넷째, 자신이 원하는 여가 활동을 할 수 있는 가능성을 제공한다. 자신의 신체적인 이유뿐만 아니라 여가활동을 하는데 필요한 시설 및 설비 그리고 장치의 부족으로 인해 여가활동이 제한적이었던 장애학생들에게 보조공학은 여가활동의 가능성을 제공해 줄 수 있다. 다섯째, 장애학생의 교수·학습활동을 확대할 수 있고, 내용의 다양성을 기대할 수 있다. 상대적으로 학습을 위한 상호작용 과정에서 소외되었던 장애학생들은 보조공학의 지원을 통해 다양한 활동에의 참여가 가능하게 되었다. 여섯째, 장애학생의 생활에 대한 전반적인 지원뿐만 아니라 사회 문화적인 폭도 확장시켜 준다. 보조공학을 이용한 이동성의 제약 극복은 다양한 환경과의 상호작용 기회를 제공함과 더불어 사회 문화적인 참여의 폭도 확장시켜준다. 일곱째, 학습과 생활의 효율성 제공과 함께 신체적인 발달에도 긍정적인 영향을 준다. 학습에 있어서 보조공학의 활용은 보다 효과적이고 효율적인 환경을 제공해 줄 뿐만 아니라 소근육운동, 시지각협응능력, 잔존능력의 극대화와 같은 신체적인 부분의 발달에도 긍정적인 기여를 한다. 여덟째, 인지적인 결함이 있는 학생에게도 일상생활에서의 장애 및 제한적인 요소들을 보상해 주어 독립생활을 영위할 수 있도록 해주며, 타인의 의존성을 줄 일 수 있는 가능성을 제공한다.

그러나 보조공학이 제공하는 혹은 제공할 수 있는 이와 같은 매력적인 요소들은 교육 현장에서 보조공학의 활용과 직접적인 상관을 맺지 못하고 상호독립적인 관계를 형성하고 있다. Wehmeyer(1998)와 Lesar(1998), Bryant와 Bryant(1998)의 연구는 소비자 측면과 교사 측면에서 보조공학 활용의 활성화를 저해하는 요인을 제시해 준다. Wehmeyer에 의하면 소비자들의 보조공학에 대한 지식 부족 즉 보조공학을 통해 얻을 수 있는 혜택에 대한 인식 부족과 보조공학 구매를 위한 재정 부족이 문제점으로 제기되었다. 그리고 Lesar는 보조공학의 사용을 포기하는 주된 이유가 장애학생의 요구를 충족시키기 위해 장치를 유지하고 수정하는데 필요한 능력을 학생 자신, 학생의 가족 또는 서비스 제공자가 갖추고 있지 못한데 있다고 했다. Bryant 등에 의하면 보조공학에 대한 제한된 접근 가능성, 제한된 보조공학 관련 교육, 유인가의 부재와 같은 세 가지 요소가 교육장면에서 교사들의 보조공학 활용을 방해하는 것으로 나타났다.

이상의 연구결과들은 비단 미국의 상황에 국한되는 것이 아니라 우리나라의 경우도 마찬가지이다. 우리나라 소비자들 역시 보조공학의 혜택에 대해 잘 알고 있지 못할 뿐만 아니라, 알고 있다고 하더라도 정보통신기술의 발달에 따른 고급 기술의 적용 그리고 이에 따른 보조공학장치의 고가화는 보조공학장치를 구입하는 데는 많은 부담이 된다. 여기에 더해 급속한 정보통신기술의 발달은 보조공학장치의 변화 주기를 매우 단축시켜놨기 때문에 최신의 장치를 구입하는 데는 재정적 부담이 뒤따를 수 밖에 없다. 교원양성기관인 교육대학 및 사범대학의 보조공학에 대한 재정적 뒷받침이 부족한 것 또한 우리나라의 현실이다. 이에 예비교사들이 보조공학을 접할 수 있는 기회가 제한될 수 밖에 없으며, 관련된 교육을 받을 수 있는 기회도 많이 없다. 기존 교사의 경우도 보조공학을 자신의 수업에 통합하기 위한 교육과정의 재구조화 혹은 교수적 수정을 위해서는 많은 시간을 투자해야 하는데, 과중한 수업과 행정업무에 시달리고 있는 상황에서 자신의 소중한 시간을 투자할 아무런 이유를 찾지 못하고 있다.

4) 보조공학의 유형

보조공학의 유형은 〈표 14.4〉와 같이 장애학생의 개인적 특성, 학습 영역, 사용 맥락 등을 고려하여 각 기관마다 다르게 구분된다. NATRI(National Assistive Technology Research Institute)는 장애학생의 전반적 활동 영역에 따라 보조공학을 구분한데 반해 WATI(Wisconsin Assistive Technology Initiative)는 일상생활에서 필수적으로 요구되는 활동을 보조공학 유형의 준거로 설정하였다. 보조공학의 유형은 분류함에 있어서 특정 보조공학은 하나의 유형으로 명확히 분류할 수 있는데 반해, 어떤 보조공학은 다양한 기능으로 인해 각 유형간에 중복될 수 있음을 유의할 필요가 있다. 간단한 예로 NATRI의 기준에 따라 휠체어를 구분하면 기초생활을 지원할 수 있는 일상 생활지원 보조공학, 여행과 이동을 지원할 수 있는 보조공학, 교육과 전환을 지원하는 보조공학 등 각 영역에 걸쳐 공통적으로 분류될 수 있다.

<표 14.4> 보조공학 유형

기 관	구 분	
NATRI (2003)	• 기초생활을 지원할 수 있는 일상 생활지원 보조공학 • 여행과 이동을 지원할 수 있는 보조공학 • 주변 환경을 적절하게 조절 혹은 상호작용활동을 지원하는 보조공학 • 의사소통을 지원 및 대체할 수 있는 보조공학 • 신체를 보호하고 자세를 지지 및 유지할 수 있도록 하는 보조공학 • 교육과 전환을 지원하는 보조공학 • 운동 · 체력관리 · 여가생활에서 활용할 수 있는 보조공학	
WATI (2003)	• 쓰기 · 읽기 · 학습 · 수학 • 레크리에이션과 여가 • 이동 • 자세잡기와 앉기	• 의사소통 • 일상생활 • 환경적응과 제어 • 보기와 듣기

4. 지적장애아동과 특수교육공학의 활용

비장애인들에게는 너무나 자연스러운 일상도 지적장애 학생들에게는 반복된 실패를 제공하는 장애물로 인식될 수 있다. 이에 지적장애 학생의 성공적인 학교생활과 지역사회 적응을 위해서는 다양한 성공 경험을 필요로 한다. 학교와 지역사회 내에서 지적장애 학생들의 성공 경험을 지원하기 위한 다양한 방안들이 제시되었으며, 그중 보편화되고 있는 것이 특수교육공학의 활용이다. 특수교육공학은 지적장애 학생들의 물리적 접근은 물론 학습과정에의 접근까지도 지원해 줌으로서 장애로 인한 기능적 제한을 보상하고 개인을 자유롭게 하는 역할을 하고 있다.

중복장애를 수반하고 있지 않은 지적장애 학생의 교수-학습에는 보조공학기기를 이용하기 보다는 주로 교수자가 직접 제작하거나 상품화된 교수학습 프로그램 혹은 웹을 이용하는 경우가 많다. 따라서 이하에서는 지적장애 학생을 위한 교수-학습 프로그램을 중심으로 살펴보도록 한다.

1) 지적장애학생을 위한 특수교육공학의 이점

지적 기능과 적응행동의 결함으로 인해 학교생활 및 지역사회에의 적응이 어려운 지적장애 학생들에게 특수교육공학의 발달은 크게 다음과 같은 두 가지 측면에서 이점을 제공한다.

첫째, 지적장애 학생의 일상적 제한점들을 보상해 줌으로써 독립적인 생활을 위한 장벽들을 극복할 수 있도록 해주며 이를 통해 원활한 지역사회 통합을 지원한다(Bryant & Bryant, 2003). 이는 곧 특수교육공학을 통해 자조기능의 향상은 물론 독립적인 의사소통 기회 및 여가활동 참여 기회를 더욱 많이 가짐으로써 타인에 대한 의존성을 줄여나갈 수 있음을 의미한다.

둘째, 학교가 점차 통합교육 환경으로 바뀌어 감에 따라 지적장애 학생들은 다양한 학습활동에의 참여를 요구받고 있으며, 공학은 이와 같은 상황에서 개인의 학습에 도움을 제공한다. 즉 특수교육공학은 동기유발, 반복학습, 수준별 프로그램의 적용 등을 통한 일반 학생들과 같은 물리적 공간에서의 교육기회 제공, 학교 이외의 추가적인 교육활동에의 참여기회 부여 등을 통해 학습활동을 촉진시켜 줄 수 있다. 지금까지의 연구에서 발달장애 학생을 포함한 모든 학생의 교육 경험을 개선하기 위해 공학을 활용할 수 있는 다양한 방법과 공학 활용에 있어 가질 수 있는 제한점 그리고 학습 및 동기유발에 영향을 미칠 수 있는 공학기반 활동의 요소가 무엇인지에 관한 내용이 연구되었는데, 동기유발 측면이 가장 많이 언급되었다. 그리고 이와 같은 학습 및 동기유발에 영향을 미칠 수 있는 요인으로는 교수자의 태도와 프로그램의 우수성 등이 지적되고 있다.

학급에서 많은 과제들은 쓰기를 통해 자신의 생각을 표현하는 활동을 포함하고 있는데, 쓰기 과정을 도와 줄 수 있는 컴퓨터 프로그램은 통합된 환경에서의 학습에 유용하게 활용될 수 있을 것이다. 따라서 자신의 학습활동을 용이하게 해주는 공학을 학령기 지적장애 학생들이 사용하도록 하는 것은 매우 유용하다. 장애 학생들이 교육용 프로그램을 효과적으로 사용하기 위해서는 우선적으로 해당 학생의 교육에 도움이 될 수 있는 프로그램을 직접 제작하거나 상품화된 소프트웨어를 선정하는 것이 필요하다.

2) 프로그램의 제작과 선정 그리고 평가

지적장애학생을 위한 교수·학습 프로그램을 제작하기위해서는 일반적인 프로그램의 제작 및 설계, 선정과 유사한 부분도 있지만, 해당 학생의 지적수준과 행동 특성을 충분히 고려하여야 한다. 본 절에서는 지적장애학생을 위해 구체적인 프로그램 설계원칙과, 선정, 평가에 대해 살펴보고, 교육기기 및 웹상에서 활용가능한 방법을 알아보도록 한다.

(1) 프로그램의 제작

교수·학습용 프로그램을 제작함에 있어서는 일반적으로 다음과 같은 사항에 대한 충분한 검토가 있어야 한다.

- 학습목표에 맞게 주제가 적절해야 하고, 컴퓨터가 가지는 특성에 맞게 구성되어야 한다.
- 학습자의 흥미 수준에 적합하여야 하며, 이를 통하여 동기를 제공해 줄 수 있도록 설계되어야 한다.
- 학습자들에게 좌절감이나 실패를 유도하지 않고, 도전의 기회를 제공하는 것이 중요하다.
- 개인이 프로그램을 사용하는 데 능동적으로 참여할 수 있어야 하고 상호작용 장면을 제공해야 한다.
- 피드백과 강화의 기능이 적절해야 한다.
- 개별적이어야 하며, 프로그램을 사용하는 개인과 상호작용이 이루어져야 한다.
- 학습자의 기능 수준이 낮을수록 청각, 시각, 촉각에 대한 통제가 더욱 중요하다.
- 학습자의 기능 수준이 높을수록 소프트웨어는 지시문의 선택과 통제는 사용자의 능력한도 내에서 제공되어야한다.
- 화면의 유형은 학습자의 기능적 수준과 학습 요구를 반영해야 한다.
- 학습자가 소프트웨어를 사용할 때, 오류 확인이 가능해야 하며, 사용자의 잘못된 입력과는 관계없이 프로그램이 쉽게 끝나서는 안 된다.

오콜로 등(Okolo & Bahr, Rieth, 1993)은 다음과 같이 지적장애 학생을 위한 프로그램의 설계 원칙으로 15가지를 제시했다.

① 간결하고 명료하게 정돈된 화면을 제공하여야 한다.
② 화면마다 일관된 지시와 특징을 유지하여야 한다.
③ 적절한 계열과 속도로 구성되어야 한다.
④ 적합한 실례를 최대한 제공해야 한다.
⑤ 학생이 빠른 속도로 반응할 수 있도록 해야 한다.
⑥ 그래픽과 애니메이션 등은 학습을 방해하지 않는 방식으로 사용되도록 해야 한다.

⑦ 피드백은 자주 제공하되, 설명적인 피드백이 되어야 한다.
⑧ 연습의 기회를 적절한 횟수로 제공해 주어야 한다.
⑨ 어휘나 특정 지식(fact)은 다양한 곳에서 반복하여 나타나도록 해야 한다.
⑩ 네비게이션을 위한 요소에는 그림과 음성 단서를 함께 사용해야 한다.
⑪ 보통의 크기보다 더 큰 버튼처럼 인터페이스는 터치스크린이나 스위치 입력 기기의 효율적인 사용을 고려하여 설계되어야 한다.
⑫ 소프트웨어의 조작은 무선적인 선택이 아니라 순서적인 선형의 선택이 되도록 설계되어야 한다.
⑬ 실수를 최소화하는 방법을 사용해야 한다. 예컨대, 사용할 필요가 없는 곳에서는 버튼을 제공하지 않는다.
⑭ 교수자가 최종 사용자(학습자)의 독특한 개별적인 요구에 소프트웨어를 적응시킬 수 있도록 개별화(customization)를 위한 옵션들을 충분하게 제공해야 한다.
⑮ 데이터베이스 관리 시스템은 학습자의 진전도를 추적할 수 있도록 구현되어야 한다.

(2) 프로그램의 선정

교수자가 장애학생들을 위한 프로그램을 직접적으로 제작하는데 어려움이 있는 경우는 상품화된 프로그램을 선택하여 교수 · 학습에 활용할 수 밖에 없는데, 일반적으로 프로그램 선정시 고려해야 할 조건들은 다음과 같다.

- 학습자, 학습과제, 수업사태 및 교수 · 수업장면의 특성
- 물리적 속성
- 실용적 요소

첫째, 프로그램 및 자료는 학습자의 특성(예: 장애정도 및 유형, 학습자의 읽기능력, 연령수준 등), 학습유형, 수업사태에 기여할 수 있는 바, 교수·학습장면(예: 장소, 대상 집단의 크기 등)에 따라 효과에 차이가 발생한다. 따라서 이와

같은 사항들을 고려한 후 적합한 프로그램을 선정하는 것이 필요하다. 특히 특수교육공학은 장애를 보완하거나 이전에 하지 못했던 것을 할 수 있도록 하는 새로운 능력을 부여할 수 있다. 장애를 가진 학습자들은 그들이 가진 신체적 장애로 인하여 학습이나 생활에서 기능적으로 상당히 제한을 받는다. 그러나 이들의 기능적 장애를 보완·보상할 수 있는 보조공학을 제공하면 일반 학습자들과 같은 학습경험과 생활을 할 수 있다.

둘째, 교수-학습 매체의 물리적 속성은 시각매체, 인쇄매체, 동영상 및 소리매체, 동작, 색채, 실물 등 매체 종류에 따른 매체 자체의 속성을 의미한다. 따라서 단순히 매체간의 비교를 통한 선택보다는 매체의 물리적 속성을 고려하여 프로그램을 선정해야 한다. 예를 들면 시각매체는 학습자들이 사물 확인, 공간관계 분류, 구체적인 개념 획득 및 운동기능 지도에 필요하며, 실물은 학습자에게 생소한 사물의 인지적 기능 및 운동기능 지도에 보다 효과적이다. 그리고 매체의 속성을 고려한다고 함은 동일한 매체일지라도 매체를 구성하고 있는 요소들의 특성에 따라 교육적 효과가 달라진다는 점을 충분히 고려할 필요가 있음을 언급한다. 즉 청각장애학생에게 제공되는 인쇄물이라고 하더라도 인쇄물에서 그래픽이 차지하고 있는 비율, 칼라 혹은 흑백의 정도, 글자크기 및 서체의 종류 등에 따라 각기 다른 교육적 효과를 나타내게 된다.

셋째, 실용적 요소란 교수-학습 매체를 구입하거나 제작하기 위한 비용이나 기자재의 활용과 같은 요소를 고려해야 함을 의미한다. 즉 교수-학습 매체의 제작비용, 유지비, H/W 및 S/W의 활용도, 교사의 선호도 및 제작기간 등을 고려하는 것이다. 그러나 실용적 요소를 너무 강조하게 되면 효과성과 적절성이 떨어질 수 있음에 유의할 필요가 있다.

(3) 프로그램 평가

장애학생의 특성과 요구에 적합한 교육을 제공하기 위한 목적으로 체계적인 모형이나 절차를 기반으로 앞서 언급된 복합 요소들을 고려하여 우선적으로 선정된 프로그램은 외부평가와 내부평가의 과정을 통해 최종 선정된다. 외부평가란 외부 전문가로 구성된 팀에 의해서 종합적이고 거시적인 평가 정보를 제공하는 평가를 의미하며, 내부평가란 학급이라는 단위로 학급 구성원인 개개인의 학습자를 위해서 실시하여 미시적인 평가 정보를 제공하는 평가를 말한다.

1 외부평가

(가) 외부평가자의 자질

외부평가에 참여하는 평가자는 다음과 같은 자질을 갖추고 있어야 한다.

첫째, 평가자는 소프트웨어가 적용되는 대상자에 대한 전문적인 지식과 경험을 가져야 한다. 평가자는 장애학생의 각 장애 영역에 따른 인지·심리·교육 특성에 대한 전문적인 지식이 있어야 한다.

둘째, 평가자는 교과 지도 경험이나 교과 관련 전문 지식을 가져야 한다. 장애를 가지고 있는 학습자의 교과내용에 대한 경험이나 지식이 없으면 평가결과가 적절하지 않을 수 있으므로, 평가자에게는 교수·학습용 프로그램과 관련한 내용의 지도 경험이나 전문 지식이 필수적이라고 할 수 있다.

셋째, 평가자는 특수교육 현장의 고유한 특성과 컴퓨터 및 디지털 관련 공학 간의 상호관계를 이해하여야 한다. 멀티미디어 교수·학습용 소프트웨어를 평가할 때 프로그램 혹은 디지털 관련 기술에만 초점을 맞추어 평가를 할 경우에 장애를 가진 학습자의 고유한 특성이 간과되기 쉽다.

(나) 외부평가의 단계

외부평가는 다음과 같은 단계로 이루어진다.

첫째, 평가할 교수·학습용 프로그램을 수집하고, 프로그램의 목표, 주요 대상자, 사용 시 고려 사항에 대한 정보를 확인한다.

둘째, 프로그램의 주요 내용과 대상자의 특성을 고려하여 관련 전문가들로 팀을 구성한다.

셋째, 이 프로그램이 사용될 현장의 정보를 확인하고, 이 프로그램을 사용할 주 대상자인 교수자와 학습자들을 참여시켜 현장 조사를 실시한다.

넷째, 평가팀의 기본적인 평가와 현장 조사 자료를 토대로 정밀 평가를 실시한다.

다섯째, 평가 결과에 대한 재평가 및 정보 제공이다.

(다) 외부 평가 결과의 고려사항

교수·학습 프로그램을 사용할 교사는 아래와 같은 항목으로 외부 평가의 결과들을 고려하여 활용하는 것이 바람직하다.

첫째, 교수·학습용 프로그램 평가는 정확한 과정으로 이루어졌는가, 과정은 어떠하였는가?

둘째, 교수·학습용 프로그램 평가는 개인이나 팀으로 이루어졌는가?

셋째, 평가자는 어떠한 배경을 바탕으로 교수·학습용 프로그램을 평가하였는가?

넷째, 평가 중에 고려된 주요 요인 및 항목(예: 장애유형, 장애정도, 연령)은 무엇인가?

② 내부평가

내부평가란 앞서 언급한 바와 같이 학급이라는 단위로 학급 구성원 개개인을 위해서 실시하여 미시적인 평가 정보를 제공하는 평가로 수업과 관련된 일반적인 사항. 교육의 적절성, 공학의 적절성에 대해 고려해야 한다.

내부평가에서 고려되어야 할 구체적인 사항은 다음과 같다.

(가) 수업과 관련한 일반적인 사항

수업 정보 영역에서는 수업과 직접적인 연관이 있는 학습자와 교수자의 특성들이 포함된다. 학습 내용의 분석, 종합, 학습자의 평가 및 분석, 학습자가 가지고 있는 창의성의 증진을 위한 측면 등을 고려해야 하는데 예를 들면 다음과 같다.

첫째, 교수·학습 장면에 적합하고, 학습 방법 및 전개 방식이 교사의 수업 유형과 조화를 이루어야 한다.

둘째, 학습자의 학습 특성 및 독특한 요구에 부합해야 한다.

셋째, 학습자들의 상위의 사고 기능을 촉진시키기 위하여 여러 가지 교수 방법 및 전개 전략을 사용해야 한다.

넷째, 인지적인 장애와 낮은 수행 능력 수준으로 인하여 다음 단계로 이행할 수 없을 때에는 반복학습과 같은 다른 방법적인 면을 고려해야 한다.

(나) 교육 적절성

교수·학습용 프로그램의 내부 평가에서 또 다른 주요 고려 사항은 프로그램이 얼마나 교수·학습 장면에서 적절하게 활용될 수 있는지 여부이다. 이를 위하여 교사는 다음 요소들을 고려해야 한다.

첫째, 멀티미디어가 가지는 특성과 교수·학습 장면의 여러 요소를 고려하여 한다.

둘째, 학습자들의 입력에 대한 프로그램 반응의 방법이 여러 가지 행동수정의 원리에 근거하여 고려되었는지 확인해야 한다.

셋째, 교수·학습용 소프트웨어는 학습자가 재시도하거나, 반응에 대한 자기 교정적인 또 다른 기회를 제공할 수 있도록 제작되었는지 확인해야 한다.

넷째, 학습자의 학습 동기에 대한 측면에 대해서도 고려해야 한다. 즉 학습자의 학습동기를 향상시키기 위한 입력 형태, 학습자와 컴퓨터 프로그램과의 상호작용, 그래픽 제공 정도, 효과적인 주의집중을 위한 내용, 학습내용 평가 방식 등에 대해 고려해야 한다.

(다) 공학기기의 적합성

현재 대부분의 교수·학습습용 소프트웨어는 멀티미디어를 기반으로 하기 때문에 각각의 매체를 학습자가 사용 및 조정할 수 있는지에 대한 사항을 살펴보아야 하는데, 주요 고려 사항은 다음과 같다.

첫째, 화면 구성이 복잡해서는 안 되며, 문자, 그래픽, 애니메이션, 비디오가 적절하게 배치되고 그 수가 적절한 지를 파악하여야 한다.

둘째, 대부분의 교수·학습용 소프트웨어는 입력 장치의 조정으로 프로그램이 진행되기 때문에 입력 장치에 대한 고려가 있어야 한다. 일반적인 마우스와 키보드 이외에 다른 입력기기로 조작할 수 있는지, 그리고 다른 대체 입력기기가 쉽게 설치되고, 마우스와 키보드와 비교하였을 때 사용상의 어려움이나 불이익은 없는 지에 대하여 파악하는 것이 필요하다.

셋째, 기타 장비에 대한 고려사항이다. 일반적으로 컴퓨터는 입출력을 위하여 프린터, DVD, 외부 메모리, 디지털 카메라, 캠코더, VCR 등의 기타 장비들이 필요하다. 그러나 이러한 장비들이 학습 내용상, 학습자들에게 필요한지 그 적절성을 파악하여 설치 및 운영하여야 하며, 또한 이러한 기기들에 대한 기본적인 사용상의 주의점 들에 대한 정보가 있어야 한다.

넷째, 위의 내용들을 바탕으로 공학기기의 적합성을 파악할 때 다음과 같은 사항에 대한 고려가 있어야 한다.

- 공학기기는 학습자의 학습 능력 및 수준을 향상 시킬 수 있는가?
- 공학을 이용하여 교사가 주요 기능과 개념을 지도할 때 용이하게 발전할 수 있는가?
- 교수·학습에 활용하는 자료들은 기능과 개념을 실제적으로 향상 시킬 수 있는가?
- 교수·학습에 활용하는 자료들은 학습자의 참여를 증가시킬 수 있는가?
- 교수·학습에 활용하는 자료들은 학습자의 상위 수준의 사고기능을 사용할 수 있도록 하는 수업을 가능하게 하는가?
- 교수·학습에 활용하는 자료들은 비용과 시간적인 면에서 효과성을 가지는가?

---

* 이장의 내용은 김남진 · 김용욱(2010)에서 발췌하여 수정 · 보완한 것임.

참고문헌

강창욱 외(2004). **특수아동의 이해와 교육**. 서울: 박학사.

곽금주, 박혜원, 김창대(2001). **한국웩슬러아동지능검사**. 서울 : 도서출판 특수교육.

교육개혁위원회. 「세계화·정보화 시대를 주도하는 신교육 체제의 수립을 위한 교육 개혁 방안 (Ⅰ)」. 제2차 대통령 보고서 : 1995. 5. 31.

교육개혁위원회. 「세계화·정보화 시대를 주도하는 신교육 체제의 수립을 위한 교육 개혁 방안(Ⅱ)」. 제3차 대통령 보고서 : 1996. 2. 9.

교육과학기술부(2008). **특수학교 총론 해설**.

교육부(2013). **특수교육 실태조사**.

김남진, 김용욱(2010). **특수교육공학**. 경기: 학지사.

김병하(2002). **특수교육의 역사와 철학**. 대구: 대구대학교출판부.

김승국, 김옥기(1985). **사회성숙도검사**. 서울: 중앙적성출판사.

김원경 외(2010). **최신 특수교육학개론**. 서울: 양서원.

김정권 외. 「특수 교육의 새로운 동향과 특수 교육 과정」, 대구 대학교 특수 학교 교육 과정 개정연구 위원회. 특수 교육 과정의 개정 방향 : 제7차 특수 교육 과정 개정을 위한 기초 연구, 1996, pp. 9~133.

김정권(1997). **완전 통합 교육과 학교 교육의 재구조화**. 서울: 도서 출판 특수교육.

김정권, 이상춘, 여광응, 조인수 편저(1998).**정신지체아교육과 지도의 실제**. 서울: 양서원.

김정권, 이상춘, 여광응, 조인수(1993). **정신지체아 지도의 이론과 실제**. 서울: 성원사.

김정권외 공역(2004). **특수아동의 이해와 교육** 제10판. 서울: 박학사.
김정휘 역(1994). **정신지체아 교육의 원리와 실제**. 서울: 교육과학사.
김진호 외(2003). **특수교육학개론**. 서울: 시그마프레스.
김홍길(1987). 정신박약아 교육 교사의 능력수준. 대구교대논문집.
대구대학교 학교교육재구조화 및 완전 통합 연구소(1999a). 교과별 과제 및 활동의 연계성 분석 연구.
대구대학교 학교교육재구조화 및 완전 통합 연구소(1999b).특수 학교 교과용 도서(안)의 적합성 검토.
문수백, 변창진(1997). K-ABC. 서울 : 학지사.
박경석(1987). 정신박약학교 교사에게 요구되는 전문능력 분석. 석사학위 논문: 대구대학교 대학원.
박승희 역(1997). **정신지체: 정의, 분류, 지원의 체계**. 서울: 교육과학사.
박정식(2010). AAIDD 11차 지적장애 정의와 분류 체제의 함의. **지적장애연구. 12(4)**. pp. 1-19.
신윤철(1991). 정신지체 교육 양성제도의 연구. 박사학위논문: 대구대학교 대학원.
신종호 외(2002). **정신지체**. 서울: 시그마프레스.
신종호, 김동일, 신현기, 이대식 역(2004). **정신지체** 제6판. 서울: 시그마프레스.
여광응, 조용태 역(1994). **장애유아 조기교육**. 서울: 도서출판 특수교육.
여광응, 조인수(2003). **행동수정의 이론과 실제**. 대구: 대구대학교 출판부.
이상춘, 조인수(1990). **정신지체아의 직업재활훈련과 지도**. 전주: 신아출판사.
이상춘, 조인수(1999). **정신지체아 교육**. 전주 : 신아출판사.
전보성, 김문섭(2010). AAIDD 11차 지적장애 지원 체제 이해. **지적장애연구. 12(3)**. pp. 109-140.
정희섭, 권요한, 이만영, 김원경, 정은희, 김요섭(2010). **특수교육 교육과정론**. 서울: 학지사.
조인수(1995). **정신지체인 직업지도 이론과 실제**. 서울: 도서출판 이래.
조인수(2000). **장애인의 전환교육**. 대구: 대구대학교 출판부.
조인수(2002). **전환교육과 서비스**. 대구: 대구대학교 출판부.
조인수(2003). **생활자립훈련프로그램**. 대구: 명성사.

조인수(2003). **생활중심진로교육프로그램**. 대구: 명성사.

조인수, 권영화(2004). **부모교육**. 대구: 대구대학교 출판부.

최영하 역(1995). **중증 및 최중도 장애아 교육**. 서울 : 형설출판사.

최중옥, 박희찬, 김진희(2003). **정신지체아 교육**. 서울 : 양서원.

한국 교육 개발원(1996). 교육 과정 2000을 위한 교과별 담당관 및 연구진 합동 협의회. 서울 : 한국 교육 개발원.

Abbeduto, L., & Nuccion, J. B. (1991). Relation between receptive languge and cognitive maturity in persons with mental retardation. *American Journal on Mental Retardation, 96,* 143-149.

Abery, B. H. (1994). A conceptual framework for enhancing self-determination. In M. F. Hayden & B. H. Abery (Eds.), *Challenges for a service systerm in transtion.* Baltimore: Brookes.

Abraham, F. D., & Gilgen, A. R. (1995). *Chaos theory in psychology.* Westport, Connecticut : Green Wood Press.

Aiken, L. R. (1991). *Psychological testing and assessment* (7th ed.). Boston: Anyon & Bacon.

Allinder, R. M., Fuchs, L. S., & Fuchs, D. (1998). Curriculum board measurement. In H. B. Vance (Ed.), *Psychological assessment of children: Best practices for school and clinical settings* (2nd ed., pp. 106-132). New York: Wiley.

Althusser, L., *For Marx.* (1969). *Hamondsworth,* England : Penguin.

Anastasi, A. (1988). *Psychological testing (6th ed.).* New York: Macmillan.

Antonio, R. J. (1989). The normative foundation of emancipatory theory : Evolutionary vs pragmatic perspectives. *American Journal of Sociology,* 94, pp. 721~748.

Aspin, D. N., Chapman, J. D. & Wilkinson, V. R. (1994). *Quality schooling.* London : Cassel.

Balkany, T. J., Downs, M. P., Jafcek, B. W., & Krajock, H. J. (1979).

Hearing loss in Down's syndrome: A treatable handicap more common than generally recognized. *Clincal Pediatrics, 18*, 116-118.

Balla, D. A., & Zigler, E.(1979). Personality development in retarded. In N. R. Ellis(Ed.), *Handbook of mental deficiency: Psychological theory and research* (2nd ed.,pp.154-168). Hillsdale, NJ: Erlbaum.

Ballard-Campbell, M., & Semmel, M. (1981). Policy research and special education : Research issues affecting policy formation and implementation. *Education Quarterly*, 2(2), pp. 59~68.

Bandura, A. (1986). *Social foundations of thought and action: A social cognitive theory.* Upper Saddle River, NJ: Merrill/Prentice Hall.

Barlow, C. F. (1978). m*ental retardation and related disorders.* Philadephia: Davis.

Barlow, D. H., & Durand, V.M. (1995). *An integrated approach.* Pacific Grove, CA: Brooks/Cole.

Barnes, K. E.(1982). *Preschool Screening: The measurement and prediction of children at-risk.* Springfield, IL; Charles C. Thomas.

Baroff, G. S. (1991). *Developmental disabilities: Psychosocial aspects.* Austin, TX: PRO-ED.

Baumeister, A., & Woodley-Zanthos, P. (1996). Prevention: Biological factors. In J. Jacobson & J. Mulick(Eds.), *Manual of diagnostic and professional practice in mental retardation.* Washington, DC: American Psychological Association.

Beane, J. A. (1997). *Curriculum Integration : Designing the core of democratic education.* New York : Teachers College Press.

Beasley, C. R. (1982). Effects of jogging program on cardivascular fitness and work perfomance of mentally retarded adults. *American Joumal of Mental Deficiency, 86*, 609-613.

Bebko, J. M., & Luhaorg, H. (1998). The development of strategy use and metacognitive processing in mental retardation: Some sources of difficulty. In J. A. Burack & R. M. Hodapp (Eds.), *Handbook of mental ratardation and development* (pp. 382–407). New York: Cambridge University Press.

Beirne-Smith, M., Ittenbach, R., & Patton, J. R. (1998). *Mental retardation*(5th ed.). Upper Saddle River, NJ: Merrill/Prentice Hall.

Belfior, P. J., Browder, D. M., & Mace, F. C. (1993). Effects of community and center-based settings on the alertness of persons with profound mental retardation. *Joural of Applied Behavior Analysis, 26*(3), 401–402.

Bellamy, G. T (1990). Review of Supported employment: Models, methods, and issues. *Journal of the Association for Persons with Severe Handicaps, 15*(1), 261–265.

Belmont, J. M., & Butterfield, E. C. (1971), Learning strategies as determinants of memory deficiencies. *Cognitive Psychology, 2*, 411–420.

Belmont, J. M. (1996). Long term memory in mental retardation. *International Review of Research in Mental Retardation, 1*, 219–255.

Bennet-Gates, D., & Zigler, E. (1999a). Effectance motivation and the performance of individuals with mental retardation. In E. Zigler & D. Bennett-Gates (Eds.), *Personality development in individuals with mental retardation* (pp. 145–164). New York: Cambrige University Press.

Bennet-Gates, D., & Zigler, E. (1999b). Motivation for social reinforcement: Positive-and negative-reaction tendencies. In E. Zigler & D. Bennett-Gates (Eds.), *Personality development in individuals with mental retardation* (pp. 107–129). New York: Cambrige University Press.

Bercovici, S. M. (1983). Barriers to normalization: *The restrictive managemant of retarded persons.* Baltimore: University Park Press.

Bergen, A., & Mosley, J. L. (1994). Attention and attentional shift efficiency in individuals with and without mental retardation. *American Journal on Mental Retardation, 98*(6), 732-743.

Berger, P. L., & Luckmann, T. (1967). *The social construction of reality.* New York : Doubleday.

Berk, L. E. (2000). *Child development* (5th ed.) Boston: Allyn & Bacon.

Berkman, K. A., & Meyer, L. H. (1988). Altemative strategies and multiple outcomes in the remediation of severe self-injury: Gong all out nonaversively. *Journal of the Association for Persons with Severe Handicaps, 13*(2), 76-86.

Berman, J. L., & Ford, R. (1970). Intelligence quotients and intelligence loss in patients with phenylketonuria and some variant states. *Journal of Pediatrics, 77,* 764-770.

Bernstein, R. J. (1983). Beyond objectivism and relativism : Science, hermenutics, and praxis. Phiadelphia MA: Univ. of Pennsylvania Press.

Biklen, Douglas. (1985). *Achieving the complete school: strategies for effective mainstreaming.* New York : Teacher's College Press.

Blatt, B. (1987). *The conquest of mental retardation.* Austin, TX; PRO - ED.

Bleyer, K. (1992). The Americans with Disabilities Act: Enforcements. *Mental and Physical Disabilities Law Reporte, 16*(3), 347-350.

Block, M. E., & Rizzo, T. L. (1995). Attitudes and attributes of physical educators associated with teaching individuals with severe and profound disabilities. *Journal of the Association for Persons with Severe Handicaps, 20(1),* 80-87.

Bogdan, R., & Knoll, J. (1988). The sociology of disability. In E.L. Meyen & T.M. Skrtic (eds.). *Exceptional children and youth : An introduction. Denver : Love.* pp. 449~477.

Bondy, A. S., & Frost, L. A. (1994). The picture exchange communication system, *FOCUS on Autistic Behavior, 9*(3), 1-20.

Bracken, B.(1983). "Observing the assessment behavior of preschool children." In K Paget & B. Bracken(eds.) *Psychoeducational assessment of preschool children.* NY;Grune and Stratton.

Brennan, W. K. (1987). *Changing special education now.* Milton Keynes : Open University press.

Bricker, D.(1996). *Assessment, evaluation, and programming system for infants and children.* Baltimore : Brookes.

Bristol, M. (1987). Mothers of children with autism of communication disorders: Successful adaption and the double ABCX model. *Journal of Autism and Developmental Disorders, 17,* 469-486.

Bristol, M. G., Gallagher, J., & Schopler, E. (1988). Mothers and fathers of young developmentally disabled and nondisabled boys: Adaptation and spousal support. *Developmental Psychology, 24(3),* 441-451.

Brolin, J. C., & Brolin, D. E. (1979). Vocational education for special students. In D. Cullinan & M. Epstein (Eds.), *Special education for adolescents: Issues and perpectives.* Upper Saddle River, NJ: Merrill/Prentice Hall

Brook, P. H., & McCauley, C. (1984). Cognitive research in mental retardation. *American Joumal of Mental Deficiency, 88,* 479-486.

Brown, A. L. (1974). The role of strategic behavior in retarded memory. *International Journal of Reseatch in Mental Retardation, 7,* 55-111.

Brown, L. F., Nietupski, J., & Hamre-Nietupski, S. (1976). The criterion of ultimate functioning and public school services for severely handicapped students. In M. A. Thomas (Ed.), *Hey don't forget about me: Education's investment in the severely, profoundly, and multiply handicapped* (pp.2-15). Reston, VA: Council for Exceptional Children.

Bruininks, R. H., & McGrew, K. (1987). *Exploning the structure of adaptive behavior* (Report Number 87-1). Minneapolis: University of Minnesota, Deparrment of Educational Psychology.

Burrell, G., & Morgan, G. (1979). *Sociological paradigms and organizational anaaalysis.* London : Heine mann Ed. Books.

Burz, H. L., & Marshall(1997a). *Performance-based curriculum for language arts.* Thousand Oaks, CA : Corwin Press, Inc.

Bybee, J., & Zigler, E. (1992). Is outerdirectedness employed in a harmful or beneficial manner by students with and without mental retardation? *American Journal of Mental Deficiency, 96,* 512-521

Capute, A. J., & Accardo, P. J. (1991). Language assessment. In A. J. Capute & P. J. Accardo (Eds.), *Developmental disabilities in infancy and childhood* (pp. 165-179). Baltimore, MD: Paul H. Brookes.

Carr, E. G., & Durand, V. M. (1985). Reducing behavior problems through functional communication training. *Joumal of Applied Analysis, 18*(2), 111-126.

Carter, J. L. (1975). Intelligence and reading achievement of EMR in three educational settings. *Mental Retardation, 13(5),* 26-27.

Chalfant, J. (1989). Learning disabilities: Public issues and promising approaches. *American Psychologist, 44(2),* 392-398.

Chalimsky, E., & Shadish, W. R. (1997). *Evaluation for the 21st century.* Thousand Oaks, CA : Sage.

Cherryholmes, C. H. (1988). *Power and criticism : Poststructuralist investigations in education.* New York : Teachers College Press.

Chinn, P.C., Drew, C. J., & Logan, D. R. (1979). *Mental retardation: A life cycle approach (2nd ed.).* St Louis: Mosby.

Chitty, C.(ed.). (1993). *The national curriculum.* Colchester, Essex : Longman.

Chomsky, N. (1959). *Review of Skinner's "Verbal behavior" Language,* 35, pp. 26~58.

Christian, L., & Poling, A. (1997). Drug abuse in persons with mental retardation: A review, *American Journal on Mental Retardation, 102(2)*, 126-136.

Clark, D., & Uhry, J. (1995). *Dyslexia: Theory and practice of remedial instruction.* (2nd ed.). Baltimore: York Press.

Cody, H., & Kamphaus, R. W. (1999). Down syndrome, In S. Goldstein & C. R. Reynolds(Eds.), *Handbook of neurodevelopmental and genetic disorder in children.* New York: Guilford.

Cohen, D. E. (2000). Health promotion and disability prevention: The case for personal responsibility and independence. In M. L. Wehmyer & J. R. Patton (Eds). *Mental retardation in the 21st century* (pp.251-264). Austin, TX: PRO-ED.

Cohen, R. L. (1982). Individual diffrenoes in short-term memory. In N. R. Ellis(Ed), *International reviw of research in mental retardation.* Vol. Ⅱ. New York : Academic Press.

Coulby, D., & Ward, S.(ed.). (1996). *The primary core national curriculum.* London : Cassell.

Crain, E. L. (1980). Socioeconomic status of educable mentally retarded graduates of special education. *Education and Training of the Mentally Retarded.* 15, 2. pp.90-94.

Crane, L. L. (2002). *Mental Retardation: A Community Integration Approach.* Wadsworth/Thomson Learning.

Crippe, J., & Bricker, D.(1996). *Family Interest Survey.* In D. Bricker & K Pretti-Frontczark (Eds.), AEPS measurement for three to six year. Baltimore : Paul H. Brookes Publishing.

Crocker, A., & Nelson, R. (1983). Mental retardation. In M. Levine, W. Carey, A. Crocker, & R. Gross (Eds.), *Developmental-behavioral pediatrics* (pp. 756-769). Philadelphia: Saunders.

Cronin, M. E., & Patton, J. R. (1993). *Life skills instructions for all students with special needs*: A practical guide for integrating real life content into the curriculum. Austin, TX: PRO-ED.

Crook, S., Pakulski, J., & Waters, M.. (1992). *Postmodernization : Change in advanced society.* London : Sage.

Cross, L., & K Goin(eds.) (1977). *Indentifying handicapped children* NY; Walker and Company.

Cuvo, A. J., & Klatt, K. P. (1992). Effects of community-based, videotape, and flash card instruction of community-referenced sight words on students with mental retardation. *Journal of Applied Behavior Analysis,* 25(2), 499-512.

Davidson, B., & Moore, J. (1996). Across the primary-secondary divide. In Hart, S.(ed.) *Differentiation and the secondary curriculum : debates and dilemmas.* London : Routledge. pp. 26~38.

Delquadri, J., Greenwood, C. R., Whorton, D., Carta, J. J., & Hall, R. V. (1986). Classwide peer tutoring. *Exceptional Children, 52,* 535-542.

Demchak, M., & Drinkwater, S. (1998). Assessing adaptive behavior. In H. B. Vance (Ed.), *Psychological assessment of children: Best practices for school and clinical settings.* New York: John Wiley.

Dever, R. B. (1988). *Community living skills: A taxonomy.* Washington, DC: American Association on Mental Retardation.

Dewey, J. (1966). *Democracy and education.* New York: Macmillan.

Doll, E. A. (1941). The essential of an inclusive concept of mental deficiency. *American Journal of Mental Deficiency, 46,* 214-229.

Doll, E.A(1965). *Vineland Social Maturity Scale : Condensed manual of directions.* Circle Pines, MN : American Guidance Service

Drake, S. M. (1993). *Planning integrated curriculum.* Alexandria, VA : ASCD.

Drew, C. J., Hardman, M. L., & Hart, A. W. (1996). *Designing and conducting research in education and social science.* Needham Heights, MA: Allyn & Bacon.

Dunn, L. M. (1973). Children with mild general learning disabilities. In L.

M. Dunn (Ed.), *Exceptional children in the schools: Special education in transition* (2nd ed., pp. 126-133). New York: Holt, Rinehert, & Winston.

Dunn, L. M. (1968). Special education for the mildly retarded-Is much of it justifiable? Exceptional Children, 35(1), 5~22. Fields, J.C.(1994). *Total quality for schools.* Milwaukee, WI : ASQC Quality Press.

Dunst, C. & R Rheingrover(1982). "Discontinuity and instability in early development: Implications for assessment" In J. Neisworth(ed.), *Assessment in special education.* Rockville, MD: Aspen Systems.

Eccles. J. S., Wigfield, A., & Schiefele, U. (1998). Motivation to succeed. In N. Eisenberg (Ed.), *Handbook of child psychology: Vol. 3. Social, emotional, and personality development* (5th ed., pp.1017-1095). New York: Wiley.

Edgar, E. (1987). Secondary programs in education: Are many of justifiable? *Exceptional Children*, 53, 555-561.

Egan, G. (1994). The skilled helper: *A problem-management approach to helping* (5th ed). Pacific Grove, CA: Brooks/Cole.

Ellis, E. S., & Dweck, C. S. (1988). Goals: An approach to motivation and achievement. *Journal of Personality and Social Psychology, 54,* 5-12.

Ellis, M. (1968) An inclusive curriculum a nursery school. In Potts, P., Armstrong, F., & Masterton, M. *Learning, teaching and managing.* London : Routledge, pp. 113~121.

Ellis, N. R., & Dulaney, C. L. (1991). Further evidence for the cognitive inertia of persons with mental retardation. *American Journal on Mental Retardation, 95,* 613-621.

Epstein, C. J. (1999). The future of biological research on Down syndrome. In J. A. Rondal, J. Perera, & L. Nadel(Eds.), *Down's syndrome: A review of current knowledge.* London: Taylor & Francis. pp.210-222.

Epstein, M. H., Cullinan, D., & Polloway, E. A.(1986). Patterns of maladjustment among mentally retarded children and youth. *American Journal of Mental Deficiency, 91*, 127-134.

Epstein, M. H., Polloway, E. A., Patton, J. R., & Foley, R. (1989). Mild retardation: Student characteristics and services. *Education and Training of the Mentally Retarded, 24,* 7-16.

Ferguson, P. M. (1987). *The social construction of mental retardation*. Social Policy, 18(1), pp 51~56.

Ferrara, M. L., (1992). *Substance abuse treatment program for persons with mental retardation.* Austin: Texas Commission on Alcohol and Abuse.

Feuerstein, R.(1979). *The dynamic assessment of retarded performers.* Baltimore : University Park Press.

Frankenburg, W. J., & B. Camp(eds.)(1975). *Pediatric screening tests.* Springfield, IL: Chas. C. Thomas.

Freeman, J. M., Vining, E. P. G., & Pillas, D. J. (1997). *Seizures and epilepsy in childood: Aguide for parents* (2nd ed.). Baltimore: Johns Hopkins University Press.

Freund, L. S., Abrams, M. T., & Reiss, A. L. (1991). Brain and behavior correlates of the Fragile X syndrome. *Current Opinion in Psychiatry,* 4, 667-673.

Fullan, M. G. (1991). *The new meaning of educational change.* New York : Teacher's college press.

Gable, R. A., & Warren, S. F.(eds.). (1993). *Strategies for teaching students with mild to severe mental retardation.* Baltimore : Paul H. Brookes.

Gardner, H. (2000). *Intelligence reframed: Multiple intelligences for the 21st century.* New York: Basic Books.

Gardner, J., & Bates, P. (1991). Attitudes and attributions on use of microcomputers in school by students who are mentally handicapped. *Education and Training in Mental Retardation, 26*, 98-107.

Gaylord, V., Abery, B., & Scholler, K. (Eds.). (1997). Feature issue on the social inclusion of adults with developmental disabilities. *Impact, 10*(3).

Geertz, C. (1983). Local Knowledge : *Further essays in interpretive anthropology.* New York : Basic Books.

Ghuman, J. K., Freund, L., Reiss, A., Serisint, J., & Folstein, J. (1998). Early detection of social interaction problems: Development of a social interaction instrument in young children. *Journal of Developmental and Behavioral Pediatrics 19*(6). 411-419.

Giangreco, M. F. (1997). *Quick-guides to inclusion: Ideas for educating students with disabilities.* Baltimore, MD: Brookes.

Glasersfeld, E. von. (1995). *Radical constructivism : A way of knowing and learning.* London : Falmer.

Glasgow, N. A. (1997). *New curriculum for new times.* Thousand Oaks, CA : Corwin Press, Inc.

Gold, M. W. (1980). An alternative definition of mental retardation. In M. W. Gold(Ed.), *"Did I say that?" Articles and commentary on the Try Another Way System* (pp. 145-150). Champaign, IL: Research Press.

Goodman, L. (1998). The Human Genome Project aims for 2003. *Genome Ressarch,* 8. 997-999.

Goodwin, W. L. & L. A Driscoll. (1980). *Handbock of measurement and evaluation in early childhood education.* San Francisco: Jossey-Bass.

Gottlieb, J. & Budoff, M. (1973). "Social acceptability of retarded children in nongraded schools differing in architecture." *American Journal of mental deficiency.* 78, pp. 15-19

Gottlieb, J., Semme, M. I.,l & Velman, D. J. (1978). "Correlates of social status among main steamed mentally retarded children." *Jounal of educational Psychology.* 70. pp. 396-405.

Gottlieb. J. & Budoff, M. (1973). Social acceptability of retarded children in nongraded schools differing in architecture. *American Journal of*

Mental Deficiency. 78. 15-19.

Greenspan, S., & Driscoll, J. (1997). The role of intelligence in a broad model of personal competence. In D. P. Flanagan, J. O. Censhaft, & P.L. Harrison (Eds.), *Contemporary intellectual assessment: Theories, tests, and issues* (pp. 131-150). Mahwah, NJ: Erlbaum.

Greenwood, M. S., & Gaunt, H. J. (1994). *Total quality management for schools.* London : Cassell.

Greer, R. D. (1994). The measure of a teacher. In R. Gardner Ⅲ, D. M. Sainato, J. O. Cooper, T. E. Heron, W. L. Heward, J.W. Eshleman, & T. A. Grossi (Eds.), *Behavior analysis in education: Focus on measurably superior instruction* (pp.161-171). Belmont, CA: Wadsworth.

Gresham, F. M. (1982). Misguided mainstreaming: The case for social skills training with handicapped children. *Exceptional Children, 48,* 422-433.

Grossman, H. J. (Ed.). (1983). *Classification in mental retardation.* Washington, DC: American Association on Mental Retardation.

Grossman, H.J.(1983). *Classification in mental retardation. Washington,* DC : American Association on Mental Retardation

Guralnick, M. J. (2000). Early childhood intervention: Evolution of a system. In M. L. Weymeyer & J. R. Patton (Eds.), *Mental retardation in the 21st century* (pp.37-58). Austin, TX: PRO_ED.

Gurlnick, M. J., & Weinhouse, E.(1984). Peer-related social interactions of developmentally delyed young children : Their development and characteristics. *Developmental Psychology, 20,* 815-827.

Hagerman, R. J. (1996). Fragile X syndrome. *Child and Adolescent Psychiatry Clinics of North America,* 5. 881-894.

Halle, J. W., Silverman, N. A., & Regain, L. (1983). The effects of a data-based exercise program on physical fitness of retarded children.

Education and Training of the Mentally Retarded, 18(3), 221-225.

Halle, J., Alpert, C. L., & Anderson, S. R. (1984). Natural environment language assessment and intervention with severely impaired preschoolers. *Topics in Early Childood Special Education, 4,* 35-56.

Hansen, H. (1978). Decline of Down's syndrome after abortion reform in New York state. *American Journal of Mental Deficiency, 83*(2). 185-188.

Harbermas, J. (1975). *Legitimation crisis.* Boston: Beacon.

Harbermas, J. (1973). *Theory and practice.* Boston: Beacon.

Hardman, M. L., & Drew, C. J. (1975)."Incidental learning in the mentally retarded : A review." *Education and Training of the Mentally Retarded. 10,* pp.3-9.

Hart, S. (1996). Differentiation and equal opportunities. In Hart, S.(ed.) *Differentiation and the secondary curriculum : debates and dilemmas*(pp. 19~25). London : Routledge.

Haycock, C. (1995). Drama for all in a primary school. In Potts, P., Armstrong, F., & Masterton, M. *Learning, teaching and managing*(pp. 80~90). London : Routledge.

Healey, K. N., & Masterpasqua, F. (1992). Interpersonal cognitive problem-solving among children with mild mental retardation. *American Journal on Mental Retardation, 96,* 367-372

Held, D. (1980). *Introduction to critical theory.* Berkeley, CA : Univ. of California Press.

Heller, K., Holtzman, W., & Messick, S. (1982). *Placing children in special education* : A strategy for equity. Washington, D. C. : National Academy of Sciences Press.

Helshy, G., & McCulloch, G. (1997). *Teachers and the national curriculum.* London : Cassell.

Heward, W. (1996). *Exeeptional children: An introduction to special education* (5th ed.),

Heyne, L., Storley, C., Rone, C., Levine, B., & Denelle, D. (1996). Elders and preschoolers supporting each other: The JCC Intergenerational Program. *Impact, 9*(4), 10-11.

Hill, B. K., & Bruininks, R. H. (1984). Maladaptive behavior of mentally retarded people in residential facilities. *American Journal of Mental Deficiency, 88*(4), 380-387.

Hlebowitsh, P. S. (1993). *Radical curriculum theory reconosidered.* New York : Teachers college press.

Ho, H. K.(1991). Insevice education needs of teachers working with the mentally retarded, *ERIC Document ED 403669*

Hodapp, R. M., & Fidler, D. J. (1999). Special education and genetics: Connections for the 21st century. *Journal of Special Education, 33*(3), 130-151.

Homer, R. H., & Carr, E. G. (1997). Behaviral support for students with severe disabilities: Functional assessment and comprehensive intervention. *Journal of Special Education, 31*(1), 84-109.

Horner, R. D. (1980). The effects of an environmental enrichment program on the behavior of institutionalized profoundly retarded children. *Joumal of Applied Behavior Analysis, 13*(3), 473-491.

Htton, C. (1998). Pragmatuc language skills in people with intellectual disabilities: Areview. *Journal of Intellectual Drvrlopmental Disability; 23*(1), 79-100.

Hughes, C., Killian, D. J., & Fissher, G. M. (1996). Validation and assessment of a conversational interaction intervention. *American Journal on Mental Retardation, 100,* 493-509.

Inhelder, B. (1968). *The diagnosis of reasoning in mentally retarded.* New York: Day

Institute of Medicine. (1991). *Disability in America: Toward a national agenda for prevention.* Washington, DC: National Academy Press.

Iwata, B. A., Dorsey, M. E, Slifer, K. J., Bauman, K.E., & Richman, G.S.(1994a). Toward a functional analysis of self-injury. *Journal of Applied Behavior Analysis, 27*(2), 187-209.

Iwata, B. A., Pace, G. M., Dorsey, M. F., Zarcone, J. R., Vollmer, T. R., Smith, R. G., Rodgers, T. A., Leman, D. C., Shore, B. A., Mazalesli, J. L., Goh, H., Cowdery, G. E., Kalsher, M. J., McCosh, K. C., & Willis, K. D. (1994b). The functions of self-injurious behavior: An experimental-epidemiological analysis. *Journal of Applied Behavior Analysis, 27*(2), 215-240.

Jacobs, H. K.(ed.). (1989). *Interdisciplinary Curriculum : Design and Implementation.* Alexandria, VA : ASCD.

Jacobson, J. W., & Mulick, J. A. (1996). *Manual on diagnosis and professional practice in mental retardation.* Washington, DC: American Psychological Association.

Janney, R. E., & Snell, M. E. (1996). Using peer interactions to include students with extensive disabilities in elementary general education classes. *Journal of the Association for Persons with Severe Handicaps, 21*, 72-80.

Jaquish, C., & Stella, M. A. (1986). Helping special needs students move from elementary to secondary school. *Counterpoint, 7(1)*, 1.

Jay, M. (1973). *The dialectical imagination.* Boston: Little, Brown.

Johnson, D. R., & Lewis, D. R. (1994). Supported employment: Program models, strategies, and evaluation prespectives. In M. F. Hayden & B. H. Abery (Eds.), *Challengers for a service system in transition* (pp.449-482). Baltimore: Brookes.

Johnson, H. W.(1979). *Preschool test descriptions.* Springfield, IL: Charles. C.Thomas.

Jorde, L. B., Carey, J. C., & White, R. L. (1997). *Medical genctics.* St.

Lois: Mosby.

Kail, R. (1992). General information processing by persons with mental retardation. *American Journal on Mental Retardation, 97,* 333-341.

Kail, R. (1992). General information processing by persons with mental retardation. *American Journal on Mental Retardation, 97, 333-341.*

Kaiser, A. P. (1993a). Introduction: Enhancing children's social communication. In A. P. Kaiser & D. B. Gray (Eds.), *Enhancing children's communication: Research foundations for intervention* (Vol.2, pp.3-10). Baltimore: Brookes.

Kaiser, A. P. (1993b). Parent-implemented language intervention: An environmental system perspective. In A. P. Kaiser & D. B. Gray (Eds.), *Enhancing children's communication: Resesrch foundations for intervention* (Vol. 2, pp. 63-84). Baltimore: Brookes.

Kaiser, A. P., Yoder, P.J., & Keetz, A. (1992). Evaluating milieu teaching. In S. F. Warren & J. Reichic (Eds.). *Causes and effects in communication and language intervention* (Vol. 1, pp.947). Baltimore: Brookes.

Kanner, L. A.(1964). *A history of the care and study of the mentally retarded.* Springfield, IL: Thomas.

Kaplan, O. L. (1943). Mental decline in older morons. *American Journal on Mental Deficiency, 47*(3), 277-285.

Kaufinan, A. S. (1994). *Intelligent testing with the WISC-R.* New York: John Wiley & Sons.

Kearns, D. T. (1994). *Using quality to redesign school systems.* San Francisco : Jossey-Bass Pub.

Kennedy, C. H., & Itkonen, T. (1994). Some effects of regular class participation on the social contacts and social networks of high school students with severe disabilities. *Journal of the Association for Persons with Severe Handicaps, 19*(1), 1-10.

Keogh, B. K. & Levitt, M. L. (1976). "Special education in the mainstream : A confrontation of limitations ?" *Focus on Exceptional Children.* 8(1), pp. 1~11.

Keogh. B. K., & Daley. S. E. (1983). Early identification: One component of comprehensive services for at risk children. *Topics in Early Childhood Special Education. 3(3),* pp.7-16.

Kerby, D. S., & Dawson, B. L. (1994). Autistic features, personality, and adaptive behavior in males with the Fragile X syndrome and no autism. *American Journal of Mental Retardation,* 98(4). 455-462

King, B. H., DeAntonio, C., McCracken, J. T. & Formess, S. R. (1994). Psychiatric consultation in severe and profound mental retardation. *American Jourmal of Psychiatry 151*(12), 1802-1808.

Kirk, S. A., Gallagher, J. J. & Anastastiow, N. J.(2004). *Educating Exceptional Children.* Houghton Mifflin.

Kloppenberg, J. T. (1986). *Uncertain victory : Social democracy and progressivism in European and American thought,* 1870~1920. New York : Oxford University Press.

Koegel, L. K., Koegel, R. L., & Dunlap, G. (Eds.). (1996). *Positive behavioral support: Including people with difficult behavior in the community.* Baltimore: Brookes.

Kolstoe, O. P. (1976). *Teaching educable mentally retarded children.* 2nd ed. New York: Holt, Rinehat & Winston.

Kopp, C. B., Baker, B. L., & Brown, K. W.(1992). Social skills and their correlates: Preschoolers with develpomental disabilities. *American Journal on Mental Retardation, 96,* 357-366

Krim, M.(1969). Scientific research and mental retardation. In *President's Committee on Mental Retardation message* (No.16). Washington, DC: U.S. Government Printing Office.

Langone, J. (1990). *Teaching students with mild and moderate learning problems*. Boston: Allyn & Bacon.

Larson, S. A. (1991). Quality of life for people with challenging behavior living in community settings. *Impact, 4*(1), 4-5.

Leigh, J. (1983). "Early labeling of children: Concerns and alternatives." *Topics in Early childhood Special Education,* 3(3), 1-6.

Lemperle, C., & Rada, D. (1980). Facial plastic surgery in childen with Down's syndrome. *Plastic and Reconstructive Surgery, 66,* 337-342.

Lemperle, G. (1985). Plastic sugery, In D. Lane & Straford (Eds.), *Current approaches to Down's syndrome* (pp.131-145). New York: Holt, Rinehart, & Winston

Leonard, J. F. (1996). *The new philosophy for K-12 education : A Deming Framework for transforming America's schools.* Milwaukee, WI : ASQC Quality Press.

Lesch, M., & Nyhan, W. L. (1964). A familial disorder of uric acid metabolism and central ervous system function. *American Journal of Medicine*, 36. 561-570.

Levi-Strauss, C. (1963). *Totemisn.* Boston: Beacon.

Lichtenstein, R. & H. Ireton(1984). *Preschool screening: Indentifying young children with developmental and educational problems.* Orlando: Grune and Stratton.

Lindley, L. (1990). Defining TASH: A mission statement. *TASH Newsletter, 16*(8), 1.

Lipsky, D. K., & Gartner, A.(eds.).(1989a). *Beyond separate education: Quality education for all.* Baltimore : Paul H. Brookes.

Lovell, R. W, & Reiss, A. L. (1993). Dual diagnosis: Psychiatric disorders in developmental disabilities. *Pediatric Clinics of North America, 40,* 579-592.

Lovitt, T. C. (1995). *Teaching for teaching* (2nd ed.). Upper Saddle River, NJ: Prentice Hall.

Luckasson, R. (Ed.). (1992). *Mental retardation: Definition, classification and systems of support.* Washington, DC: American Association on Mental Retardation.

Luckasson, R., Coulter, D. L., Polloway, E. A., Reiss, S., Schalock, R. L., Snell, M. E., Spitalnik, D. M., & Stark, J. A. (1992a). *Mental retardation: Definition, classification, and systems of support* (9th ed.). Washington, DC: American Association on Mental Retardation.

Luckasson, R., Coulter, D. L., Polloway, E. A., Reiss, S., Schalock, R. L., Snell, M. E., Spitalnik, D. M., & Stark, J. A. (1992b). *Mental retardation: Definition, classification, and systems of support.* Washington, DC: American Association on Mental Retardation.

Luislli, J. K., & Cameron, M. J, (Eds.). (1998). *Antecedent control: Positive approaches to behaviral support.* Baltimore: Brookes.

Luke, T. W. (1990). *Social theory and modernity.* Newbury Park, CA : Sage.

Lynda L. (2002). Crane. *Mental retardation: a community integration approach.* College of Mount Saint Joseph. United States of America.

Lynda L. Crane.(2002). *Mental retardation: a community integration approach.* College of Mount Saint Joseph. United States of America.

Lyotard, J. F. (1984). *The postmodern condition: A report on knowledge.* Minneapolis, MN: University of Minnesota Press. 1984.

Mackie, R. P., L. M. Dune, and L. F. Cain(1960). *Professional Preparation for Teachers of Exceptional Children.* Washington, D.C.: U. S. Dept. fo Health, Ecucation, and Welfare

MacMillan, D. L (1989). "New" EMRs. In C. A. Robinson, J. R. Patton, F. A. Polloway, & L. R. Sargent (Eds), *Best practices in mental retardation* (pp.1-20). Reston, VA: Council for Exceptional Children, Division on Mental Retardation and Developmental Disabilities.

MacMillan, D. L. (,1982). *Mental retardation in school and society* (2nd ed.). Boston: Little, Brown.

MacMillan, D. L., & Borthwick, S. (1980). The new educable mentally retarded population: Can they be mainstreamed? *Mental Retardation, 18,* 155-158.

MacMillan, D. L., & Reschly, D. J. (1998). Overrepresentation of minority students: Thecase for greater specificity or reconsideration of the variables examined. *Journal of Special Education, 32,* 15-24.

MacMillan, D. L., & Semmel, M.I. (1977). "Evaluation of mainstreaming programs". *Focus on Exceptional Children.* 9(4), pp. 1~14.

Marcuse, H. (1964). *One dimentional man.* Boston: Beacon.

McBride, J. W., & Forgnone, C. (1985). Emphasis of instruction provided LD, EH, and EMR students in categorized and cross-categorical programming. *Journal of Research (Development in Education, 18(4),* 50-54.

McCormick, T. R. (1974). Ethical issues in amniocentesis and abortion. *Texas Reports on Biology and Medicine,* 32. 299-309.

McCoy, E. (1990). *Endocrine conditions in Down syndrome.* New York: National Down syndrome Society.

McDonnell, A., McDonnell, J., Hardman, M., & McCune, G. (1991). Educating students with severe disabilties in their neighborhood school: The Utah elementary integration model. *Remedial and Special Education,* 12(6), 34-45.

McDonnell, J., & Hardman, M. (1995). Planning the transition of severely handicapped youth from school to adult services: A framework for high school programs. *Education and Training of the Mentally Retarded, 20*(4), 275-286.

McDonnell, J., Hardman, M., & Hightower, J.(1993). Impact of community-based instruction on the development of adaptive behavior of secondary-level students with mental retardation. *American Journal of Mental Retardation, 97,* 575-584.

McGrew, KS., & Bruininks, R. H. (1989). *The factor structure of adaptive behavior. School Psychology Review, 18,* 64-81

McLean, J., & Snyder-McLean, L. (1991). Communicative intent and its realizations among persons with severe intellectual deficits. In N. Krasnegor, D. Rumbaugh, R. Schiefelbusch, & M. Studdert-Kennedy (Eds.), *Biological and behavioral determinants of language development*(pp.481-508): Hillsdale, NJ: Eribaum.

McLean, L. K., Brady, N. C., McLean, J. E., & Behrens, G. A. (1999). Communication forms and functions of children and adults with severe mental retardation in community and institutional settings. *Journal of speech, Language, and Hearing Research, 42*(1), 231-240.

Meese, R. L. (1994). *Teaching learners with mild disabilities: Integrating research & practice.* Belmont, CA: Wadsworth.

Mercer, C. D., & Snel, M. E. (1977). *Learning theory research in mental retardation: Implications for teaching.* Upper Saddle River, NJ: Merrill/Prentice Hall.

Mercer, C. D., & Snell, M. E. (1977). *Learning theory research in mental retardation: Implications for teaching.* Upper Saddle River, NJ: Merrill/Prentice Hall.

Mercer, J. R. (1973a). *Labeling the mentally retarded.* Berkeley: University of California Press.

Mercer, J. R. (1973b). The myth of 3% prevalence. In G. Tarjan, R. K. Eyman, & C. E. Meyers (Eds.), *Sociobehavioral studies in mental retardation: Monographs of the American Association on Mental Deficiency, 1,* 1-8. Washington, DC: American Association on Mental Deficiency.

Merrill, E. C. (1990). Attentional resource allocation and mental retardation. In N. W. Bary(Ed.), *International review of research in mental retardation: Vol. 16* (pp. 51-88). San Diego, CA: Academic Press.

Merrill, E. C. (1990). Attentional resource allocation and mental retardation. In N. W. Bray (Ed.), *International review of research in mental retardation:* Vol. 16 (pp. 51-88). San Diego, CA: Academic Press.

Merrill, E. C. (1992). Attentional resource demands of stimulus encoding for persons with and without mental retardation. *American Journal on Mental Retardation, 97*(1), 87-98.

Meyer, L. H., Eichinger, J., & Park-Lee, S. (1987). A validation of program quality indicators in educational sevices for students with severe disabilities. *Journal of the Association for Persons with Severe Handicaps, 12*(4), 251-263.

Meyers, C. E., & MacMillan, D. L.(1976). Utilization of learning principles in retardation. In. R. Koch & J. Dobson (Eds), *The mentally retarded child and his family: A multidisciplinary handbook* (2nd ed., pp.323-348). New York: Brunner/.Mazel.

Miller, H., Rynders, J. E., & Schleien, S. J. (1993). Drama: A medium to enhance social interaction between students with and without mental retardation. *Mental Retardation, 31(4),* 228-233.

Miller, L. K. (1997). *Principles of evryday behavior analysis* (3rd ed.). Pacific Grove, CA: Brooks/Cole.

Morales, P. C. (1999). Lesch-Nyhan syndrome. In S. Goldstein & C. R. Reynolds (Eds.), *Handbook of meurodevelopmental and genetic disorders in children.* New York: Guilford.

Morgn, G., & Smiroh, L. (1980). The case of qualitative research. *Academy of Management review,* 5, pp. 491~500

Morison, P. (Ed.). (1996). The use of IQ tests in special education decision making and planning. *Summary of two workshops.* Washington, DC: National Research Council.

Moser, H. W. (2000). Genetics and gene therapies. In M. L. Wehmeyer & J. R. Patton(Eds.), *Mental retardation in the 21st century*(pp.235-250). Austin, TX: PRO-ED.

Murphy, P., Selinger, M., Bourne, J., & Briggs, M.. (1995). *Subject learning in the primary curriculum.* London : Routledge.

Naglieri, J. A. (1985). *Matrix Analogies Test: Expanded form.* San Antonio, TX: Psychological Corporation.

Nirje, B. (1969). The nomalization principle and its human management implications. In R. Kugel & W. Wolfensberger (Eds.), *Changing pattens in residential services for the mentally retarded* (pp. 231-240) Washington, DC: President's Committee on Mental Retardation.

O' Neill, R. E., Homer, R, H., Albin, R. W., Storey, K., & Sprague, J. R. (1990). *Funtional analysis of problem behavior: Aparctical assessment guide.* Sycamore, IL: Sycamore.

O'Brien, J. (1971). How we detect mental retardation before birth. *Medical Times, 99,* 103.

O'Neill, A. (1993). *Clinical inference: How to draw meaningful conclusions from psychological tests.* Brandon, VT: Clinical Psychology Publishing.

Oakes, J(1986). Keeping track, part 2 : Curriculum inequality and school reform. *Phi Delta Kappan,* 68, pp. 148~153.

Ogbu, J. U. (1997). Understanding the school performance of urban blacks: Some essential background knowledge. In H. J. Walber, O. Reyes, & R. P. Weissberg (Eds.), *Children and youth: Interdisplinary perspectives* (pp. 190-222). Thousand Oaks, CA: Sage.

Olbrisch, R. R. (1982). Plastic surgical management of children with Down's syndrome: Indications and results. *British Jourmalnof Plastic Surgery, 35,* 195-200.

Ornstein, A. C., & Hunkins, F. P. (1993). *Curriculum : Foundations, Principles and issues.* Boston : Allyn and Bacon.

Oswald, D. P., Coutinho, M. J., Best, A. M., & Singh, N. (1999). Ethnic representation in special education: The influence of school-related economic and demographic variables. *Journal of Special Education, 32*(4), 194-206.

Parette, Jr., H. (1998). Assistive technology effective practices for students with mental retardation and developmental disabilities. In A. Hilton & Ringlaben (Eds.), *Best and promising practices in developmental disabilities* (pp. 205-224). Austin, TX: PRO-ED.

Parsons, C. L., lacone, T. A., & Rozner, L. (1987). Effect of tongue reduction on articulation in children with Down's syndrome. *American Journal of Mental Deficiency, 91*, 328-332.

Parsons, J. A., May, J. G., & Menolascino F. J. (1984). The nature and incidence of mental illness in mentally illness in the mentally retarded individuals. In F. J. Menolasecino & J. A. Stark (Eds.), *Handbook of mental illness in the mentally retarded* (pp.3-44). New York: Plenum.

Patterson, D. (1995). The integrated map of human chromosome 21. In C. J. Epstein, T. Hassold, I. T. Lott, L. Nadel, & D. Patterson (Eds.), *Etiology and pathogenesis of Down syndrome*. New York: Wiley-Liss. pp. 43-55.

Paul-Brown, D., & Diggs, C. C. (1993). Recognizing and treating speech and language disabilities. *American Rehabilitation, 19*(4), 30-37.

Payne, J. S., Polloway, E. A., Smith, J. E., & Payne, R. A. (1981). *Strategies for teaching the mentally retarded* (2nd ed.). Upper Saddle River, NJ: Merrill/Prentice Hall.

Pearpoint, J., & Forest, M. (1998). Person-centered planing: MAPS and PATH. *Impact, 11*(2), 45, 26-27.

Pellegrino, L. (1997). Cerebral palsy. In M. L. Batshaw (Ed.), *Children with disabilities* (4th ed., pp.499-528). Baltimore: Brookes.

Peter, L. L.(1975). *Competency for Teaching: Teacher Education.* Belmont, CA : Wadsworth Publising Company, inc

Peterson, N.L.(1987). *Early intervention for handicapped and at-risk children.* Denver : Love Publishing Co.

Piaget, J. (1969). *The theory of stages in cognitive development.* New York: McGraw-Hill.

Polloway, E. A., & Patton, J, R. (1997). *Strategies for teacher learners with special needs (5th ed).* Upper Saddle River, NJ: Merrill/Prentice Hall.

Polloway, E. A., & Rucker, H. (1997). Etiology: Biological and environmental considerations. In T. E. C. Smith, C. A. Dowdy, E. A. Polloway, & G. E. Blalock (Eds.), *Children and adults with learning disabilities (pp. 160-187).* Boston: Allyn & Bacon.

Polloway, E. A., & Smith, J. D. (1982). *Teaching language skills to exceptional learners.* Denver: Love.

Polloway, E. A., & Smith, J. D. (1983). Changes in mild mental retardation: Population, programs, and perspectives. *Exceptional Children, 50,* 149-159.

Polloway, E. A., Smith, J. D., Patton, J. R., & Smith, T. E. C. (1996). Historical changes in mental retardation and developmental disabilities. *Education and Training in Mental Retardation and Developmental Disabilities, 31,* 3-12.

Poplin, M. S. (1984). Toward an holistic view of persons with learning disabilities. *Learning Disabilities Quarterly,* 7(4), pp. 290~294.

Poplin, M. S., Self imposed blindness: The scientific Method in education. *Remedial & Special Education,* 8(6), 1987, pp. 31~37.

Potts, P., Armstrong, F., & Masterton, M.(eds.). (1995a). *Learning, teaching and managing in schools. Equality and diversity in education 1.* London : Routledge.

Potts, P., Armstrong, F., & Masterton, M.(eds.). (1995b). *National and international contexts. Equality and diversity in education 2.* London : Routledge.

Pueschel, S. M (1997). Down syndrome: The ARC'S Q&A on Down

syndrome. Available: http://thearc.org/faqs/mimrqa.html (1997, February 5).

Purves, A. C. (1989). *International comparisons and educational reform.* Alexandria, VA : ASCD.

Rainforth, B., & York, J. (1991). Handling and positioning. In F. Orelove & D. Sobsey(Eds.), *Educating children with multiple disabilities: A transdisciplinary approach* (pp. 79-118). Baltimore: Brookes.

Raymond, E. B. (2000). *Learners with mild disabilities: A characteristic approach.* Boston: Allyn & Bacon.

Reichle, J., & Light, C. (1992). *Positive approaches managing challenging behavior among persons with developmental disabilities living in the community.* Minneapolis: University of Minnesota, University Affiliated Program, Institute on Community Integration, Research and Training Center on Community Living.

Reichle, J., & Wacher, D. P. (Eds.). (1993). *Communicative alternatives to challenging behavior: Integrating functional assessment and intervention atrategies.* Baltimore: Brookes.

Resource Center on Substance Abuse and Prevention and Disabilities, (1992). *Mental retaldation: A look at alcohol and other drug abuse prevention.* Washington, DC: U.S. Department of Health and Human Services, Office for Substance Abuse Prevenition.

Rhoads, G. G., Jackson, L. G., Schlesselman, S. E., (1989). The safety and efficiency of choronic villus sampling for early prenatal diagnosis of cytogenetic abnormalities. *New England Journal of Medicine, 320,* 609-617.

Ricoeur, P. (1981). Paul Ricoeur : *Hermeneutics and the human sciences.* In Thompson, Ed & Thaus, Cambridge, England : Cambridge Univ. Press.

Riordan, J., & Vasa, S. F. (1991). Accommodations for and participation of persons with disabilities in religious practice. *Education and Training in Mental Retardation, 26*(2), 151-155.

Ritzer, G. (1980). *Sociology* : A multiple paradigm science. Boston : Allyn & Bacon.

Roberson, W. H., Gravel, J. S., Valcante, G. C., & Maurer, R. G. (1992). Using a picture task analysis to teach students with multiple disabilities. *Teaching Exceptional Children, 24(4)*, 12-15.

Romski, M. A., & Sevcik, P. A. (1993). Language learning through augmented means: The process and its products. In A. P. Kaiser & D. B. Gray (Eds.), *Enhancmg children's communication: Research foundations for intervention* (Vol.2, pp. 85-104). Baltimore: Brookes.

Rondal, J. A., & Edwards, S. (1997). *Language in mental retardation.* London: Whurr Pubisers.

Rorty, R. (1979). *Philosophy and mirrow of nature.* Princeton, NJ : Princeton University Press.

Rusch, F. R., Enchelmaier, J. F., & Kohier, P. D. (1994). Employment outcomes and activities for youths in transition. *Career Development for Exceptional Individuals, 17*(1), 1-15.

Salvia, J., & Ysseldyke, J.E. (1995). *Assessment (6th ed).,* Boston : Houghton Mifflin.

Sameroff, A. (1990). New-environmental perspective on developmental theory. In R. Hodapp, J. Burack, & E. Zigler (Eds.), *Issues in the developmental approach to mental retardation.* New York: Cambridge University Press.

Sapon-Shevin, M. (1987). The national education reports and special education : implications for students. *Exceptional Children*, 53, pp. 300~307.

Schalock, R. L. (1986). *Transition from school to work. Washing,* DC: National Association of Rehabilitation Facilities.

Scheerenberger, R. C., & Felsenthal, D. (1977). Community settings for mentally retarded persons: Satisfaction and activities. *Mental*

Retardation, 15(4), 3-7.

Schroeder, S. (Ed.). (1987). *Toxic substances and mental retardation: Neurobiological toxicology and teratology.* Washington, DC: American Association on Mental Retardation.

Scott, K., & Carran, D. (1987). The epidemiology and prevention of mental retardation. *American Psychologist, 42(8)*, 801-804.

Scudder, R. R., & Tremain, D. H, (1992). Repair behaviors of children with and without mental retardation. *Mental Retardation. 30*, 277-282.

Sears, J. Y., & Marshall, J. D. (1990). *Teaching and thinking about curriculum.* New York : Teachers college press.

Seligman, M. E. (1975). *Helplessness: On depression, development, and death.* San Francisco: Freeman.

Selikowitz, M. (1990). *Down syndrome: The facts.* New York: Oxford University Press.

Serna, L., & Patton, J. (1989). Science. In G. Robinson, J. Patton, E. Polloway, & L. Sargent (Eds.), *Best practices in mild mental retardation* (pp. 197-199). Reston, VA: Council for Exceptional Children.

Shepard, L. A. (1987). The new push for excellence : Widening the schism between regular and special education. *Exceptional Children*, 53(4), pp. 327~329.

Sherman, J. A., Sheldon, J. B., Harchik, A. E., Edwards, K., & Quinn, J. M.(1992). Social evaluations of behaviors comprising three social skills and comparison of the performance of people with and without mental retardation. *American Journal on Mental Retardation, 96*, 419-431.

Sigmon, S. B. (1987). *Radical analysis of special education : Focus on historical development and learning disabilities.* London : Falmer Press.

Simeonsson, R. J., & Short, R. J. (1996). Adaptive development, survival roles, and quality of life. In J. W Jacobson & J. A. Mulick (Eds.), *Manual of diagnosis and professional practice in mental retardation* (pp. 137-146). Washington, DC: American Psychological Association.

Skrtic, T. M. (1987a). The national inquiry into the future of education for students with specail needs. *Counterpoint*, 7(4),6.

Skrtic, T. M. (1991). *Behind special education.* Denver, CO: Love.

Skrtic, T. M. (1995). *Disability and democracy.* New York : Teachers college press.

Skrtic, T. M. (1986). The crisis in special education knowledge : A perspective on perspective. *Focus on Exceptional Children*, 18(7), pp. 1~16.

Skrtic, T. M. (1988)., The organizational context of special education. In E. L. Meyen & T. M. Skrtic(eds.), *Exceptional Children and youth : An introduction*(pp. 479~517). Denver : Love.

Smith, B, & Phillips, C. J. (1992). Attainments of severely mentally retarded adolescents by a etiology. *Journal of Child Psychology Psychiaty Allied Disciplines, 33*(6), 1039-1058.

Smith, G. C., Majeski, R. A., & McClenny, B. (1996). Psychoeducational support groups for aging parents: Development and preliminary outcoms. *Mental Retardation, 34*(3), 172-181.

Smith, J. D. (1994). Reflections on mental retardation and eugenics, old and new: Mensa and the human genome project. *Mental Retardation*, 32(3). 234-238.

Smith, T. E. C., Polloway, E. A., Patton, J. R., & Dowdy, C. A. (1998). *Teaching students with special needs in inclusive settings* (2nd ed). Boston: Allyn & Bacon.

Smith, T. E. C., Polloway, E. A., Patton, J. R., & Dowdy, C. A. (2001). *Teaching student with special needs in inclusive settings* (3rd ed.). Needham Heights, MA: Allyn & Bacon.

Snell, M. E. (1993). *Instruction of students with severe disabilities* (4th ed.). New York: Macmillan.

Snell, M. E., & Renzaglia, A.M. (1986). Moderate, severe and profound handicaps. In N. G. Haring & L. McCormick (Eds.), *Exceptional children and youth* (4th ed., pp. 27-310). Upper Saddle River, NJ: Merrill/Prentice Hall.

Soto, G., Belfiore, P. J., Schiosser, R. W., & Haynes, C. (1993). Teaching specific requests: A comparative analysis on skill acquisition and preference using two augmentative and alternative communication aids. *Education and Training in Mental Retardation, 28*(2), 169-178.

Spanbauer, S. J. (1992). *A quality system for education*. Millwaukee, WI : ASQC Quality press.

Spitz, H. H. (1966). The role of input organization in the learning and memory of mental retardates. *International Review of Reseaarch in Mental Retardation*, 2, 29-56.

Spitz, H. H. (1966). The role of input organization in the learning and memory or mental retardates. *International Review of Research in Mental Retardation, 2,* 29-56.

Spitz, H. H. (1979). Beyond field theory in the study of mental deficiency. In N. R. Ellis(Ed), *Handbook of mental deficiency: Psychological theory and research* (2nd ed., pp.121-141). Hillsdale, NJ: Erlbaum..

Spitz, H.H. (1973). Consolidating facts into the schematized learning and memory of mental retardates. *International Review of Research in Mental Retardation*, 6, 149-168.

Spradlin, J. E. (1968). Environmental factors and the language development of retarded children. In S. Rosenberg & J. H. Koplin (Eds.), *Developments in applied psycholinguistics research* (pp. 261-290). New York: Macmillan.

Spreat, S., Telles, J. L., Conroy, J. W., Feinstein, C., & Columbatto, J. J.

(1987). Attitudes toward deinstitutionalization: National survey of families of institutionalized persons with mental retardation. *Mental Retardation, 25*(5), 267-274.

Stainback, S., & Stainback, W. (Eds.) (1996). *Inclusion: A Guide for educators* (2nd ed.), Baltimore: Brookes.

Stainback, S., & Stainback, W. (1992). *Curriculum considerations in inclusive classrooms.* Baltimore : Paul H. Brookes.

Stainback, S., & Stainback, W. (1996). *Inclusion : A guide for educators.* Baltimore MA : Paul H. Brooks.

Stainback, S., Stainback, W., & Forest, M.(1989). *Educating all students in the mainstreaming of regular education.* Baltimore: Paul H. Brooks.

Staub, D., Spaulding, M., Peck, C. A., Gallucci, C., & Schwartz, I. S. (1996). Using nondisabled peers to support the inclusion of students with disabilities at the junior high school level. *Journal of The Association for Persons with Severe Handicaps, 21,* 194-205.

Stemberg, R. J., & Spear, L. C (1985). A triarchic theory of mental retardation. *International Review of Reseach in Mental Retardation, 13,* 30-326.

Stephens, W. E. (1972). "Equivalence formation by retarded and nonretarded children at different mental ages." *American Journal of Mental Deficiency. 77,* pp.311-313.

Stephens, W. E. (1966). Category usage of nomal and abnormal children on three steps of categories. *American Joural of Mental Deficiency, 71,* 266-273.

Stevens, H. A. (1964). Overview of Mental Retardation. In H. A. Stevens & R. Heber (Eds.), *Mental retardation* (pp.3-15). Chicago: University of Chicago Press.

Stevenson, R. E., Massey, P. S., Schroer, R. J., McDermott, S., $ Richter, B. (1996). Preventable fraction of mental retardation; Analysis based on individuals with severe mental retardation. *Mental Retardation, 34,* 182-188.

Stinnett, T. A. (1997). AAMR Adaptive Behavior Scale-School: Test review. *Journal of Psychoeducational Assessment, 15*(4),361-372.

Stipek D. J.(1993). *Motivation to learn: From theory to practice(2nd ed.).* Boston: Allyn & Bacon.

Stoll, L., & Fink, D. (1996). *Changing our schools.* Buckingham : Open University press.

Strully, J. L., & Strully, C. F. (1989). Friendships as an educational goal. In S. Stainback, W. Stainback, & M. Forest (Eds.), *Educating all students in the mainstream of regular education* (pp.59-68). Baltimore: Brookes.

Swanson, H. L., & Cooney, J. B. (1991). Learning disabilities and memory. In B. Y. L. Wong (Ed.), *Learning about learning disabilities* (pp.103-127). San Diego, CA: Academic Press.

Tager-Flusberg, H. (1999). Language development in atypical children. In M. Barrett (Ed.), *The development of language* (pp.311-348). Philadephia: Psychology Press/ Taylor & Francis.

Taylor, S. J. (1988). Caught in the continuum: A critical analysis of the principles of the least restrictive environment. *Journal of the Association for Persons with Severe Handicaps, 13*(1), 41-53.

Tomporowski, P. D., & Tinsley, V. (1994). Effects of target probability and memory demands on the vigilance of adults with and without mental retardation. *American Journal on Mental Retardation, 96,* 525-530.

Tomporowski, P. D. & Tinsley, V. (1997). Attention in mentally retarded persons. In W. E. MacLean, Jr. (Ed.), *Ellis' handbook of mental deficiency, psychological theory and research* (3rd ed, pp. 219-244). Mahwah, NJ: Lawrence Erlbaum.

Tredgold, A. F.(1937). *A textbook of mental deficiency.* Baltimore: Wood.

Turnbull, A., & Turnbull, H. (2000). Fostering family-professional partnerships. In M. Snell & F. Brown. (Eds.), *Instruction of students with severe disabilities* (5th ed., pp. 31-66). Upper Saddle River, NJ: Merrill.

Turner, L. A. (1998). Relation of attributional beliefs to memory strategy use in children and adolescents with mental retardation. *American Journal on Mental Retardation, 102*(2). 162-172.

Turnure, J., & Zigler, E. (1964). Outer-directedness in the problem solving of nomal and retarded children. *Journal of Abnomal and Social Psychology, 69,* 427-436.

Turnure, J., & Zigler, E. (1964). Outer-directedness in the problem solving of normal and retarded children. *Journal of Abnormal and Social Psychology, 69,* 427-436.

Tye, B. B., & Tye, K. A. (1992). *Global education : A study of school change.* New York : State University of New York Press.

Umansky, W.(1983). "Assessment of social and emotional development." In K Paget and B. Bracken(eds.), *Psychoeducational Assessment of Preschool Children.* NY: Grune and Stratton.

Vakil, E, Shelef-Reshef, E., & Levy-Shiff, R. (1997). Procedural and declatative memory processes: Individuals with and without mental retardation. *American Journal on Mental Retardation, 102*(2), 147-160.

Van Housten, R. (1980). *Learning through feedback: A systematic approach for improving academic performance.* New York: Human Sciences Press.

Van Houten, R., & Axelrod, S. (Eds.). (1993). *Behavior analysis and treatment.* New York: Plenum.

Vane, J. & R Motts. (1980). "Test response inconsistency in young children." *Journal of School Psychology,* 18(1), 25-33.

Vollmer, T. R., Iwata, B. A., Zarcone, J. R., & Mazaleski, J. L. (1993). Therole of attention in the treatment of attention-maintained self-injurious behavior: Noncontingent reinforcement and differential reinforcement of other behavior. *Journal of Applied Behavior Analysis, 26*(1), 9-21.

Walker, D. F., & Soltis, J. F. (1997). *Curriculum and aims.* New York : Teachers College Press.

Walker, D.(1973). *Socioemotional measures for preschool and kindergarten children.* San Francisco: Jossey-Bass.

Wang, M. C., Reynolds, M. C., & Walberg, H. J. (1987). *Learner characteristics and adaptive education : Handbook of special education.* Vol 1 : Oxford : Pergamon Press.

Wang, M. C., Reynolds, M. C., & Walberg, H. J. (1986). Rethinking special education. *Educational Leadership*, 44(1), pp. 26~31.

Wang, M. C., Reynolds, M. C., & Walberg, H. J. (1985). *Rethinking special education.* Paper presented at Wingspread Conference, *The Education of Students with Special Needs: Research Findings and Implications for Policy and Practice*, Racine, WI, December, pp. 5~7.

Wehman, P., & Kregel, J.(1997). *Foundational curriculum for elementary, middle, and secondary age students with special needs.* Austin, TX: PRO-ED.

Wehmeyer, M. (1993). Self-determination as an educational outcome. *Impact, 6*(4), 6-7.

Wehmeyer, M. L., Agran, M., & Hughes, C. (1998). *Teaching self-determination to students with disabilities.* Baltimore: Brookes.

Wehmeyer, M. L., Kelchner, K., & Richards, S. (1996). Essential characteristic of self-determined behavior of individuals with mental retardation. *American Journal on Mental Retardation, 100*, 632-642.

Westing, D. L., & Fox, L. (2000). *Teaching students with severe disabilities.*

Upper Saddle River, NJ: Merrill/Prentice Hall.

Westling, D. L. (1986). *Introduction to mental retardation.* Upper Saddle River, NJ: Merrill/Prentice Hall.

Weymeyer, M. (1993). Self-determination as an educational outcome. *Impact, 6(4),* 16-17, 26.

Whitman, T. L. (1990). Self-regulation and mental retardation. *American Journal on Mental Retardation, 94,* 347-362.

Wilcox, B., & Bellamy, G. T. (1982). *Design of high school prpgrams for severly handicapped students.* Baltimore: Brookers.

William E. Maclean, Jr. (1997). *Ellis' Handbook of Mental Deficiency, Psychological Theory and Research.* New Jersey. Lawrence Erlbaum Associates.

Wincek, J. (1995). *Negotiating the maze of school reform.* New York : Teachers College, Columbia Univ.

Wingerson, L. (1998). *Unnatural selection.* New York: Bantam.

Wolfensberger, W. (1972). *Normalization: The principle of normalization in human services.* Toronto: National Institute on Mental Retardation.

Wolfensberger, W. (1972). *The principle of normalization in human services.* Toronto: National Insitute on Mental Retardation.

Woodward, W. M. (1979). Piaget's theory and the study of mental retardation. In N. R. Ellis(Ed), *Handbook of mental deficiency: Psychological theory and research* (2nd ed., pp. 169-195). Hillsdale, NJ: Erlbaum.

Wymelenberg, S. (1990). *Science and babies: Private decisions, public dilemmas.* Washington, DC: National Academy Press.

Zeaman, D. & House, B. J., (1963). "The role of attention in retardate discrimination leaning." In N. R. Ellis(Ed). *Handbook of Mental Deficiency : Psychological Theory and Research.* New York : McGraw-Hill,

Zehrbach, R. (1976). *Comprehensive identification process(CIP).* Bensenville, IL: Scholastic Testing Services.

Zeitlin, S. (1976). *Kindergarten screening.* Springfield IL: Charles C. Thomas.

Zigler, E. (1973) The retarded child as whole person. In D.K. Routh(Ed). *The experimental psychoiogy of mental retardation* (pp.231-322). Chicago : Adine.

Zigler, E. (1973). The retarded child as a whole person. In D. K. Routh (Ed.), *The experimental psychology of mental retardation* (pp. 231-322). Chicago: Aldine.

Zigler, E. (1999). The individual with mental retardation as a whole person. In E. Zigler & D. Bennett-Gates (Eds.), *Personality development in individuals with mental retardation* (pp.1-16). Cambridge: Cambridge University Press.

Zigler, E. (1999). The individual with mental retatdation as a whole perspn. In E. Zigler & D. Bennett-Gates (Eds.), *Personality development in individuals with mental retardation* (pp.1-16). Cambridge: Cambridge University Pree.

찾아보기